Emmanuel Levinas

レヴィナス読本

レヴィナス協会 編

Société japonaise des études lévinassiennes

法政大学出版局

エマニュエル・レヴィナス
(1906～1995)

はじめに

一九〇六年にロシア帝国領のリトアニアに生まれ、フランス語で著述活動をおこなったエマニュエル・レヴィナスは、今日、二〇世紀のフランスを代表する哲学者の一人とみなされている。しかし、現在の評価に至るまでの道のりは、平坦なものでも一直線のものでもまったくなかった。

ストラスブール大学で哲学を学んだあと、留学先のフライブルク大学でフッサールとハイデガーの講義に参加したレヴィナスは、第三課程博士論文をもとにした『フッサール現象学の直観理論』（一九三〇年）などの著作によって、現象学をフランスに本格的に導入した。このような優れた先駆的業績にもかかわらず、レヴィナスが大学で職を得るためには、国家博士論文である第一の主著『全体性と無限』（一九六一年）を待たなければならなかった。そのあいだ、レヴィナスは、戦前は世界イスラエリット連盟の職員を、復員後は同連盟管轄の東方イスラエリット師範学校の校長を務め、おもに中東や北アフリカ出身のユダヤ人子弟の教育に携わっていた。

満を持して刊行された『全体性と無限』も、実存主義から構造主義への思想潮流の転換期にあって、相応の反響を呼んだとは言いがたい。逆説的にも、レヴィナスが重要な哲学者として認知される契機となったのは、ひと回り以上若い世代に属するジャック・デリダが論文「暴力と形而上学」（一九六七年刊行の『エクリチュールと差異』に再録）でおこなった根本的かつ徹底的なレヴィナス批判だった。のちに「六八年の思想」とも揶揄される「ポスト・モダン」の哲学者による紹介をきっかけに、第二の主著『存在の彼方へ』（一九七四年）における思想の深化を経て、レヴィナスのテクストは、一九八〇年代以降、再版された過去の著作も含めて、フランスのみならず世界各地で多くの読者を獲得することになった。現在も、二〇〇九年にフランスで刊行が始まった『レヴィナス著作集』によって遺稿や未公刊の資料が明るみに出るなか、レヴィナスの思想を取り巻く環境は依然として熱を帯びたものであり続けている。

日本でも、すでにレヴィナスの著作はそのほとんどが翻訳されており、解説書のたぐいも、一般向けの入門書から博士論文にもとづく重厚な研究書まで、硬軟両面で充実している。しかし、認知と評価の遅れを原因として、レヴィナスの著作は哲学者の存命中から、ほぼつねに遡行的な解釈の対象となり、流行が急速に広まるなかで大量のコーパスが短期間で消費されてきた感がある。そのため、各テクストの文脈や位置づけ、テーマや概念の通時的な変化、著作間の関連といった、ごく基本的な共通了解さえもが形成されていない状況が長く続いた。幸いにしてレヴィナスの思想が現在も広く関心を呼び続けていることや、とりわけ「他者」というキーワードを軸にレヴィナスが他の分野でも援用されている現状に鑑みて、レヴィナスにはじめて接するひとのための定点となりうるような、良い意味での「オーソドックス」な概説書が必要であると思われた。

本書『レヴィナス読本』は、こうした趣旨のもとに企画されたものである。本書は大きくわけて全四部からなる。

第Ⅰ部「来歴」は、主要なレヴィナスの伝記や対談、そして近年公刊された新資料を踏まえて、レヴィナスの生涯と思索活動を年代別にたどる。さまざまな機会に断片的に明らかにされてきた伝記的事実を、必要十分と思われる範囲にしぼってコンパクトにまとめた。

第Ⅱ部「基本概念・基本事項」は、レヴィナスの思想の基本的な概念や事項を、著作を通じての相違も含めて、なじみのない読者にも極力わかりやすい仕方で解説したものである。レヴィナス独自の概念はもとより、「言語」「責任」「正義」「時間」といった一般用語にレヴィナスが与えた新たな意味に読者は触れることができるだろう。

第Ⅲ部「著作解題」は、日本で独自に編集された書籍も含めたレヴィナスのほぼすべての著作について、詳しい解題を試みたものである。約三〇冊に及ぶ著作の解説を集めることで、レヴィナスの思想の全般的な見取り図を提示することが目指されている。

第Ⅳ部「開かれるレヴィナス」では、哲学やその他の分野で扱われるさまざまなテーマをめぐって、レヴィナスの思想がどのように応用されうるかを考察している。レヴィナスの思想は、独特の用語や難解な文章、そしてユダヤ教の背景などによって、近寄りがたく思われているきらいがあるが、ここに取り上げた一六項目は、そうしたレヴィナスの思想をより広い対話へと積極的に開放していく試みである。

最後に「文献一覧」として、レヴィナスの著書と、レヴィナスに関する日本語での二次文献をまとめた。特に後者は、主題的かいなかを問わずレヴィナスを論じた研究書を刊行順に掲載しており、このリスト自体が日本におけるレヴィナス研究の変遷を通覧させてくれるものになっている。本書のような企画が可能になったのも、こうして三〇年以上にわたって途切れることなく続けられてきたレヴィナス研究の蓄積のおかげである。

本書の執筆と編集にあたったのは、二〇一〇年に発足した「レヴィナス研究会」を改組して二〇一八年から活動をおこなっている「レヴィナス協会」である。書籍としての統一性と一貫性を保ちつつも、本書の各ページには、執筆に加わった総勢三〇名のメンバー一人ひとりの解釈や立場が色濃く現れているはずである。それもまたレヴィナスの思想がもつ豊かさに由来するのは言うまでもない。

本書は、こう読まなければならないという規則をまとめたルールブックではない。本書がそうありたいと願っている定点とは、絶対に揺らぐことのない不動の点ではなく、旅をするひとが自分の位置を見定めるために眺める北極星のような参照点である。本書がレヴィナスのテクストを旅するひとのガイドブックとして、自分なりの新しい発見をしていく際の手助けになるとすれば、編者の一人としてこれに勝る喜びはない。

二〇二二年八月一二日

藤岡 俊博

目次

第Ⅲ部　著作解題

＊欧文略号は巻末「文献一覧」を参照

第Ⅳ部　開かれるレヴィナス

凡例

一、本文や註のなかでレヴィナスの主要著作から引用する際には、アルファベットの略号を用いた。略号の一覧は目次の「第Ⅲ部　著作解題」に簡潔に示し、詳細な書誌情報は巻末「文献一覧」の「1．レヴィナスの著書」に記した。

一、たとえば、「TI, 166／二七四」は *Totalité et infini*, coll. «Le Livre de Poche», 1990, p. 166（邦訳『全体性と無限』講談社学術文庫、二七四頁）を意味し、「IH, 95／八二」は *Les imprévus de l'histoire*, coll. «Le Livre de Poche», 1999, p. 95（邦訳『歴史の不測』法政大学出版局、八二頁）を意味する。

一、レヴィナスの著作は原則的に、原書・邦訳書のいずれも現時点で最も入手しやすい版を使用した。例外的にそれ以外の版を利用している場合は、そのつど註記した。

一、レヴィナスの著作を含めて、欧文文献の引用は必ずしも既存の邦訳に従ってはおらず、引用者が文脈ごとに訳出している場合がある。

一、引用文中の〔　〕は、引用者による補足や補註を示す。ただし、原語を表記する際には引用文中でも（　）を用いる。〔…〕は中略を示す。

一、〈　〉は原文で冒頭に大文字が用いられている語句、《　》は術語として用いられている語句を示す。

レヴィナス読本

第I部 来歴

1929年，ダヴォスにて

ストラスブール時代のレヴィナス（1928 年）

1　一九二〇年代
リトアニアからフランスへ

▼生い立ち

エマニュエル・レヴィナスは一九〇六年一月一二日、リトアニアのコヴノ（カウナス）に、書籍や文房具を扱う商店を営む父イェヒエルと、母ドゥヴォラの長男として生まれた(1)。当時のリトアニアはロシア帝国領であり、独立を果たすのはロシア革命を経た一九一八年のことである。リトアニアは、レヴィナスが「最後の天才的なタルムード学者」と呼ぶヴィルナのガオン（1720–1797）や、その高弟ボロズィンのラビ・ハイーム（1749–1821）といった偉大なタルムード学者を輩出した、東欧ユダヤ教の中心地である。ただし、リトアニアで優勢だったのは、一八世紀以降ポーランドを皮切りに東欧各地に広まったハスィディズム（敬虔な祈りを重視するユダヤ教の運動）ではなく、むしろハスィディズムに反対する者たち（ミトナグディーム）の潮流であり、神秘的熱狂よりも伝統的な書物の学問研究が重視されていた。レヴィナスは、リトアニアでは「空気と一緒にユダヤ教が吸い込まれていた」と語っている。コヴノにもシナゴーグやイェシヴァー（トーラーやタルムードを学ぶ学校）が数多く存在し、レヴィナスも六歳から家庭教師にヘブライ語を習っていたが、ユダヤ教を専門的に学んだわけではなかった。両親はイディッシュ語を話し、子どもたちとの会話はロシア語でおこなわれていた。レヴィナスは少年時代のわずかな思い出として、トルストイの訃報やロマノフ朝三百年祭を挙げている。

第一次世界大戦の勃発とともに、レヴィナス一家はウクライナのハルキウへ逃れ、レヴィナスは五名という厳しいユダヤ人定員制限に合格し、ロシア人中学校に入学を許可される。プーシキン、ドストエフスキー、トルストイといったロシア文学への愛好は終生失われることがなかった。レヴィナス自身が一五歳からロシア語で綴っていた詩や散文も多数残されており、そこにはロシア文学の古典的なモチーフだけでなく、ブロークに代表されるロシア象徴主義の前衛的な雰囲気もみられる。二月革命、一〇月革命、ロシア内戦といった動乱の時期にあったレヴィナスは、「訪れようとしていた新しい世界」に無関心ではいなかったと述べているが、ユダヤ人でありブルジョワであった両親にとってロシア革命は危惧の対象にほかならなかったという。実際、革命後の一九二〇年に、一家は独立国家となっていたリトアニアに戻ることになる。ユダヤ系の高等学校に入学したレヴィナスは、文学博士でもあった校長からドイツ語を習ったことをきっかけに、「ヨーロッパ」への憧れを抱き始める。当時レヴィナスはケルン大聖堂を見たことがないのを本当に恥ずかしく思っていたという。

▼**ストラスブールへ**

一九二三年にレヴィナスはフランス最東端のストラスブール大学に入学し、一年間ラテン語を学習したあと、哲学科に登録した。レヴィナスは彼より少し遅れてストラスブールにやってきたモーリス・ブランショと知り合い、生涯の友人となる。ストラスブール時代の恩師として、レヴィナスは、反フロイト派の心理学者シャルル・ブロンデル、哲学概論を講じたモーリス・プラディーヌ、デュルケーム派の社会学者モーリス・アルヴァックス、古代哲学の専門家アンリ・カルトゥロンの名前をつねに挙げ、「彼らはまさに人間だった」と惜しみない称賛と敬意を表明する。早逝したカルトゥロンの後任に就いたのはマルシャル・ゲルーである。

ストラスブールではさらに、レヴィナスの人生を決定づける大きな出来事があった。エトムント・フッサールの現象学との出会いである。のちに『デカルト的省察』をともに訳すことになるガブリエル・パイファーのすすめで『論理学研究』を読み始めたレヴィナスは、すぐにこの新しい哲学に魅了された。折よくストラスブールではフッサールのもとで博士論文を書いた神学者ジャン・エラン(ヘーリンク)も教鞭を執っており、レヴィナスは彼から今度はマルティン・ハイデガーの『存在と時間』を教わる。この書物におけるフッサールの不在に驚くレヴィナスに、エランは、ハイデガーはフッサールよりも先に進んでいると答えたという。現象学を博士論文の主題に決めたレヴィナスは、二八年からフライブルクに留学し、退職直前のフッサールと、マールブルクから転任したばかりのハイデガーの講義に出席することになる。レヴィナスはフッサール家にも訪れ、夫人にフランス語を教えていた。ハイデガーとは授業外での関係はなかったようだが、ほかならぬハイデガー自身の勧めで二九年のダヴォス会議に参加したとされる。ハイデガーとカッシーラーの討論は、若いレヴィナスにとって、「世界の創造と終末」に立ち会っている印象を与えた。学生たちが企画した余興では、カッシーラーに扮したレヴィナスと、ハイデガーに扮したオットー=フリードリヒ・ボルノウが寸劇を演じたといわれている。

(藤岡俊博)

2　一九三〇年代
フライブルクからパリ、そして戦場へ

▼**現象学の紹介者として**

レヴィナスにとって三〇年代は、フランスにおけるフッサール現象学の紹介者として頭角を現しつつ、全体主義の台頭を目の当たりにしながら独自の思想を紡ぎ出しつつあった時代と言える。

フライブルクへの留学を終えたレヴィナスは、プラディーヌの指導のもと、第三課程博士論文『フッサール現象学の直観理論』を提出した。翌三〇年にはパリに転居し、フランスへの帰化を果たす。その際、ソルボンヌに籍を置き、レオン・ブランシュヴィックから教えを受けた。同年には博士論文がアルカン書店より出版されているが、同書が道徳・政治科学アカデミーから賞を受けるにあたり、推薦したのはブランシュヴィックであった。[2] なお、『直観理論』はフランスにおけるフッサール現象学受容に大きな影響を与え、ジャン＝ポール・サルトルも「私はレヴィナスによって現象学へと至った[3]」と証言している。

現象学の紹介者としての活動は続き、三一年にはガブリエル・パイファーとの共訳でフッサール『デカルト的省察』の仏訳（レヴィナスが担当したのは「第五省察」）を公刊し、『ドイツおよびドイツ語圏諸国雑誌』にフライブルクを紹介する「フライブルク、フッサール、現象学」を寄稿している。黒い森に囲まれたこの大学都市を「現象学の町」（IH, 95／八二）と呼ぶその筆致は、彼の地で学んだことへの誇りや喜びに満ちている。しかし奇妙にも、この文章の末尾はハイデガーへの称賛で締めくくられている。曰く、「例外的な知的能力の持ち主」であるハイデガーの名はいまや「ドイツの栄光」であり、「注目すべき成功はすでに彼の並外れた威信を示している」という（IH, 104–105／九一―九二）。

『直観理論』の随所でも仄めかされていたレヴィナスのフッサール現象学理解に潜むハイデガーからの影響は、ストラスブール時代の恩師であるジャン・ヘーリンクが早くも書評で指摘している。[4] そのレヴィナスがはじめて主題的にハイデガーの思想を論じたのが、三二年に『フランス内外哲学雑誌』に掲載された「マルティン・ハイデガーと存在論」である。そこでレヴィナスは、ハイデガーの思想を哲学史上に位置づけることでその革新性を示したあと、手際よく『存在と時間』の議論をまとめている。存在論的差異を含め、難解なハイデガーの哲学を的確に解釈し、早くも自家薬籠中の物としている点は注目に値するが、もちろん本論文は単なる『存在と時間』の要約にとどまらない魅力を有している。ここではとくに、レヴィナスが実存論的分析によって展開される「人間の実存の豊かさ」（EDE, 86／一二七）を高く評価している点を指摘しておく。

パリで活動するレヴィナスは、新たな交流の機会にも恵まれた。なかでも特筆すべきはジャン・ヴァールとの出会いだろう。ヴァールこそ、戦後のレヴィナスに哲学コレージュでの発表の機会を与え、のちに国家博士論文である『全体性と無限』の主査を務めることにもなる人物だからである。また、同じ頃、レヴィナスはガブリエル・マルセルが自宅で開いていた「金曜夜会」に出入りするようになる。ほかの参加者にはヴァールに加え、サルトルやポール・リクール、エティエンヌ・ジルソンらがいた。[5] さらに、その後活躍する多くの哲学者・思想家が聴講していたアレクサンドル・コジェーヴによるヘーゲル講義にレ

ヴィナスも不定期ながら出席している。(6)

▼忍び寄る全体主義

当時のレヴィナスの私生活はどのようなものだったのか。パリに居を移し、フランス国籍を取得したレヴィナスは、三二年に同郷の音楽家ライッサ・レヴィと結婚する（三五年には長女シモーヌが誕生）。レヴィナス夫妻は、二人のときにはロシア語で会話し、互いを尊敬して、深く愛し合っていたと弟子のサロモン・マルカが伝えている。(7)また、三四年からレヴィナスは世界イスラエリット連盟の学校部門に勤務し、同連盟の機関紙『平和と権利』に「マイモニデスの現代性」（一九三五年）をはじめ、いくつかの文章を寄せている。(8)

しかしながら、幸せで穏やかな日々も長くは続かなかった。三三年にはヒトラーが首相に就任し、全権委任法が制定され、ハイデガーがフライブルク大学総長となる。全体主義や反ユダヤ主義の脅威が日増しに高まるなか、レヴィナスは三四年に「ヒトラー主義哲学に関する若干の考察」を『エスプリ』誌に発表する。本考察は、バタイユによる「ファシズムの心理構造」（一九三三―三四年）と並び、ナチズムを思想的な観点から分析した先駆的な業績であるが、そこでレヴィナスは、遺伝や血（筋）などの「身体への繋縛」を人間存在の基底とみなす点にヒトラー主義哲学の特質を見定めている。(9)

この論考の主題が「身体への繋縛」にあるとすれば、「存在への繋縛」とそこからの脱却を主題としているのが三五年に発表された「逃走論」である。「逃走論」は『実存から実存者へ』の萌芽とも言える作品であり、そこには現象学の紹介者を超えた、独自の思想家としてのレヴィナスの姿を垣間見ることができる。とはいえ、その独創性が真に発揮されるのは第二次世界大戦後を待たなければならない。というのも、フランス軍の通訳兵として従軍したレヴィナスは、ドイツ軍の捕虜となり、終戦まで収容所での捕囚生活を余儀なくされるからである。

（石井雅巳）

3　一九四〇年代　捕囚生活と戦後

▼捕虜として

同じ時代を生きた多くの人々と同様に、第二次世界大戦はレヴィナスに生涯癒えることのない傷を負わせた。五年にわたる捕囚生活を終え、荒廃したパリへと戻ってきたレヴィナスに待ち受けていた運命はつらく厳しいものであった。

レヴィナスは三九年八月二七日にドイツ語およびロシア語の通訳兵として召集され、戦地に赴いた。そして四〇年六月一八日、レヴィナスが所属する第一〇軍は降伏し、レンヌでドイツ軍の捕虜となった。以後、レヴィナスは四二年六月までフランス国内の捕虜収容所に、そのあと四五年五月まではドイツ・ファリンクボステル捕虜収容所XIBに抑留された[10]。そこでレヴィナスを含む捕虜たちは森林伐採の強制労働に従事させられたという。フランス軍兵士として捕虜となったレヴィナスは、戦争捕虜の保護を規定するジュネーヴ条約によって守られ、ユダヤ人として命を奪われることはなかった。妻のライッサと娘のシモーヌは、ストラスブール時代からの友人であるブランショの手助けによって聖ヴァンサン・ド・ポール修道院に匿われ、虐殺を免れた[11]。

生前のレヴィナスは捕虜収容所時代について多くを語らなかったが、数少ない例外と言えるテクストに「ある犬の名前、あるいは自然権」(一九七五年)がある[12]。そこでレヴィナスは、ドイツ人から「半人類」ないし「猿」とみなされていた自分たちを「人間」として扱い、強制労働から帰ってくるのを出迎えてくれた一匹の犬――レヴィナスたちは彼をボビーと名づけた――との微笑ましい交流を回顧している[13]。収容所での生活は厳しく、労働もつらいものだったが、捕虜たちには比較的自由に過ごす時間も許されており、レヴィナスはヘーゲルやルソー、プルーストなどを濫読したという[14]。また、検閲は受けるものの手紙のやりとりは可能だったため、レヴィナスは妻と娘の無事を知ることができた[15]。だが、戦後パリに戻ったレヴィナスは、リトアニアに残っていた両親や二人の弟たちがみなナチスに虐殺されていたという過酷な事実に直面することになる[16]。

一九四七年に出版される『実存から実存者へ』の大半が収容所で執筆されたことはレヴィナス自身がその序文で明かしているが(EE, 10/一〇)、二〇〇九年以降、未公表の草稿類を集めた『レヴィナス著作集』が刊行されたことにより、捕囚時代にレヴィナスがきわめて精力的に思索や執筆活動に励んでいたことが判明した。このあいだにレヴィナスが収容所で書きためたものとして、『著作集』第一巻に収録された全七冊からなる「捕囚手帳」[17]と、第二巻に掲載された『エロス』あるいは『悲しき豪奢』という小説[18]が挙げられる。

▼シュシャーニとヴァール

復員後のレヴィナスは、世界イスラエリット連盟付属の教育機関である東方イスラエリット師範学校(ENIO)の校長を務め、北アフリカを中心に世界中からやってくるユダヤ人子女たちの教育に尽力した。生徒の証言によれば、ENIOでのレヴィナスは「一方で無骨で、きびしく、いかめしく、他方で慈父のような、愛情に満ちた、時におどけた人物[19]」であったという。

この時期のレヴィナスに大きな影響を与えた二人の人物がいる。一人は、シュシャーニと呼ばれる伝説的な博覧強記の人物である[20]。特定の住居を持たず、ぼさぼさ頭で穴の空いた靴を履き、本名も定かではないこの人物は、類まれな記憶力をもち、タルムードやカバラーだけでなく、数学や物理学、芸術にも精通していたという。レヴィナスは四七年にタルムード学者でもあったアンリ・ネルソン医師の紹介でシュシャーニと出会い、彼からタルムードを習い始める。レヴィナスはこの放浪の賢人を自宅の屋根裏部屋に招き入れ、彼は結局三年ほどそこに居座ることになる。シュシャーニの教えは、その後、一九五七年に始まるフランス語圏ユダヤ知識人会議でのタルムード講話へと引き継がれていく。

もう一人は、当時まだ大学のポストに就いておらず、いわば在野の人であったレヴィナスに哲学者としての活動の場を与えたヴァールである。レヴィナスはヴァールが主催する哲学コレージュに招待され、のちに出版される『時間と他なるもの』の元となる計四回の講演を皮切りに、四七年から六四年まで断続的にそこに登壇することになる。したがって、ヴァールこそ哲学者レヴィナスの生みの親と言っても過言ではない。とはいえ、当時のレヴィナスは界隈でもまだ知る人ぞ知るような人物であったことは言い添えておかねばならないだろう[21]。

こうしたヴァールの支援もあって、レヴィナスは哲学論考の執筆に勤しみ、四七年に『実存から実存者へ』を、四八年には『時間と他なるもの』を公刊するとともに、サルトルやボーヴォワール、メルロ＝ポンティらが編集委員を務めていた『レ・タン・モデルヌ』誌に芸術論である「現実とその影」を寄稿している。これらは現在、前期レヴィナスの代表作とみなされている。さらに四九年には、既出の現象学論考に「記述から実存へ」を加えた『実存の発見』（初版）を出版する。また、この年に、長男でのちに作曲家およびピアニストとなるミカエルが誕生している。

（石井雅巳）

4　一九五〇年代
哲学とユダヤのあいだで

▼ユダヤ教育とフランス語圏ユダヤ知識人会議

一九五〇年代のレヴィナスの主たる仕事は、東方イスラエリット師範学校の校長ならびに教師を務めつつ、二児の父親として家庭を支えることだった。一九七三年まで校長職にあり、七九年に退職するまで、実質的に同校の中心人物であり続けた。またレヴィナスは個別の科目を担当する教師でもあり、一九五三年から六一年まで、哲学とヘブライ語の授業を担当していた。毎週土曜の午前中には、シャンパーニュ地方のラビであるラシーのタルムード解釈を取り上げる講義もおこなっていた。家庭面に目を向けると、ちょうど一九五〇年のレヴィナスは、妻ライッサとともに、一五歳の娘シモーヌと一歳の息子ミカエルの二人を育てる四人家族の父だった。

レヴィナスは、五三年夏に、世界イスラエリット連盟の活動の一環で東方イスラエリット師範学校校長として、はじめてイスラエルを訪れている。レヴィナスはイスラエル建国の意義を認めつつも、ヨーロッパにおけるディアスポラのユダヤ人に向けられたヘブライ語やユダヤ思想の教育を重視する立場をとっている（DL, 357-8／三四二）。

同時期にレヴィナスはユダヤ思想やユダヤ教育に関わるテクストをいくつも残している。その多くは『困難な自由』（初版は六三年）に収められている。シモーヌ・ヴェイユ、スピノザ、ポール・クローデルを論じた五〇年代初頭の「論争」的なテクストでは、彼らをめぐる批判的な考察を通じて、第二次世界大戦後のヨーロッパにおける「動揺」したユダヤ人たちに対し、タルムードをはじめとするユダヤ思想の「源泉への回帰」（DL, 11／xiv）を説く姿勢が認められる。

なお、この時期には、『困難な自由』の序文に言われるように、「一五〇〇年以上前からキリスト教化されていたヨーロッパ」でナチズムによる大虐殺が生じえたのはなぜかという問いとともに、キリスト教に対する批判的な態度が見受けられる。ただし、五〇年代後半からこうした態度に変化がみられることも事実である。五七年にモロッコのトゥムリリン修道院でキリスト教徒を前におこなわれた講演「成年者の宗教」や、カトリックの神父ジャン・ダニエルーの講演に呼応して発表された「イスラエルと普遍主義」では、のちにレヴィナスも協力することになるユダヤ教とキリスト教の友好団体「フランス・ユダヤ＝キリスト教友好会」へとつながる姿勢が現れ始めている。

他方で、同じ五七年には、第一回のフランス語圏ユダヤ知識人会議が開催された。この集まりは、世界ユダヤ会議の後援を受けて、以後毎年開催されることになる学会型の組織である。会議では、ユダヤ教の伝統から時事問題に至る幅広い討論がおこなわれたが、そこにはさまざまな議論を通じて戦後のユダヤ人コミュニティの動揺を安定させようとする企図があったと言える。レヴィナスは当初から同会議の運営に参加しているものの、第一回大会では講演はおこなっておらず、続く五九年の第二回会議ではじめて、講演「二つの世界のあいだで――フランツ・ローゼンツヴァイクの精神的伝記」（原題）をおこなった。そして六〇年の第三回会議以降、八九年まで、二、三回の例外を除いてほぼすべてに参加し、計二三回にわたるタルムード講話を残すことになる（本書第Ⅲ部《タルムード講話およびフランス語圏ユダヤ知識人会議一覧》を参照）。

▼哲学コレージュ

哲学に関する活動としては、レヴィナスはヴァールが主催する哲学コレージュに引き続き登壇しており、五〇年代には一一回の講演をおこなっている。『時間と他なるもの』以降の講演の多くは長年その存在だけが知られていたが、『著作集』第二巻によってその内容がはじめて明らかとなった。哲学コレージュでの講演原稿は、四〇年代後半から『全体性と無限』、さらにはその後の思想へと展開されるレヴィナスの思索の過程を把握するうえで重要な資料である。ただし、「存在論は根源的か」、「自由と命令」、「自我と全体性」、「哲学と無限の観念」などの講演は、すでに五〇年代に同じくヴァールが編集主幹を務める『形而上学・道徳雑誌』に論文として掲載された。これらの論文をはじめとして、五〇年代のレヴィナスの哲学的な仕事の大半は、主著『全体性と無限』を準備するものだったと言える。さらに、『全体性と無限』が完成にさしかかる五〇年代末からは、「表象の没落」や「現象学的「技術」についての考察」など、フッサール現象学の再読が試みられている（これらは六七年公刊の『実存の発見』第二版に収められることになる）。

（渡名喜庸哲）

5　一九六〇年代
円熟期のレヴィナス

▼主著『全体性と無限』と新しい展開

六〇年代はレヴィナスの哲学の一つの円熟期といってよい。一九六一年六月六日に、国家博士論文として提出された『全体性と無限』の口頭試問がソルボンヌ大学のルイ・リアール教室にておこなわれる。審査員はジャン・ヴァール、ガブリエル・マルセル、ウラジーミル・ジャンケレヴィッチ、ポール・リクール、さらに文芸批評家のジョルジュ・ブランだった。同書はマルティヌス・ナイホフ社の現象学叢書の一冊として同年に公刊されている。

『全体性と無限』の公刊は、それまで現象学の分野でわずかに名前が知られていたにすぎないユダヤ人学校校長の存在を世に知らしめるものだった。今日のような幅広い認知を当時すでに獲得したわけではないにせよ、モーリス・ブランショやジャック・デリダらは同書に即座に応答することになる。

同書によって国家博士号を取得したレヴィナスは、念願の大学での職を得ることとなり、ポワチエ大学に着任する。同僚には美学者のミケル・デュフレンヌ、哲学者のロジェ・ガロディらがいた。六七年にはリクールの招聘で、ジャン・ボードリヤールらが教鞭を執っていたパリ大学ナンテール校に異動する。

ナンテール校は〈六八年五月〉と称される学生運動の激震地であった。レヴィナスもその渦中に居合わせたわけだが、これに関しては、友人のブランショの積極的関与とは対照的に、[22] レヴィナスの側では共感よりも一定の距離をとった態度のほうが目に付く。ただし、〈六八年五月〉についてはむしろ「長髪」の「若者」を主題とするタルムード講話を参照したほうがよいだろう[23]。そこからは、レヴィナスが必ずしも新たな世代の異議申し立て運動に単に冷淡なわけではなかったことがわかる。なお、これらの期間も東方イスラエリット師範学校の校長職は継続し、引き続きユダヤ人の若者への教育に携わっている。

思想面でも、レヴィナスは『全体性と無限』で満足することはなかった。『レヴィナス著作集』に収められた「隠喩」概念についての考察[24]や、論文「他者の痕跡」（『実存の発見』）における「痕跡」概念についての考察などを見ると、新たな主題をめぐって思索をさらに深めていく様子が見てとれる。従来、デリダの「暴力と形而上学」による批判がレヴィナスの思想の転回を促したという解釈が大勢を占めていたが、それに先立って、レヴィナスが新たな思想の準備をしていたことはたしかだ。この観点ではさらに、六七年に公刊された『実存の発見』の増補版はきわめて重要である。『全体性と無限』がほぼ完成した五〇年代末から六〇年代前半にかけ、レヴィナスはとりわけフッサールを集中的に再読することで、自らの現象学研究に磨きをかけようとしていたのだった。

▼ユダヤ思想家として

哲学者としての活動の一方で、これまでレヴィナスが主にフランスのユダヤ人共同体向けの機関紙等で書いてきた論考が『困難な自由』にまとめられ、六三年に公刊される（七六年にはいくつかの章を入れ替えた第二版が公刊されている）。これによって、哲学者レヴィナスのもう一つの顔として、戦後フランスにおけるユダヤ思想再興の一翼を担うユダヤ人思想家の姿が現れたと言ってよい。

こうした姿は、フランス語圏ユダヤ知識人会議における「タルムード講話」を通じて確固たるものとなる。レヴィナスは五七年に設立された同会議の当初からの中心メンバーの一人であるが、「タルムード講話」の型が定着するようになるのは、厳密に言えば六三年の「他者に対して」（『タルムード四講話』）以降である。その後、レヴィナスは同会議の毎年の大会の主題に合わせてほぼ継続的に「タルムード講話」をおこなうようになる。その最初の四つはまず『タルムード四講話』として六八年に公刊されている。

ユダヤ人哲学者としての地位を確立しつつあったレヴィナスにとって、六八年の第三次中東戦争（六日間戦争）は一つの試金石となったと言える。アンドレ・ネエルやレオン・アシュケナジといった、レヴィナスとともにフランス・ユダヤ思想の「パリ学派」を形成していたユダヤ人思想家たちはイスラエルへの「移住」（ヘブライ語では「上昇」という言葉が使われる）を果たすのに対し、レヴィナスは「土地」への安住に対して思想的にも実践的にも一線を画すかのように、あくまでも「フランスにおけるユダヤ人」にとどまることになる。

他方で、注目すべきことに、六〇年代のレヴィナスはキリスト教思想への歩み寄りとも言える態度を見せている。五〇年代には、キリスト教思想に対する「論争」的な態度を隠さなかったレヴィナスだが、五〇年代末のトゥムリリン修道院での講演やカトリック神学者ジャン・ダニエルーへの共鳴を皮切りに[25]、四八年設立の友好団体「フランス・ユダヤ＝キリスト教友好会」に接近するようになる。六五年の第二ヴァチカン公会議に対する肯定的な評価や、四七年にスイスでおこなわれたキリスト教における反ユダヤ主義を検討するためになされたゼーリスベルク会議の二〇周年を祝う六七年のテクスト（「対話を超えて」）などには[26]、こうした歩み寄りがはっきりとみられる。こうした姿勢は哲学的なテクストにも垣間見られる。なかでも、フランスのカトリック知識人の会議である「カトリック知識人週間」に六八年に招かれたレヴィナスは「神人？」と題された講演をおこない、イエス・キリストの「神＝人」概念における「神の謙遜」に着目し、それを自らの「身代わり」の概念へと結びつけることも辞さない[27]。六九年からはイタリアの哲学者エンリコ・カステッリが主催するシンポジウムに参加し、「神の名」といった宗教的なテーマについての考察を継続的に発表するようになっていく。

（渡名喜庸哲）

6　一九七〇年代　著名な哲学者として

▼ソルボンヌへ

一九七〇年代のレヴィナスの活動は、ナンテール大学とソルボンヌ大学の教授としての講義、世界各地での講演、そして『存在の彼方へ』の出版に集約される。

六七年から七二年までナンテール大学に教授として勤めたレヴィナスは、七三年にフェルディナン・アルキエの招聘に応じてソルボンヌ大学に異動した[28]。ソルボンヌの同僚には、アルキエのほかに、アンリ・ビロー、ピエール＝マクシム・シュール、ピエール・オーバンク、ジャック・リヴレイグらが在籍していた。レヴィナスは大学で講義をおこなう一方、東方イスラエリット師範学校での仕事も八〇年まで続けた[29]。ポワリエとのインタビューで、レヴィナスは、大学でおこなう講義の準備に難儀していたこと、そして華麗に講義をおこなう同僚への尊敬の念を吐露している[30]。また反対に、レヴィナスにとって講義の最も刺激的な点はテクスト解釈であり、その理由として、聴衆と自分に対して同じ問いが立てられ、テクストに隠された問いを賦活し直すことに努力が向けられるからだと説明している[31]。教授としての最終年度である七五―七六年度におこなわれた二つの講義（「死と時間」、「神と存在－神学」）は、聴講していた学生らのノートをもとに再現され、『神・死・時間』（一九九三年）として出版された。

七〇年代からフランス国外において重要性と独自性を認められたレヴィナスはライデン大学（オランダ）、ロヨラ大学（アメリカ）、ルーヴァン・カトリック大学（ベルギー）、バル＝イラン大学（イスラエル）から名誉博士号を授与される。『観念に到来する神について』所収の「問いと応答」は、ライデン大学から授与された際の記録である。ロヨラ大学はその名前が示唆するとおりイエズス会系の大学だが、このことはレヴィナスの哲学がキリスト教をベースとする哲学者たちにも読まれるようになったことを示している。ルーヴァン・カトリック大学のロジェ・ビュルグヒュラーヴはレヴィナスの哲学に傾倒し、レヴィナスの公刊著作および二次文献の目録を作成した。(32) レヴィナスの著作はアルフォンソ・リンギスによる『全体性と無限』の英訳（一九六九年）やデリダの「暴力と形而上学」（一九六四年）を皮切りに、一般の人々にも認知されるようになった。英語圏でのレヴィナスの知名度の上昇に貢献した人物には、レヴィナスの翻訳者であるリンギス、リチャード・コーエンのほか、ロバート・バーナスコーニやアドリアン・ペパーザックらがいる。

▼第二の主著と活発な知的交流

一九七四年、レヴィナスは第二の主著とされる『存在の彼方へ』を出版する。この時期のレヴィナスは、国内外のさまざまなシンポジウムにも精力的に参加しており、同書と同時期に並行して発表された講演は、『聖句の彼方』や『観念に到来する神について』に収録されることになる。

六九年に講演「タルムードの諸節による神の名」をおこなったエンリコ・カステッリのシンポジウムには、七七年に主催者のカステッリが亡くなりマルコ・オリヴェッティが運営を引き継いだあとも八六年まで定期的に参加を続け、それによりレヴィナスの名はイタリアでも知られるようになった。七〇年代におこなった発表には、「カエサルの国とダヴィデの国」（一九七一年）、「暴露の真理と証しの真理」（一九七二年）、「イデオロギーと観念論」（一九七三年）、「世俗化と飢え」（一九七六年）「解釈学と彼方」（一九七七年）がある。「暴露の真理と証しの真理」は『存在の彼方へ』の第五章に組み込まれている。タルムードやユダヤ教に直接的に言及する講演は『存在の彼方へ』には収められていないが、この時期のテクストからは、レヴィナスがつねに哲学書とタルムードを往復しながら思考していた様子が窺える。この一連のシンポジウムにおいて、レヴィナスはローゼンツヴァイクの専門家であるベルンハルト・カスパーと知り合い、生涯にわたる友情を築くことになった。レヴィナスは『諸国民の時に』（一九八八年）をカスパーに捧げており、カスパーが病床にあった時期には見舞いの手紙も送っている。

また、このシンポジウムに継続的に参加していた人物のなかで、レヴィナスと長い交流があったのはポール・リクールである。二人の哲学は一致しないどころか、おそらく理論的な緊張ないし隔たりを含んでいたが、二人は友情と尊敬で結ばれていた。レヴィナスの評伝を書いたマルカにリクールが語った内容は、レヴィナスの哲学だけでなく彼の実存にも踏み込んでいる点で深刻なものだった。すなわち、レヴィナスにとって、私が存在することによって他人の場所を奪っているのではないかという正義に関わる問いが重要な意味をもっているが、ナンテールやソルボンヌ大学で安定した教授職にあったレヴィナスは、自らの激しい筆致との不整合をどのように理解していたのだろうか[33]。マルカによる評伝には、レヴィナスの他人に対する振舞いの敬意に満ちた側面だけでなく、癇癪を起こしたり、辛辣な嫌味を言ったりするような側面も描かれており、「エマニュエル」という一人の人格の多様なあり方を垣間見ることができる。

（犬飼智仁）

7　一九八〇年代　世界のなかのレヴィナス

▼レヴィナスの受容

一九七六年にソルボンヌ大学を退職したレヴィナスは、その頃からようやくフランスにおいても世界各地においても認知されるようになった。その結果、八〇年代にはレヴィナスを主題としたシンポジウムや雑誌の特集が数多く企画された[34]。レヴィナスの研究書がさかんに出版されるようになるのは九〇年代に入ってからであるが、ドイツ語では七〇年代、日本語や英語では八〇年代にすでに研究書が出版されている。

八〇年代のレヴィナスの仕事の多くは講演とインタビューからなる。五〇年代から続くフランス語圏ユダヤ知識人会議にレヴィナスはなおも継続的に参加し、八〇年代の同会議での講演は『諸国民の時に』（一九八八年）や『新タルムード講話』（一九九六年）に収録された。

八〇年二月、「ヨハネ・パウロ二世の哲学思想」と題されたシンポジウムが開催された。発表者の一人であるレヴィナスは、その際、ヨハネ・パウロ二世の教皇としての発言には触れず、ヴォイティワ枢機卿時代の「哲学思想」について話した。教皇に即位する以前のカロル・ヴォイティワは、ポーランド出身の現象学者であるロマン・インガルデンの指導を受けた現象学者でもあり、五三年にマックス・シェーラーについての博士論文を提出している。この発表でレヴィナスは、ヴォイティワが哲学的言説の規範に対して忠実であることを讃えている。[35]他方、教皇もレヴィナスをフランスのユダヤ系哲学者として高く評価していた。ただし、それは必ずしもフランスのユダヤ人共同体におけるレヴィナスの評価と一致していたわけではない。というのも、八〇年五月に教皇がパリを訪問し、ユダヤ人共同体の代表団と会合をおこなった際に、「フランスで、あなた方は幸運なことにエマニュエル・レヴィナスのような人物を抱えておられるのに、どうして彼はここに居ないのでしょうか」とレヴィナスの不在の理由を尋ねた発言は、代表団の大ラビを茫然とさせるものだったからだ。[36]

ヴォイティワとレヴィナスの交流は七〇年代後半から始まり、教皇に即位したあとも、彼はレヴィナスをリクールとともにローマ近郊のガンドルフォ城に招待した。[37]教皇は八三年からこの場所で、ウィーンに拠点を置く「人間諸科学研究所」の会合を開き、冷戦の最中にあって研究者の知を結集しようとしたのである。レヴィナスは八三年八月一〇日から一三日に開催された同研究所のシンポジウムで講演をおこなった。[38]

八〇年代にレヴィナスの著作は世界各地の学生や若手の研究者を中心に読者を増やしていたが、必ずしもそれがフランス国内において公的に価値あるものとして認められていたわけではない。というのも、フランスの道徳政治科学アカデミーがレヴィナスにシャルル・レヴェック賞を授与したのは、八二年の『観念に到来する神について』の出版に際してであり、『直観理論』の出版からはすでに六〇年近くが経過していたからである。[39]八三年には同アカデミーのレイモン・アロンの後任候補として、フェルディナン・アルキエとアンリ・グイエによる推薦を受けるが、最終選挙で落選した。[40]

レヴィナスが評価を受けたのは、まずベルギー、オランダ、アメリカといったフランス国外においてだった。レヴィナスは各地に赴きその栄誉に与ったが、ドイツは例外だった。レヴィナスは第二次世界大戦以降、ドイツには行かないと決めていたため、八三年にカール・ヤスパース賞を受賞した際には、レヴィナス本人に代わって息子のミカエルが賞を受領し講演原稿を代読した。[41]

八六年には二つの大規模なイベントが開催された。第一に、八月二三日から九月二日までスリジー゠ラ゠サルで開催された「第一哲学としての倫理」というシンポジウムである。[42]その記録は九三年に出版され、総勢二一名による論考が掲載されている。この論文集の最後には、「隔時性と表象」と題されたレヴィナス自身の論文が掲載された。第二に、一二月一一日におこなわれた「貨幣の両義性」である。この講演はベルギー貯蓄銀行連盟の創立一二五周年を記念する式典でおこなわれた。またレヴィナスは、式典前日の一〇日に「謙譲について」というタルムードに関する講義を千人以上の聴衆のためにおこなった。[43]

（犬飼智仁）

8 没後
引き継がれるレヴィナスの遺産

▼葬儀と遺産相続の問題

一九九五年一二月二五日、レヴィナスはその生涯を終えた。キリスト教徒にとってはクリスマスに、ユダヤ教徒にとっては奉献の祭りを意味するハヌカーの最終日にあたる。翌々日の二七日、パリ北東部に位置するパンタン墓地にて葬儀が執りおこなわれた。近親者、友人、教え子たちが集うなか、ジャック・デリダが「別れの言葉」を述べた（『アデュー』所収）[44]。翌年の九六年には、国際哲学コレージュがシンポジウム「エマニュエル・レヴィナスへのオマージュ」を開催し[45]、また、レヴィナスが長年にわたりタルムード講話をおこない中心的役割を担ってきたフランス語圏ユダヤ知識人会議もシンポジウム「困難な正義――エマニュエル・レヴィナスの痕跡のなかで」を開催する[46]など、関係の諸団体が故人の功績を讃えた。

レヴィナスの思想的な遺産の継承はその後さまざまな方面でおこなわれた。二〇〇〇年には、ベニ・レヴィ、アラン・フィンケルクロート、ベルナール＝アンリ・レヴィによってエルサレムに「エマニュエル・レヴィナス研究所」が設立された。彼らは、狭義のレヴィナス研究者ではなく、いわゆる「六八年世代」の「ヌーヴォー・フィロゾフ」にあたり、戦後のフランス社会において自らのユダヤ性の問題をレヴィナスのユダヤ思想を継承することで捉え直そうとした人々である。同研究所は多くのセミナーや講演会などを開催するとともに、主にフランス語の研究雑誌『レヴィナス研究手帖』(*Cahiers d'études lévinassiennes*) を定期的に公刊しており、レヴィナス研究の一つの軸となっている（現在はパリに移転している）。

こうした研究の機運がさらに高まったのが、生誕一〇〇年および没後一〇年を記念する二〇〇五から六年にかけてである。フランスをはじめ多くの国でレヴィナスを主題とした国際規模のシンポジウムが開かれ、多様な読解の可能性が示された。二〇〇六年に、パリ五区のパンテオンの南にある小さな区画が「エマニュエル・レヴィナス広場」と命名されたのはこうした追悼ブームを象徴する出来事であろう。

他方で、レヴィナスの遺産継承は必ずしも穏便なものではなかった。死後すぐに、息子でピアニストのミカエル・レヴィナスと娘シモーヌ・アンセルとのあいだで、遺産の相続権、とりわけレヴィナスの手稿類の移管先をめぐって裁判沙汰となる諍いが起きた。移管先について、遺言によって遺産を継承することとなったミカエルはフランス北西部カーン近郊の現代出版資料研究所（ＩＭＥＣ）を予定していたのに対し、フランス国立図書館への移管を主張するシモーヌによって異議が申し立てられ、いくつかの裁判が起こされた。さらに、デリダ、ロジェ・ラポルト、ミゲル・アバンスールらがミカエルを支持する書簡を公開したのに対し、シモーヌの側も、息子にあたる数学者ダヴィッド・アンセルおよびその妻の哲学研究者ジョエル・アンセルを中心とした研究者らの支持を得るに至って、「レヴィナス事件（Affaire Levinas）」とまで称される、研究者をも巻き込んだ分断的な状況が生じることになった。

その後も、ミカエルの妻で音楽学の教授を務めるダニエル・コーエン＝レヴィナスを中心とした研究者グループと、アンセル夫妻と近い研究者グループのあいだにはいまなお隔たりがみられる。前者については、ダニエルがソルボンヌに二〇〇八年に設立した「ユダヤ研究・現代哲学コレージュ」が二〇一一年に「エマニュエル・レヴィナス・センター」を名乗ることになるのに対し、後者はトゥールーズを拠点とした「国際レヴィナス学会（ＳＩＲＥＬ）」を中心に継続的に活動し、アメリカの「北部アメリカ・レヴィナス協会」とも連携した国際的な活動も展開している。

これらとは別に、レヴィナスが所属していた世界イスラエリット連盟は、二〇一一年に「ヨーロッパ・エマニュエル・レヴィナス研究所」を組織し、ヨーロッパの各大学と連携して国際的なユダヤ人教育の発展をめざしている。また、二〇一八年にはリトアニア健康科学大学が、自国出身の哲学者の研究の促進のため「エマニュエル・レヴィナス研究所」を設立した。

▼現在の研究状況

遺産をめぐる騒動の結果、レヴィナスの手稿は現代出版資料研究所に移管されることになったが、これは研究面でも大きな進展を促した。残された未公刊資料の整理が進み、『著作集』としてその一部の公刊が始まったためである。そこには第二次世界大戦期の捕虜収容所で綴られた「捕囚手帳」、その時期から構想されていた小説の下書き、戦後レヴィナスが定期的におこなっていた哲学コレージュでの講演録など、きわめて貴重な資料が収められている。

近年のフランスでは、カトリーヌ・シャリエ、ジャン＝リュック・マリオン、ディディエ・フランクといった直接レヴィナスと親交のあった哲学者・哲学研究者たちが引退し、フランソワ＝ダヴィッド・セバー、コリーヌ・ペリュション、ダン・アルビブ、ラウル・モアティら、彼らに後続する世代の研究者らによっていっそう研究が深められている。英語圏でも、二〇〇五年にはロバート・バーナスコーニらの研究者を中心に『レヴィナス研究』（*Levinas studies*）が公刊され、哲学研究にとどまらず、宗教学、政治学、フェミニズム、応用倫理などさまざまな観点からレヴィナスの読解が進んでいる。

他方で、フランス語圏ユダヤ知識人会議は、前述のレヴィナスに捧げられたシンポジウムに続く一九九八年の大会を「いかにともに生きるか」と題し、そこに同会議ではじめてデリダが登壇することになる。しかし、レヴィナスという主役を欠いた同会議はその後活力を弱め、不定期開催になり、さらにはほぼ自然消滅の状態になる。だが、それと反比例するかたちで、第二次インティファーダによって再燃した二〇〇〇年代のユダヤ／パレスチナ問題などの世界情勢は、レヴィナスへの注目をあらためて要請することになった。フランスで反ユダヤ主義的な事件が続出するのに対して、あらためて「ユダヤ」への回帰をめざすような社会的・知的な運動もみられるし、反対にジュディス・バトラーに顕著なように、レヴィナスを批判的に再読する試みもみられる。いずれにしても、こうした状況下でレヴィナスの名は、肯定的にであれ否定的にであれ、一つの参照項をなすに至ったと言ってよいだろう。

だが、以上のような政治的・宗教的な情勢とは独立して、レヴィナスの思想の哲学的継承はいっそう国際的かつ学際的になされるようになっている。現象学およびユダヤ思想からロボット倫理やケア概念に至るまで、論点も多様化し、もはやその全容を統一的に把握することは困難なほどである。この点でレヴィナスの思想は、いまなおさまざまな応答を要請するものであり続けている。

（渡名喜庸哲）

註

（1）レヴィナスの幼年期に関しては、フランソワ・ポワリエとの対談である『暴力と聖性――レヴィナスは語る』（内田樹訳、国文社、一九九七年。原書：François Poirié, *Emmanuel Levinas* (*Qui êtes-vous?*), Arles: Actes Sud, 1996）や、サロモン・マルカの伝記『評伝レヴィナス――生と痕跡』（斎藤慶典・渡名喜庸哲・小手川正二郎訳、慶應義塾大学出版会、二〇一六年。原書：Salomon Malka, *Emmanuel Lévinas. La vie et la trace*, Paris: JC Lattès, 2002）を参照。そのほか、未邦訳の伝記（Marie-Anne Lescourret, *Emmanuel Levinas*, Paris: Flammarion, 1994）やインタビュー（«Emmanuel Levinas se souvient...», *Les Nouveaux Cahiers*, n°82, 1985）を参照。以下、各項目で頻繁に参照されるポワリエとの対談と、マルカおよびLescourretの伝記については、原書と邦訳のページ数のみを記す。

（2）合田正人『レヴィナス――存在の革命に向けて』ちくま学芸文庫、二〇〇〇年、一五〇頁。

（3）Jean-Paul Sartre, «Merleau-Ponty», in: *Situations IV*, Paris: Gallimard, 1964, p. 192.（ジャン＝ポール・サルトル「メルロー・ポンチ」平井啓之訳、『シチュアシオンⅣ』人文書院、一九八二年、一六一頁）なお、リクールも同様の証言をしている。「私はフッサールとの印象深い最初の出会いを忘れることはできない。それはエマニュエル・レヴィナスの『フッサール現象学の直観理論』を読むことによってもたらされたものだった」。Paul Ricœur, «L'originaire et la question-en-retour dans la *Krisis* de Husserl», 1980, repris in: *À l'école de la phénoménologie*, Paris: J. Vrin, 2004, p. 361.

(4) Jean Hering, «Revues critiques: «La Théorie de l'intuition dans la phénoménologie de Husserl», par E. Levinas», in Lucien Lévy-Bruhl (dir.), *Revue philosophique de la France et de l'étranger*, CXIII, janv-juin 1932, p. 479.

(5) Malka: 158／一九九、Lescourret, 193.

(6) Malka: *ibid.*, Lescourret, 108.

(7) Malka: 73／八四。

(8) Malka: 74–76／八五–八八。

(9) cf. QR, 18–19／一〇二–一〇三。

(10) Malka: 81–83／九四–九六、Lescourret, 119–120.

(11) Lescourret, 121–122.　しかし途中まで行動をともにしていたライッサの母フリーダ・レヴィは、ヴィシー政権の法律に従って警察へ身元を届けに行ったまま行方が分からなくなったとも（*ibid.*）、密告によって収容所へ入れられたとも伝えられている（Malka: 94／一一一）。

(12) ほかに「無名」（『固有名』）があるが、それ以外はポワリエとの対談（『暴力と聖性』）やフィリップ・ネモとの対談（『倫理と無限』）にほぼ限られる。

(13) DL, 231–235／二〇一–二〇五。

(14) Lescourret, 123, Poirié: 95／一〇九。

(15) Malka: 94／一一〇。

(16) Malka: 95／一一二、Lescourret, 125.　なお『存在の彼方へ』のエピグラフには反ユダヤ主義の犠牲となった親族たちの名がヘブライ語で刻まれている。

(17) 「捕囚手帳」が有する意義については、渡名喜庸哲「エマニュエル・レヴィナス「捕囚手帳」の射程」『京都ユダヤ思想』第五号、二〇一五年、四三–六二頁を参照。

(18) この小説については、原稿の発見者の一人であるジャン＝リュック・ナンシーが『著作集』第三巻の序文および次の論考において解説している。Jean-Luc Nancy, «Eros, le roman d'Emmanuel Levinas? Conférence de clôture», in: Danielle Cohen-Levinas (éd.), *Levinas et l'expérience de la captivité*, Paris: Editions Lethielleux, 2011, pp. 107–124.（ジャン＝リュック・ナンシー「『エロス』——エマニュエル・レヴィナスの小説?」渡名喜庸哲訳、『現代思想　総特集レヴィナス』青土社、二〇一二年、六八–八四頁）

(19) Malka: 104／一二二。

(20) Malka: 164–165／二〇八–二〇九、Lescourret, 142–145.

(21) Malka: 161／二〇四。

(22) Malka: 146／一八三。

(23) 『タルムード新五講話』に収められた「ユダヤ教と革命」および「イスラエルの若さ」を参照。

(24) O1, 227–247／二六一–二七七、O2, 319–347／三三一–三六〇。

(25) 『困難な自由』所収。

(26) 『他性と超越』所収。

(27) 『われわれのあいだで』所収。

(28) Lescourret, 240.　レヴィナスがソルボンヌ大学を退職したのは七六年だが、大学の要請で講義は一九八四年まで続けられることになる。

(29) Lescourret, 267.

(30) Poirié: 162–163／一七八、Lescourret, 257.

(31) Poirié: *ibid.*

(32) Roger Burggraeve, *Emmanuel Levinas, Une bibliographie primaire et secondaire* (1929–1985), Louvain: Peeters, 1986.　Cf. Malka:

208–212／二七一—二七六。

（33） Malka: 202／二六二。

（34） *Textes pour Emmanuel Levinas*, François Laruelle (éd.), Paris: Jean-Michel Place, 1980; *Exercices de la patience*, 1980, n. 1: Lévinas, Paris: Obsidiane, 1980; *Les Cahiers de la Nuit surveillée*, n° 3: Emmanuel Levinas, Jacques Rolland (éd.), Lagrasse: Verdier, 1984; *Emmanuel Levinas. L'éthique comme philosophie première. Actes du colloque de Cerisy-la-Salle, 23 août–2 septembre 1986*, Jean Greisch et Jacques Rolland (éd.), Paris: Cerf, 1993.

（35） Emmanuel Levinas, «Notes sur la pensée philosophique du Cardinal Wojtyla», in *Communio*, n° V, 4, 1980, pp. 87–90.

（36） Malka: 231／二〇三。

（37） Malka: 234／二〇八。

（38） Malka: 同所。なおレヴィナスによれば、この講演は一九八三年六月一日におこなわれたジュネーヴ大学における講演「超越と知解可能性」と基本的に同じ内容である。TEI, 7–8／五—六。

（39） Lescourret, 320.

（40） Lescourret, 320–323.

（41） Malka: 265／二五三。

（42） *Emmanuel Levinas. L'éthique comme philosophie première. Actes du colloque de Cerisy-la-Salle, 23 août-2 septembre 1986, op. cit.*

（43） Emmanuel Levinas, «Socialité et argent» [1987], in SA, 79–85／一〇九—一二〇。この講演は第三〇回フランス語圏ユダヤ知識人会議において「自己自身とは誰か」と題されて再びおこなわれた（Emmanuel Levinas, *Nouvelles Lectures talmudiques*, Paris: Minuit, 1996, pp. 77–96）。

（44） ジャック・デリダ『アデュー——エマニュエル・レヴィナスへ』藤本一勇訳、岩波書店、二〇〇四年。

（45） *Rue Descartes*, n° 19, février 1998.

（46） *Difficile justice: dans la trace d'Emmanuel Lévinas: Actes du XXXVIe Colloque des intellectuels juifs de langue française*, Paris: Albin Michel, 1998.

第Ⅱ部

基本概念・基本事項

レヴィナス署名

不安（Angst）と吐き気（nausée）

高井ゆと里

一九三〇年代、四〇年代にかけてのレヴィナスによるさまざまな情態性（気分）の分析は、ハイデガーが『存在と時間』で示した情態性についての分析のプロジェクトの継承・発展という側面をもつ。ハイデガーが同書で示したのは、私たちの情態性には私たち自身が存在しているという事実そのものを「開示する」、すなわち私たち自身に対して明らかにするという機能が備わっていることであった。ハイデガーはその事実を、私たちがそれぞれの「私」として存在してしまっているという意味で、「被投性」と呼ぶ。

そうした情態性の働きが際立って経験される気分として、ハイデガーは「不安（Angst）」を特別に取り上げるが、「逃走論」（一九三五年）における「吐き気（nausée）」についてのレヴィナスの分析は、明確にハイデガーによるその不安の分析を継承・発展させたものである。

そもそも、『存在と時間』において不安が重点的に分析される大きな理由の一つは、それが私たちの日常的なあり方としての〈ひと〉（das Man）の安寧を破る経験だからである。ハイデガーによれば、私たちはふつう多くの他者たちと同じような事柄に生活上の重要性を見出すことで、独特の安心感を得ている。それは、多くの人と同様に自分も〈ひと〉の一員であることによって、意義ある生としてひろく認められている生を自分もまた生きている、という自信・確信である。

そうした自己の生の有意味さの確信に基づく安寧は、不安の情動において崩れ去ってしまうとハイデガーは述べる。不安は、私たちがそれぞれ自分の生だけを生きるほかないという事実を顕わにするからである。ハイデガーによれば、不安の情動において案じられているもの、懸念されているものは、それぞれの「私」の世界内存在それ自体である。すなわち、自分の存在は原理的に誰にも肩代わりされえないという、自己の存在についてのむき出しの事実、それ自体では何の意味も持たない単なる存在の事実が、不安においては顕わになってしまうのである。

「逃走論」におけるレヴィナスの吐き気の分析も、こうした不安の情動と類似の経験にフォーカスしたものである。ただし、『存在と時間』における不安の分析の枠組みを継承しつつも、「逃走論」のレヴィナスはハイデガーとは異なる方向へと分析を進める。

まず、自己の存在が自らにとって重荷である次第が顕わになるという点で、「逃走論」で分析される「不快感（malaise）」

の情態はハイデガーの分析する不安に通じている。この不快感が、「そのまったき純粋さにおいて現れる」事例が、吐き気である。このとき、吐き気は単なる意識経験の事例の一つではなく、自己の存在そのものと切り離しえないとレヴィナスは述べる。その点でもまた、レヴィナスの分析はハイデガーの不安分析と共通点をもつ。ハイデガーもまた、それぞれの「私」として存在する限り、私たちはつねに心の奥底では「不安」を抱いており、そうした気味悪さの経験から回避することで日常の安寧は成り立っている、とするからである。

しかし、代替不可能な自己の存在を存在するしかないという事実を前に抱かれる「不安」の情動は、ハイデガーの『存在と時間』においては、「本来的なあり方／自分固有のあり方(Eigentlichkeit)」という実存の様態に到達するための通路として基本的に論じられる傾向にある。不安の情態にある者は、〈ひと〉であることで保障されていた生の意味を、今度は自分ひとりで自分自身に与えるべく「決意」する、とされるのである。これに対してレヴィナスが「逃走論」で分析するのは、そのように自己自身へと特殊な仕方で回帰しようとする実存ではなく、逃れられないはずの自己の存在からなおも逃れようと苦悶する、「逃走」の欲求である。

レヴィナスによれば、「不快感」の情動には目標地点のない脱出の試みが存している。自分が自分でしかなく、何の意味もなく自己が自己として存在しているという自己への緊縛の事実から逃れようとする苦悩が、その情動をしるしづけているのである。その意味で、吐き気のうちには吐き気からの逃走の試みもまた存している、とされる。もちろん、そうした逃走の試みは成功しない。それが仮初の「快楽(plaisir)」をもたらすことはあっても、その快楽はすぐさま錯誤であることが明らかとなる。私は、私を存在するほかないからである。

以上のように、レヴィナスの「吐き気」分析は、ハイデガーの「不安」の分析ときわめて近い現象・経験を捉えつつも、それとは異なる方向性を有している。自己の存在の重荷に耐えかねて抱かれる吐き気の情動には、自己への緊縛からの脱出という、不可能な試みへの志向が存しているからである。

「逃走論」の末尾でレヴィナスは、こうした不可能な脱出の試みを適切に捉えることが哲学に必要であると語る。自己へと回帰し続けてしまう自己の在りようからの、困難な脱出の試みを論じるというその課題は、『実存から実存者へ』、そして『全体性と無限』における「他なるもの」についての分析へと、明確に継承されていくことになる。

「ある」（il y a）

峰尾公也

「ある《イリヤ》」とは、「あるもの」（存在者）が一掃されたあとに残る、純粋な「ある」という出来事そのものを指す概念である。レヴィナスはこの概念を、主に『実存から実存者へ』と『時間と他なるもの』のなかで、ハイデガーによる「存在《ザイン》（Sein）」と「存在者《ザイエンデス》（Seiendes）」との区別を念頭に置きつつ、ブランショの文学作品のなかで「騒動（remue-ménage）」という比喩によって示されるような、非人称的な「存在者なき存在」を指すために用いた。その非人称性は、「雨が降る（il pleut）」や「夜になる（il fait nuit）」といったフランス語表現の非人称性と類似したものとされる。また、レヴィナスは「ある《イリヤ》」を、それが人称性を拒むという点で「存在一般」と呼称することもある。

レヴィナスが「ある《イリヤ》」と呼ぶものと、ハイデガーが「存在《ザイン》」と呼ぶものとは、「あるもの」（存在者）から区別された、「ある」という動詞的な意味で理解されるべき「存在」を指すという点では共通しているものの、双方を同一視してはならない。『存在と時間』のハイデガーにとって「存在《ザイン》」とは、自分自身を含む個々の「存在者《ザイエンデス》」に関して現存在が先行的に有している了解可能性を指す概念であり、それゆえ何であれ「存在者《ザイエンデス》」から切り離された「存在《ザイン》」そのもの、つまり「存在者なき存在」というものを、当時のハイデガーは想定していなかった。これに対して、レヴィナスにとって「ある《イリヤ》」とは、否定作用が現存在を含むいっさいの存在者の否定へと至ることではじめてあらわになる「存在者なき存在」として特徴づけられている。また、ハイデガーが「存在《ザイン》」を、死によって限界づけられた、個々の現存在に固有の有限な存在として思考していたのに対して、レヴィナスは「ある《イリヤ》」を、死をもってしても脱出できない、永続的で普遍的な存在として思考している。したがって「ある《イリヤ》」は、ハイデガーが「存在《ザイン》」と呼ぶものや、彼がその贈与的性格を強調しつつ用いる「ある＝それが与える（es gibt）」という表現の、単なる翻訳や言い換えというわけではない。

このような「ある《イリヤ》」を、レヴィナスはとくに、「怠惰」や「疲労」といった現象の分析に捧げられた『実存から実存者へ』の前半部において描写しようと試みた。ここでの「怠惰」や「疲労」とは、特定の物事に関する怠けや肉体的疲労ではなく、「存在すること」それ自体に対しての気だるさや疲れを指している。ひとは誰しも「存在しなくてはならない」という逃れられない「ある《イリヤ》」を背負わされており、こうした「ある《イリヤ》」のうちで、とはいえそれに抗いつつ、「あるもの」つまり「存在者」へと実詞化《イポスターズ》している。このように、そのうちで人間が「存在者」への実詞化を遂げるとされる「ある《イリヤ》」は、ハイデガーが分析した、世界のうちでの現存在の「存在《ザイン》」（気遣い）とは根本的に異なっている。そして、この「ある《イリヤ》」への融即が引き起こす「恐怖」もまた、ハイデガーの分析において「存在《ザイン》」（死へと関わる存在）が引き起こすとされた「不安」とは対立的とされる。

さらにレヴィナスは、こうした「ある《イリヤ》」の経験を、しばしば「夜」の経験になぞらえている。誰も逃れることのできない「ある《イリヤ》」とはいわば、眠ることなく覚醒し、自己を監視し続ける夜のようなものである。この場合に「意識」とは、眠りの可能性として、この夜を中断しうるものとみなすことができる。意識は、「ある《イリヤ》」のうちに自らの避難所を設ける可能性、「ここ」という明るく安全な場所へと自己定位する可能性である。人間は、意識による「ここ」への自己定位を通じて、非人称的な「ある《イリヤ》」を中断し、特定の人称主体へと実詞化しうる。そしてそれ以来、ハイデガー的な「現存在」の「そこ」（現）とは区別されるこの「ここ」が、主体の根を下ろす土台となる。その一方で、「ある《イリヤ》」の経験は、主体の破壊、実詞化の崩壊、「ここ」という土台の崩落の経験である。意識から主体性が剝ぎ取られ、剝き出しの非人称的な「ある《イリヤ》」の監視にさらされるとき、ひとはまさに「恐怖」を感じる。

以上のような「ある《イリヤ》」の描写は、『デウカリオン』誌掲載の「ある《イリヤ》」論文、『実存から実存者へ』、『時間と他なるもの』といった、終戦直後のレヴィナスの諸論考のうちでとくに披瀝されたものである。それ以後の彼の諸論稿において「ある《イリヤ》」は、主題の中心を占めることはないものの、完全に消滅することはなく、後期の『存在の彼方へ』のなかで再び主題的に取り上げ直される。そして『実存から実存者へ』刊行の三〇年後に書かれたその「第二版への序文」のなかで、レヴィナスは、同書で自らが語った「ある《イリヤ》」というテーマに付随した諸々の発言内容や結論が、いまなおその意味を保持している、ということを述べていた。したがって「ある《イリヤ》」とは、レヴィナスが彼独自の思想を展開し始めるその最初期の重要テーマの一つであったのみならず、彼がその後も一貫して取り組み続けたテーマの一つであったといえるだろう。

イポスターズ（hypostase）

高野浩之

イポスターズは、『実存から実存者へ』や『時間と他なるもの』の時期にレヴィナスが用いた術語である。訳語としては、「実詞化」、「基体化」、「範疇転換」などあるが、本項では、「イポスターズ」と表記することとする。

イポスターズとは、「ある（il y a）」からひとりの実存者が生起する出来事である。この出来事はまず「眠り」を起点として説明される。人は眠るとき、一つの場所に身を横たえる。この場所への依拠こそが眠りの条件である。とはいえ、ここで問題となるのは、実存者としての人間の眠りではなく、非人称の覚醒である「ある《イリヤ》」が活動を停止し眠ることである。それによってはじめて実存者が生起する（目覚める）。場所への依拠としての眠りは、不眠によって垣間見られた「ある」からの離脱として考察される。これは主体を欠いた「ある」が、一つの場所へと凝集する出来事である。レヴィナスは、この場所を「ここ（ici）」と呼ぶ。これはハイデガーの現存在（Dasein）の「現＝そこ（Da）」とは大きく異なっている。というのも、ハイデガーの現存在分析では、現存在は世界内存在として、自らが開く道具連関的世界との関わりから「現＝そこ」という主体が位置する場所もまた意味をもつのに対して、レヴィナスはそのような組織立った世界の背後に「ある」を見出した以上、世界を前提とせず、世界に先立つ「ある」からの主体の生起を語らなければならなかったからである。むしろ、「ここ」の成立をまってから、「ここ」を起点として世界が開かれることになる。したがって、「ここ」は世界内の何らかの場所でもなければ、抽象的空間の一点などでもない。そうした世界や空間は、実存者が生起する現場としての「ここ」に先立たれている。「ここ」とは、人間の自己身体である。私たちは、つねに自分の身体を起点（「ここ」）として、そこから世界を開いている。その身体が世界の成立に先立って「ある」から生起するという出来事として、イポスターズは考察されている。

さて、イポスターズは世界に先立つ自己身体の生起である一方で、現在という瞬間の生起でもある。この現在は、過去から未来へ流れてゆく流動的な時間イメージにおける一つの契機ではない。この現在は「ある」から実存者が生起する瞬間の現在である。これは「疲労」と「努力」の現象学的な分析から見出されている。疲労と努力は「内的弁証法」の関係を結んでいる。つまり、疲労は努力なしには疲労たりえないし、努力は疲労なしには努力たりえない。だからといって、これは疲労した身体を動かすのに努力が要るとか、努力したから身体が疲れたとかいったことではない。もしそうなら、ある瞬間に疲れ、次の瞬間に努力する、ないしある瞬間に努力し、次の瞬間に疲労するということになるが、しかしここで問題なのは、一つの瞬間の生起だからである。メロディーであれば、諸々の音同士が相互に浸透しあい持続として構成されている。つまり、一つの音は厳密には一つであるとは言えず、先行する音、後続する音とのあいだに隔たりがない。一つの音だけに集中すると、メロディーは台無しになるだろう。したがって、メロディー的持続は瞬間を肯定できない。それに対して、努力とは持続にくさびを打ち込むことである。たとえば、重い荷物を持っているとき、身体的持続はこの荷物を放そうとしているのに対して、努力はこの持続に逆らって荷物を持ち続ける活動である。そのとき、この持続もやはり努力に逆らい続けるのであって、努力は持続

（荷物を放そうとする身体の傾向）をそのつど頑張って断ち切らなければならない。そうして、そのつど、一つの瞬間を肯定している。疲労とはこの努力に反発する持続の抵抗としてあらわとなる。したがって、ある瞬間に努力が起こるのではなく、瞬間を構成するものこそ努力であり、努力が努力として意味をもつのは疲労との戦いとしてなのである。瞬間は相互浸透的持続の否定として可能となる。つまり、過去からのつながりではなく、それを断ち切るはたらきであって、だからこそ絶対的な始まりの生起でもある。この始まりは、他の瞬間に依存してはいない以上、自力で成立している。

イポスターズは、まさにこのような瞬間として特徴づけられる。イポスターズは、空間の成立に先行した「ここ」の生起である一方で、日常的な時間に先行した「いま」の生起でもある。「いま」を起点としてはじめて想起される過去や予期できる未来も可能となる。だから、「いま」は、過去や未来に依存せず、自分で自分を肯定している。しかし、ここにこそ、イポスターズの宿命が存している。イポスターズによって誕生した実存者は、主体性を解体する「ある」から離脱するにしても、その代償として自分自身に釘づけにされてしまう。つまり、生起した主体は自己身体を背負い込むことを、イポスターズの構造上免れえない。他に影響されず自力でおこなう自由な活動は、この「いま」「ここ」を土台としているが、しかしひとたびこのイポスターズの構造そのものに閉塞感を抱き、そこから逃れようとするやいなや、その行為自体、自分から「いま」「ここ」でおこなう以上、逆にこの閉塞構造を証立ててしまうことになるのである。

こうして、レヴィナスにとって、もはや「ある」から自力で逃れることではなく、イポスターズの自己閉塞構造からの離脱が問題となる。そのためには、自力でおこなうことを放棄し、他者に依存しなければならない。ここで、レヴィナスにとってはじめて他者論の問題圏が到来する。レヴィナスは他者による「救済」という言い方をする。この救済は、努力の報酬としての対価や、週日の補償としての休日などとしてはもたらされない。なぜなら、そうした時間性では、イポスターズの構造そのものは何ら変わらないからである。真の他者とは、もはや自己閉塞していない存在様態が人間の生活のうちに見出されてはじめて肯定できる。その具体的な分析が「エロス」と「繁殖性」なのである。

女性的なもの (le féminin)

佐藤香織

「女性的なもの」は、言説的関係とは異なる関係を自我と築く他人のあり方を示す。ただし、「女性的なもの」はレヴィナスの数々の議論においてそれぞれ異なる様相を呈する。この概念は主に『実存から実存者へ』（一九四七年）末尾、『時間と他なるもの』（一九四八年）第四講、「多元論と超越」（一九四九年）、『全体性と無限』第二部および第四部といった哲学的著作で扱われるほか、「ユダヤ教と女性的なもの」（一九六〇年）、「そして神は女を造り給う」（一九七三年）といったユダヤ教に関する論考にも現れる。以下においては哲学的著作とユダヤ教の著作のそれぞれにおける「女性的なもの」について検討し、レヴィナスの議論が招いた論争にも触れる。

「他性」としての「女性的なもの」

まず哲学的著作におけるレヴィナスの記述を概観する。戦後すぐの時期、主体の権能を逃れゆく存在の様式として他性を思考する際に、レヴィナスはこの他性を「女性的なもの」と呼んだ（TA, 77–78／二八七）。その眼目は、自我と横並びの関係にある者として他人を考えないこと、そして生物学や社会学の領域で論じられる女性概念と区別された、存在範疇としての性差概念を見出すことにある。性差は経験的には男性と女性という二つの種への分割であるが、レヴィナスは性差がこのような分割のみによっては説明できないと指摘する。「女性的なもの」を主題化する際に、レヴィナスは男性と女性が一個の全体を形づくるといった前提をせず、「本質的に他なるもの」（TA, 78／二八八）を論じようと試みるのである。

『全体性と無限』の議論においても、言説的関係と区別された自他関係を示す際に、レヴィナスは他人のあり方を性差から思考する。言説的関係とは異なる自他関係の一つは、第二部の「居住（habitation）」に関する議論のうちで分析される。第二部では主体が世界に住まうあり方が、享受や所有、労働といった営みの分析を通じて記述される。そこでは、主体が世界に対して有する私的領域、すなわち内奥性（intériorité）の形成として「居住」が示される。ところがレヴィナスによると、主体は、つねにすでに「迎え入れられた」ものとして世界に居住する。主体を迎え入れるこのあり方をレヴィナスは〈女性（Femme）〉もしくは「女性的なもの」と呼んだ（TI, 166／二七四）。

言説的関係とは異なるもう一つの自他関係は、第四部で論じられるエロス的関係である。レヴィナスは、他人の「弱さ」を救援することを「愛」と呼ぶのであるが、このとき「愛された者」の公現が「女性的なもの」と呼ばれる（TI, 286／四五九）。言説的関係においては、対面する他人の「顔」が問題となるのに対して、エロス的関係においては、肉体的接触すなわち「愛撫（caresse）」に際しての両義性（触れる／逃れる）が問題となる。主体は他人の肉体の所有をめざし他人の肉体に触れるが、めざされた他人は触れられることにおいてなお主体による所有を逃れる。官能における「愛撫」には「隠されたもの」を「隠されたもの」として暴露するという側面が含意されている。さらに、官能にみられるようなエロスの運動は、「可能事の彼方」（TI, 292／四六八）へと向かう性質をもっている。愛撫は、他人を所有可能なものとすることがないにもかかわらず所有をめざす運動なのである。

ユダヤ教における「女性的なもの」

レヴィナスは一九五〇年代以降、タルムード研究を継続し、ユダヤ教についていくつもの論考を発表した。それらにはユダヤ教における「女性的なもの」についての考察が含まれる。

「ユダヤ教と女性的なもの」では、旧約聖書に登場する女性たちが列挙され、その役割が考察されている。聖書の女性たちは、「世界を居住可能にする」（DL, 52／四二）ものとして位置づけられる。レヴィナスによると道徳的諸カテゴリーはつねに「〈存在〉の諸範疇の射程を有する」（DL, 52／四二）のであって、「女性的なもの」は「〈存在〉の諸範疇」に属している。レヴィナスが「〈家〉とは女性である」というタルムードの言葉を引用するときに含意しているのは、〈家〉の内奥性は「自己への回帰、内省、空間における場の出現」（DL, 54／四四）を可能にするものだということである。

この論考ではまた、女性と男性の平等についても論じられる。ヘブライ語では男は「イシュ」であり、女はその派生語の「イシャー」であるが、レヴィナスはここから、文法的生成は生物学的生成とは異なっており、「対等の存在として」エヴァが歓迎されたことを読み取る。またレヴィナスは、アダムの肋骨からエヴァが作られたという聖書の記述のうちに、「女性と男性の本性の同一性、運命と尊厳の同一性、そしてまた平等性それ自体である人格的関係への性的生活の従属」（DL, 56–57／四七）を見てとる。この議論は、『タルムード新五講話』における「そして神は女を造り給う」（「ベラホット」61a）でも扱われている。レヴィナスは、「男性的なものから出発して、女性的なものに到るのではなく、人間的なものから出発して、女性的なものと男性的なものの分割に至る」（DSAS, 132／一九二）と考えるのである。

レヴィナスは哲学書においては『全体性と無限』以降「女性的なもの」について論じなくなる。しかし、レヴィナスが抱くユダヤ教への関心は、哲学書における「女性的なもの」についての議論と並ぶもう一つの「女性的なもの」についての議論を構成している。

「女性的なもの」に関する論争

レヴィナスの「女性的なもの」についての議論は多くの論争を巻き起こしてきた。ボーヴォワールは、『第二の性』の脚注で『時間と他なるもの』について言及し、その議論が「男性の優位の肯定」であると断じた。イリガライは、レヴィナスによるエロス的関係の記述が「主体性を欠いた女性」に対して欲望と欲求を行使する主体として男性を提示するものだと述べる。

他方、レヴィナスの「女性的なもの」の議論のうちに、差異について思考するための新たな可能性を見てとる研究者も多くいる。デリダもまた「暴力と形而上学」や「この作品の、この瞬間に、我ここに」、『アデュー』において、この問題を扱っていた。レヴィナスに対するさまざまな立場は、「女性的なもの」という問題の不可避性およびその困難さを提示していると言えよう。

全体性（totalité）

馬場智一

「全体主義」（totalitarisme）や「全体主義的」（totalitaire）は、ヨーロッパでは一九二〇年代からファシズム体制を批判する言葉として使われ始め、戦後には一般に流布するようになる。アーレントの『全体主義の起原』（第一巻、一九五一年）はその一例である。レヴィナスにおける「全体性」への批判も、こうした思潮に通じているが、その矛先は、具体的な政治体制よりは、全体主義的な社会構想の根底にある存在論に向けられている。

　現象学研究から出発したレヴィナスは、「全体」と「部分」の現象学上の扱い方を、フッサールから学んでいると思われる。博士論文『フッサール現象学の直観理論』（一九三〇年刊行）には、『論理学研究』第二部Ⅲの「全体と部分論」への言及が（別の脈略ではあるが）みられる。とはいえ、三〇〜四〇年代を通じて、「全体性」に関するまとまった考察はなされていない。「ヒトラー主義哲学に関する若干の考察」（一九三五年）はナチズムのイデオロギーを哲学的に分析しているものの、「全体性」概念が重要な役割を果たしているわけではない。むしろ、「自我と全体性」（一九五四年）に始まり、『全体性と無限』（一九六一年）、「全体性と全体化」（一九七〇年）に至る思索のなかに、レヴィナスにおける全体性概念との格闘が読み取れる。

　まず哲学史上の変遷を一瞥しておこう。アリストテレスは『形而上学』で「全体」（ホロン）について解説している（1023b26）。大雑把に言えば、「全体」とは、「全体」を構成する互いに異なるものが、それらに共通する「普遍的なもの」（カトルー）により「一つの」ものとして判断されるまとまりであり（例：人、馬、神はすべて「生命あるもの」）、構成するものが互いに異ならない「総量」とは区別される。「普遍的なもの」はラテン語では universitas であり、ドイツ語では Allheit がその訳語である。カントはカテゴリー表のうちの「分量」に、「総体性（Allheit）」を位置づけた（B106）。「総体性」とは、「単一性（Einheit）」と「数多性（Vielheit）」との統一である。ヘーゲルは『エンチュクロペディー』で、真の哲学とはあらゆる原理を、すなわち真理の「統体（Totalität）」をそのうちに含む思考であり、それは歴史を通じて現れてくる絶対的な自由であると論じている。一つの真の思考がもつこの全体性に、すべてのものが含まれている。『ヘーゲルと国家』の著者でもあるローゼンツヴァイクは、『救済の星』（一九二一年）の冒頭で、すべてを一つの思考によって解明し、世界を「多様性（Vielheit）」とは解釈しない、古代ギリシアの自然哲学からヘーゲルまで（「イオニアからイエナまで」）の哲学が主張する「全体性（Allheit）」の根拠を、思考の「統一性（Einheit）」に見出す。著者は、これに挑戦を挑んだ系譜（後期シェリング、ショーペンハウアー、ニーチェ）に自らも位置づけている。

レヴィナスはこの挑戦をローゼンツヴァイクから継承し（TI, 16／二七）、ヘーゲルにおける全体性をモデルとして全体性を批判している。レヴィナスによる分析は、次の二点に要約できる。⑴この全体性において、個々の存在は全体性がもつ諸力の担い手となり、自らの意味をもっぱら全体性からのみ（一方的に）受け取る（TI, 6／一六）。これは「ヒトラー主義」の分析にも通じる。⑵このような全体性が実現するのは、歴史を編纂する修史官が、個別の実存者の自由な意志が残した業＝作品（œuvre）に、その作者が意図しなかった意味を与えることで、普遍史＝世界史（histoire universelle）のうちに個別の実存者を失わせてしまうときである（TI, 48／八五）。『全体性と無限』の数年前の「自我と全体性」では、これが「存在論的疎外」と呼ばれている（EN, 39／四二）。他方、個人と「全体性」の関係が社会であり、この関係は「顔」として現れる、とも言われており（EN, 26–27／二五）、概念の用法はまだ流動的である。

『全体性と無限』では、こうした「全体性」への批判的分析が、存在論としての西洋哲学への批判と重なり合ってゆく。不正の哲学とさえもいわれる存在論の特徴は、存在の知的理解を保証する中間項（第三項、いわば普遍的なもの）を媒介として〈他〉（多様なもの）を〈同〉（単一のもの）へと還元することである（TI, 33–34／五八。同 87／一五一も参照）。普遍的なものの媒介により存在を理解するということで、フッサールの地平概念やハイデガーの存在了解も、こうした存在論の一例とみなされる。〈他〉を〈同〉へと還元してしまう、という存在論批判は、上述の全体性批判⑴⑵と重なる。とはいえ、『全体性と無限』以降のレヴィナスにおける「全体性」の扱いには、存在論批判と重ならない部分もみられる。

『全体性と無限』が国家博士号取得論文として提出された際、審査員の一人であるガブリエル・マルセルは、事前審査報告書で、本書が「全体性を考えるのが正当であるための諸条件についての批評」から始まっていないことを遺憾であると記した。レヴィナスはこれに回答するため、上述の「エンチュクロペディー」の一節をノートに書き留めている。

百科事典の項目として執筆された「全体性と全体化」（一九七〇年）には、全体性に関する上述のアリストテレス、カント、ヘーゲルらの哲学史上の論点がまとめられており（AT, 57–67／

五二―六二）、マルセルがその不在を指摘した「批評」を、あたかも九年後に実現したかのようである。そこではヘーゲルの全体性が、よりヘーゲル哲学に即して分析され、これまで見たような特徴があらためて確認されている。しかし他方で、フッサール（直観における全体）、ハイデガー（解釈学的全体）については、ヘーゲル的な全体性の概念に回収されない積極的な意義が強調されている。他方、末尾には（AT, 67–8／六二―六三）、「全体性の彼方」として、レヴィナスの思想が依拠するさまざまな概念（『全体性と無限』でも言及されたプラトンの存在の彼方、デカルトの無限の観念など）が列挙されている。この小論は、アリストテレス、カント、ヘーゲルに関するその他の興味深い指摘とあわせ、全体性の概念についてより精緻な議論の素材を提供している。

無限（infini）
無限の観念（l'idée de l'infini）

石井雅巳

無限は、第一の主著である『全体性と無限』のタイトルにも含まれていることから示唆されるように、レヴィナスにとって最重要概念の一つである。通常、無限は有限との対比で用いられるが、レヴィナスにおいて無限は、とりわけ「全体性」――全体性は閉じた体系である以上、有限なものである――と対置され、他者の超越や外部性を表現するために用いられている。本項目では、レヴィナスにおける無限を彼自身も参照した二つの思想的源泉に着目して整理したい。

デカルトによる無限の観念

レヴィナスは『全体性と無限』をはじめとする多くのテクストで、無限との関係をデカルトに由来する「無限の観念（l'idée de l'infini）」によって説明している。レヴィナスが無限や無限の観念をいつ自らの哲学体系に組み入れるに至ったかは正確にはわからないものの、『レヴィナス著作集』に収められた「哲学雑記」ないし一九四九年におこなわれた哲学コレージュでの講義「権力と起源」での言及がおそらく最初であろう。また、公刊されたテクストのうち、無限の観念をはじめて主題的に取り上げたのは『全体性と無限』の準備稿ともいわれる「哲学と無限の観念」（一九五七年）であり、無限や無限の観念は、『全体性と無限』の構想とともに前景化してきたと推測される。以下では、レヴィナスがデカルトによるこの概念を独自に受容することで可能となった議論を大きく分けて二点指摘する。

他者を無限として捉えた場合、他者は有限な私からは完全に隔たっており、私の理解を絶するものである以上、無限なものとの関係を経験的に語ることは困難なように思われる。そこでレヴィナスが持ち出すのが、無限の観念である。私が有している無限なものの観念を分析することで明らかとなるのは、その観念にあって「観念されたもの」が当の観念をはみ出し、さらには、「観念されたもの」と観念を分離する隔たりが、「観念されたもの」の内実そのものをなすという例外的な特徴である（TI, 40／六八）。レヴィナスによれば、無限の観念をもつことが意味しているのは、無限がまず存在し、次いでそのような無限な存在が、有限なものに比して無限に大きく完全であるということを私が把握するということではない。そうではなく、無限の観念が示しているのは、観念されたもの（無限）がその観念をつねに溢れ出ていく運動――レヴィナスはこのことを「無限の無限化」と呼ぶ――が、私のうちに埋めこまれた観念において生起するということである（TI, 12／二四）。

こうした無限の観念の特徴を踏まえることで、レヴィナスは、思考からたえず溢れ出る〈他〉を〈同〉に還元することなく、〈他〉と関係することを可能にするものとしてデカルトによる無限の観念を捉えている。言い換えれば、レヴィナスにとって無限の観念は、思惟する私に対して全面的な外部性を保ち続けるような他者との関係を示す語なのである。

他方でレヴィナスは「無限の観念を所有することの積極的な面は、具体的に言えば、倫理的な関係として確定される語りに等しい」（TI, 78／一三一）と述べており、デカルトの形而上学的な概念が倫理的な関係という具体的な場面で果たす役割を考察している。その際、無限の観念とともに他者との倫理的な関係を示すのが、「教え」と呼ばれる知のあり方である。

レヴィナスは、言語的なやりとりのなかで、他者によって私の理解や遂行が問いただされることを倫理的関係の端緒としている（cf. TI, 33／五八）。他者からの審問を通じて、私は既存の思考の枠組みでは考えることができなかった事態に直面することになるだろう。このように、自らの理解の枠組みそのものが揺さぶられ、独力では獲得しえない事柄が他者によって外部からもたらされることをレヴィナスは「教え」と呼んでいる。レヴィナスは、「教え」をプラトン『メノン』で語られるような想起説と厳しく対立させ、知を自己完結的に捉えるのではなく、独力では獲得しえないものが他者によってもたらされるあり方に目を向けている。ゆえに、「教え」は自分の理解の有限性や一面性をあらわにし、「自らが思考する以上のことを思考する」（TI, 56／九八）を可能にし、既存の知の枠組みを溢れ出す運動を描き出すものである。

レヴィナスがそのような「教え」を、「自らのうちに無限の観念が置き入れ続けること」（TI, 196／三一九）と説明していることは注目に値するだろう。なぜなら、「教え」において私の理解を不断に超え出ていくような運動が他者との関係を通じて生じる事態こそ、観念されたものがその観念をつねに溢れ出ていくという無限の観念のあり方を具体的な仕方で表現するものであるからだ。それゆえレヴィナスにとって無限の観念は、既存の知の枠組みを溢れ出す運動を可能にし、私の理解の枠組みに縮減することはできない他人の他性（ないし外部性）を証だてるがゆえに、他者との倫理的関係を示すものでもある。

ヘブライ的源泉

レヴィナスがいかにデカルトの無限の観念を自らの議論に取り込んでいったかはすでに見た。しかしながら、デカルトにあって無限ないし無限の観念は、神の存在証明の論脈で登場するものであり、そこにレヴィナスが与えているような他者との倫理関係を見出すのは困難だろう。では、他者の無限性に伴う倫理的な含意はいかに持ち込まれたのか。

レヴィナスは『エンキュクロパエディア・ウニウェルサリス』（一九六八年）の「無限」の項目を執筆しており、そこで彼は「哲学は、無限の観念〔…〕を、一方では認識の遂行をめぐる省察から、他方では宗教的経験もしくは宗教的伝統から借り受けた」（AT, 69／六四）と指摘している。レヴィナスは、西洋哲学の歴史において、無限は認識の問題としてのみ展開されたために、本来無限が有していたはずの「神の宗教的な神性」（AT, 87f.／八四）が忘れられてしまっているとの見地に立ち、古代以降の無限に関する哲学史を紐解いている。

その際、宗教的伝統における無限としてレヴィナスが言及するのが、ヘブライ語の「エン・ソフ（En sof）」という概念である（AT, 77／七三）。この語は、神を説明する際に用いられ、「制限や終わりがないこと」を意味するが、レヴィナスによれば、こうした宗教的伝統の本義とは、単なる知識として把握されることなく、「責任に呼びかけつつも、他性が栄光のように増大していくことであり、これらの責任は逆説的にも、果たされれば果たされるほど増大する」という「倫理」として現れる（AT, 88／八四）。この果たされれば果たされるほど増大する責任は、『全体性と無限』においても「無限の責任」として語られている（TI, 274／四三九）。レヴィナスにおいて責任とは、他者からの呼びかけに応答することである以上、私の判断や何らかの公的な尺度によって「これで十分」という仕方で応答を一方的に停止させることはできず、応答すればするほど、他者との関係はよりいっそう深まり、私の他者への責任は増していかざるをえないのである。

かくして無限はレヴィナスの著作において、自らの理解を溢れ出る他者との関係を示していると同時に、その関係のうちで求められる責任そのものの終わりのなさを説明してもいる。レヴィナスにとって無限は、西洋哲学とユダヤ思想の合流地点であり、彼独自の倫理を支える屋台骨の一つであると言える。

糧 (nourriture)

服部敬弘

糧とは、自我が享受する「他なるもの」を指す。ここで「自我」、「享受」、「他なるもの」はそれぞれレヴィナス固有の意味をもつ。自我とは、思惟する自我ではなく、受肉した自我である。身体は、『実存から実存者へ』以来、特異な存在論的出来事として描かれるが、糧概念において重要な点は、この身体が「全体性」から孤絶している点である。思惟は、必ず思惟主体と思惟対象とを通約する第三項としての「全体性」を前提とする。それに対して、受肉した自我は、こうした全体性から分離した存在として捉えられ、「内奥性」、「唯一性」とも形容される。それを『全体性と無限』では「自存性」と呼ぶ。

自存的な自我は全体性から孤絶しているが、その根底においては「ある《イリヤ》」という匿名の出来事に束縛されている。これは「質料性」とも呼ばれ、質料性に繋縛された自我はそこからの逃走を図る。この逃走は、まず世界という「他なるもの」へと向かう欲求として描かれる。そこで成立する、自我と世界とのあいだの、全体性から分離した二項関係は、『全体性と無限』において〈同〉と《他》(l'autre)の関係として展開される。

この関係の最も原初的な段階が「享受」である。享受は、感受性ないし感覚とみなされるが、その意味は独特である。伝統的に感覚は、主知主義的理解に服してきた。それは、同一的主体が、多様な対象を一方的に統一するという主客間の認識論的関係として理解される。「〜についての意識(conscience de)」という志向性に集約されるこの関係をレヴィナスは、「〈同〉が《他》を規定する」と表現する。

享受もまた、自我が感覚対象を自己へ同化する志向性であり、〈同〉による《他》の規定である。しかし享受は、〈同〉が「《他》によって規定されながらも」《他》を規定する点で、特異な志向性である。この「《他》による〈同〉の規定」こそ、享受を従来の感覚概念から峻別する特徴である。これをレヴィナスは「〜によって生きる(vivre de)」と表現する。受肉した自我は、単に《他》と関わるだけではなく、その「飢え」ゆえに、《他》に「執着し」、「夢中になる」、つまり依存する。この自我の依存する《他》=他なるものが「糧」である。

糧は、しばしば食物などの経験的比喩で語られるが、その本義は存在論的である。それは、ハイデガーの用具存在と対比的に用いられる。用具存在は、つねに自分以外のものへと差し向けられており、この帰趨連関の網の目としての「用具全体性」につねにすでに組み込まれている。それに対して糧は、こうした全体性の手前にあり、アウグスティヌスの対比を踏まえるなら、用具として使用される前に享受される。糧の享受はそれ以外の目的をもたない。それゆえ、この目的は「終点」でもある。自我は、功利性や利害関心なしに、前反省的に、ただ糧の享受だけを目的に糧を享受する。自我は、「食べるために食べる」。

この自我と糧との独特の関係は、主客関係ではなく、両者のあいだに相関性は存在しない。しかし、そこには依存がある。「飢える」身体的自我は、糧を欲求しそれを必要とする。自我は自分が欲する糧によって逆に条件づけられている。この糧に対する逆説的関係は、「他動詞性」とも呼ばれる。すでにフッサールやハイデガーによって先取りされていた他動詞性は、全体性を排した〈同〉と《他》の関係において再解釈され、糧概念において決定的に重要な役割を果たす。〈同〉は《他》に「食らいつき」、そこにあらかじめ「根づき」、「はめ込まれ」、それによって生きている。こうした糧の享受に生じる認識論的条件づけ関係の根本的逆転が「《他》による〈同〉の規定」である。

しかし、〈同〉は《他》によって規定されながらやはり《他》を規定する。食べる行為は、糧の養分を身体に同化吸収する栄養摂取の営みでもあるように、自我に「満足」と「幸福」をもたらす。ここには、《他》から〈同〉への変容の過程がある。糧に依存する自我は、糧を享受することで、依存を克服し自存する。それは、自我が糧という《他》を経ることで〈同〉へと回帰する同一化であり、「エゴイズム」という個体化の過程でもある。

糧はその意味で、食べ物に限定されない。私が同化しうる「生の内実」はすべて糧である。そこにはさまざまな「行為」も含まれる。それはいわば享受を通して空間的な外部として与えられる「他なるもの」すべてである。この他性の根源には「質料性」がある。享受の自我にとってそれは「元基」という形態なき質として現れるが、自我がこの元基につねにすでに浸っているからこそ、自我と糧の関係は成立する。

この関係は〈同〉と《他》とのあいだの独特の弁証法として展開していくが、享受という欲求と満足が合致した段階では、自我と糧とのあいだにまだ時間の隔たりはなく、それは〈同〉と《他》との無媒介的関係、すなわち「今ここ」で成立する同一化の段階である。ここに時間の隔たりが生じるのは、「労働」と「所有」の段階へ移行した後である。この時間の起源を問うて、議論は「他なるもの」から「他人」へと発展していくことになる。

最後に、糧概念の生成史を一瞥するなら、三〇年代の『逃走論』の時点ですでにその萌芽が確認される。四〇年代には、捕囚手帳に「糧」への言及がみられ、その思索は『実存から実存者へ』において結実する。『時間と他なるもの』や哲学コレージュでの講演「糧」はこの時期における糧概念の重要性を物語っている。この時点ですでにその基本的輪郭は定まっているが、その本格的展開は『全体性と無限』が唯一である。なお、一連の「糧」論の重要な参照項として、フッサールのヒュレー論や時間論がある。また、現象学的テクストだけでなく、ユダヤ的テクストも無視できない。タルムード読解では、旧約聖書で頻出する食物の比喩を分析し、飢えた者に糧を分け与える「ユダヤ的物質主義」を描き出している。

顔（visage）

平岡　紘

レヴィナスの哲学的概念として最も人口に膾炙している概念である。レヴィナスは早くも『時間と他なるもの』（一九四八年）において他者との関係を「対面」として提示し、「顔」の語を用いている（TA, 67／二七九）。この語はのちに論文「存在論は根源的か」（一九五一年）において人間が現れる仕方を指す概念としてはっきりと提示され（EN, 20／一六）、『全体性と無限』のとりわけ第三部においてその哲学的・倫理的内実が詳述されることになる。第一主著における定義を引いておこう。「〈他〉が、私のうちなる〈他〉の観念を踏み越えて現前する仕方を、私たちは実際、顔と呼ぶ」（TI, 43／七二）。他者（他なる人間）は、その絶対的な他性を保ったまま、顔として私に現前するのである。

顔の現前としての表出

顔は、いま・ここで私が対面しているこの他者の具体的な顔である。それは一方では、目の前に置かれている瓶と同じように、知覚される一種の物である。知覚の雛形となる視覚を例にとれば、物は、私の視線のもとでさまざまな性質の総体としてある一定のイメージを結ぶ。顔もまた見られる物である。しかし他方で、顔はそうした視覚的イメージをたえず壊していく、とレヴィナスは言う（cf. TI, 215–216／三五〇）。それは「〈他者〉の顔はこれらの諸性質によってではなく、それ自体で現出する」（TI, 43／七二）ということである。このように「それ自体で現出すること」、他者の顔の一種独特な現出を、レヴィナスは「表出（expression）」と呼ぶ。

顔の表出のもつ独特さは、現象との対比によって説明される。「現象」とは「現れるが不在にとどまる存在」（TI, 197／三二一）のことである。何かが現れているが、その何かは不在のままである。現象とは、誰かが生み出したものの、そこにその誰かがいない「作品」であり、見る者によって多様に解釈され意味づけられる。これに対して顔は、確かに一つの現象であるが、他者はそこから退いてはいない。顔として現出する他者は「自分自身の現出に立ち会っている」（TI, 218／三五四）。レヴィナスによれば、それは顔が、他のものごとから意味を受け取るのではなく、「自分自身で意味する」（TI, 292／四六九）ということである。顔が他者の内面を包み隠さずに示すということではない。顔として現出する他者は、世界の中の具体的な文化的・社会的文脈によって自分が何者なのか——たとえば職業など——を定められるのに先立って、何よりもまず自らが他者であることを私に意味するのである。この意味で表出は、世界内の現象の真偽に先立ち、さらにはハイデガー的な非隠蔽性としての真理概念にも先行する、根源的な真理であるともレヴィナスは主張する（cf. TI, 198／三三二）。顔はかくして世界のなかに現象しつつ、世界の彼方を告げる。こうした顔のあり方から、後期レヴィナスは、諸々の現象が互いを意味する現象の秩序をかき乱し「過ぎ去った」ということのみを意味する「痕跡」の概念を導入して、顔を「自分自身の痕跡」（AE, 145／二二七）と規定することになる。

視線と言葉——殺人の誘惑と禁止

レヴィナスによる顔の記述の要点を見ていこう。これまで述べた点が示唆しているように、顔は必ずしも身体の一部分に限られるわけではなく、背中やうなじでもありうる。とはいえ顔は、まずもっては眼であり口である。

第一に、顔は私を見つめてくる眼、あるいはむしろ「私が見つめるのを見つめてくる」（TI, 100／一七二）眼である。対面において私が見るのは、私を見つめてくる他者の視線なのである。このような視線の交錯に「対面の絶対的な率直さ」（TI, 199／三三三）がある、とレヴィナスは言う。かかる眼の無防備さが象徴するように、顔は全面的な「裸性」において私に現れる。

第二に、顔は私に語りかけてくる口である。「顔は話す。顔の現出はすでにして語りである」（TI, 61／一〇五）。そしてまた顔は「私が話しかける相手」（TI, 65／一一一）でもある。この意味で顔とは言葉であり、声にほかならない。顔は視覚の秩序ではなく、いわば聴覚の秩序に属している。顔の表出をすぐれて達成するのは言葉、とりわけ「発話（parole）」なのである。

では、顔は何を語るのだろうか。他者の言葉は一つには「教え」である。他者は師として、世界の客観的意味について私に教える。けれどもそうした他者の語り（あるいは私と他者の対話）につねに伴い、これを支える「最初の言葉」は、「汝殺すなかれ」という命令である、とレヴィナスは言う。ただし、かかる殺人の禁止は、殺人への誘惑と表裏一体であることに注意しよう。物との関係は、物が私の意のままになるという意味で「部分的」な「否定」に等しい。物は私によって意味づけられ、了解されるからだ。しかるに、他者は私による了解を不断に踏み越え、他者を意のままにしようとする私の権能を麻痺させる。私はそれゆえ、他者の顔を前にして殺人という「全面的否定」へと誘われる。「他者は私が殺すことを意欲しうる唯一の存在である」。しかし、そのようにして殺そうとする私に対して、顔は私よりも大きな物理的力をもってではなく、眼が象徴するような無防備ゆえに絶対的な「倫理的抵抗」をもって、「殺すな」と命じるのである（以上、TI, 216–217／三五一–三五二）。この意味でレヴィナスは「眼は輝くのではない。眼は語る」（TI, 62／一〇七）とも書く。顔とはかくして、他者に応答し責任を負うよう私を呼び求める声である。私が対面する顔は自らが語る内容から独立して、つねに私に「殺すな」と語っている。他者は自らの言葉がいかなることを意味するにせよ、自身が私に顔を向けていることをいつでも意味しているのである。

このような顔と出会うこと、顔の声を聞くことこそが、レヴィナスの言う倫理にほかならない。倫理とは「〈他者〉の現前によって私の自発性が問いただされること」（TI, 33／五八）であり、その核心にあるのは、対面する他者が私に告げる殺人の禁止なのである。

教え（enseignement）

加藤里奈

「教え」という概念は、講演「発話と沈黙」（一九四八年）においてはじめて登場し、公刊著作のなかでは、ミシェル・レリスへの書評論文「語の超越――『ビフュール』をめぐって」（一九四九年）から用いられるようになる。その後、講演「糧」（一九五〇年）や講演「教え」（一九五〇年）で、主題的に「教え」概念が扱われるようになる。こうした第二次世界大戦後から一九五〇年代にかけて紡がれた「教え」をめぐるレヴィナスの思想は、第一の主著『全体性と無限』（一九六一年）において結実する。『全体性と無限』以降、「教え」概念は、レヴィナスの哲学的著作においては後景に退くが、タルムード講話等で論じられる彼自身の解釈学のなかでは扱われ続けた。

哲学者としてのレヴィナス

『全体性と無限』のなかでレヴィナスは、〈他者〉が「顔」という仕方で顕現するとき、私が〈他者〉によって問いただされる「倫理」的な出来事において、「教え」という事象を把握する。レヴィナスによれば、このような出来事に見出される「教えとは、生徒がまだ知らないことを師（maître）が生徒にもたらすことのできる言説である」（TI, 196／三三九）。この一見すると明快な説明は、レヴィナスに固有の議論のなかで理解されなければならない。

「教え」が言説のなかでもたらされるというレヴィナスの説明からも理解されるように、師である〈他者〉からの「教え」は、「言語」の関係のもとで考えられている。〈他者〉との「言語」の関係のなかで生起する「教え」は、レヴィナスによれば、ソクラテスの問答法にみられる産婆術的なものではない。産婆術的な意味での教えとは、教育者の援助によって、もともと学習者のうちに有している観念を思い起こさせ、それを引き出すことを助ける営みである。このとき産婆術を通じてもたらされた「まだ知らないこと」は、学習者にとって既知の事柄から導き出しえたものである。他方、レヴィナスの「教え」は、「私のうちに無限の観念を入れ続け」（TI, 196／三一九）、自己完結した学びを超えた「教え」を私にもたらす。つまり、それは、私の理解可能性をどれだけ拡げたとしてもけっして届きえない「まだ知らないこと」が〈他者〉によって私にもたらされる、という意味で、絶対的な「教え」である。「教え」は、その絶対的な性格ゆえに、私のあり方の正当性を問いただす「倫理」の次元を拓き、「たえず自分が思考する以上に思考するような思考」（TI, 56／九八、強調原文）の可能性へと私を拓いていく。

レヴィナスは、私の理解可能性を超えているはずの「無限の観念」が、にもかかわらず私のうちにもたらされるという、一見論理的矛盾を孕む主張をしている。しかし、そうすることでレヴィナスは、「教え」を授かるということの意味を、対象の内実を明証的に認識して取り込むという常識的な意味からずらす。〈他者〉から「教え」を授かることは、〈他者〉の思考内容を了解して内に取り込むような、言語を媒介にした思考の伝達には還元されない。私にもたらされる「まだ知らないこと」が明晰な認識過程から溢れ出ていく出来事――この出来事それ自体が、私の思考をそのつど新たに創始させる「教え」となる。

教育者としてのレヴィナス

レヴィナスは哲学者としてその名を知られているが、同時に一人の教育者でもあった。第二次世界大戦後、レヴィナスはパリにある東方イスラエリット師範学校（École Normale Israélite Orientale : ENIO）の校長に就任した。ENIOの母体は、ユダヤ人の地位向上と再生を理念としてユダヤ人子弟に対し近代教育を推進していた世界イスラエリット連盟（Alliance Israélite Universelle : AIU）である。AIUの理念に従い、ENIOは、AIU管轄学校のユダヤ人学生を受け入れ、彼・彼女らに教師になるための教育をおこない、教員として管轄学校に送り出す役割を担っていた。ENIOでレヴィナスは、校長としての任務をおこなうだけでなく、ヘブライ語を教えたり、タルムード解釈に関する講義もおこなったりするなどして、ユダヤ教育に力を入れていた。

レヴィナスは、ユダヤ教育の文脈のなかでも「教え」について思考していた。たとえば「ユダヤ教育についての考察」（一九五一年）のなかで、レヴィナスは、ユダヤ教の「教え」が、理論的教理のような貧しさへと切り詰められることなく、ユダヤ文明の命が吹き込まれた「教え」としてもたらされるユダヤ教育のあり方について論じている。ユダヤ人が宗教的少数派となり、ユダヤ的な知が染み込んだ生活は失われつつある。こうした時代において、ユダヤ教の「教え」が生きたものとなるのは、ユダヤ教の文献研究に終始することによってではない。重要なことは、テクストへの向き合い方である。文献学的に読者がテクストを解釈するとき、読者は、テクストよりも知的な師として自ら振る舞い、テクストを単なる資料として扱う恐れがあるとレヴィナスはみなす。そうではなく、ヘブライ語を学習し、「新たにそのテクストを教師（enseignant）とすること」（DL, 399／三五五）によってこそ、ユダヤ教の「教え」は生きたものとしてもたらされるのである。ユダヤ文明の息吹のなかでユダヤ教の「教え」を授かること、そしてそのために、その「教え」が書かれたテクストの言語を学習すること。レヴィナスが重きを置いたこれらの点に、ユダヤ教育の文脈で彼が思考した「教え」の含意を見て取ることができる。

レヴィナスが哲学的に論じた「教え」概念と、ユダヤ教育の文脈において思考した「教え」との関係については、今後いっそうの研究が期待される。

言語（langage）

樋口雄哉

『全体性と無限』まで

言語の問題がはじめてレヴィナス哲学の前景に現れるのは、講演「発話と沈黙」（一九四八年）においてである。そしてこの講演で提示されたアイディアは、論文「語の超越」（一九四九年）、「存在論は根源的か」（一九五一年）、講演「書かれたものと口頭のもの」（一九五二年）などを通して練り上げられ、『全体性と無限』（一九六一年）での言語に関する議論に結実する。

この時期のレヴィナスはしばしば、言語をめぐる自らの考えを、伝統的な言語理解との対比において明らかにしている。彼によれば、これまで言語の本質的な役割は、思考の内容を伝えることだとされてきた。この場合、言語とは結局、思考を通して展開される同一者の自己同一化の運動を補助するものでしかない。だが、言語を思考によって定義するこの考え方では、対話者との言葉のやりとりという言語活動の一側面がうまく説明できない。というのも、話者が自分の思考内容を伝える相手は、伝達されるその内容をはみ出ているからである。それに対しレヴィナスは、言語の本来的機能とはむしろ、対話を実現すること、思考が思考の外部の他者と関係を結ぶことだと考える。

対話者としての他者は、思考の内容、思考の対象と本質的に異なっている。思考される対象は、思考の働きから形式的に区別される一つの他者ではあるが、実際は全面的に思考の働きに依存しており、真の意味での他性を有していない。対して対話者は、思考の内側に現れるのではなく、思考の外側からこの思考をめざす（viser）という仕方で、すなわち「顔（visage）」という仕方で、絶対的他性において現前する。レヴィナスによれば、思考の働きから独立した形で起こるこのような他者の現前こそが、本来の意味での「表現」、「発話」である。

それゆえレヴィナスにとって、話された言葉は書かれた言葉に対し優位にある。なぜなら、話された言葉を私が聞くとき、そこには、十全な意味における他者としての他人の現前があるからである。たしかに文書も他人の言葉ではある。だが、私が文書を読むとき、筆者である他人は文献学的な知の対象として、あるいは文書からそのひととなりを読み取るべき対象として、つまり思考の対象として現れるにすぎないのである。

ところで、「顔」における他人の現前、「発話」の成立は、主体の側に、この他人に対する然るべき関わり方を要求する。レヴィナスによれば、それは「言説」による関わりである。だが、言葉を介した他人との関係がすべて、思考の外部の他人との関係を成就するわけではない。教育・教導や扇動の言葉は、他人をこちらの意図のとおりに導こうとする。レヴィナスがまとめて「レトリック」と呼ぶこれらの言葉は、他人へ「斜めから」接近し、他人から他性を奪おうとする言葉にほかならない。レヴィナスはこのような仕方での他人への接近を「暴力」「不正」とみなし、他人の「顔」に正面から接近することとしての「正義（正しさ）」と区別する。では、「正義」の言葉、真の「言説」とは、他人とのどのような関係なのか。

そもそも、他人が思考を逃れ、思考の外部にとどまるのは、私の思考力が不十分だからではない。思考とは、事物をいつでも「享受」しうるものとして「所有」するという、事物へのエゴイスティックな関わり方の派生態である。他人が外部的であるのは、他人の現前が、この「享受」と「所有」そのものを倫理的に問いただすからである。他人の「顔」へ正面から接近し、「発話」に応えることとは、この「問いただし」を受け止めることである。そしてそれは、私の「所有物」が他人へと差し出され、他人との「共有物」になることを伴う。レヴィナスはこの共有化に、言葉による事物の「主題化」という働きの根源的意味を見る。真の「言説」とは、相手に差し出すべき事物を携えて、他人へと関わることなのである。

『全体性と無限』以降

『全体性と無限』では、言葉によって他人へと宛てられ共有物となった事物と、もっぱら自我のエゴイスティックな「享受」に向けられるだけの事物とのあいだの差異が重要な意味をもつ。またそれに対応して、言語によって事物を捉えることと、非言語的な仕方で事物に関わることとがはっきり区別されている。対して『全体性と無限』以降のレヴィナスの著作では、これらの区別は後退し、主体の対象への関わり方一般が、同一化を本質とする一つの「言語」行為とみなされるようになる。そして議論の照準はむしろ、この同一化の「言語」と、他人との関係としての「言語」という二つの「言語」の区別に、そして後者の「言語」の本源性に合わせられることになる。

レヴィナスはこれら二つの「言語」の区別を、論考「言語と近さ」(一九六七年)において「志向性」と「近さ」という二種類の対他関係の違いとして整理したのち、『存在の彼方へ』(一九七四年)の頃からは、〈「言われたこと」〉と〈「言われたこと」なき「言うこと」〉と相関的な「言うこと」〈「言われたこと」なき「言うこと」〉のあいだの差異として、捉え直すようになる。彼によれば、「言うこと」とは、私がその時々でしたりしなかったりする私の能動的行為の一つなのではない。それは、私が受動的に巻き込まれている出来事であり、私はこの出来事において「他者のための一者」として指名される限りでのみ、「私」である。そして、「言われたこと」と相関的な「言うこと」、すなわち同一化の言語は、この出来事の派生的様態でしかない。

他方でレヴィナスは、六〇年代以降、他人と無限(神)とをよりはっきりと区別したうえで、他人の「顔」を、無限(神)が私に関わる「仕方」として再解釈するようになる。そしてそれに応じて、「言語」にも新たな意味が与えられるようになる。とくに『存在の彼方へ』では、「言うこと」は、それ自体が無限の存立する「仕方」であるという意味で、「無限の栄光」の「証言」だとされる。また「言うこと」は、私を他人へ差し向ける神の掟を、それ自体によって体現する「預言」としても規定される。このように、晩年のレヴィナスにおいては、主体にとってのあらゆる出来事が、拡大された意味における「言語」として捉えられてゆくのである。

責任(responsabilité)

村上暁子

「責任(responsabilité)」は自我が他者に問いただされ「応答する(répondre)」よう求められる仕方、「応答可能性」を指すが、そこには一般的な「責任」概念とは異なる発想が多く含まれる。

自我の問いただしと応答への呼びかけ

まず、応答責任は「他人」との関係において生起する。『全体性と無限』以来、自我とは、「他なるもの」の他性を部分否定して掌握する「権能」によって世界を我がものにする自我中心的な〈同〉である。この自我のあり方を告発するのが、絶対的〈他〉である「他人」の「顔」としての公現である。他人は、自我による全面的否定としての「殺人」の暴力にさらされつつも、世界には縛られず孤絶している。顔において他人は自我を凌駕する力として対抗するのではなく、「汝殺すなかれ」という道徳的命令を通達して全体性の彼方の無限を告げることで、自我の自由の不当さを告発する。この「倫理的抵抗」によって、自我は応答責任へと呼び出される。

また、応答責任の拘束性は純粋に道徳的な審級にある。顔の公現は、殺人の「純粋に倫理的な」不可能性（TI, 173／三五三）のうちに自我を置き入れるが、これは存在論的必然性による不可能性ではなく、道徳的命令への違反が「責務の不履行なしには、過ちなしには、罪を犯すことなしには不可能」（AE, 213／四四四）であることを表現するからだ。応答責任は、他人の前から逃れることの倫理的不可能性において、自らの不正を恥じる道徳的意識の始まりである。そのため、そこから応答責任が生じる他人との関係は、それ自体が「倫理」と呼ばれる。

応答責任において自我は、他人に対して義務を負うと同時に、他人について責任を問われる。顔は、無限の高みから命令する「神」や「師」の高さと、施しを懇請する「寡婦」や「孤児」、「異邦人」の悲惨という、両義的な特徴づけをもつが、これは、他人が自我を問いただす裁き手であると同時に、その人について自我の責任が問われる原告であることを表現している。この応答責任によって、他人に宛てて自己表出する「発話」、他人の前で自己存在を正当化する「弁明」としての「言説」が始まる。言説において他人は、対話者として二人称で「あなた」と呼びかけられるが、全体性のうちに包摂されることはない。言説は、「寛大さ」において自己の所有を贈与しつつ異邦人である他人を歓待し、世界を共有のものとする。こうして絶対的差異で隔てられた〈同〉と〈他〉のあいだに「社会」が拓かれ、自他の自由と、道徳性がともに実現する。

無限責任と公正な社会の要請

自我の理解を溢れ出る他人の無限は、他人との関係のうちで求められる応答責任の終わりのなさに対応している。応答責任は、自我がなした行為による「事後的責任」、事前の合意に基づく「契約責任」とは違って起源を特定しえないため、自我の方で「これで十分」と限定することができない。他人たちが私に対して負う責任についても私には責任があるがゆえに、応答するほどに自己にはより重い責任が課され、自己は究極的に万事と万人について誰よりも責任ある者となる。つまり応答責任は、果たすほどに増える「無限の責任」なのである。

この応答責任は、倫理的主体性としての自己の個体化の契機でもある。「自己のために」あるものとして対象を構成するのとは反対に、応答責任において自己は「他者のために」ある。他人のために存在することは、〈同〉の自我中心性や存在への固執を超えて他者へと超越する動向として、自己の「善良さ」と呼ばれる。なお、応答責任における主体性は、他者によって息を吹き込まれ他者のためにある一者として生起する。想像上の立場交換によって他者の苦しみに共感を抱く能動性とも、他者から被ったものを自分のものとして受け容れる受容性とも異なり、応答責任への召喚は、他者から決定的な仕方で外傷を負わされつつもその触発を意識化できない徹底的な「受動性」として、〈同〉のなかの〈他〉の構造をもつためである。

ただし、顔のうちには「第三者」が居合わせているがゆえに、応答責任によって、自我は一挙に複数の他人たちに結びつけられる。『全体性と無限』によれば、応答責任は閉鎖的で排他的な「愛」から区別され、全体性の外部である他人を正当な仕方で扱う「正義」を成就する。一方、『存在の彼方へ』においては、応答責任から「第三者」による正義の要求が区別され、無限に責任に応答する「慈愛」を限定して各人の平等と公正さをめざす原理が「正義」と呼ばれる。これは、応答責任がただ一人に排他的に向けられる愛へと堕すことを意味しない。自我の応答を、正義に適った制度によって実現することは、あらゆる他人たちに応答する自我の責任のもとに要請されるからだ。

さらに、応答責任にはタルムード読解に基づくユダヤ思想の影響もある。『困難な自由』に収められた「成年者の宗教」によれば、人間に対する人間の罪だけは神にも肩代わりできず、公正な社会を実現する責任は人間自身にある。人間たちは他の人間の過ちについて責任を負う連帯関係にあり、貧者、寡婦、孤児、異邦人に加えて悪人をも救う平等な正義が求められるが、これは他人たち以上に厳しい要求を自己に課す根源的不平等なしには実現しない。この考えは「ユダヤ的メシアニズム」と呼ばれ、人間関係のうちで神との関係を成就するユダヤ教に固有の責任として、また選びの意識という道徳的範疇として語られている。

レヴィナスの応答責任論は五〇年代から展開され『全体性と無限』や『存在の彼方へ』に結実し、以後もその思想の中核をなしているが、そこには、タルムード読解と哲学的議論の連動もまた見て取れるのである。

欲求（besoin）と欲望（désir）

小手川正二郎

欲求と欲望とは、ともに、何かを欲することであるが、その欲し方の相違を分析することにレヴィナスはこだわり続けた。両者が明確な区別のもと、ある種の術語として用いられ始めたのは、『全体性と無限』（一九六一年）の主要なテーゼが語られる「哲学と無限の観念」（一九五七年）に遡る（『実存から実存者へ』（一九四七年）ですでに欲望という語が、対象や他の目的に向かうことなくそれ自体で自足した活動の意味で用いられているが（EE, 56／七〇）、それは後に「欲求」と呼ばれる活動に近い）。この論考では、真理の探究としての哲学に、二つの道があることが示される。つまり、自分とは根底的に異なるものを経験しそれに導かれる「他律」の道と、そうした他者を自らの理解の枠組みに縮減することで、思考する自我の自由を維持し続ける「自律」の道である。レヴィナスによれば、西洋哲学の主流は自律の道を歩んできたが、数少ない例外として、デカルトによる無限の観念の考察がある。そこでは、思考する自我が、自分には把捉（comprendre）しえない無限を縮減することも、逆にそれに呑み込まれることもなく、それを思考することが試みられるからだ。レヴィナスは、自らが思考する以上のものを思考する「無限の観念」が、もはや何らかの対象に向けられた観想にはとどまらないとして、それを「欲望」と名づける。ここではじめて、自我に欠如しているものに向けられ、それによって満たされる「欲求」と対比する形で、何も欠如していないにもかかわらず抱かれ、欲求が充足されるように解消されることがない「欲望」が定義される。

『全体性と無限』では、欲求と欲望の区別が、運動の起点の相違によってより明確化される。「〈欲望〉は、欲せられるものによって駆り立てられる希求であり、自らの「対象」の方から生じる、つまり欲望は［対象の方から］立ち現れて来ることとなるのだ。これに対して、欲求は、魂の欠如であり、主体から生じる」（TI, 56／九八）。第一部で示されるこうした「形式的定義」は、第二部における自我の分離をめぐる分析と、第三部における他人との対面をめぐる分析において「具体化」される。一方で、欲求は生命維持に向かう動物的な本能とは異なり、自らが依存する世界から距離をとって（「分離」して）、自己のために自分とは異なるものを欲することとして特徴づけられる。たとえば、（音や手触りを享受するように）対象との係わりそれ自体を楽しんだり、対象を自分のために加工したり所有したりする際、人は他者を欲求している。他方、欲望は「自己のため」に帰着しない形で、他者を欲することを指す。それは、他人との「対面」において、すなわち他人が自我の理解やあり方を問い直し、そうした他人に対する応答を迫られるなかで生じると考えられる。こうした起点の相違に基づく区別がなされると同時に、自己とは端的に異なるものへの欲望が（自己に閉じることのない）時間性を可能にし、そうした時間性を欲求が前提としているという点で、「人間的な欲求は、すでに〈欲望〉に基づいている」（TI, 121／二〇四）といわれている。

さらに、『全体性と無限』第四部では、自我の欲望の起点である他人が同時に自我の性的欲求の対象にもなりうる可能性が、他人との性的関係の分析（「エロスの現象学」）を通じて検討される。性的関係とは、自我による一方的な欲求解消の関係でも、他人に対する責任が一方的に課される倫理的関係とも異なり、相手を一人の人間として尊重すると同時に性的欲求の対象とみなす両義的な関係であり、「〈他人〉がその他性を保持する一方で、欲求対象として現れる可能性」、「欲求と欲望の同時性」を特徴とする関係なのだ。

「他者の痕跡」（一九六三年、『実存の発見』所収）でも、以上のような欲求と欲望の区別は維持されているが、そこでは〈他人〉に向かう欲望が、自己の存在に固執する傾向や自己への気遣いに対置され、「自分自身のため」とは対極にある「他者のため」」、すなわち「善良さ（bonté）」や寛大さ（générosité）により近づけて考察されている。『存在の彼方へ』（一九七四年）では、欲求と欲望の対比は後景化し、自分が望んではいない者への欲望が隣人に対する責任として記述されるものの（AE, 196／二八四）、欲望という語よりも「他者のための一者」という語がより頻出するようになる。なぜなら、そこでは欲求と欲望との起点の相違を踏まえたうえで、もっぱら「自分自身のため」に生きている自我が、いかにして「他者のために」という方向性へと向け変えさせられるのかという点に焦点が移っているからだ。

自我が他人との対面によって、他人に対する倫理的責任に目覚めさせられるとき、この責任の起源は——社会的な責任の場合のように——自我がなした行為や自我と他人のあいだの社会関係に見出されるわけではない。自分にはいかなる過失もないにもかかわらず課せられるようなこの「無始原的な責任」が、外からの命令に盲目的に従うことでもないのだとしたら、それはいかにして可能なのか。レヴィナスは、自分でも気づかなかった自分の善良さや良心に気づくという事態を、「他者による息の吹き入れ（inspiration）」、つまり一度も認知されたことがない命令が自分の知らぬ間に、「盗人のように」自分のうちに忍び込み、自分を触発してしまっていることとして解釈する。「時間に逆らって、［命令への］服従そのもののうちで命令を見出し、自己自身から命令を受け取る可能性——他律から自律へのこの反転が、無限が生じる仕方である〔…〕」（AE, 232／三三七）。このようにして、自我にとって絶対的に外的なものが自我の内側から生じてくるかのようにして経験されるという逆説的事態が、欲求と欲望との起点の相違を踏まえたうえで理解され直すのだ。

ちなみに désir を「欲望」と訳す事情については、『神・死・時間』の「訳者あとがき」で、岩田靖夫氏の批判を受けた訳者の合田正人氏による詳細な説明がなされているので、訳語に関心のある方はぜひ参照されたい。

エロス（éros）

高野浩之

「エロス」は、現象学的に記述された他者関係の一つであり、一九四八年の『時間と他なるもの』ではじめて主題的に論じられた。のちに、一九六一年の主著『全体性と無限』第四部ではいっそう詳細に探究されている。レヴィナス初期の草稿群が多く収録されている『レヴィナス著作集』第一巻、第三巻でも、エロスの記述は一つの主題として扱われており、とくに第三巻では、エロスをテーマとした小説の草稿も収められている。とはいえ、『全体性と無限』以降、レヴィナスはエロスについて積極的には触れなくなっていく。レヴィナスがそのキャリアの前期に他者の絶対的他性を肯定する際によりどころとしたのが、エロスの分析だったといえよう。

エロスの現象学は、相手の身体をまさぐる「愛撫」の振る舞いを軸として展開される。まず、この愛撫の分析を具体的に見ていこう。性愛の最中で、愛撫は相手の身体を知的に把握することでもなければ、相手の身体を単に享受することでもない。たしかに、愛撫は相手の身体に直接触れ、その滑らかさや温もりなどを感じているという点で、感受性の領域にある。しかし、愛撫する手はそうした感覚内容を得ているのに、これにけっして満足しないことも同時に表明している。というのも、たえずまさぐり続けるという愛撫の振る舞いには、何かを摑むのではなく、むしろ何も摑まないということが見出されるからだ。つまり、何かを摑むことで満足を求める行為とは異なることこそ、愛撫をその他の行為から根本的に区別する。たとえば、愛撫は享受とは異なる。お腹が空けば、食べることでこの飢えは癒やされ、満足に達する。それが腹を満たすということであり、糧を摑みとるということである。享受においてこの糧の他性は、私に吸収された時点で消失してしまう。享受はその構造上、対象の他性を肯定できない。それに対して愛撫は、感覚内容をつねに超越するものを追い求める以上、そのつど超越してゆく他性を肯定することになる。愛撫のたえざるまさぐりは、現前する裸体を超えて、まだ到来しない何かとの関係を描いているとされる。だからこの超越は、愛撫が特別な意味での未来と関わっていることを証している。というのも、現在から逃れるものをまさぐり求めることとは、現在化できない未来性を希求するからだ。それゆえ愛撫の描く未来は、予期によって把握される「今後起こりうること」、たとえば明日の天気のようなものではない。愛撫における未来は、明日の天気と異なり、けっして後から経験できない。なぜなら愛撫は、それが向かう未来を予期しているわけではなく、この予期がない以上、後から確認するということもできないからである。したがって愛撫が関わるのは、現在にはけっして還元されえない未来性という意味での絶対的他性なのである。

こうして、性愛において、けっして現前しないものの現前という或る種矛盾した対象が顕現する。この現出の様態は「消失」、「気絶」、「恥じらい」などの語彙で語られ、そのように現出するものは「柔らかいもの」、「か弱いもの」などと記述される。このように形容されるものが「女性的なもの」、「愛される女」である。とはいえ、これは一方的に愛撫される受動的存在でもない。愛撫はカップルが互いに愛撫しあうことを意味しており、この点でレヴィナスはエロスにおける相手が単に私によって感じられる対象であるばかりでなく、感じる主体でもあることをはっきりと認めている。しかしこの主体は、あくまで官能の主体であって、顔との関係における理性的な主体とは異なり「幼児性」、「動物性」といった「人格の身分を離れ」（TI, 241／四七三）た次元で語られる。さらに、顔との関係が原理的に第三者に開かれた公的なものであるのに対して、エロス的関係は二者のあいだで閉じた関係を構成している。これは、官能の現場が二者のあいだで際立つものだという偶然的状況によるのではない。官能は、感じる主体たる相手が〈私〉を愛することを求めることであり、互いに超越しあいながらも、互いの愛を求めあう状況である。したがって、官能は「他者の愛を愛すること」（TI, 244／四七七）である。このように、〈私〉は相手が〈私〉の愛を求めることを求めながらも、それによって相手の主体性が肯定される以上、両者はけっして融合できない自他分離の関係にある。この二者の分離が官能特有の「悲壮」（TA, 78／二八八）、「官能の鋭さ」（TI, 243／四七七）となる。だからエロスは、二者間の閉鎖性であると同時に、この二者を決定的に分離する構造になっている。

　はじめから愛撫という振る舞いに着目する点で、レヴィナスのエロス論は、プラトンのエロスなどとは大きく異なる。というのも、レヴィナスにあっては、自他が決定的に二者に分離していることがエロスの本質だからだ。現世の人間が、彼岸の世界でのかつてのパートナーとの合一を求める態度としてのエロスとは異なるのである。また、エロスはハイデガーの現存在分析に対する批判でもある。レヴィナスからすると、ハイデガーの現存在分析は人間が性的存在であり、子を残せることについての過小評価に基づいている。レヴィナスの見るところでは、子の可能性によって人間は、自分の死以上に重要なもの（わが子の生命）を見出し、現存在が決定的に自分の死によって規定されるという観点を超越する可能性に開かれるのである。

　このように、エロスの記述は「繁殖性」へとつながってゆくばかりか、ハイデガー批判の観点からも、この繁殖性こそが決定的な批判につながることになる。しかしだからといって、エロスが繁殖の手段としてしか考察されていないわけではない。少なくとも、官能を掻き立てるものは、自分が望む子どもの誕生の予期だと言うとしたら、それは誤った解釈である。官能の記述としてのエロスの現象学と繁殖性の記述とは区別されており、出産可能性からエロスの考察がなされているわけではないことには注意しなければならないと思われる。

繁殖性（fécondité）

中　真生

繁殖性とはレヴィナスにおいて、「子ども」という他なるものと関係する主体のあり方を指す。それは「父性（paternité）」

とも言い換えられる。

レヴィナスはその思想を貫いて、他なるものとの関係を考察するが、それは主体のあり方を考察することを通してであるのが特徴である。つまり、主体はいかにして、その根本の成り立ちにおいて、自分とはまったく異なる他なるものと関係しうるのか、と考えるのである。自分ではないものを「対象（l'objet）」として捉え、認識し、コントロールする主体は、その限りで、自分とは真に他なるものと出会うことがない。それは「孤独（solitude）」とも、「同（le Même）」とも呼ばれる。自分とは異なるものも、自らに引き受け、自らのうちに統合し、同化してしまうからである。自分自身への一致というこの閉塞状態、言い換えれば、同じものしかない「一元性（unité）」を破るのが、『時間と他なるもの』では、死、エロス、父性あるいは繁殖性の三つだとされる。いまだない未来そのものである死や子ども、そしてエロスにおいて関わる「女性的なもの」は、いずれも主体がそれらを能動的に引き受け、捉え、認識することで自己のうちに同化吸収することができない他なるものだからである。

このうち、エロスの関係の末に訪れる子どもとの関係、すなわち父性あるいは繁殖性に、この時期のレヴィナスはとりわけ、真に他なるものとの関係の基礎を見ようとする。

死も、エロスも、父性も、主体の「存在すること」そのものに「二元性」をもたらす。これを、存在することそのものが多数化するとも言う。主体が自らのうちに統合できないものと、それにもかかわらず、自らの意志や能動性を超え、それを被るかたちで関わっており、その関係そのものが主体を構成しているからである。言い換えれば、これらとの関係において、主体は根本的にその存在の仕方を変える。父性とは、自らの子どもとの関係であるが、「私は私の子どもである」という。私は、私の子どもをもっているのではない。私は幾分か、私の子どもであると同時に、私の子どもは私にとってまったく他なるものである、という矛盾した事態である。というのもそのことは、私は、私にとってまったく他なるものである、というのに等しいからである。この矛盾を抱えて形成されているのが私という主体である。この矛盾のおかげで、私は同じものである自己自身に回帰することを妨げられ、それによって解放される。これは超越とも呼ばれる。そこでは「私は…である」（je suis）が、同一原理、A＝Aに閉じずに開かれていること、あるいは同一性が攪乱されていることが分かる。このことを「私は…である」が、言い換えれば、私の「実存すること」そのものが「二重化している」とレヴィナスは表現する。

主体が父であること、すなわち父性は、主体の繁殖性とも言い換えられる。繁殖性はたしかに、人が子どもをもうけるという生物学的な事実に根をもつが、それにとどまらない、「存在論的カテゴリー」として用いられていることが重要である。人が子どもを生むことや、子どもが生まれることは経験的には偶然の出来事であるが、レヴィナスは、それを超えて、主体の存在の仕方そのものの特徴を示すものとして繁殖性という語を用いている。したがって、個々の人が子どもをもつかもたないかという経験的差異の手前でそれを考えていると言える（他なるものとの関係が考察されるのも、現実に他人と関わっているか否かより手前のこの次元である）。

　また、主体が繁殖性としてあることは、レヴィナスにおいて、「時間」を可能にする側面をもつ。というのも、自己と一致する閉塞的な「孤独」としての主体は、「現在」であり、それがあらゆる他のものを自らに吸収し同一化する限り、現在が広がるだけで、現在にとって他なるもの、未来はなく、したがって時間も存在しない。しかし、死が未来であるのと同様、子どもは、いまだない未来である。私が、その未来である子どもそれ自身である、というかたちでその未来と関係し、それが自らの実存することを形成しているとしたら、私の現在は、それとはまったく他なるものである未来を、自らのうちに、含み切れないというかたちで、つまり自らのうちにありながらそこを超え出ていくというかたちで含んでいることになり、ここに時間が成立する。現在の拡張ではない、それとはまったく異なる未来に継がれる真の時間、その意味で「非連続的な」時間である。私の繁殖性とは、非連続的なものの連続という、時間を成り立たせる矛盾した事態を可能にするものなのである。

　他なるものとの関係を考えることは、主体を「一元性」（「同」）とは別様に考えることであり、それは主体の超越を考えること、さらに時間を考えることでもある。これを可能にするのが、私が、私にとって他なるものである子どもであるという、私の繁殖性なのである。

　なお、『存在の彼方へ』を中心とする後期には、父性や繁殖性という表現は用いられなくなり、代わって、同じく、他なるものを自らのうちに含み切れないというかたちで含む主体のあり方が、「母性（maternité）」と呼ばれるようになる。父性から母性へという見かけの大きな変化に反して、レヴィナスの追求する方向は一貫している。ただ、子どもと関係する主体は、もはや二元性ではなく、さらに幾様にも引き裂かれ、攪乱されたあり方、「隔時性（diachronie）」と呼ばれるあり方をするとされ、自己への一致あるいは回帰をこの上なく攪乱する方向性が極限まで突き詰められたのが「母性」と呼ばれるものだと言える。

言うこと／語ること（le dire）と言われたこと／語られたこと（le dit）

犬飼智仁

「言うこと」と「言われたこと」という言葉が明確に術語として用いられるのは、『存在の彼方へ』を中心とする後期レヴィナスの著作においてである（言葉それ自体は『全体性と無限』にもみられる）。

言語と志向性

「言うこと」と「言われたこと」は、「存在する」と「存在しない」（あるいは、存在と無）の二項対立に還元されない超越（存在とは他なるもの、存在の彼方）の意味を語ろうとする『存在の彼方へ』において、同書のさまざまな議論を構成する基本的な枠組みである。「言うこと」と「言われたこと」という枠組みを用いた分析は、客観的な志向性や感覚にまで及ぶことになるが、ここでは言語的な観点に論点を限定しておこう。

『存在の彼方へ』に先立つ「言語と近さ」（一九六七年、『実存の発見』所収）において、レヴィナスは言語（とりわけ単語と言説）のうちに、合理性としてのロゴス（論理学的命題）と言説としてのロゴス（叙述的な言説）という二つのロゴスが存在することを指摘する。そして、これらに共通する主題化と同一化という特徴が、他人に対する倫理的関係を記述するのに不適切であると考えた。

叙述的な言説において、単語ないし体系としての記号は時間的な諸相をもつ出来事を語りのうちに統一し、主題を同定する。この同一性はケリュグマ（宣告）と呼ばれる働きによって保持される。他方、論理学的な命題における意味の理念性が問題になる際には、個別なものの意味は普遍性の媒介によって思念される。一般には区別される論理学的命題と叙述的な言説は、それらが主題化という志向性の働きにおいて「あれとしてのこれ」という形で思念される意味を表明し伝達するという点で同一視される。理念的なものを媒介しない特異なものとの関係、つまり、すでに与えられている属性や文脈に還元されない他人、隣人との関係を記述するには、上記のものとは別の様相が必要であることになる。

他人との直接的な関係が結ばれるのは「近さ」においてである。「近さ」は空間的な距離というよりも、他人に対する倫理的な関係として、応答可能性として、自己が否応なく他人にさらされる関係である。「近さ」において他人へと接近することが「言うこと」である。それは情報の伝達としてのコミュニケーションではない。この伝達はすでに「言われたこと」である。それゆえ、コミュニケーションが前提とする「近さ」における他人への接近が「言うこと」である。以下では、「近さ」における「言うこと」の意味が展開される過程を見たい。

「言うこと」と「言われたこと」の相関関係と還元

『存在の彼方へ』の哲学的課題の一つは「言われたこと」の手前の「言うこと」、つまり他人に対する責任の意味へと遡ることだが、そのような哲学的企図もまた「言われたこと」を免れるわけではない。哲学そのものも言語を用いておこなう以上、その対象となる事柄をわれわれの前に立てることを避けられないからである。「言うこと」は「言われたこと」と相関関係にある。つまり、「言うこと」は「言われたこと」に従属しており、「言われたこと」によって隠されてしまう。したがって、「言われたこと」から「言うこと」へ遡り、純粋な「言うこと」の意味を明らかにすることが課題となる。

純粋な「言うこと」は、他人への接近という行為のなかに隠れている主体性の極限的な受動性を意味する。つまり、自我は行為の能動－受動という水準の手前で、すでに他人へとさらされており、他人に応答可能（responsable：責任がある）である。他人に応答可能な主体性は、誇張的に進展するさらなる分析を通じて、「我ここに（me voici）」という表現のなかで対格として置かれる自己を意味する。「我ここに」は、この言葉が実際に言われるかどうかにかかわらず、他人への接近において、自我が応答可能な者としてその場にいることを意味する。

ここまで見てきたように、『存在の彼方へ』において、レヴィナスの哲学は「言うこと」を肯定しつつ、ただちに「言われたこと」を撤回し言い直すという複雑な道をたどる。さらに、「言うこと」と「言われたこと」のあいだでおこなわれる肯定と撤回は一回限りのものではない。

この複雑な運動は、たとえば、倫理と政治の関係に対応する。前者は顔として現前する他者との関係であり、後者は他者とは別の他者である第三者をも含む関係である。それゆえ、顔との関係は無限の応答可能性・責任によって特徴づけられるのに対し、政治が正義として実現されるには、複数の他者との関係における比較考量や計算、制度や法による客観性が要請される。その意味において、レヴィナスは客観的・普遍的な体制や制度を棄却するような態度を肯定しない。しかし、政治はそれ自身として倫理的な正当性を含んでおらず、非人称的な理性の支配や専制的な体制に陥る危険性に面しているがゆえに、倫理的関係を参照しなければならない。レヴィナスは、たえず倫理へと遡り、政治を倫理によってあらためて正当化（ないし修正）することを通じて開かれる正義の可能性を追求しているのである。

身代わり（substitution）

藤岡俊博

「身代わり」は主に『存在の彼方へ』（一九七四年）で用いられる概念で、同書の中心部をなす第四章の章題でもある。単語としては、「置き換える」という他動詞 substituer ではなく、「……の代わりとなる」という代名動詞 se substituer の名詞化であり、「他者の代わりに、他者の場所に身を置く」ことを意味する。この概念の射程を理解するためには、レヴィナスの思想の参照軸であるハイデガーの議論を念頭に置かなければならない。

ハイデガーは『存在と時間』（一九二七年）の第二六節で、共同現存在の「待遇（Fürsorge）」の一つの様態として、相手がすべきことを代理で引き受け、その苦労を取り除いてやる身代わりを示唆している。こうした代理可能性の唯一の例外は、死である。ひとは他者の身代わりになって死ぬことはできるが、誰もがいつかは死ぬ限りで、そのひと自身の死を取り除いてあげることはできない。それゆえ死は現存在が各自で引き受けなければならない可能性であり、死を先駆的に覚悟することが、ひとごとでない自分の存在と向き合う契機となるのである。

レヴィナスにおける身代わりは、極限まで自己を他者に暴露する「他者のための一者（l'un-pour-l'autre）」という形式をもつ。これは「記号（signe）」に典型的にみられる構造である。たとえば「口」は、四本の線が四角く組み合わさったインクの染みにすぎないが、文字記号として捉えた場合、生物が食物を取り入れたり発声するための器官を意味する。このように記号はそれ自体がなにかでありつつも、自分とは別のものを代わりに意味するのである。一つの文字をじっと見つめていると、文字そのものの外観が際立って異様に見え始めることがあるが、そうした日常的な経験からもわかるように、他のものを意味するという記号の役割が最大限に発揮されるのは、記号がそれ自体としては認識されなくなるまでに、自らの自己同一性を喪失するときである。

自己でありながら他者を意味するというこうした記号の構造を、レヴィナスは主体性にも認める。「他者のための一者」という表現で用いられているフランス語の前置詞 pour（英語の for）は、「……のために」「……に代わって」「……の場所へ」「……として」のような多様な意味を表すことができる。そこから、自己とは他なるものを意味する「意味作用（signification）」、自己の場所の喪失である「非場所（non-lieu）」、自己の縮減によって他者に包囲される「人質（otage）」といった、主体の「誇張的な（hyperbolique）」性格が導かれる。身代わりの概念がいわばこれらの様態を代表しているが、こうした主体性の構造をレヴィナスはさらに「近さ（proximité）」とも名づけている。「他者のための一者」において、一者は他者との「関係」の項であると同時に、その自己性がすでに他者を意味しているために、「関係」そのものでもある。「近さ」は一者と他者という二項間の固定された関係ではなく、「ますます近く」という止むことのない運動であり、たえず他なるものの貫入を被り続ける主体は、自己の瀬戸際に追い立てられ、自己の核にまで縮減されて破裂する。定義上いかなる面積も有さない「点」が「面」と同義となるように、自己の外へ放逐された「非場所」としての主体は、万人のための「応答責任（responsabilité）」を負う代替不可能な中心点と化すのである。

のちに身代わりは、最晩年のテクスト「……の代わりに死ぬこと」（『われわれのあいだで』所収）でさらなる徹底化を受ける。日常的な現存在は、他者たちと「ともに」存在し、他者の「ために」なにかをおこなう。こうした現存在の共同性は、孤独な現存在にあとから付け加わるのではなく、当の現存在を構成する不可欠の契機である。共同現存在の「ともに（mit）」や、待遇の「ために（für）」に注目したにもかかわらず、結局のところハイデガーにおいて、日常的な現存在は非本来的な「ひと」であり、その本来性を担保するのは自分の死の可能性のみであった。誰もが死をまぬがれない点で、死だけが現存在自身の固有の可能性であるというハイデガーの論理に破綻はない。しかし、私と死のあいだには絶対に飛び越えられない間隔があり、死の瞬間には、死という他なる出来事から私への跳躍が生じる。私固有の可能性であるはずの死の瞬間に私が不在であるどころか、そこに至る「死に臨む存在（Sein zum Tode）」の一切が、実際には医療や友愛への呼びかけといった他者との関係であり続けている。レヴィナスは、固有の存在や本来性を第一に捉える存在論の考え方は価値判断に基づく選択の結果だとし、自己の死よりも他者の死を優先的に憂慮する「犠牲（sacrifice）」の倫理をそれに対置している。「他者のために」という意味作用が、「存在の意味への問い」への応答として提示されるのである。

　レヴィナスの身代わりの概念は、他者の苦しみを一身に担う「メシア」としての自己という、ユダヤ教のメシアニズムの解釈とも関係している。『存在の彼方へ』の第四章のエピグラフに掲げられた「私が私であるとき、私は君である」というツェランの詩句も示すように、こうした自己同一性の破裂において、逆説的に、誰も私の代わりに身代わりになることはできないという私の「唯一性（unicité）」が生まれるのである。

傷つきやすさ／可傷性（vulnérabilité）

平石晃樹

「傷つきやすさ」は『存在の彼方へ』（一九七四年）を中心とするレヴィナスの後期思想に登場する概念である。原語の«vulnérabilité»は、可傷性、脆弱性、さらには弱者性とも訳されるが、レヴィナス哲学の術語としては、傷を被ることにさらされた感受性の鋭敏さや過敏さを、より広くは身体として存在する主体の脆さや受動性を表す。

傷つきやすさと「〈同〉のなかの〈他〉」としての主体性

レヴィナスによれば、感受性とは、対象を一定の距離において認識する意識の手前で直接的な接触が生じる場である。端的に言えば、それは「他なるものにさらされていること（exposition à l'autre）」である。このことを示す一つの有力な例は、皮膚という感覚器官である。皮膚は、素朴には、自己の内と外を分かつ境界であると考えられよう。しかし、自己の輪郭は、皮膚を超えて、衣服の表面や慣れ親しんだ書斎の扉にまで拡張する。逆に、異物との接触は、自己の内側に何かが侵入してきたかのような居心地の悪さを与える（レヴィナスがしばしば用いる« (être) mal dans sa peau »という仏語表現は慣用的には「落ち着かない、居心地の悪い」という意味だが、直訳すると「皮膚の内の苦痛」となる）。このように皮膚にあって内外の境目はむしろ不分明であり、このことは、感受性において自己はつねに他なるものにさらされていることを示している。感受性は、まず無傷の状態にあり、次いで傷を負うのではない。それは、たえず傷を負いうる脆弱な様態にあるという意味で傷つきやすいのである。

感受性のこうしたありようは主体のあり方そのものに重ね合わされる。というのも、主体は、非物質的な精神や魂としてではなく、まさに血肉を備えた身体として存在している以上、感受性と不可分だからである。感受性が他なるものへのさらされそれ自体であるならば、主体とはまさに「〈同〉のなかの〈他〉(l'Autre dans le Même)」である。傷つきやすさは、主体のあり方との関連でいえば、完全に自律した主体の不可能性を、レヴィナスの言葉では、そうした主体の「脱-定位／廃-位 (dé-position)」ないし「解-任 (de-stitution)」を帰結する。

享受と傷

傷つきやすさとしての感受性という着想の背景には、感覚をめぐるレヴィナスの長い思索の積み重ねがある。『実存から実存者へ』（一九四七年）における芸術論や哲学コレージュでの講演「発話と沈黙」（一九四八年）における「音の現象学」をはじめ、レヴィナスは折に触れて感覚を考察の対象としている。その際の基本的な視角は、感覚をもっぱら知覚の素材に切り詰める見方を退け、対象の認識には縮減されない、感じることに固有の意義を明らかにすることにある。傷つきやすさの概念のさらなる理解にとってとくに重要なのが、『時間と他なるもの』（一九四八年）等の戦後期のテクストにおいて構想され、『全体性と無限』（一九六一年）で詳細に論じられるに至る「享受 (jouissance)」論との関係である。享受とは自らにとって他なるものを糧として同化し消費する営みである。享受を通じて私は自我中心的で自同的な存在者として、つまり〈同〉として構成される。『全体性と無限』では、このような意味での享受が具体的に成就されるのは感受性においてであるとされていた。つまり、感受性は〈他〉を〈同〉に回収する場にほかならず、だからこそ、享受されることを拒む他なるものとの関わりは、感受性の引き裂きと一体となって生じると考えられていたのである。

一見すると、傷つきやすさとしての感受性は享受としての感受性と対極にあるように見える。しかし、『存在の彼方へ』において、享受は傷つきやすさの条件であると主張されていることは見過ごされてはならない。感受性の脆さは、たとえば物同士が衝突するときのような因果連鎖における機械的な受動態とは異なる。というのも、この場合の受動性は、受け手が不在の匿名的な出来事にすぎないからである。傷を被ることが「ほかならぬこの私」に生じたこととして意味をもちうるのは、感受性が私に属するものとして単独化されていればこそである。そして、この感受性の単独化を可能にするのが、私を〈同〉として構成する自我中心的な営みとしての享受なのである。

享受を介した感受性の単独化は、他人へのいわゆる倫理的な応答にとっても重要な意義をもつ。レヴィナスによれば、他人のニーズを気遣うということは、ただ心情的な配慮を向けるだけでは不十分で、実際に何かを与えることを要求する。だが、その際の贈与は、単に無私的ないし滅私的なものとしてではなく、享受の満たされたあり方から私が自己に反して引き剝がされることとしてのみ意味をもつ。その限りで、享受する主体だけが、象徴的にいえば、「食べる主体」だけが、もっぱら「他者－のために(pour l'autre)」でありうるのである(AE, 119/一八二)。

主体の両義性

以上見てきたように、傷つきやすさとしての感受性は享受を不可欠の構成要素とする。このことから導かれるのは、感受性の、さらにいえば「〈同〉のなかの〈他〉」としての主体それ自体の両義性である。〈他〉への曝露としての感受性は傷つけられる可能性をつねに負うが、そのことは〈他〉を糧として吸収する〈同〉の享受を排除するわけではない。他人との関係についても同様である。他人との関わりは感受性の次元において意識の手前で成立するがゆえに、私はそこに受動的に巻き込まれる。しかし、感受性には〈他〉を排し〈同〉を保つ方向性が刻印されているがゆえに、私は他人から離反し自らを閉ざすこともできるのである。レヴィナスが「〈同〉のなかの〈他〉」として提示する主体にはいわば「〈他〉なき〈同〉」を生きる可能性が排除されているわけではないし、逆に完璧に見えるほどに閉じた主体であっても、思わぬところから傷を被ることがあるかもしれない。傷つきやすい主体のこのような両義性は、結局のところ、人間が身体として存在するという基礎的な事実に送り返されるのである。

正義 (justice)

松葉 類

レヴィナスのいう正義とは、倫理から生じる、複数の他人たちとの関係である。前期においても頻出する鍵語の一つではあるが、とりわけ彼の後期思想において「第三者」を軸として新たに主題化される。以下では主に『存在の彼方へ』（一九七四年）の議論を解釈するなかで、この概念を明確化してゆこう。

近さをかき乱す第三者

レヴィナスによれば、他人は主体に対して「近いもの」であり、この近さにおいて他人は「応答」を求めて呼びかける――したがってこの他人は「隣人」とも呼ばれる。それに対して主体はもはや一者ではなく自らの存在を他人へと差し出しうる「他者のための一者」として、他人に対して責任を負う。他人との関係はかくして、存在論、認識、反省の手前の「言うこと」による倫理的関係として描き出される。ところが、この他人とは別の他人もまた近くにいることによって、当初の近さは「かき乱される」。呼びかけが複数あることで、どの呼びかけにいかに応答すべきかを思考する必要が生じ、「無条件」で「比較不能」だったはずの責任が比較され、計算され、配分されなければならなくなる。この他人とは別の他人こそが「第三者」である。

この第三者もやはり他人であり、当初の他人とて別の他人にとって第三者である。つまり主体との近さにおいて、他人たちは互いを主体から遠ざけ合っている。彼ら同士が良好な関係にあるのか、傷つけあう関係にあるのか、主体にはわからない。このようにして「言うこと」に生まれた「矛盾」から生じるのが「正義」である。正義は責任の平準化による、他者たちとの「共存」の問いとして提起される。そして、このようにして立てられた正義において、人々は複数性において捉えられることで客観化される。主体もまたその共存に与している以上、主体のための正義も存在することになる。

ところが、第三者は当初から他人の近さのうちに存在しており、「デュオがトリオになる」ような関係ではない。主体と他人二人きりで世界に存在しているのではない以上、「すべての」他人たちは最初から主体を近くから強迫していたはずである。正義はつねに要求されており、責任が生じるのはこの正義のただなかにおいてであることになる。責任はそれを基礎づける始原を持たないという意味で「無‐始原的」であるにせよ、正義の秩序を前提に、そのなかへと生じるのである。

正義の非連続性

では第三者によって再び正義が生じるとして、この正義は責任が生じたところの正義とは異なるのだろうか。それともそれらは同じ正義であって、他人のために応答することの責任はもとの秩序に組み入れられるにすぎないのだろうか。「言うこと」による責任はただちに第三者との関係によって「言われたこと」となるばかりなのだろうか。そうだとしたら、責任は正義という枠組みに内包されることになるだろう。

レヴィナスによれば、第三者との関係による言語は他人の近さを矯正するものの、なお「他者に対して語られる」。このような語る相手への準拠は、自閉した秩序と化す言説を中断させる。それは結び直そうとしても元どおりにならない「糸」にもなぞらえられる。それと同様に考えれば、正義は他人の面前で「言うこと」によって別の正義として更新され、再び新たに打ち立てられる。この正義の非連続性は、彼のタルムード解釈における聖句との「対話」による「刷新」という議論とも類似しており、正義が完全性や統一性やハッピーエンドをめざすことはなく、そのつど他者たちの面前で再開されることを意味する。かくして共存の問題である正義は、そのつど現実の国家と政治の問題へと接続されねばならないのである。

なお初期の論考「自我と全体性」においても、主体と他人の関係を打ち破る「第三の人間」や「正義」というモチーフは現れるが、他人との関係はもっぱら自足的な関係として規定されており、他人たちの「比較不能なものの比較」や、そこから生じる正義の倫理に対置される様相性という論点はいまだ明確に主題化されていない点で、その内容は後期に比して限定的であると言える。レヴィナス自身、ある対談（『貨幣の哲学』）では前期の正義論を振り返って語義のゆれを告白することになる。

ジャック・デリダやディディエ・フランクのような哲学者は、それぞれの問題関心からレヴィナスの正義概念の不明瞭を指摘している。それによれば、レヴィナスの倫理的言説が作動するためには他者関係への第三者による不断の境界侵犯を免れる必要があるが、倫理的言説の内部でそのことを主張することができない。ただし、本節が論じたようにレヴィナスもまた、自らの仕方でこの問題を提示しようとしている。一般的な図式から言うならば、正義のはらむ個人の尊重と制度の下の平等という古典的なアンチノミーを解消することなく、両者のダイナミズムにおいて論じる点にこそ彼の正義概念の射程と現実性を見ることができるのである。

神（Dieu）

長坂真澄

神および神の観念はレヴィナス哲学がその初期から後期に至るまで、一貫して語り続けるものである。ここで、ユダヤ教における神の概念が背景にあることは疑いえないが、かといって、レヴィナスがユダヤ教の神を無批判に前提し、それを哲学の言語で普遍的に語ろうとしたと考えるのは短絡的であろう。レヴィナスは『全体性と無限』（一九六一年）において、無神論を出発点としているだけでなく、あくまで哲学の議論に立脚して神を論じている。つまり、哲学史において、その実在がいったん懐疑に付されたうえで理性的推論の対象となってきた、その神が問題となっているのである。

その傍証として、レヴィナスが神を論じるにあたって、たびたびデカルト『省察』（一六四一年）の第三省察における神の第一の証明を出発点にとっていることが挙げられる。この証明は『全体性と無限』序文はもとより『存在の彼方へ』に至る複数の著作で繰り返し言及される。この文脈における神は、至高のレアリタスをもつ存在者《エンス》を意味する。レアリタスとは、スコラ哲学の概念であり、物がもつ肯定的属性に該当する。つまり、あらゆる物がもちうるなかでも最高の肯定的属性が総括される単一の存在者である（スコラ哲学の神概念の背景にキリスト教があることは否定しえないが、あくまで神の存在を懐疑したうえでその存在証明を理性的推論によって導出しようとするこの議論は、神の存在を素朴に前提する宗教的立場からは区別される）。

スピノザは『エティカ』（一六七七年）の冒頭において、デカルトとは異なり、まず「自己原因」、すなわち、存在することのみをその本性とするものの定義を出発点に置き、この自己原因が神と同一であるという証明を導く。かくしてスピノザは、デカルトが対面しなければならなかった、観念という単に可能的なもの（最高のレアリタスをもつ存在者）から実体という現実的なもの（必然的な存在者）へと推論するという困難から自らを解放する。しかし他方で、論理的整合性を求めるならば、あらゆる物は現実的な神の一部として説明されるものとなり、その生成の動性は失われてしまう。よって、レヴィナスの考えでは、観念から実体への誤謬推論に陥ってしまうデカルトにおいてこそ、全体性の外部を思考する運動を見出すことができるということになる。ここで、デカルトが神の存在証明に成功していないとしても、それはレヴィナスにとっては重要ではない。むしろ、神の観念は有限な私からは産み出しえないとするデカルトの議論、それゆえ、無限が有限に先行するというデカルトの発見こそが、レヴィナスには重要なのである。

ただし、このような有限に先行する無限は、レヴィナスにおいて、あくまで認識の対象にはなりえない。レヴィナスは、『神・死・時間』所収の講義録にみられるように、カントが『純粋理性批判』（一七八一／一七八七年）「超越論的弁証論」で展開する、超越論的理想（神）の実在証明の反駁を真摯に受け止める。無限なき有限、すなわち、無限をすでに前提しその制限として派生的に捉えられる有限ではないような有限、無限を前提しない自存的な有限性こそが、レヴィナスにおいても、哲学の出発点とされているのである。

この意味において根源的な有限性は、そもそもハイデガーが『存在と時間』（一九二七年）において、現存在の時間性の有限性として捉え直すものにほかならない。見かけに反して、レヴィナスはこの有限性という概念に対して、無限を独断的に措定するのではない。もしもそうであったら、ハイデガーが批判した存在神学（存在論と神学という二重性をもつ形而上学）を復興してしまうことになるだろう。そうではなく、逆にレヴィナス自身、この有限性のなかで神を捉え直すのである。

『他性と超越』（一九九五年）所収の「他者の近さ」など複数の箇所で示唆されているように、レヴィナスによれば、神の観念は人間の有限性、すなわち死にさらされている他者の顔を通してこそ、到来する。この文脈において、無限が有限に先行するという上述のデカルトの議論が意味をもつことになる。厳密に言うならば、この先行するものは認識の対象となりえない以上、神と同定することもできないものである。しかしながら、レヴィナスによれば、認識へと結びつかない形で触発を受けることは可能であり、それが、可傷性と呼ばれる、主体の被る能力である。可傷性は、感じる能力ではあるものの、感じとるものを概念と結びつけることができないために、悟性と共働するにいたらない感性である。この可傷性においてこそ、主体は自らの思考に先行するものを受け取るのであり、このことが、自存的な有限存在が自らに先立つものを思考することへと向かう端緒となるのである。この受苦の感覚こそ、主体に先立つものの痕跡を遡示することができるものである。ただし、この受苦は、死に面している他者、あるいはすでに死した他者の有限性を通して以外には、主体には与えられえない。

このことからもわかるように、レヴィナスにおいて、神は独断的に措定されるのではない。レヴィナスは自らの哲学について、現象学の方法を継承するものであると述べているが、それはこの意味においてである。すなわち、フッサールが『ヨーロッパ諸学の危機と超越論的現象学』（一九三六年）で述べたように、現象学は、素朴に客観として措定されている物の忘却された主観的な起源を再活性化する。それと同様に、レヴィナスにおいて、宗教は、現象学によってこそ再活性化される。神について語ることができるのは、他者との関わりにおいてこそであり、他者の受苦を受苦として感じることができる主体の享受する身体を通してのみである。それを離れて神について議論するならば、その議論は空虚となるのである。

イスラエル（Israël）

渡名喜庸哲

レヴィナスのテクストには「イスラエル」という表現がたびたび見られる。その大部分は、哲学を主題とした著作ではなく、『困難な自由』をはじめとするユダヤ教に関連する著作である。ただし、この語はしばしば整理して理解すべき複数の意味で用いられている。

前提として、レヴィナスにおいて「イスラエル」という表現には大きく分けて二つの用法がある。一つは、ユダヤ人の集合体、端的にいえばユダヤ民族を指すもの、もう一つは一九四八年に建国されたイスラエル国を指すものだ。

ユダヤ民族としてのイスラエル

レヴィナスにおいてユダヤ民族としてのイスラエルが問題となる場合、さらにいくらかの区別すべき用法がある。

第一の用法は、古代のユダヤ人（あるいはヘブライ人）を指す表現としての「イスラエルびと」である（「エジプトを脱出したイスラエルびとたち」（DL, 84／七三）など）。これは現代のユダヤ人を指す場合にも用いられることが稀にある（たとえば捕虜収容所からの解放後に書かれた「イスラエルびとの捕虜における精神性」（『レヴィナス著作集1』）など）。

第二の用法は、レヴィナスが所属していた「世界イスラエリット連盟」や「東方イスラエリット師範学校」の名称に用いられている「イスラエリット（israélite）」という表現である。これまでのレヴィナスのテクストの邦訳では「世界イスラエル連盟」「東方イスラエル師範学校」等の訳語が用いられることもあったが、レヴィナス（および彼が位置づけられる近現代のフランス・ユダヤ史）の文脈では「イスラエリット」という語は独特な意味をもっている。もちろん、「イスラエリット」という語自体は、一般に上記の「イスラエルびと」の意味もある。だが、この語は革命以来のフランス共和政において特殊な意味をもつことになった。フランス革命において市民権を認められたユダヤ人たちは、個人としてはユダヤ教を信奉しつつも公的にはフランス人として政治的な権利を享受するというかたちで、フランス社会に溶けこんでいった。ユダヤ民族としての共同体論的なアイデンティティを主張するのではなく、フランスの共和主義の前提を受け入れつつ、自らの宗教性を私的な次元に保つことにしたユダヤ人が「イスラエリット」と呼ばれることになった。上記組織は、こうした精神に基づいて、北アフリカから中東までのユダヤ人たちをいわば啓蒙ないし近代化することを目的とした組織であった。

以上が実際に現存したユダヤ人を集合的に呼ぶものであるのに対し、第三の用法は、「道徳的範疇」として「イスラエル」という概念的な主体を指す独特のものである（DL, 39／三〇）。これはレヴィナスのテクストでもっと強い意味で「イスラエル」といわれるケースに相当する。レヴィナスによれば、この概念は、「歴史的イスラエル」、すなわち「あらゆる歴史的、国家的、地域的、人種的観念から分離され」たものである。『困難な自由』の冒頭の数章で強調されるように、唯一自らのみが他者に対して責任を負うことを要請された存在、そのような責務のために選ばれた存在に対し、規範的な概念として、「イスラエル」という名が用いられているのである。これは、特殊主義だが民族主義ではないとされる。むしろ「普遍性の条件となる特殊主義」として、「道徳的意識」としての「選び」に基づき、もっぱら「義務」ないし「責任」を担う道徳的主体が「イスラエル」と呼ばれているのである。

「イスラエル国家」について

こうした「道徳的範疇」としての「イスラエル」は、一九四八年に建国されたイスラエル国家とは同義ではない。もちろん、第二次世界大戦における ユダヤ人大虐殺を経験したレヴィナスにとって、戦後ユダヤ人が有することになったイスラエルという国家の存在自体は否定されるべきものではなかった。実際、「イスラエル国はわれわれにとってはありふれた国家の一つではない」(DL, 348／三三二)とか、イスラエル国は、ユダヤ人にとっての「疎外の終わり」であり「自己の真実性を探求する場となった」とすら述べている(DL, 229–230／二一八)。

しかし同時に、「道徳的範疇」としての「イスラエル」という考えを重視するレヴィナスにとって、「場所」への所属は手放しで肯定されはしない。「人間的な仕方で生起したことが、その場所に閉じ込められたままでいることはけっしてできなかった」と述べるレヴィナスにとって(AE, 282／四一二)、重要なのは「場所」よりもむしろ、「教育」ないし「教え」であった。「イスラエル国の存在およびこの国家に対する生き生きとした関心は確かにユダヤ教のもとで諸国民のただなかに生きるイスラエリットたちを育むだろう。しかし、それだけで、西洋の光に浸された炉のなかにユダヤ的な炎を保つのに十分なわけではない。ユダヤ教の偉大な書物への関心を目覚めさせること、〔…〕これがディアスポラにおけるユダヤ人の生き残りのための主たる条件である」といわれるが(DL, 357–358／三四二)、イスラエルという「場所」よりも、ユダヤ教の「教え」こそ、「ディアスポラ」というかたちで各地に離散したユダヤ人にとってより根本的な意義を有すると主張されている。

それゆえ、一九五一年のテクストのなかで「イスラエル国は、宗教的であるか、まったく存在しないかのどちらかである」(DL, 306／二九二)といわれる際にも、新生イスラエル国の政教分離という建前の向こうを張って神権政治が求められるわけではない。イスラエル国の建設が「解決策」になるかどうかは、「道徳的範疇」としての「イスラエル」に帰される普遍的かつ特殊主義的な(あるいは「メシア的」な)「道徳的意識」にかかっている、と述べるのである(DL, 138／一三〇)。

無論、レヴィナスが実際の「イスラエル国」で生じたさまざまな迫害や「パレスチナ人」という「他者」に対してほとんど言及していないという事実はあるものの、彼の立場を「保守主義」とか「シオニスト」とまとめるのは短絡的だろう。レヴィナスにおける「イスラエル」は、まずもって近代ヨーロッパ(とりわけフランス)におけるユダヤ人の迫害およびディアスポラの経験や、「責任」や「場所」に関するその哲学的主張との関連において理解されるべきだろう。

時間（隔時性）(temps, diachronie)

伊原木大祐

他なるものの諸形象と時間

時間をめぐるレヴィナス独自の考察は捕囚期に端を発する。その時期の思想を反映した『実存から実存者へ』・『時間と他なるもの』以降、レヴィナスは一貫して、時間が孤独な主体の産物ではなく、「主体と他人との関係そのもの」として成就すると考えた。捕囚手帳のなかでは、時間が「存在の基底にある根本的神秘」であるとされ、そこに「決定的なものが決定的とならず、再開する可能性」（OI, 134／一六〇）が見出された。『全体性と無限』はこれを「真の時間性」（TI, 314／五〇七）と呼ぶことになる。その具体的構造は以下のようになる。

現在の瞬間として出来する実存者は、過去と断絶した「純粋な始まり」であるが、そのために「自己」へと釘づけにされ、「自らの存在」に繋留されている。現在の私という「決定的なもの」に閉ざされた主体を解放するべく要請されるのが「時間」であり、その時間は「他人」の他者性によって可能になるという。時間をもたらす他人の形象として第一に援用されるのが、「女性的なもの」である。主体はエロスを通じて女性的なものと関係を結ぶが、この関係は、権能による把持を拒む「神秘」との関係であり、さらには「純粋な未来」との関係である。エロス的関係は、私を自己に回帰させることなく新しい私として再開させる可能性（「繁殖性」）へと導く。そこに登場する他人の第二形象が「息子」であり、この息子との特異な関係性をレヴィナスは「父性」と名づけた。私は父性を通じて、私にとっての他者である息子として「私」を再開することで、宿命的な老死という「決定的なもの」を乗り越えてゆく。『全体性と無限』第四部で詳述されるように、自我の繁殖性は、子における「復活」を介して絶対的な新しさを導入することで存在を多元化し、時間を非連続的な仕方で無限化するのである。

しかし、レヴィナスにおける他人の意義は「女性的なもの」と「息子」に尽きるわけではない。『全体性と無限』では「顔」として自己表出する〈他人〉の他者性が強調されていたが、こうした他者との関係はいかなる時間性を帯びるのであろうか。

レヴィナスは、一方でフッサール現象学の再検討を通して、他方で『全体性と無限』以降に顕著となってゆく痕跡概念の発展を通して、同じ時間的位相にはけっして回収しえない他者との関係を「diachronie（隔時性）」という語で表現するようになる。もとは「通時態」という、ソシュール言語学の用語として知られるこの言葉に対し、レヴィナスは一九六五年に発表した二つの論考「志向性と感覚」・「謎と現象」（『実存の発見』所収）のなかでまったく独自の哲学的意味を与えた。前者では、志向対象に対する志向作用の遅れ、あるいは、身体の運動感覚に伴う動機づけ（「もし…ならば、こうだ」）によって構造論的共時性が成立しなくなる事態を、後者では、存在の位相差なき同時性には統合できない「〈存在〉の彼方」が残す痕跡に特有の時間を指して、隔時性という語が使用されている。

隔時性モデルの発展

『存在の彼方へ』においては、隔時性の概念が、「存在すること（essence）」による時間化との対比を通じて練り上げられる。この場合の時間化とは、時間的推移に伴って同一的なものがたえずそれ自身と差異化しながらも、最終的には「現在」のうちに集約されてゆくという、強力な共時化の構造を指す。これはまた、表象（再現前）・記憶・歴史・修史に通底する構造でもあるが、その原型はフッサールによる内的時間意識のモデルに即して考察されている。感性的印象の時間的変容は、「原印象」という絶対的端緒から産出され、その印象自身の同一性を差異化し複数化するのだが、そこに生じた位相差も過去把持や未来予持といった特殊な志向性によって集約され、意識の同一性へと回収されてしまう。これと対照的に、「se passer〔起こる・過ぎ去る・自己を越える〕」という表現に象徴される時間の隔時性は、以下三つの連係した現象様式を通して、上述のような共時的全体化を破綻させる。⑴老化や老衰、疲労や倦怠といった身体的受動性（「逆行性」）の現象は、意識による受容を欠いたまま、〈一者〉たる主体を過ぎ去ってゆく。そこでは、志向性の構造に回収されない「経過（laps）」としての時間化、「時間の喪失」が生起している。⑵このように（再-）現前の外に滑り落ちる経過は、他人に対する責任に裏づけられた「近さ」の時間性でもある。というのも、この責任が他者からの一方的で不可逆的な触発（「強迫」）によって成立する以上、そこにはこの他者に対する回収不可能な遅れが生じているからである。他者である隣人の顔は現前しない以上、現在にとっての過去として把持されることもない。⑶けっして現在たりえない過去、起源以前の過去、記憶できない「遥かな昔」から私に命令してくる隣人の顔は、つねにすでにそのなかで〈無限〉が（自らを）過ぎ去っているという痕跡でもある。無限による命令の隔時性は、主体側での「命令の聴取に先立つ服従」という時間的逆説を可能にしている。

隔時性の概念は、絶対的な過ぎ去りである「過去」との関係で語られることが多いものの（この偏重については『観念に到来する神について』所収「問いと応答」を参照）、当然ながら「未来」にも適用される。一九八五年の論文「隔時性と再現前化」（『われわれのあいだで』所収）によると、再現前の共時化可能な時間に対置された「未来」は、「私の先取や予持の地平」としてではなく、私の死を越えて強いられる義務、他人の死に対する責任として、私に関わってくる。こうした未来の隔時的意味を論じた節は、いみじくも「純然たる未来」と題されている。

第Ⅲ部

著作解題

EMMANUEL LEVINAS
TOTALITÉ ET INFINI
MARTINUS NIJHOFF / LA HAYE
PRÉSENCES DU JUDAÏSME
EMMANUEL LÉVINAS
DIFFICILE LIBERTÉ
Essais sur le Judaïsme
ÉDITIONS ALBIN MICHEL
En découvrant l'existence
Avec HUSSERL et HEIDEGGER
par Emmanuel LEVINAS
PARIS
EMMANUEL LEVINAS
Autrement qu'être ou au-delà de l'essence
MARTINUS NIJHOFF / LA HAYE

レヴィナス著作マップ

年	哲学に関する著作	ユダヤ教に関する著作	
1930	『フッサール現象学の直観理論』		
31			
32			
33			
34	「ヒトラー主義哲学に関する若干の考察」		
35	「逃走論」		
36			
37			
38			
39			
1940			『著作集』第一巻 捕囚手帳
41			
42			
43			
44			
45			
46			
47	『実存から実存者へ』		『著作集』第二巻 哲学コレージュ講演
48	『時間と他なるもの』		
49	『実存の発見』（初版）		
1950			
51			
52			
53			
54			
55			
56			
57			
58			
59			
1960			
61	『全体性と無限』		
62			
63		『困難な自由』（初版）	
64			
65			
66			
67	『実存の発見』（二版）		
68		『タルムード四講話』	
69			
1970			
71			
72	『他者のユマニスム』		
73			
74	『存在の彼方へ』		
75	『モーリス・ブランショ』		
76	『固有名』	『困難な自由』（二版）	
77		『タルムード新五講話』	
78			
79			
1980			
81			
82	『観念に到来する神について』『倫理と無限』	『聖句の彼方』	
83			
84	『超越と知解可能性』		
85			
86			
87	『外の主体』『暴力と聖性』		
88		『諸国民の時に』	
89			
1990			
91	『われわれのあいだで』		
92			
93	『神・死・時間』		
94	『歴史の不測』		
95	『他性と超越』	『新タルムード講話』	
96			
97	『貨幣の哲学』		
98			
99			

『フッサール現象学の直観理論』

Théorie de l'intuition dans la phénoménologie de Husserl [1930], Paris: J. Vrin, 2001.
『フッサール現象学の直観理論』佐藤真理人・桑野耕三訳（法政大学出版局、一九九一年）

平岡　紘

レヴィナスがストラスブール大学に提出した課程博士論文であり、レヴィナスの最初の著作にして、フランスで出版された最初期の本格的なフッサール研究である。若きサルトルが本書を読みフッサール現象学について最初の知見を得たというエピソードは有名である。以下、本書の概要を見ていくことにしよう。

レヴィナスは序論で本書の目的を、フッサール現象学の哲学的方法としての直観の理論が、フッサールの存在論、すなわち存在をめぐるフッサールの理論に基づくことを示すこと、と設定する。一般に学の方法はその対象の存在の意味に適合していなければならず、それゆえ方法論は、対象の存在の意味をめぐる理論に先立たれる。フッサールの直観理論も例外ではない。ではその基盤にある存在論とは何か。フッサールの超越論的現象学、とりわけ意識の存在をめぐる理論がそれである、というのがレヴィナスのテーゼである。超越論的現象学は、意識の志向性を主題として、どんな対象も意識によって構成されることを主張し、いかにして対象が構成されるのかを問う。この問いによって現象学は、対象が意識に与えられる仕方と対象の存在様態（存在の意味）をイコールで結び、対象の存在の意味という次元を開いたのだが、こうした問いの基盤にあるのが、あらゆる対象を構成する意識の存在の意味をめぐる理論なのである。本書の結論においてははっきりと述べられるように「直観の理論はしたがって結局、どんな存在の規定も私たちの生の内的な意味によって宣言するという意識の優位の理論に依拠しているのである」。この主張はまた、レヴィナスにとってフッサールの直観理論の核心が、意識を対象とする哲学的直観、すなわち反省であるということをも示唆している。かくして本書は、現象学的存在理論を扱う第一章から第四章において現象学的意識理論について評論し、直観理論を主題化する第五章から第七章の考察は、意味志向と直観によるその充実という基礎的結構から始まり、本質直観の理論を経て、最終的に反省の理論へ至ることになる。

第一章は、意識を物理的自然として扱う自然主義が一つの存在論であることを論じる。自然科学の対象である事物は、そのつど一定の側面（射映）を与え、刻々と変化していく一連の射映を通じて同一のものとして知覚される。自然科学の方法は、こうした事物知覚において与えられる物理的自然の存在様態に適合している。したがってこの方法を意識にも適用する自然主義は、意識が事物と同じ様態で存在すると考える存在理論なのである。

第二章では、事物知覚と意識を対象とする（内在的）知覚との違いから、意識の独特な存在様態が明らかにされる。事物の射映の系列はけっして完結せず、事物知覚はけっして十全的ではない。そのため事物は「存在しないことがありうる」という様態で存在する。これに対して、意識は知覚に対して、射映を通してではなく直接的に現れる。内在的知覚は十全的であり、それゆえ意識は絶対的に存在する。それは、意識がつねに自らに現前しているからである。この意味で意識こそが存在の源泉である。レヴィナスにとってここにフッサールの存在観の要がある。

第三章では意識の志向性理論が詳述される。志向性とは、意識がいつでも「何ものかについての意識」であることを言うが、レヴィナスの志向性理解の特異な点として以下の二点を挙げることができる。(1)フッサールにおいて「自我」が意識の実的成素であるか否かについてはさまざまな解釈があるが、レヴィナスは『イデーンI』に依拠し、自我が意識に属することを幾度も強調する。(2)同じく『イデーンI』に拠りながらレヴィナスは、理論的意識だけではなく、感情や意志といった非理論的意識もそれぞれ独自の志向性をもち、理論的意識と同じ資格で世界を構成することを強調する。感情の対象や意志の対象はそれぞれ独自の仕方で存在するのであり、現象学において世界は単に事物の総体であるだけでなく、価値や関心などによって彩られた豊かな構造をもつのである。

しかし続く第四章でレヴィナスは、表象だけが対象を与える「客観化作用」であるとする『論理学研究』のテーゼをフッサールがその後も放棄せず、結局のところは理論的対象（事物）を世界の基層としていることを指摘する。

第五章から直観の理論が主題化されるが、レヴィナスはまず、意味志向と直観によるその充実というフッサールの直観理論の基礎的結構を提示する。意味志向は対象をただ空虚に思念するだけであるが、直観はこの意味志向を充実化し、思念されている当の対象を意識に現前させる。つまり直観とは意識が単に対象と関わるだけでなく、存在する対象と接触する作用なのである。繋辞としての存在などの範疇を与える範疇的直観の理論が示しているように、フッサールは直観概念を非感性的なものへ拡大している。かくして直観はあらゆる存在様態の対象を相関者とし、対象への意識の現前という真理の根源的現象と一致するのである。

第六章では、本質直観の理論が検討される。フッサールによれば本質は理念的なものであり、一方で理念的対象を与える本質直観は個別的対象を与える感性的直観に基づけられており、それへ送り返されるが、他方で理念的対象は個別化されない普遍的かつ必然的なものとして、個別的対象とは異なるあり方をしている。本質についての意識と本質の存在様態がもつこうした独自性を指摘したうえで、レヴィナスは、経験的事実に対して本質がア・プリオリであることを強調する。本質は形式的本質（範疇）と事象内容を含む質料的本質とに大別されるが、レヴィナスは質料的本質を存在の可能性の条件として理解する。たとえば三角形の質料的本質とは、三角形が第一次的に何であるかを規定する述語のことであるが、これは三角形の存在が可能となるために実現されるべき条件である。こうしてある対象の質料的本質を扱う学は、その対象の可能性の条件を探る、自然科学に対してア・プリオリな学となる。これが、レヴィナスがフッサールの存在論と呼ぶものの一つの層をなす。

第七章では、意識による対象の構成という現象学の問いが対象の存在様態をめぐる問いであり、これがいま述べた本質学よりも深い層の存在論となることが詳らかにされる。ところでこの見方は直観について一つの問題を提起する。すなわち、現象学的還元によってあらゆる存在定立が宙吊りにされているにもかかわらず、直観が存在に達すると主張できるのはなぜなのか。フッサールが「理性の現象学」において扱うこの問題を、レヴィナスは存在を与えるという直観の権利要求はいかにして正当化されるのかという問いとして取り扱う。そこで検討されるのが、還元された意識（純粋意識）を対象とする哲学的直観である反省の理論である。第三章で見たように意識はつねに自己へ現前しているがゆえに、反省は意識の存在を十全に捉える。このことが尺度となり、直観一般が存在に達することが正当化されるのである。

結論では、すでに触れておいた本書のテーゼが再度提示されたうえで、フッサールにおいて歴史性の問いと現象学的還元の動機とをめぐる問いが不在であり、現象学が主知主義的であることがあらためて指摘される。

本書は出版当時から近年に至るまで、フッサールをハイデガー化していると批判されてきた。他方で本書が現象学における価値や感情の志向性の重要性を強調したと評価するフッサール研究者も少なくない。ここで強調すべきは、本書が現象学に理論の優位と具体的生の豊かさへの視線という二面の緊張関係を読み取っていることである（第三・四章）。これはレヴィナスのフッサール解釈の基本線にほかならない。その意味で本書はレヴィナスの思想形成を考えるうえでも重要な著作である。

『ヒトラー主義哲学に関する若干の考察』

Quelques réflexions sur la philosophie de l'hitlérisme [1934], suivi d'un essai de Miguel Abensour, Paris: Payot & Rivages, 1997.

「ヒトラー主義哲学に関する若干の考察」『レヴィナス・コレクション』合田正人編訳（ちくま学芸文庫、一九九九年、九一―一〇七頁）

高野浩之

「ヒトラー主義哲学に関する若干の考察」（以下、「若干の考察」）は、一九三四年に『エスプリ』誌に掲載された論文であり、後年『歴史の不測』に再録された。さらに近年、フランスではミゲル・アバンスールによる長大な解説つきで独立した書籍としても刊行されている。他方で、レヴィナス自身は、ヒトラー主義をテーマとして扱うこの「若干の考察」を自らの書誌情報から削っている。

さて、「若干の考察」の内容解説としてまず指摘しなければならないのは、この論文では、ヒトラー主義の個々の理説の検討は一切なされていないという点である。むしろ主題となっているのは、自由に関する簡潔な思想史的記述である。そのなかでレヴィナスが注目しているのは、ユダヤ・キリスト教、近代自由主義、マルクス主義のそれぞれの自由である。これらと比較することで、ヒトラー主義は、自由を根底から揺るがす思想として指摘されているのである。

まず、ユダヤ・キリスト教における自由は、時間の不可逆性を「悔恨」と「赦し」に基づいて乗り越えることにある。通常、人間は過去の事実をあとから変えることはできないという時間的な制約に縛られている。だからこそ、自分の罪を「後悔」するのである。しかし、ユダヤ・キリスト教の場合、その罪が「赦される」。ある人が過去に殺人を犯したとしても、その人はその過去に決定的には左右されず、悔い改めるなら、神に赦され「やり直す」チャンスが人生のどの瞬間にも与えられる。こうして、時間の不可逆性が克服され、人類は、この「やり直し」の可能性ゆえに、過去と歴史による規定から自由になることができる。

これに対して近代自由主義における自由は、理性による「自律」の理念に基づいている。すなわち、自由主義によれば、理性それ自体に物理的世界の諸カテゴリーを適用することは不可能である。したがって、物理的世界と理性のあいだには決定的な区別がある。さらに、こうした区別を前提に、理性のほうが世界を構成するという観念論が生み出された。かくして、人間は何かしらの決定を下す際に、物理的世界からの影響を受けずに、自分の力で、自らが立法者となって決断できるのである。近代自由主義では、このように自由が確立される。

しかし、以上のような自由を否定するのがマルクス主義である。マルクス主義の唯物論は、上述の近代の観念論的自由主義を転倒させる。つまり、理性が世界を規定するのではなく、世界が理性に先立っており、この理性が自らの預かり知らぬまに世界によって規定される。「人間の精神は物質的な欲求のとりことなって」おり、「知性に先立つ闘争が、知性がなしたこともない決断を知性に押しつける」。要するに、「存在が意識を決定する」。そして、このようなマルクス主義的発想では、ユダヤ・キリスト教的な自由も近代自由主義的な自由も否定されてしまう。とはいえ、マルクス主義にもそれなりの自由がある。すなわち、人類は「革命」を起こすことで、自らを規定していた社会構造を根本的に変革することができるという自由がある。そうなると、いくらマルクス主義が自由の思想史に異論をはさんで、「ある一定の状況との不可避的な連関のなかで精神を捉える」としても、この繋縛は「何ら根底的なものではない」ということになる。

『ヒトラー主義哲学に関する若干の考察』

それに対して、ヒトラー主義はこの「繋縛」を徹底して強調する思想として無視できない、哲学史上の重要性をもっている。ヒトラー主義の最も大きな特徴としてアーリア人の血統主義が挙げられる。レヴィナスはこの点を自己身体への繋縛の絶対性として捉え直す。つまり、人間は、マルクス主義の言うようにあれこれの状況へと拘束されているだけではなく、血を介して自分自身の身体へと条件づけられており、しかも自分のアイデンティティまでもこの血によって規定されてしまう以上、この条件から脱出する道ははじめから非常に困難なものになっている。「どんな試練にも耐えるのではなかろうか、知性の開花のはるか以前に、血が確立したこれらの絆は」。ここに自由は皆無である。レヴィナスによれば、この思想をもってはじめて完全に西洋の自由思想の系譜からの断絶が起こったのである。

以上が「若干の考察」の概要であるが、最後に、この小論がレヴィナスのその後の哲学的企図を理解するうえで不可欠な観点を含んでいることを指摘しておこう。ヒトラー主義の特徴は自己身体への繋縛状態だった。これが、ゲルマン民族にとってはノスタルジックに自らのアイデンティティを肯定するものとして、ユダヤ人には排除の根拠として機能してしまった。たしかに、この小論にも、ヒトラー主義の暴力性を糾弾する姿勢は垣間見られる。しかし、レヴィナスにとって、そうした道徳的な観点を超える重要性がある。なぜなら、ヒトラー主義の台頭は、人間がそもそも自分の身体に繋縛されているという根本的な存在様態を揺るがしがたい事実として痛感させるものでもあったからである。だからこそ、彼はこの自己繋縛という事実を出発点として引き受けたうえで、いかにしてこの存在様態からの脱出が可能かという方向で思考を展開してゆくことになったのである。したがって、レヴィナスにとってヒトラー主義哲学は単に理論的に幼稚なものとして片づけられるものではなかった。むしろ、彼独自の思考の出発点を見出させたものでもあったのである。

『逃走論』

De l'évasion [1935], Montpellier: Fata Morgana, 1962, «Le Livre de Poche», 1998.
「逃走論」『レヴィナス・コレクション』合田正人編訳（ちくま学芸文庫、一九九九年、一四三―一七八頁）

黒岡佳柾

現象学、フッサール、ハイデガーを研究していたレヴィナスは、一九三〇年にフランスのパリに移住し、博士論文である『フッサール現象学の直観理論』を刊行する。しかし、当時のドイツでは、ファシズムの空気が漂っており、ヒトラーが政権を握った一九三三年には——レヴィナスがフッサール以上に感銘を受けた——ハイデガーが、フライブルク大学総長となる。『逃走論』は、そうした緊迫した状況のなか、レヴィナスが一九三五年に、フランスの雑誌『哲学研究（*Recherches Philosophiques*）』第五巻にて発表した論文であり、後に単行本化されている。そのなかには、ストラスブールでシャルル・ブロンデルから学んだベルクソン哲学に対する批判や——明言されてはいないが——ハイデガーにおける現存在の「現事実性（Faktizität）」への批判が散見され、「実存するという事実そのもの」

「自己自身に釘づけにされているという事実」を露呈させる「不快感」「羞恥」「吐き気」などの情態的契機の詳細な分析に基づく、自己自身の存在からの「逃走の欲求（besoin d'évasion）」とその不可能性が一貫して論じられている。また、自らの立場を、西洋哲学における存在主義への批判として位置づけている点からも、『逃走論』は、レヴィナスがその独自の哲学的方向性を世に問うた最初の論文として評することができるだろう。

さて、西洋哲学における主体は、それ自体で充足した存在であり、主体における自我の自己自身との関係は、「存在の同一性」に帰されていた。対してレヴィナスは、文芸批評で用いられる「逃走」という言葉を、「存在の哲学に対する、最もラディカルな弾劾」と捉え直す。なぜならレヴィナスにとって、自己自身であるという存在経験は、その同一性の肯定と同時に、そこに縛りつけられ逃れることができないという経験でもあるので、この自己自身への繫縛（enchaînement）を断とうとする欲求、つまり「逃走の欲求」へつながるのである。こうした

「逃走の欲求」は、自らの存在の欠如を埋めるものではない。それは逆に、存在するという純然たる事実そのもの、充溢した存在において認められるものであり、この意味で「逃走の欲求」は、充足した存在から逃れようとすることとして、さらには存在の同一性に支えられた西洋哲学を刷新するものとして位置づけられるのである。

「逃走の欲求」は、まず「不快感」の分析を通じて、検討される。「逃走の欲求」は、存在の欠如により、外的対象を獲得することで、満足・成就されるものではなく、その逃走の向かう先は、未決定であり、「どこへ向かうか知らないで、脱しようとする試み」であるがゆえに、われわれに「苦痛」「不快感」を感得させるのである。これに対し、欲求はそもそも「快楽」の追求であるから、その快楽のなかで、「逃走の欲求」が「脱自」として成就されるのではないかという異論もあろう。しかし、快楽において、快楽は分裂する。快楽には、確かに「自己の外への脱出」「存在からの解放」がある。しかし快楽は、それを感じた瞬間に分断され、自己自身の実存に回帰するものであるから、それは「失望」を感じる瞬間でもあるのである。快楽のたびごとに失望がある。それゆえ、快楽とは逃走の挫折、見せかけの逃走となるのである。

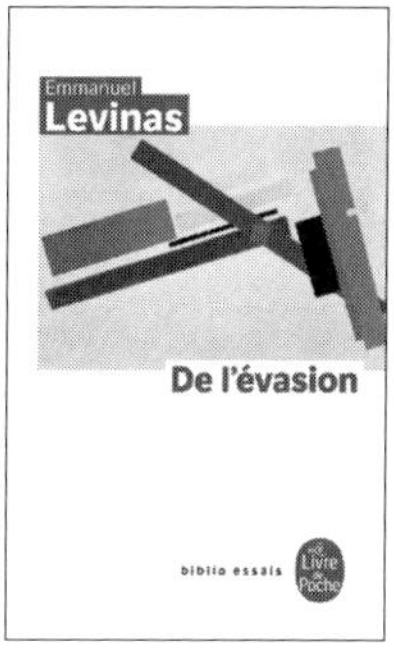

こうした自己自身を脱したように見えるが、実際は脱していないという挫折と失望には、「羞恥」が含まれる。「羞恥」とは「自己自身に釘づけにされているという事実」を露呈させるものであり、道徳的秩序に反した行為をしたときに覚える、他者や社会に対する羞恥ではなく、自我との関係において最も痛切に感じるものである。自己自身から逃れたいと望んでも、それが不可能であるということは、自己自身を隠したいと望んでも、それを隠すことができないということである。人間は自己自身から逃げることも隠れることもできない。「羞恥」が暴露するのは、この意味で「自らをさらけ出している存在」である。「逃走の欲求」は、自己自身として存在せざるをえない「不快感」そのものであるが、そのなかには、こうした「羞恥」が存しているのである。

さらに、自らの存在への不快感のなかで、最も顕著なものが「吐き気」である。それは、自己自身の存在にとどまることを拒絶し、脱しようと努力するが、けっして成し遂げられないという事態を明かす情動であり、存在する以上、解消されることはない「不快感」である。そして、この「吐き気」は、確かに私は存在しているが、もはや為すべきことは何もないという事実としての「純粋存在の経験」を私に突きつけるのである。こうしたことから、一切の行為の不可能性と、自己自身として存在するしかないという限界状況を露呈させる「吐き気」は、自己自身以外の何ものとも関わらない裸の存在と、そこから脱しえない「無力さ」を開示する契機でもあるのだ。

ハイデガーの『存在と時間』では、現存在の現事実性を開示するのは「被投性（Geworfenheit）」であり、それは「投企（Entwurf）」と結びつく。しかし、『逃走論』のなかでレヴィナスが自我の存在を見出すのは、「投企」の可能性をもたない「無力さ」、自己自身から逃れようとしても逃れられない「逃走の欲求」とその不可能性であり、それと「不快感」「羞恥」「吐き気」との連関である。レヴィナスにとって、裸の存在は苦しみであり、よって自己自身であらざるをえないことは「刑罰（condamnation）」なのである。こうした『逃走論』の議論は、後に、『実存から実存者へ』における、ハイデガーの存在論的差異に還元できない実存者なき実存の重みや非人称の「ある（il y a）」につきまとう恐怖へ受け継がれる。また「欲求（besoin）」は、『全体性と無限』では、自己自身の不足を補うものとされるが、代わって、「同」の全体性に回収されない絶対的な「他」へ向かう「欲望（désir）」へと展開される。このように、その後のレヴィナス哲学の萌芽が豊かに内包された『逃走論』は、レヴィナス哲学全体における位置づけをめぐっても、再読する価値があるだろう。

『実存から実存者へ』

De l'existence à l'existant [1947], Paris: J. Vrin, 1990.
『実存から実存者へ』西谷修訳（ちくま学芸文庫、二〇〇五年）

石井雅巳

本書は一九四七年に出版された前期の代表的著作であり、レヴィナス自身が序文で述べているように、その原稿の大半は大戦期に捕虜収容所にて書き溜められた。そんな本書は、「ヒトラー主義哲学に関する若干の考察」（一九三四年）や「逃走論」（一九三五年）で芽生えつつあった、レヴィナス独自の思想がはじめてまとまった形で発揮された作品であると言えるだろう。なお、レヴィナス自身が同時期に発表し、内容上の重複もみられる『時間と他なるもの』（一九四八年）の冒頭で述べてもいるとおり、タイトルに含まれている「実存（existence）」と「実存者（existant）」は、ハイデガーの「存在」と「存在者」との存在論的差異を踏まえ、音の響きを理由に選ばれたものであり、いわゆる実存主義的な意味はない（cf. TA, 24／二三八）。「存在とは、つねに或る存在者の存在である」と述べたハイデガーに対して、存在者なき存在という「イリヤ（il y a）」の暗闇から主語となる私という存在者の生起を語る本書には、ハイデガーの存在論を引き受けつつも、それに抗して己の思想を展開せんとするレヴィナスの姿勢が随所に現れている。

　とはいえ、本書は捕囚時代に書かれたこともあってか、論点ごとに整理された『時間と他なるもの』と比べると、論の構成にやや乱雑な印象を受ける（もちろん本書は『時間と他なるもの』では語られない議論を含んでおり、その内容に魅力がないわけではない）。そこで以下では、主題と見なされることの多い、イリヤを経た主体の生成と、主体への繋縛からの解放という二つの論点を取り上げ、「この研究を導いている根本的な主題は、時間の概念である」というレヴィナス自身の表明に沿って本書の概要を説明していきたい。

　レヴィナスは「あらゆる存在が、事物も人も無に帰したと想像してみよう」と想定することで「イリヤ」を導入している。「イリヤ」とは、フランス語でその後ろに名詞を伴って「〜がある／存在する」を意味する非人称構文であるが、レヴィナスはイリヤをあらゆる存在者がいないにもかかわらず、非人称的で無名な何かがざわめく夜の不眠の経験として描き出している。ここで念頭に置かれているのは、ハイデガーの『形而上学とは何か』（一九二九年）における「無」についての議論だろう。そこでハイデガーはすべての存在者の「滑落」によって顕となる「無」を「不安」が開示すると述べているが、それに対してレヴィナスは、すべての存在者の不在によって顕となるのはむしろ「存在（イリヤ）」であり、さらにそれを開示するのは「恐怖」であると述べている。なお、レヴィナスは自らの輪郭が崩壊し、イリヤへと溶け合って合一する恐怖を、レヴィ＝ブリュールに由来する「融即」という語でも説明している。

　問題となるのは、「イリヤ」の夜という非人称的な次元からいかに脱出するかである。つまり、あらゆる存在者による分節化が失われた世界で、「始まり」を可能にする楔を打ち込むことが求められる。それこそが主体の生成である「実詞化《イポスターズ》」である。レヴィナスの言う実詞化とは主語になる主体の出現であり、それは「雨が降る（il pleut）」などの行為主体がいない非人称から、動詞を支配する「私」の確立であると言える。レヴィナスはイリヤからの脱出を「眠る」こととして見出している。眠ることは、一方で、自らが定位する土台としての「場所」をもつことであるが、他方で、終わることのない無時間的な「イリヤ」が中断され、現在という時間が確保されることでもある。永遠に続くかのような不眠の夜は終わり、現在が主体によって引き受けられる。

　こうしてレヴィナスは、実詞化によって生成した主体を空間的・時間的な開始点として打ち出しているが、こうして得られた場所は、ほかのどこでもよい「どこか」ではなく、意識の〈ここ〉である。とはいえ、この意識のゼロ地点ともいえる〈ここ〉を獲得した主体は、レヴィナスも注意を促しているように、ハイデガーのいう「現存在」とは異なっている。なぜなら、現存在は、あくまで世界内存在としてすでに世界を巻き込んでいるが、定位された意識の〈ここ〉は、「あらゆる了解、地平、時間に先立っている」からである。それゆえ、意識の〈ここ〉は、絶対的な「今」という瞬間の出来事であると言えるだろう。

　このように主体に担われた現在は、川のような時間の流れ全体のうちで相対的に位置づけられるようなものでなく、むしろ、絶対的な開始点であるがゆえに、行き場のない孤立した現在である。その際、私の存在を所有することができるのは、当然私を措いてほかない。ゆえに、主体は自己自身の「重み」を引き受けることになり、今度は主体が「自己の存在に繋縛される」という事態に陥ることになる。イリヤを抜け出し、現在を担いとった主体は、自らの存在への繋縛という新たな困難に直面してしまうのである。

　レヴィナスは、このような自己の存在への繋縛を「自我が自らの存在に釘づけにされているという自我の根底的な悲劇」と呼んでいる。永遠の現在に縛られた私にはまだ時間は流れていない。時間が流れ出すためには、他の瞬間、つまりは現在とは異なる未来が求められる。そのような他なる瞬間は、現在に繋ぎ止められた私からもたらされることはなく、「他の瞬間の絶対的他性が〔…〕私に訪れるのはただ他人によってのみである」。そこでレヴィナスは、自己繋縛からの解放を、私が否応なく自分であるという「決定的なものを拒否すること」に、結論から言えば、エロスの次元における女性的な他人の他性に求めている。

　とはいえ、本書における女性的な他者とのエロスに関する議論は、結論部手前の段落などで断片的に述べられるだけで、最終的な解決策と見なされる「繁殖性」も「先取りして言えば」という仕方で予告的に語られるにとどまっている。エロスに関しては、むしろ翌年の『時間と他なるもの』のほうが踏み込んで展開していると言えるだろう。それゆえここでは、本書においてエロスとは別の救いが語られていることに注目したい。それが「メシア的時間」と呼びうる議論である。

　レヴィナスは本書の冒頭で「「壊れた世界」や「転倒した世界」という表現は、ありふれて月並みなものになってしまったが、それでもやはりある真なる感情を表現している」と述べている。これは戦禍によって親しい者たちを失ったレヴィナスの率直な意見であるのだろう。本書において、実存は「世界の終末」という観点でも考察されている。レヴィナスは、ハイデガーが『存在と時間』でおこなった、「……のため」にある道具との「配慮的な気遣い」や道具の連関についての分析を引き合いに出しながら、「悲惨と困窮の時代」にあって、行為は行為そのものを楽しむのではなく、すべては「死なないために」という仕方で、合目的性に支配されると語る。

このような合目的性に支配された世界をレヴィナスは時間の観点から「経済の時間」として記述している。この「経済の時間」ないし「経済的な時間」では、時間は過去から現在、そして未来へと淀みなく流れており、そこではあらゆる瞬間が等価であるために、たとえば今日の労働の苦しみが明日の報酬によって補塡されることが可能である。

レヴィナスはこうした経済の時間を「代償の時間」と呼び直しつつ、それは「希望にとって十分ではない」と述べる。その理由として、レヴィナスは「涙が拭われ、死の報復がなされるだけでは希望にとって十分ではない。いかなる涙も失われてはいけないし、いかなる死も復活なしで済まされてはいけない」と語っている。仮に未来に何らかの報酬や報復が現在の苦しみや死の埋め合わせとして提示されたとしても、それは現在の苦しみを取り去ることにはならないし、ましてや死を本当の意味で補塡することなどできない。むしろ真に求められるべきは、現在を未来によって償うことでなく、涙が流された「現在の復活」である。そして、その現在の復活を可能にするものこそ、「メシアあるいは救済」であるといわれる。したがって、ここでのメシアとは、人格を伴った救世主というよりも、他の瞬間と置き換え不可能な「いまここ」の現在が復活し、贖われる時間性を意味していると言えるだろう。

イリヤから実詞化《イポスターズ》に至る議論を思い起こせば、主体は現在のうちに自己の存在へと繫縛されていたのだった。経済の時間ないし代償の時間といわれるような、諸瞬間を踏破して労苦と報酬の帳尻を合わせるような時間性が棄却されるならば、私の救済はどこから到来するのだろうか。レヴィナスの答えは、「救済は、主体におけるすべてがここにあるとき、他所からやってくるほかない」というものである。レヴィナスは他の瞬間と置き換え不可能な瞬間の特異性や断絶を考察するにあたり、デカルトの連続創造説を引き合いに出しているが、デカルトの議論にあっても、時間が時間として流れるには、各々の瞬間に世界を創造する神という、私や時間それ自体とは他なるものを必要としていた。瞬間に閉じ込められた主体が要請する他性とは、このデカルトの神と同様に外部性を有するものであると言えるだろう。それゆえ、自己を現在において定位しつつも、全体化されぬ時が流れるためには、現在が未来によって償われるのではなく、その現在において贖われるメシア的な時間性が他なるものとの関係のうちに求められるのである。

『時間と他なるもの』

Le temps et l'autre [1948], Paris: PUF, 1983.
「時間と他なるもの」『レヴィナス・コレクション』合田正人編訳（ちくま学芸文庫、一九九九年、二三一―二九九頁）

峰尾公也

『時間と他なるもの』は、一九四六～四七年にレヴィナスが哲学コレージュでおこなった全四回の講演をまとめたテクストである。このテクストは、一九四八年刊行の同コレージュの論集『選択・世界・実存』に収録されたのち、一九七九年に新たに「序文」を加えて単行本として出版された。また本書は、ベルクソン、フッサール、ハイデガーらの著作に関する研究を土台に、レヴィナスが独自の思想を展開し始める最初期のテクストの一つでもある。本書で取り上げられた主題の多く――「時間」「超越」「享受と糧」「外部性」「エロス」「繁殖性」「イリヤ」など――が、のちの『全体性と無限』や『存在の彼方へ』といった主著でも取り上げ直されることから、一九四七年刊行の『実存から実存者へ』とともに、本書を、レヴィナス独自の思想形成の第一歩とみなすことができる。

レヴィナスは本書の課題を、「時間は、孤立した単独の主体に関わる事実ではなく、まさに主体と他なるものとの関係そのものだと明らかにすること」に設定している。この課題設定の意図するところはすなわち、純粋に主観的な時間意識に関するフッサールの現象学的分析や、ある特定の現存在の時間性に関するハイデガーの実存論的分析論とは異なる仕方で「時間」を論じることで、レヴィナス独自の時間論を提示することにある。このことは同時に、純粋自我による間主観性の構成についてのフッサールの分析や、現存在の存在体制の一環としての「共存在」（他なるものとともにあること）についてのハイデガーの分析とは異なる仕方で「他なるもの」を論じることと一体をなしている。このような課題設定のもと、本書は、ベルクソンやフッサールらの影響下で書かれた、ハイデガーの『存在と時間』における「世界内存在」「死へと関わる存在」「時間性」などの分析との対決を軸に展開される。以下、本書の構成を確認していこう。

第一講でレヴィナスは、実存の「孤独」を分析することから出発する。というのも、ハイデガーによる「共存在」とその欠如態としての「孤独」に関する分析は、他なるものとの関係一般を可能にする存在論的条件のみを問題としており、他なるものとの関係そのものである「面と向かって」の関係については何も説明しないからである。そこで、まさにそれを説明するためにレヴィナスは、はじめに「孤独」を分析し、ハイデガーの問題設定においては最初から乗り越えられているその「孤独」がいかに乗り越えられるのかという問いを立てる。次にレヴィナスは、非人称的な「イリヤ」の監視を中断させる「意識」の働きとして「イポスターズ」という出来事を分析し、「孤独」がまさにこの「イポスターズ」に起因するものであること、さらに「孤独」の悲劇性をなしているのが「質料性」であることを示す。

第二講では、質料につきまとわれた実存の日常生活が記述される。そこでの記述の大半が、ハイデガーの描写する「世界内存在」の日常性についての記述の変奏からなる。たとえば、自らの死を決意的に引き受けている実存を本来的とみなすハイデガーにとって、死の忘却によって特徴づけられる日常性は頽落した実存の現れにすぎなかったのに対し、レヴィナスにとって、そのような日常性を特徴づけているのは、頽落ではなく、実存の「質料性」の重みから解放されたいと願う「救済への気遣い」である。このような観点からレヴィナスは、世界内の対象はすべて第一次的には「道具」として実践的に出会われると主張するハイデガーに抗して、そうした道具との出会いに先立って「享受」される「糧」という対象のあり方を強調する。

第三講も、ハイデガー的な本来的実存、すなわち「死へと関わる存在」への抗弁を中心に展開される。「不安」における「死の引き受け」を本来的実存への変容のための必要条件とみなすハイデガーとは異なり、レヴィナスは「労働」において見出される「労苦」や「苦痛」が示す「死の引き受けがたさ」のうちに、主体とその自同性へと吸収されえない未知の他なるものとの神秘的関係を読み取ろうとする。ところで死は、ある未来の出来事である。この点に関してレヴィナスは、未来（将来）を可能性として先取りされうるものとみなすハイデガーとは異なり、未来をいかなる仕方によっても先取りされえない未知の他なるものとして思考することで、未来との関係を他なるものとの関係として解釈しようと試みる。

第四講では、こうした他なるものとの関係が、「女性的なもの」とのエロティックな関係として明らかにされる。レヴィナスにとっての（根源的）時間は、あらゆる他なるものの存在了解を可能にしているハイデガー的な「時間性」ではなく、「女性的なもの」としての他なるものと「向かい合って」の神秘的関係を可能にしている「繁殖性」である。そしてこの「繁殖性」は、ハイデガー的な「共存在」とも、ブーバー的な「我－汝」とも区別された、未知の未来へと世代を跨いで歴史的に伸び広がる共同性の次元をあらわにする。

ちなみに、本書への批判としては、ボーヴォワールが『第二の性』のなかで提示したものがよく知られている。ボーヴォワールは、他なるものを「女性的なもの」として分析する本書の議論に関して、女性を、男性という主体に対しての他なるものとみなす男性優位的思考を背後にもっていると批判した。本『読本』第Ⅳ部所収の「レヴィナスとフェミニズム」を参照。

『実存の発見』

En découvrant l'existence avec Husserl et Heidegger, Paris: J. Vrin, 1949/1967/2006.

『実存の発見――フッサールとハイデッガーと共に』佐藤真理人・小川昌宏・三谷嗣・河合孝昭訳（法政大学出版局、一九九六年）

小手川正二郎

本書はもともと、フッサールとハイデガーに関する四つの論考を収録した小著として一九四九年に出版された。戦前に執筆された最初の三篇「エトムント・フッサールの業績」、「マルティン・ハイデガーと存在論」、「時間的なもののなかの存在論」（邦訳では割愛、『超越・外傷・神曲』所収）が、二人の師に対する比較的忠実な註釈であるのに対して、戦後に書かれた「記述から実存へ」は、『全体性と無限』に至るレヴィナス自身の道程を示すものとなっている。

レヴィナスはそこで、当時隆盛を極めつつあった実存主義の源流に、フッサールとハイデガーを位置づけ直すのだが、その仕方は通俗的な解釈とは一線を画するものである。彼によれば、現象学の核心は、「事象に立ち戻る」ことだけでなく「事象から離れない」こと、つまり経験を外的な原理（形而上学的な原理や科学的なメカニズム）によって説明することなく、経験する人の観点にあえてとどまって記述し続けることに存する。そこから、人間のさまざまな活動や態度をすべからく、何らかの対象に向かう志向作用として分析する手法が生じる。ハイデガーは、こうした手法を用いて、実存、すなわち世界の内で各人が自分の生き方に関心をもちながら存在することの分析へと踏み出した。個々人の本質や属性とみなされてきたものを、世界の内で存在するという動詞的な次元で捉え直し、しかもつねに「何かを実存する」という他動詞的なあり方において捉え直した点に、実存主義の「哲学的発見」がある。このようにして、レヴィナスは実存主義を、単なる時代の流行ではなく、現象学的な手法によって拓かれた哲学的運動として評価しようとしている。

第二版の出版時（一九六七年）に、第二部と第三部が加えられ、倍以上の分量となった。第二部「新たな註釈」に収められた諸論考のいくつかはもともとフッサールの記念論集に掲載されたもので、フッサール現象学に関する註釈という体裁をとりつつも、『全体性と無限』（一九六一年）の方法論を準備している。現象学的観点に立てば、ある対象は、それを経験する仕方から切り離されると、抽象的かつ曖昧なままにとどまる。それを経験する仕方から対象に迫ることで、対象を具体的かつ正確に理解しようとする点に、フッサール以来の現象学者たちが共有する現象学の「技法」が存する（「現象学的「技術」についての考察」、一九五九年）。それゆえ、対象が現れる際の背景をなす地平を、表象されたものへと向かう志向性とは別種の志向性、受肉した身体の志向性として取り上げ（「表象の没落」、一九五九年）、対象をめざす志向性の手前に、こうした受肉した実存による世界の存在との係わり（「形而上学」）に向かう道が拓かれる（「志向性と形而上学」、一九六五年）。

　第三部「約述」には、現象学的手法を用いつつ、より大きなスケールで自らの思索を簡潔に記した珠玉の論文が並ぶ。「哲学と無限の観念」（一九五七年）は、『全体性と無限』の核をなす諸テーゼを提示しており、同書第一部の雛形をなす（邦訳では割愛されているが、『超越・外傷・神曲』に収められている）。レヴィナス自身が第二版の緒言で述べているように、「他の諸論文は、『全体性と無限』において採用された数々のテーゼの展開の端緒をなす」ものであり、『存在の彼方へ』（一九七四年）に結実することになる。

　とりわけ、最後の三篇は、『全体性と無限』における⑴他人の顔、⑵他人との対面、⑶自我による応答という三つの論点それぞれを掘り下げていく試みと言えよう。『全体性と無限』で、自らの発話に居合わせる他人それ自身の現前として特徴づけられた「顔」という仕方は、「他者の痕跡」（一九六三年）では、他人の他性（〈他者 l'Autre〉）の過ぎ去りの痕跡（trace）として考察される。「謎と現象」（一九六五年）は、こうした〈他者〉の過ぎ去りに固有な時間性を、自我が現前化して解消することのできない隔たりを伴う隔時性という形で問題化し、『全体性と無限』で自我のあり方の「問い直し」として特徴づけられた他人との対面は、現象の秩序がそこに収まらない謎によって「攪乱されること（dérangement）」として位置づけられることになる。最後に、「言葉と近さ」（一九六七年）では、『全体性と無限』で自らの発話内容に居合わせる弁明として論じられた他人への応答が、他人を主題化することや他人に伝えられる発話内容にも先立つ〈言うこと〉(le Dire)、自らが相手に語ることとそのことを示すあり方として先鋭化されることになる。

　こうした一連の議論が、現象学研究に収録されていることは注目に値する。『全体性と無限』と『存在の彼方へ』というレヴィナスの二つの主著は、どちらも本書で示される「現象学的な手法」を用いているだけでなく、経験に立ち戻りそこにとどまろうとする現象学とその一つの哲学的帰結としての実存主義を、レヴィナス独自の仕方で展開し、徹底化させた末に花開いた成果なのである。

『全体性と無限』

Totalité et infini. Essai sur l'extériorité, La Haye : Martinus Nijhoff, 1961; « Le Livre de Poche », 1990.
『全体性と無限』藤岡俊博訳（講談社学術文庫、二〇二〇年）

藤岡俊博

一九六一年に刊行されたレヴィナスの主著で、「序」、第Ⅰ部「〈同〉と〈他〉」、第Ⅱ部「内奥性と家政」、第Ⅲ部「顔と外部性」、第Ⅳ部「顔の彼方へ」、そして「結論」からなる。捕虜収容所からの帰還後に出版された『実存から実存者へ』（一九四七年）や、哲学コレージュでおこなわれた『時間と他なるもの』（一九四八年）などの講演をベースにしながら、フッサールやハイデガー解釈などの五〇年代以降の新しい展開も加味されて、レヴィナスの哲学がはじめて体系的にまとめられている。

「序」は本書の射程を俯瞰的な視点から述べたもので、文脈が捉えづらく難解だが、レヴィナスの思想全体に分け入るためにも重要なテクストである。冒頭に掲げられるのは「道徳に欺かれていないかどうかを知るのがきわめて重要だということには、たやすく同意が得られるだろう」という一文である。これは本書の立場ではなく修辞的な文章であって、戦争を予見し戦争に勝利するための技法としての政治を理性の行使と同一視する一般的見解を代弁したものだ。戦争状態では、永遠に妥当すると考えられた制度や義務が無効になり、こうした社会的幻想の覆いを突き破ってむき出しの現実があらわになる。厳然たる事実の支配力の前では、「……すべし」という道徳的な命法など嘲弄の対象にしかならない。存在論的な出来事として見た場合、戦争とは、抗いえないものとして迫ってくる客観的秩序に万人が動員され、各自の自己同一性を失うに至る状況である。こうした見方は、何ら恣意的なものではない。戦争と存在との結びつきは、西洋哲学の端緒から、「戦争は万物の父である」というヘラクレイトスの断片によって宣言されていたからだ。レヴィナスは、あらゆるものを包摂して〈同〉（le Même）も〈他〉（l'Autre）も消滅させる状況を「全体性」と呼び、この概念が西洋哲学を支配しているという。本書の課題は、「他性」に対するアレルギーに冒された西洋哲学に対して、全体性を構成することのない〈同〉と〈他〉の関係を記述することである。

しかし、主体‐客体関係、対象の認識、性質や感覚といった哲学の伝統的テーマは、どれもが〈同〉と〈他〉の関係の解明を企図したものではないのか。レヴィナスによると、西洋哲学とは、〈同〉と〈他〉の出会いの衝撃を中和する「第三項」を媒介として、実際には〈他〉を〈同〉に還元する試みだったという。存在者との関係を存在との関係に帰着させる存在論がその典型である。〈同〉の優位性に基づく存在論に対して、〈他〉を〈他〉として自体的に尊重する哲学的態度が本書の意味での「形而上学」である。そして、〈同〉と〈他〉の関係のうちで〈他〉が〈同〉に吸収されないためには、まさにこの関係のただなかで〈同〉の素朴な自発性や主導性が批判されなければならない。〈他〉との形而上学的関係は、絶対的に他なるものである「他人（autrui）」の現前によって〈同〉が問いただされること、すなわち「倫理（éthique）」として成し遂げられるのである。本書は、主体が自分の収容能力以上のものを内包するという「無限の観念」を全体性の概念に対置し、他人を迎え入れる「歓待性」を備えたものとして主体を捉えていく。

　本書が用いる概念構成を予備的に述べた第Ⅰ部「〈同〉と〈他〉」は全体の梗概である。西洋哲学を〈他〉の〈同〉への還元とみなす問題論的な前提に加えて、本書の核となる形式的概念が「分離」である。形而上学的関係の出発点である〈私＝自我〉（le Moi）と〈他〉が全体性を形成しないためには、両者は関係しつつも分離していなければならない。関係する諸項が、当の関係に「縛られず孤絶する（s'absoudre）」ような状況が「言語」であり、言語において〈同〉と〈他〉が接続する様態は「対面」と術語化される。無限の観念は〈同〉と〈他〉の分離を前提とする。分離された〈同〉は、レヴィ＝ブリュールが「未開」心性に認めたような「融即（participation）」の関係とは異なり、自分の実存のうちに「エゴイズム」として維持される。こうした〈他〉に対する無知の状態が「無神論」と呼ばれる。超越的存在に融即しない宗教、神話から解放された一神教的な信仰は、自己原因でないにもかかわらず自立した眼差しと発話を有する「意志（volonté）」の無神論に基づく。

　第Ⅱ部「内奥性と家政」は、形式的な自己反復でも〈他〉に対する論理的反駁でもない、世界への「滞在」としての〈同〉の「内奥性（intériorité）」がどのように成立するのかを記述する。〈同〉の最初の運動は、自分に不足している「他なるもの」を同化する「欲求」である。生は「なにかによって生きる」生であり、自らを養ってくれる「糧」に依存している。これは生命が自分の生存を保証してくれる条件を求める依存と同じではない。生においては、生を満たす内容との関わりそのものが、当の生の内実を構成するからである。生とはそれ自体が生への愛であり、存在論の彼方にある価値論の次元に位置している。生が糧に依存しつつも、「幸福」として自存性をたしかなものとする様態が「享受」である。享受は、呼吸や食事といった生物的行動から、思考や労働などの高次の人間的活動に至る、経験界の一切を包摂する普遍的範疇とされる。私は食物によって生きているが、食物を手に入れるための労働も生の内容であり、こうした労働によっても生きているからである。

享受には人間における動物的条件と、この条件からの解放がすでに含まれており、「身体」がその両義性を体現している。享受の基礎的な場面を見てみると、私は呼吸するだけで空気を享受しているし、目を開くやいなや、眼前に広がる光景を享受している。享受の対象となる事物は、所有不可能な環境である「元基（élément）」から浮かび上がる。享受が対象と無媒介的に結びつくために、享受する主体も元基のなかに浸っている。元基とは、支持体をもたない性質であり、享受は「感性」として感覚的対象を享受し、それに満足を覚えるのである。しかし、元基はいかなる実体にもひもづけられておらず、主体は元基と接する「面」を享受するだけで、厚みのある元基の深部に到達することはできない。源泉を所有できないにもかかわらず、元基がたえず訪れている事態が、即時的なものである享受に「翌日への気遣い」を抱かせる。そこから元基との直接的関係から後退する「集約＝内省（recueillement）」と、それを具体化する「住居」ないし「家」という内奥性の新たな次元が開かれる。住居は、元基にはない「内密性」の優しさやあたたかさを有している。こうした集約が可能ということは、なにかによって生きる享受の主体が、実のところ、それによって生きているわけではないなにかと関係していたことを示している。レヴィナスは、住居の「歓待的な迎え入れ」の起点となる次元を「女性的なもの」と呼ぶ。これが他人の最初の啓示であり、〈同〉の根拠となる住居のただなかに〈他〉との関係が刻印されていることの証である。

こうして家に居住する主体は、元基に浸りこむ自然的存在と訣別する。本質的に不確実であった感性の未来は、先延ばしや猶予といった時間的意味をまとい、主体は「労働」によって元基から事物を引き剝がし、それを財産として「所有」する。住居を起点とした、獲得し所有すべき世界との関係が「家政（économie）」である。しかし、私が実際には事物を所有せずにただ表象することもできるのは、「女性的なもの」とは異なる他人のぶしつけな現前が私の所有に異議を申し立てるからである。この問いただしは、事物に名前という一般性を与える言語として現れている。言語によって事物が主題化されること自体が事物の本源的な共有であり、私の所有権の喪失を意味する。他人の顔を見ることは他人に世界を語ることであり、言語による事物の共通化は「贈与」と等しいのである。

第Ⅲ部「顔と外部性」では、享受や所有を超えた他人との関係の様相が詳述される。我有化されて部分的に否定される事物とは異なり、所有不可能な他人に対する否定は全面的否定、すなわち殺人である。しかし、殺すことは他人の無化であって、支配ではない。他人の「顔」は、発話によって自分の形態を貫通し、掌握から逃れる。これはなにかをなしうる私の「権能」そのものへの抵抗である。顔の無防備な感性的外観は、同時に、「殺人を犯してはならない」という最初の言葉を発することで私を責任へと呼び起こす倫理的抵抗である。無限の観念の具体化である顔との関係によって、〈同〉と〈他〉を結びつける社会の多元的様態が樹立される。

顔の分析を通して、殺人の不可能性に基づく他性の継続が示されたが、〈同〉と〈他〉の関係によって両者の多元性が消失しないためには、〈同〉の維持もまた確保されなければならない。ところで、〈同〉と〈他〉の社会は二者間の関係ではない。他人の目を通して「第三者」が私を見つめる限りで、他人の顔の「公現」は人間性の開始でもあるからである。それゆえ意志は複数性の次元に位置づけられており、孤立した〈同〉の内奥性を構成するかたわら、自分の「所産（œuvre）」を通じて他人に開かれている。生み出した意志から分離された所産は、異質な意志によって解釈され、簒奪される。意志は死という最高度の暴力から逃れられないが、意志の死は点的な出来事として歴史の帳簿に記載され、生き残った者たちによって当人が不在のまま裁かれてしまう。したがって、生が存在論の彼方にある価値論に位置づけられていたのと同様に、死もまた、単なる無への移行とは別の仕方で捉えられなければならない。実際、死の瞬間は絶対に隠されており、そのとき私はすでに存在しない。つまり私が死と取り結ぶ関係は、死の時点そのものにあるのではなく、死の切迫であると同時に延期でもある時間のうちにある。こうした死との関係は私の孤独化ではなく、医療行為や友愛への呼びかけといった他人との関係であり続ける。意志の「死に臨む存在」において、意志には、私の死をものともせずに意味を再発見する時間、他人のために存在する時間がなおも残されている。死との関係においても、意志は存在の彼方の「善性」に開かれているのである。こうした有意味な相互人格的秩序が死を超えて存続するためには、意志は客観的な歴史の裁きに身を委ねるのではなく、第一人称で発話する主観的な単独性として「弁明」を続けなければならない。それを可能にするのは、意志の自由が法の普遍性のもとに保証される合理的制度ではなく、主観性の真理が語られるのに必要な無限の時間である。

この無限の時間がどのように生起するのかを述べるのが第Ⅳ部「顔の彼方へ」である。

女性的なものの他性とのエロス的関係を通して「子ども」を生むことで、自我は死の彼方に向かいながらも、自己への回帰から解放される。この次元が「繁殖性」である。「私の子どもは私である」という「父性」の定式は、生物学的な次元にとどまらない存在論的範疇として、自己同一的なものの二元性を表現している。世代の非連続性を通じた無限の時間は、贈与する権能を贈与するという善性の成就である。

レヴィナスの哲学はしばしば他者論と形容される。だが本書が探究するのは、つねに〈他〉との関わりのうちにある〈同〉が、時間を貫いて〈同〉として継続していく様態である。「序」で提示された、戦争に由来する客観的歴史（生者による死者の裁き）と、平和を確証するメシア的終末論（文脈なき意義の可能性）という対立が本書を通底している。〈同〉が〈同〉として確保されるために、全体化されえない無限の観念を迎え入れる主体性が記述されたのであり、エゴイズムや無神論といった措辞とともに内奥性の次元が要請されたのである。

思想界の主潮流が実存主義から構造主義へと移り始めていた時期に、戦前にフッサールやハイデガーから指導を受けた哲学者が世に問うた「主体性の擁護」の書は、ともすると時代錯誤的な印象を与えたかもしれない。しかし、全体性に回収されない主体性の称揚は、回帰する全体主義、訪れうる新しい全体主義への警戒でもある。デリダの論考「暴力と形而上学」やフェミニズムによるさまざまな批判を経てもなお、本書の根本的な着想はまったく今日性を失っていない。

『他者のユマニスム』

Humanisme de l'autre homme, Montpellier : Fata Morgana, 1972 ; « Le Livre de Poche », 1987.
『他者のユマニスム』小林康夫訳（書肆風の薔薇、一九九〇年）

村上暁子

本書は哲学系の雑誌に発表された「意義と意味」（一九六四年）、「人間主義と無‐始原」（一九六八年）、文学系の雑誌に発表された「同一性なしに」（一九七〇年）と、「序文」から成る。

形而上学の終焉、神の死、人間の死が叫ばれた時代に臆することなくヒューマニズムについて語るレヴィナスの姿勢は、時代に逆行してみえるかもしれない。しかし本書の考察は、タイトルからイメージされる旧来のヒューマニズムへの回帰とは大きく異なる特徴をもつ。全体の半分以上を占める論考「意義と意味」は、一九六一年から六三年の四つの講演をもとに、『哲学雑誌』に公刊された論考「〈他者〉の痕跡」（『実存の発見』第二版所収）を後半に組み込む形で成立し、メルロ＝ポンティの哲学を導きの糸に意味論と身体論の結びつきを扱っている。「われわれの時代のヒューマニズムの危機は」という言葉から始まる論考「人間主義と無‐始原」は、人間の無効性の経験から出発して現代の反ヒューマニズムの正当性を確認し、別の仕方で人間の主体性に意味を見出している。最後の論考「同一性なしに」では、若者たちによる抵抗運動〈六八年五月〉を念頭に、全面的に無償の行動によって「根底的な若さ」を示す主体性の条件が追求されている。各論考には内容的重なりがあるため、通底する問題意識を紹介しよう。

本書でレヴィナスは「ヒューマニズムの危機」が叫ばれた時代背景、同時代の思想潮流を意識しつつ、意味の源泉としての経験を問い直す。当時、旧来のヒューマニズムは、「戦争や強制収容所の墓なき死者たち」によってその欺瞞が露わになったことを受けて、厳しく糾弾されていた。レヴィナスは、構造、身体、存在への根付きを強調する現代思想を、こうしたヒューマニズムに対する抵抗、反ヒューマニズムとして特徴づける。構造人類学や記号論などの人文科学と、ハイデガーの存在論は、いずれも人間に内在する意味・目的を否定し、体系の全体性や匿名の秩序のうちで「意義」を規定する。人文科学によれば、意義の経験はつねに「あれとしてのこれ」という解釈学的構造をもち、意義は体系内の相互参照によって指示され、意義を理解する主体自身も特定の体系内に位置づけられる。意義連関の体系をなす言語や文化、歴史が人間の営みを通じて形成される以上、人間は存在が集摂され意義をなすために必要ではある。しかしハイデガーの存在論において人間は、存在という匿名の秩序に奉仕するだけで自らのうちに意味を持たないため、無数の意義は諸体系のうちに分散し、それらを統一する方向性は失われている。この状況が、ヒューマニズムの危機と呼ばれる。

　人間の主体性に再び意味を見出すことはできるのだろうか。レヴィナスは、記憶可能な時間を構成する超越論的統覚の「綜合」を起点にするのではなく、意識の現在に回収されえない「他人に対する責任」を起点に、主体性の意味を捉え直していく。その試みには、統覚によって集摂されたもの（体系のうちなる諸項）の「共時性」と、他者による自我への命令の「隔時性」の対立というモチーフが見出される。体系内部への配置によって意義を構成する記号の指示作用とは異なり、他人の顔は、絶対的に過ぎ去った過去の「痕跡（trace）」に固有の「意味性（signifiance）」によって、道徳的命令を通達し、自我が抵抗することも、取り消すことも、拒絶することもできない責任へと義務づける。こうして一者を他者に差し向ける「方位」としての「意味（sens）」が生成するが、他者へと向かう動向がその終着点を内包する場合、その方向づけは絶対的なものとはいえない。絶対的な方位は、責任における主体性が「私の死の彼方のために」ある〈作品（Œuvre）〉として意味生成を成し遂げるときに生まれる。『全体性と無限』においてこの概念は、意志による労働によって生み出される「所産」を指しており、意志が自ら意欲しなかった役割を歴史のなかで演じるという否定的側面が強調されていた。一方、本書に登場する〈作品〉は、他人に宛てた自己贈与の無償性のほうが強調される。〈作品〉とは自らの生み出したものがどう受け取られるかを知らずに他人へと差し出されることであり、行為の成就と「同時的」であることを諦めること、満足や見返りによって報われる希望のない「忍耐」の様態にとどまることである。レヴィナスによれば、このとき、他者に「よって」被ることは他者の「ために」被ることとなり、「一者が他者のために」という「一方通行／統一的な意味（sens unique）」が告げられる。

これは、人間の主体性が、否応なく他者へと曝露される自己の「感受性」において意味をなすということである。他人の苦しみや過ちによって自己が傷つけられ、応答を迫られるとき、そこには因果関係や目的論に基づく理由は一切存在しない。しかし他人の苦しみは、自らの意に反して他人のために耐え忍び、他人の支えとなることのうちで、自己を差し向ける絶対的な「方位」を生成する。レヴィナスが「他者のユマニスム」と呼ぶのは、この「他者のための一者」の応答責任によって、他人の権利の不可侵性や、人類の統一性が知解可能なものとなることである。

本書は『全体性と無限』から『存在の彼方へ』に至る用語法や枠組みの変化を理解するうえで欠かせない資料であるが、主体性の生起する時間性に着目して人間性とその倫理性、社会性の結びつきに注意を喚起し、ヒューマニズムの問題に一石を投じる試みとしても、大きな意義をもつだろう。

『存在の彼方へ』

Autrement qu'être ou au-delà de l'essence, La Haye: Martinus Nijhoff, 1974; « Le Livre de Poche », 1990.
『存在の彼方へ』合田正人訳（講談社学術文庫、一九九九年）

伊原木大祐

ナチスの犠牲となった近親者（父母と二人の弟、義父母）の思い出に捧げられている本書は、『全体性と無限』と並ぶレヴィナスの主著であり、一九七四年に刊行された。

三部・六章構成となる本文は、導入部として大筋を記した「梗概」に第一章が位置し、主要な議論を展開した「論述」に第二章から第五章までが組み込まれ、最終部をなす「別の仕方で言うなら」に第六章が割り当てられる。本文より前のページに置かれた「予備的注記」によると、第六章を除く各章の原型は、一九六八年から七二年にかけて、独立した形で学術誌や論文集に公表されたものだが、本書の総体はこれらの公表に先立って起草されたという。その中核となるのが第四章の論考「身代わり」である。なお、この注記は、少なくとも以下二つの点で注目に値する。第一にその冒頭では、本書中の「essence」という語が伝統的な意味での「本質」ではなく、「存在者（Seiendes, ens）」から区別された「存在〔すること〕（Sein, esse）」を表すと定義されている。第二にその末尾では、形而上学ないし存在－神論における存在忘却から存在を救い出す可能性に、「存在に感染せざる神の声を聴く」可能性が対置されている。あくまで「超越に意味を求める」という本書は、ハイデガーによる存在の思索との対決を極限まで推し進め、哲学を存在の呪縛から解放しようとする著作といえよう。

第一章「存在することと脱内存在性＝没利害性（désintéressement）」は、「存在すること」から「存在とは他なるもの」への移行に超越の意味を見出し、後者を「存在するとは別の仕方で」と名指すことから出発する。「存在しない」という否定的空虚をも埋め合わせる「存在すること（essence）」は、諸々の存在者の努力（conatus）に裏打ちされた「内存在性（intéressement）」に等しい。これは、諸項が相互同時的に衝突する戦争か、さもなくば平和にあって相互を制限する交易かに行き着く。そこで、存在の秩序とは異なる「別の仕方で」が、「他人に対する責任」として意味をなす主体性、「他者のための一者」という意義に求められる。それに伴い、次章以下で詳述される諸概念が次々とスケッチされてゆく一方、主体性を存在の一様相にしてしまう思考がヘーゲルとハイデガーに帰せられ、批判されている。

第二章「志向性から感じることへ」では、ハイデガー的な存在論的差異が存在（動詞）と存在者（名詞）との言語的共犯関係――「二重語法（amphibologie）」――として捉えなおされ、こうした存在論的構造の全体をなす〈言われたこと〉から、その手前における〈言うこと〉への還元的遡行がめざされる。〈言われたこと〉としてのロゴスにあっては、「何が自らを示現するのか」の「何」、「誰がそれを見つめるのか」の「誰」といった問いも、結局は存在の自同性に回収されるほかない。レヴィナスはそのような〈同〉への回帰を時間論的かつ言語論的なモデルに即して記述している。フッサールによる時間意識の志向性を踏まえると、それは時間化による感性的印象の変容（差異化）とその集約（同一化）を表す。実は、そうした感性的なものの時間化は「存在するという動詞」の振動・反響と表裏一体なのであるが、この動詞的変容もまた、〈言われたこと〉による「あれとしてのこれ」という意味給付を介して、名詞的に同定される。述定命題にあっては、存在者が存在することをさまざまな仕方で響かせながらも、再び同一の存在者として集約され、現出するのである。以上のような〈言われたこと〉との相関関係にも先立つ〈言うこと〉は、極端な受動性における「他者への曝露」を意味している。この曝露は忍耐でもあるが、その受動性は老化や倦怠のごとく、過ぎ去りゆく時間の集約的同一化が不可能となる「隔時的」時間性を主な特徴とする。こうして、〈言うこと〉の受動性は、「自己に反して」という身体の根源的逆行性において具体化されると同時に、そこから転じて「他者のために」一者として選び出される主体の唯一性へとつながっている。この唯一性はまた、本章の冒頭で論じられた「〈同〉のなかの〈他〉」という主体性の構造に対応する。

第三章「感受性と近さ」は、志向性の構造（～についての意識）を包摂する〈言われたこと〉の意味体系の手前に「感性的なもの」の直接性を求め、その意味を接触・心性・向性・傷つきやすさ・母性などの術語へと展開しながら、最終的に「近さ」という主体性の意義を抉り出す。この章では、『時間と他なるもの』や『全体性と無限』で考察された「享受」が再び取り上げられる。享受は「享受の享受」という生の重層的な自己満足の直接性にまで先鋭化されつつ、そこに直接加えられた打撃である「他者のために」の苦痛（「傷つきやすさ」）に織り込まれることで、「感受性」を複合的に構成すると考えられている。こうした直接性は、自分の口から引き抜かれたパンの贈与（『イザヤ書』五八章七節）にも喩えられ、接触における他者の近さを意味する。二項間の空間的隣接でもなければ、その表象や知でもなく、また、他なる存在の近しさに関する経験や意識とも異なる「近さ」とは、「隣人＝近き者」の一方的で不可逆な触発、「強迫」によって呼び出された私の主体性である。こうした隣人の様式は従来の「顔」という術語で示されるが、それもいまや、共通の現在を欠いた隔時性において私と関わるがゆえに、「現象性の欠損そのもの」、「非‐現象性」と化している。この顔はさらに、『全体性と無限』以降における痕跡概念の深化を踏まえつつ、謎において両義的に点滅する「〈無限〉の痕跡」であり、「それ自身の痕跡」であるとさえいわれる。

第四章「身代わり」は本書全体の萌芽となった論考であり、もとは「〈存在すること〉の彼方へ」という総題で予告されていた連続講演の後半部をなす（前半部「近さ」は『実存の発見』に「言語と近さ」として所収）。本章はまず、存在が自らを失って自らを再び見出す（自己）意識としての主体性を存在論的出来事の分節とみなし、その起点を「アルケー〔原理・始原・起源〕」と名づける。これに対し、意識を逆向きに貫く強迫ないし迫害の受動性は「無‐始原（an-archie）」と呼ばれ（『他者のユマニスム』所収の「人間主義と無‐始原」を参照）、そこに自己への「再帰（récurrence）」が認められている。分裂から統一へと向かう反省の自己回帰には還元しえない「再帰」の自己は、意識と存在の手前で告発された「対格」の自己、万人に責任を負っている主体であり、究極的には、他者の身代わりとなる代替不可能な「私」――「人質」として定式化される。当初より求められていた「存在するとは別の仕方で」の脱内存在性は、この人質という「無条件」において頂点に達する。これは「他者の責任に対する責任」という形で責任を過剰に充塡した身代わりの受動性であり、それによってはじめて憐憫・同情・連帯・対話・交流といったものが可能になる条件なのである。

第五章「主体性と無限」では、〈言われたこと〉から〈言うこと〉へ、存在に吸収される主体から「他者のための一者」と

いう意味をなす責任主体への遡行が再開された後、対照的な二種の「第三者性」が導入される。ここでのレヴィナスはまず、〈言うこと〉の真摯さを〈無限〉の栄光化＝賛美（glorification）、その証しでもある「我ここに」（『イザヤ書』六章八節）へと読み替える。〈言われたこと〉から離脱して過ぎ去ってしまった〈無限〉は、（再）現前することなく、〈他人〉へ向かうよう私に命じてくるのであるが、この三人称で語られる非現象的な命令様式が「彼性」の第三者性である。それに対し、隣人とは異なる第三の人間としての「第三者」の入場は、比較しえないものの比較という矛盾をもたらす「正義」に通じている。そこでは、表象・ロゴス・意識・存在が潜在的に誕生しており、すべてが存在のなかで自らを示すようになる。かつて『実存から実存者へ』で詳述された「イリヤ」は、こうした正義をも無意味化してしまう「無際限に伸びている存在すること」、さらには「意味に対する無意味の剰余」、「他性の全重量」として再定義される。自己の「贖い」が作用に転じない受動性であるには、この無意味の横溢が必要であるという。最後にレヴィナスは、西洋哲学の言説によってつねに反駁されながらも亡霊のように回帰してくる「懐疑論」の力を評価しつつ、それが首尾一貫した言説を中断し、〈言うこと〉と〈言われたこと〉を差異化する点に注目を促している。

第六章「外へ」は、これまでの内容を濃密な文章に凝縮した「換言」の試みである。意味を存在の閉域から解放しようとする本書の意図、さらには、人質としての主体に極まる本書の到達点をもう一度確認しつつ、存在することへの「無関心」や「無視」、存在論には回収されない空間の人間的意味、「呼吸」を通じた自我の分裂と他者への開放、暴力への闘争のなかで求められる人間的な弱さの意味などを語る。

他の著作群と比べたときに際立つ本書の大きな特徴は、言語使用に対する鋭敏な方法論的自覚にある。条件法を多用し、独特の比喩を詰め込みつつ、しばしば述部を取り除いて残った語句を同格に並べていくといった、この著作全体を彩る文体の異様さは、原書を一読すれば誰もが気づく点であろう。その文体はおそらく、哲学の言語に「若干の破格用法を導入する」という企図や、「言語の高揚」としての哲学といった見方と無関係ではない。実際、第三章の註では現象学的記述から「倫理的言語」への転換が示唆されている。存在の彼方という超越を記述するには、『全体性と無限』で用いられていた「存在論的言語」では不十分なのである（『困難な自由』所収の「自署」、『観念に到来する神について』所収の「問いと応答」を参照）。しかし、存在の彼方をどのように「言う」にしても、それは「言われたこと」に組み込まれて主題化される以上、存在のロゴスに絡め取られるほかない。本書の記述もその例外ではありえないことを著者レヴィナスは強く意識している。したがって、こうした言語使用は、いわば「言語の誤用」であって、〈言うこと〉の意味を裏切ることで「矛盾」を現出させる運命にある。けれども、その矛盾自体は、〈言うこと〉と〈言われたこと〉との隔時的断絶が後から共時的に把捉されたために現れたものにすぎない。哲学的探究の嫡子である懐疑論は、存在に依拠した言説を中断し、たえず前言撤回する（se dédire）ことで、〈言われたこと〉から〈言うこと〉への還元を繰り返し試みる。『存在の彼方へ』に記されたレヴィナスの文章はすべて、この終わりなき還元の果敢な実践に捧げられているといっても過言ではない。

『観念に到来する神について』

De Dieu qui vient à l'idée, Paris : J.Vrin, 1982.
『観念に到来する神について』内田樹訳（国文社、二〇一七年）

犬飼智仁

『観念に到来する神について』は、主に一九七〇年代に発表された計一三本の論考、質疑応答等を収録した論文集である。全体は三部構成であり、各論文は緩やかに年代順に配置されている。一九七四年にレヴィナスの第二の主著とされる『存在の彼方へ』が出版されたことを考慮するなら、本書にはそれと同時期の思想が強く反映されていると言ってよい。とくに注目に値するのは、フッサール、ハイデガー、カント、ヘーゲル、ブーバー、ローゼンツヴァイク、ブランショといったレヴィナスの読者には馴染みのある哲学者や思想家に加えて、ルイ・アルチュセール、エルンスト・ブロッホなど、比較的言及が少ない思想家も取り上げられていることである。また、しばしば批判的に言及されるキルケゴールについても、レヴィナスは他の著作とは異なる視点から取り上げている。

さて、序文では書名の趣旨が説明されている。タイトルは一見すると、神を主題とする信仰告白的著作であるかのような印象を与えるかもしれない。しかし、本書の眼目は、現象学的な視点から神という語が何らかの意味をもつという事態がそもそもどのようなことなのかを考えることである。レヴィナスによれば、神という語は法外なものであり、尺度を越えたものである。というのも、神は存在の用語で語られうるものではないからである。その意味で、本書は「神という単語を意味のある単語として理解する可能性——あるいはほかならぬその事実——についての探究である」。この探究は、哲学者にとっての神（神の存在証明）からも、信仰の対象としての神（決断）からも独立しておこなわれ、「現象学的な具体性」の探究としておこなわれる。このような具体性における神との関係は、神が絶対的であり、包括不可能である限りで、いかなる現象とも異なるものである。だが、レヴィナスはデカルト的な無限の観念に依拠することによって、この差異ないし神の法外さを単に抽象的な仕方においてではなく、具体的な「演出」として記述する。この点にレヴィナスの考察が否定神学的言説と異なる特徴がある。というのも、神が観念に到来することは、主体が他人の顔に対して責任があることの具体性のうちに、現象とは異なる仕方で見出されるからである。

第一部「内在性の断絶」においてレヴィナスは、神の観念をめぐる議論へと通じる導入として、近代または現代の西洋思想においてよりどころとされた超越論的主観性および理性のうちに見出される断絶に光を当てている。それは、一九六〇年代以降、活発に議論された学としての構造主義、レヴィナスが若い頃から依拠してきた現象学、それに加えて比較的言及が少ないマルクス主義といったさまざまな切り口から考察されている。

第二部「神の観念」では神の観念の意味が考察されている。「神と哲学」という論考ではデカルトとマルブランシュの神が比較されており、レヴィナスはその基本的な発想をデカルトのうちに見出しつつも、なおも存在の用語で神を語ろうとするデカルトよりも、神の過剰ゆえに主観性が断絶することを強調した点でマルブランシュを重要視している。また、「問いと応答」においては、レヴィナスの哲学の方法論が説明され、「誇張法（hyperbole）」と名づけられている。

第三部「存在の意味」では対話、悪（苦しみ）、疚しい意識というテーマが論じられている。これらのテーマは、無限の観念という逆説を抱えている主観性の形式的な定義をより具体的に表現したものと言えるだろう。

各論文の主題は多岐にわたるが、本書を読み進めると分かるように、レヴィナスの哲学的思考のいわば型のようなものが見出されるだろう。とりわけ、本書の全体に通底しているのは、フッサールのテクストに見出される覚醒というモチーフである。

その際、レヴィナスは超越論的主観性としての特権を与えられた「私は考える」に批判の狙いを定める。このような主観性は多様なものの統一および主題化という総合作用によって同一性を獲得し、そこで「休息」し、静的な「状態」を意味することになる。ところで、現象学はその根底に「素朴さ」の克服という発想をもっている。レヴィナスはこれを重視し、主観性が同一化によって休息状態にたどり着き、その特権性を確保できると信じるならば、再び素朴な状態に回帰するのではないだろうかと問う。レヴィナスはフッサールのテクストを解釈しつつ、超越論的主観性のなかに、その同一性を揺るがすと同時に、その素朴さからたえず目覚める契機を見出す。この覚醒は、デカルト的な無限の観念に由来する。レヴィナスにおける無限の観念は、形式的に言えば、包括不可能な〈他〉をそれにもかかわらず〈同〉のなかに含んでいることである。主観性は、単なる能動－受動が想定される場の手前において、絶対的な他者によってすでに触発されるという受動性を有する。

以上のような受動性のもとで捉え直された主観性は、魂の平穏とは反対に、不－安（in-quiétude）という動的なものを意味する（不－安は、ハイデガーにおいて現存在の無を開示する不安（ドイツ語の Angst はフランス語では angoisse と翻訳されている）とは区別される）。不－安の運動は、意識における共時性（synchronie）の作用に還元不可能な隔時性（diachronie）に対応する。この運動において、主観性の同一性は揺るがされるが、消滅するわけではない。むしろ、不－安においてこそ、主観性は他人との倫理的関係にある。つまり、自我は隣人に責任のある者として、身代わりとして見出されるのである。

本書には、個々の論点やさまざまな思想家について『存在の彼方へ』よりも具体的に議論を展開している箇所もある。とりわけ第一部におけるテクストは、レヴィナスと当時のフランスにおける学問状況（とりわけ構造主義、精神分析）との関係を理解する手がかりとなるだろう。

『われわれのあいだで』

Entre nous : essais sur le penser-à-l'autre, Paris: Grasset, 1991; « Le Livre de Poche », 1993.

『われわれのあいだで——「他者に向けて思考すること」をめぐる試論』合田正人・谷口博史訳（法政大学出版局、一九九三年）

冠木敦子

ハイデガー批判を明確に打ち出して自らの倫理を展開した「存在論は根源的か」（一九五一年）を筆頭に、「われわれのあいだ」がどのような様態をもって創設されるかを探究する論考群である。とはいえ「われわれ」という語のもとに集められた思考は一様ではない。「序言」として採用された文章（一九九〇年発表）において「われわれ」とは、さしあたり自己と他者との倫理的関係を指す。しかし一九五〇年代から晩年にわたる思考の軌跡をたどるなら、それはまた第三者を含めた共同体の人間関係をも指しており、さらに、この語に付与された評価も単純ではないのである。『全体性と無限』（一九六一年）の形成過程を知るうえで重要な最初の三篇においてはすでにこれらは明らかであるが、それ以降の論文においては、「われわれ」の問題が二つの正義論として展開されているのをみることができる。
存在を了解することは、情動を抱いた自分自身を見出すことであり、実存することである。冒頭の論文においては、このようなハイデガー存在論の「まったき新しさ」がまずは称賛され、一九八七年という晩年の講演においても変わらず表明されている（「〜の代わりに死ぬこと」）。しかしレヴィナスは、「時間的実存の事実性」が「存在一般の認識」の前提であるにもかかわらず、その両義性において実存の哲学が消失する事態を指摘し、実存することの具体性が存在一般の「開けてあること」に照らして解釈されてしまうと批判する。そしてこのような存在了解をはみ出す他者との関係を、語りの関係として、「顔」の倫理として展開するのである。

「レヴィ＝ブリュールと現代哲学」（一九五七年）は、ハイデガーとの関係を考えるうえでも「われわれのあいだ」を考えるうえでも、示唆的である。ハイデガーが示した道具連関の分析と同様、レヴィ＝ブリュールの描く「未開社会」においても、事物は単なる「もの」ではない。豹の爪に模して作った狩りの道具が神聖な力を宿しているように、事物は一種の物神として存在しており、物理的自然には還元不能な諸力の結びつきからその存在を引き出してくる。諸事物を支配する神秘的実在に「融即する（participer）」ことによって事物は存在し、人間もまた、土地や動植物あるいは自身が属する社会集団の成員との神秘的融即のネットワークに巻き込まれることで実存するのである。レヴィ＝ブリュールの提出した諸観念が現代哲学の根本に影響を及ぼした点を評価しつつレヴィナスは、それが単なる復古的な形態への郷愁に終わる危険性も指摘しており、『全体性と無限』における「存在への「融即」」批判につながっていく。

「自我と全体性」（一九五四年）では、「われわれ」の語に多様な意味と評価が付与されている。思考の始まりとは、意識が自らの外部を意識するまさにそのときである、という主張を出発点に自我と全体性の関係が考察されるのだが、「私と君の二人からなる親密な社会」、まずここに「われわれのあいだ」の語が当てられる。「愛に基づく」このような閉じた社会は第三者を排除し、正義への配慮がないと批判される。これに対して次に立てられるのが、私たちを人間という概念の個体化に変容する考え方である。しかし非人称的で矛盾のない言説のなかで各人の個別性は破壊されてしまうだろう。第三に、概念の統一性を欠きつつも第三者を含んだ複数の自我が関係し合う社会が、経済の原理を根本にもつものとして描かれる。これは黄金の誘惑により自らを裏切る意志が作品を産出する、という意味で「不正」な全体性を形成するのだが、この不正に気づかせるものとして、最後に、他者との言語的関係が登場する。敬意を表し合う他者との言語的・倫理的な関係に再び「われわれ」という言葉が当てられ、それも今度は正義の意味を帯びて使用されるのである。
この論考で使用される「正義」と「第三者」の意味合いもまた注目されるべきだろう。一方では、自己と他者の倫理的・言語的関係に「正義」の言葉が当てられるのだが、他方では、第三者を考慮してはじめて「正義」が可能になるという論の運びがあり、これが最終的に「貨幣」による量化と比較の正義として論じられている。前者は、全般的な倫理を指す言葉として正義の語が使われている『全体性と無限』の使用法であり（「『全体性と無限』、ドイツ語訳への序文」（一九八七年）でも言及されている）、後者は『存在の彼方へ』（一九七四年）の、法や制度と同次元にある正義論につながっていく。

後期に頻出する「疚しい意識」は、この二つの正義のあいだに位置している。普遍的人権や正義を築き上げてきた輝かしい理性、しかしその果てに行き着いてしまった数々の悲惨、そしてこれに対するヨーロッパ人の疚しい意識（「唯一性について」、一九八六年）。法や制度としての正義を要求するのは実は慈愛であり善さである。それゆえ正義はたえずより善きものになっていかねばならない。これが、正義が根本的にもっている疚しい意識なのだ。正義が善さを忘れるとき、正義は人間の共存の新たな形態を発明していく才を失ってしまうだろう（「他者、ユートピア、正義」、一九八八年）。疚しい意識はまた、フッサール現象学から出発して次のように語られてもいる。志向的なものに付随して体験される自分自身についての非志向的なもの、このような純粋な受動性を含んでいるにもかかわらず、知でもあり支配でもあるような志向的思惟とともに確立される存在のうちに、自我は定立される。これは果たして正しいのだろうか。問いただしてくるのは他者であり、問いただされてあること、それが疚しい意識として存在することである（「非志向的意識」、一九八三年、「一者から他者へ　超越と時間」、一九八三年）。他者による同一者の攪乱の繰り返し、これを「還元」と捉え、フッサールにたえず立ち戻りつつ思考するレヴィナスは、劣った認識からより完全な認識への移行にとどまることなく、他者に審問されることのなかで目覚めているという倫理的関係こそを「正しい」と呼んだのである（「哲学と目覚め」、一九七六年）。

『神・死・時間』

Dieu, la mort et le temps, Paris: Grasset, 1993; « Le Livre de Poche », 1995.
『神・死・時間』合田正人訳（法政大学出版局、一九九四年）

服部敬弘

本書は一九七五―七六年度にソルボンヌでおこなわれた講義

録である。主に受講生の講義ノートをもとに、レヴィナスの指導学生であったジャック・ロランが後年編集し、註釈を付して一九九三年に刊行された。「死と時間」と「神と存在－神－論」との二つの講義からなり、同日午前と午後各一時間ずつ、約半年にわたって講じられた。いずれもレヴィナスの思索の哲学史的背景を覗い知ることのできる貴重な記録である。

　午前の講義「死と時間」は、ハイデガー『存在と時間』の批判的読解から出発し、時間を他人との関係から捉えようとする初期著作以来一貫したレヴィナスの企図が、哲学史との対話を通して概説される。前半部では、『存在と時間』の細部に分け入り、時間性と「死に臨む存在」との関連が検討される。主要な論点は、これまでのハイデガー批判の延長上にあって他書で既出の議論だが、本書は『存在と時間』に即したまとまった論述がなされている点で特徴的である。

　レヴィナスはまず「無」に対する現存在の先行的了解に着目し、そこで示される無に対する拘束性を、実存という動詞の「他動詞的意味」と呼ぶ。『存在と時間』において、それが最も先鋭的に現れるのが、「死に臨む存在」の段階である。現存在はおのれの「終わり」を、存在しなければならず、「死ななければならない」。ただ現存在は、死の可能性を前にしながらも死から逃避し、日常性へと頽落している。そこから現存在は、覚悟性を通して「死への先駆」と呼ばれる本来的な態度へと連れ戻される。現存在がおのれの最も固有の（かつ没交渉的で追い越しえない）可能性として死を引き受けようと決意するとき、現存在の「全体性」が開示される。その意味が後に「時間性」の脱自的統一態として明かされる。

　それに対してレヴィナスは、「私の死」を通して時間性の統一を追求するハイデガーの歩みに追随せず、時間性の第一次的契機である「死への先駆」に照準し、そこにむしろ時間性の統一から逃れる出来事、「他人の死」を見出そうとする。ここから、レヴィナス固有の問題構制が開かれることになる。ハイデガーの時間性は、あらゆる存在者を意味づける「全体性」であり、それは死への先駆という孤独な営みにおいて開示される。しかし、そこで引き受けられる死の可能性には、引き受けえない剰余、受動的に耐えるほかない外部、全体性に回収しえない「存在の彼方」が含まれてはいないか。レヴィナスはこの「私の死」に還元しえない出来事を、「他人の死」と呼ぶ。死への先駆は、実は（共同現存在とは異なる）「他人」＝「無限」への超越に支えられている。この他人との関係こそ時間の本質、「隔時性」である。こうしてレヴィナスは、ハイデガーのテーゼを修正し、隔時性こそが死を可能にすると主張する。

　隔時性の思考は、存在、無、死が密接に結びついた実存論的分析論に抗する形で提示される。それは、ハイデガーの描き出す「存在の歴史」には収まらない哲学史をも照射することになる。後半部では独自の哲学史解釈が披瀝されるが、この点もまた、本書に特別の色彩を与えている。

たとえば、他書では断片的な言及にとどまっていたカントが、本書では立ち入って論じられ、「最高善」への到達を「希望」として語る『実践理性批判』が評価される。また、未完の世界で疎外された労働に喘ぐ人間を解放へと導くユートピアへの「希望」を語るブロッホが称揚され、同時期に発表されたブロッホ論（『観念に到来する神について』所収）の舞台裏を知ることができる。けっして現前しえない「未来」が「希望」として主体に顕現する場面に肉薄したカントやブロッホを通して浮かび上がるのは、存在の歴史とは異なる、隔時性の思考の系譜である。

加えて本書では、これまで批判対象であったヘーゲルに対する別の評価もみられる。レヴィナスの目を惹くのは、存在と無を同一視した『大論理学』のヘーゲルではなく、この存在＝無の統一とは異なる「死」を思考する『精神現象学』のヘーゲルである。「人倫的世界」の成立に際して、放置されれば腐敗するだけの死者は、家族による大地への埋葬により共同体の一員となる。ハイデガーの死が自然的要素を脱色した無という抽象的次元で捉えられたのに対して、ヘーゲルの死は大地という質料的次元（元基）に結びつけられる。読者はここに、レヴィナスが時間分析の起点とした「質料性」概念の哲学史的背景を垣間見ることができるだろう。

午後の講義「神と存在‐神‐論」では、「他人との関係」としての時間を、今度は「神との関係」として展開する後期思想が概観される。そこでは、「存在の彼方」を「神」として、しかも「存在‐神‐論」に回収されえない神として描き出すという『存在の彼方へ』の問題意識が貫かれている。その出発点には、「存在‐神‐論」の彼方で（神ではなく）存在を思惟しようとする後期ハイデガーとの対決がある。内容としては、身代わり、強迫、人質、証し、栄光、〈言うこと〉、〈他者のための一者〉、〈彼性〉といった後期の主要概念がちりばめられ、『存在の彼方へ』の問題群の概説としても読めるだろう。詳細は伊原木氏による同書の解題に譲りたい。

『存在の彼方へ』では語られなかったものとしては、たとえば、当時セミナーで扱われたアンリの情感性概念への言及があり、志向性の手前に遡行しようとするレヴィナスとの共通の関心が見え隠れする。また、後期ハイデガーによるギリシア人のユダヤ化の可能性を「小声で」指摘した箇所があり、議論を喚起するだろう。さらに、「不在と化すほどに超越的」とされる「彼性」が、「イリヤのざわめきと混同されかねない」とする指摘がある。『観念に到来する神について』所収の講演でおこなわれた指摘がここであらためて繰り返されており、当時のレヴィナスにとって、存在論と倫理とのあいだの関係が、単なる二項対立にとどまらない独特の緊張関係として明確に自覚されていたことを示唆している。

『歴史の不測』

Les imprévus de l'histoire, Montpellier: Fata Morgana, 1994; « Le Livre de Poche », 1999.
ピエール・アヤ編『歴史の不測――付論 自由と命令・超越と高さ』合田正人・谷口博史訳（法政大学出版局、一九九七年）

小手川正二郎

一九二九年から九二年まで、レヴィナスの最初期から晩年までのテクスト、とりわけ時事的な問題をめぐるものや、実存主義や歴史に言及したものを収録した論集。一見すると、時期も主題も異なる論考の寄せ集めにも見えるかもしれないが、レヴィナス自身の提案によって『歴史の不測』という書名が決まったことからも推察されるように、それぞれの論考や対談には、⑴個々の歴史的出来事、⑵それらを包括する世界の〈歴史〉、⑶〈歴史〉からこぼれ落ちる人々の歴史――レヴィナスが「聖史（histoire sainte)」と呼ぶもの――への洞察や示唆が見て取られる。

最初期に書かれた、フッサール『イデーン』についての論考（一九二九年）と「現象学の町」と呼ばれたフライブルクをめぐる論考（一九三一年）は、歴史とは無関係に見えるが、歴史に対するレヴィナスの現象学的態度を考えるうえで示唆的である。経験の外側から経験を説明することなく、経験にとどまってその与えられ方を記述する現象学は、思弁的な形而上学によって個々の出来事を解釈して歴史を「構築」するのではなく、個々の出来事が「歴史的な」ものとして意識に与えられる仕方（「構成」）という観点から歴史に接近する。

ナチスによる政権獲得という歴史的出来事に呼応して書かれた「ヒトラー主義哲学に関する若干の考察」（一九三四年）では、人種主義の奥底に、身体や（民族の）歴史から逃れられない者として人間を捉える見方があることが喝破される。人種主義に真に対峙するには、身体や歴史に対する意志の自由を称揚してきた西洋哲学の枠組みを乗り越えて、身体や歴史への繋縛そのものを再考する必要があるのだ。

一九五五年のジュネーヴ会談について執筆された「ジュネーヴ精神について」（一九五六年）においては、人間の手によって生み出された原子力が、人々や国家の思惑や制御を超えた「自然的」脅威となって、人間の作為や不作為によって生み出されてきた〈歴史〉を呑み込み、それを「停止」させかねない危険性にいかに対処すべきかという問題が提起される。

一九六〇年のソ連指導者フルシチョフ訪仏の際に書かれた「原理と顔」では、個々人の利害を超えて国民全体の利益を求める〈理性〉の政党がただ一つだけあればよいとするフルシチョフの考えが、西洋哲学における理性や国家についての思考──「理性的に考えれば、本人が望むはずの利益」を国家は個人に強制してもよいとする考え──のある種の帰結であるという大胆な主張がなされる。ここには、個々人の感情や良心を主観的な錯覚として切り捨てる思考に対して、「人間は匿名の原理の背後に他の人間の顔を見なければならないという必要性」を対置しようとする姿勢がみられる。『全体性と無限』に結実する、理性や国家をめぐるレヴィナスの批判的思考がこうした世界情勢とその理解を背景に練り上げられた点は重要であろう。

「サルトル、実存主義、歴史」という小見出しで括られた四つの論考は、レヴィナスと同様、現象学的な立場から人間の歴史性について思考し続けたサルトルに対するレヴィナスの評価と隔たりを示すものだ。一方で、『現代』誌に掲載された「現実とその影」(一九四八年)では、サルトルが芸術や文学における社会への参与(engagement)という側面を強調したのと対照的に、レヴィナスは芸術作品が本質的に社会から離脱(dégagement)したものであることを強調する。こうした理解は、芸術が特定の瞬間を停止させ、歴史や未来から切り離された「合間」にとどめるというレヴィナス独自の時間論に由来する。

他方、レヴィナスは「実存主義と反ユダヤ主義」(一九四七年)において、『ユダヤ人問題についての考察』(一九四六年)等でのサルトルによる反ユダヤ主義への批判のなかに、身体や歴史への人間の繫縛そのものを実存主義的立場から再考して人種主義を乗り越えようとする試みを見て取っている。また、一九八〇年のサルトル逝去に際して書かれた「われわれにとって親しみ深い言葉」と対談「サルトルが聖史を見出すとき」では、サルトルがユダヤ人国家の必要性を否定することなく、イスラエルとパレスチナ人の交渉や対話を企図したことが高く評価されている。さらに、サルトルが亡くなる直前に発表された『いまこそ、希望を』(海老坂武訳、光文社、二〇一九年)で、彼が「領土と国家を有する国民の歴史」というヘーゲル的な歴史観からはこぼれ落ちてしまう「ユダヤの歴史」を認め、「人間の人間性には、世界史の次元とは異なる意味のいま一つの次元が存在する」点を見て取ったことを指摘している。「勝ち誇る者たちによって書かれる歴史」、「政治的でしかないような歴史」とは異なる歴史のあり方、数多のラビやユダヤ教徒たちがトーラーとタルムードを中心に紡いできた「聖史」という見方は、国家の歴史から排除されてきた集団や被差別集団の歴史、そうした歴史を担う共同体やアイデンティティについて考えるうえで、今日でもなお熟慮に値する視点を提供している。

なお、邦訳書には、単行本『自由と命令』に再録された論文「自由と命令」(一九五三年)および「超越と高さ」(一九六二年)の翻訳が「付論」として収められている。

『他性と超越』

Altérité et transcendance, Montpellier: Fata Morgana, 1995; « Le Livre de Poche », 2006.
ピエール・アヤ編『他性と超越』合田正人・松丸和弘訳（法政大学出版局、二〇〇一年）

長坂真澄

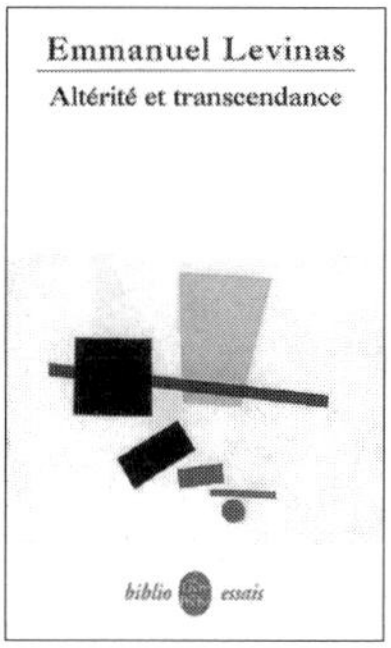

本書は、一九六七年から八九年にかけてさまざまな機会に発表されたレヴィナスの一二の論考を収録する論文集である。ピエール・アヤの序文とともに、レヴィナス自身が託した題名を冠して、レヴィナスが他界した一九九五年に出版された。「無限」や「全体性」といった概念の哲学史的変遷が解説されている第一部（「もう一つの超越」）、ブーバーの思想とレヴィナス自身の思想の共通性と差異を論じる第二部（「対話を越えて」）、人権概念をその起源に遡って捉える必要性を訴える第三部（「平和と権利」）、レヴィナス自らの哲学的な歩みを振り返る晩年の対談である第四部に分かれている。以下に、各部の焦点となる議論を重点的に紹介する。

第一部は、『エンキュクロパエディア・ウニウェルサリス』をはじめとする複数の百科事典に寄稿された三つの項目記事からなっている。事典項目という特殊な制約から、レヴィナスが哲学史を俯瞰する議論をしている点で、他に類を見ない貴重な資料となっている。たとえば、アナクシマンドロスのアペイロンや、カントールの超限集合論への言及など、他の諸著作にはみられない叙述の拡がりがある。

このうち、「哲学と超越」、「無限」という項目に顕著に確認できるように、レヴィナスが超越や無限を語るにあたり、特権的な指標としているのが、デカルト『省察』（一六四一年）の第三省察で展開される、神の存在証明のうちの第一の証明である。この証明は、有限で不完全な私のうちに無限で完全なものの観念がある、しかるに有限から無限は生み出されえない、それゆえその無限の観念は私の外にその原因をもつのでなければならない、その原因が無限の実体、すなわち神である、とするものである。レヴィナスはこのデカルトの議論から、思考が思考を超過するもの（無限の観念）を思考することができることを強調する。

他方、レヴィナスはカント『純粋理性批判』（一七八一／一七八七年）「超越論的弁証論」の宇宙論的証明の反駁の箇所を敷衍し、無限なき有限の自存的な実在を認める。すなわち、ある何らかの存在（たとえば私の存在）という帰結から、その原因へと遡る推論をすることは可能だとしても、その原因の何性（何であるか）を決定することはできない。かくして、無限なき有限としての思考においてこそ、有限に先行する無限が思考されるというデカルトの考え方が、意味をもつこととなる。

さらに、この思考を超越するものは、フッサール現象学において再び発見されるものであると論じられる。これは、レヴィナスが若き時代（『フッサール現象学の直観理論』、一九三〇年）から繰り返し指摘している、意識の全面的反省の不可能性の問題に重なる。そもそも意識を反省するという方法については、フッサールが現象学を確立する以前に、二〇世紀初頭に盛んであった心理学の分野で論争になっていた。それは、意識の反省は意識そのものを変様してしまうのではないか、という懐疑に端を発する論争である。フッサールが指摘するように（『イデーンⅠ』、一九一三年）、このような懐疑論はその懐疑を表明する時点で、反省の可能性を前提としており、自己反駁的な背理を犯している。しかしレヴィナスは、哲学史において幾度となく反駁されながらも、倦むことなく甦るこの懐疑論を無視できないものとしてきた。後期のレヴィナスはフッサールの議論のなかに、このような前 - 反省的、非 - 志向的意識を見出すようになる。ここには、顕在的な意識には還元できない過去、つまり、記憶に回収されない過去が遡示されている。レヴィナスによれば、このような過去における身に覚えのない過ちに対して責任を負っているという形で、主体が成立するとされる。


第二部は、レヴィナスとブーバーとの共通性と差異を論じるものである（ブーバーの著書への序文を含む）。〈我〉と〈汝〉を対称的に語るブーバーに対して、レヴィナスは私と他者を非対称的に捉えることが強調される。

第三部では、いわゆる人権というものの起源についての考察が展開されている。人権は、自己自身の生存権に対する要求の拡大とその制限から理解されるべきではなく、他者の権利に起源をもつものとして捉え直されるべきであると論じられる。またその他者の権利は、カントにおけるように、主観の自由意志に基づく義務として、行為の格率を道徳法則に適合させるという形式的一致から要請されるものではなく、あくまで、善良さの感情に照らしあわされるものであるとされる。

最後に、第四部の二つの対談では、ハイデガー哲学との自らの対峙についての回顧的述懐が展開されている。ハイデガーは『存在と時間』（一九二七年）において、死の可能性を、現実へと転じうるようなその他の諸可能性と対比する。現存在にとって、自らの死の可能性は、けっして現実に転じえないという点で純粋な可能性であり、ハイデガーはそれを「不可能性の可能性」と呼ぶ。それに対し、レヴィナスは、死はあくまで引き受け不可能なものであるとし、「可能性の不可能性」（死という可能性は不可能であること）と形容する。

さらに、本書の末尾に収録されている「顔の暴力」と題された論文においては、「正義の行使はある種の暴力を要請する」

との主張が表明されるが、このような暴力は、あくまで「誰かのための暴力」でなければならないということが強調されている。

この主張は、フッサールの『ヨーロッパ諸学の危機と超越論的現象学』（一九三六年）での議論と重ねあわされている。フッサールは、客観として捉えられるものの忘却された主観的な起源を再活性化する必要性を唱えるが、それと並行するように、レヴィナスは、「現象学は神の声を聞き取るために不可欠である」と主張する。現象学とは、レヴィナスにとって、単なる神学に陥らない仕方で神を語るために必要な通路なのである。

『モーリス・ブランショ』

Sur Maurice Blanchot, Montpellier: Fata Morgana, 1975.
『モーリス・ブランショ［新装版］』内田樹訳（国文社、二〇一五年）

伊藤潤一郎

モーリス・ブランショに関する三つの論考と一つの対談から成る論集。収録されているのは、「詩人のまなざし」（一九五六年）、「奴婢とその主人」（一九六六年）、「アンドレ・ダルマスとの対話」（一九七一年）、「『白日の狂気』についての演習」（一九七五年）の四つである。初出年からわかるように、『全体性と無限』以前から『存在の彼方へ』以後の約二〇年にわたるテクストが収められている。初出との異同は、註の削除や細かな文言の修正がなされている「『白日の狂気』についての演習」を除いて、句読法の修正や誤記・誤植の訂正に限られている。また、原書は二〇〇四年の再刊の際に註の部分のみ版が改められ、ページ付けが変わっていることに注意が必要だろう。

レヴィナスの著作全体において、本書は一九七六年に出版される作家論集『固有名』と一続きの著作と位置づけられる。「『白日の狂気』についての演習」の初出時の註では、同論考は一九七五年に出版される『固有名』に収録予定とされていた。しかし、同書の出版は一年遅れて一九七六年となり、その代わりに「演習」を含むブランショについての四篇のみが単独で先に出版されることとなった。それが、本書『モーリス・ブランショ』である。

「詩人のまなざし」は、バタイユによる「沈黙と文学」（一九五二年）、「われわれが死すべきこの世界」（一九五七年）と並ぶ、ブランショについての最初期の論考である。そこにおいてレヴィナスは、ブランショの『文学空間』（一九五五年）のうち、とりわけ第七部「文学と根源的経験」を参照しつつ、ハイデガー存在論とブランショの思考を対決させることを試みている。

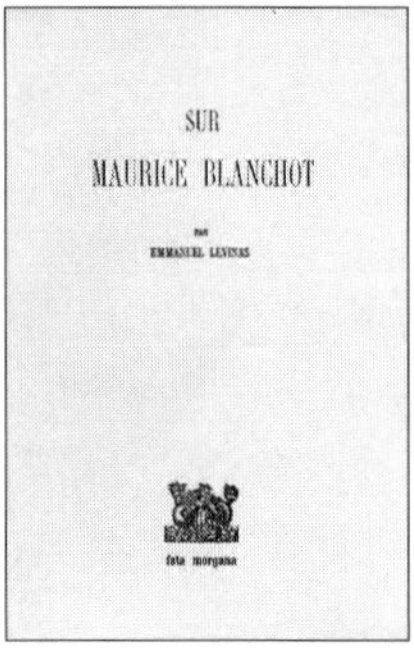

後期ハイデガーの存在の真理とブランショの彷徨との近さが指摘されながらも、結局のところハイデガーが語っているのは真理が彷徨の条件となるヘレニズム的な「領主たちの世界」だとレヴィナスは考える。それに対し、「ノマディズムという人間の本質」を描くブランショの文学論は、ハイデガー的世界の外部へと導くものであるとされ、そこに倫理や正義の可能性が見出されている。

「奴婢とその主人」は、『クリティック』誌のブランショ特集号にシャールの詩やフーコーらの論考と並んで掲載されたものである。ブランショが一九六二年に発表した断章形式のフィクション『期待　忘却』を論じる本論考は、ブランショが語る期待や忘却を、「未来予持も過去把持もない隔時性」の問題圏に結びつけるとともに、とりわけ言語の問題に収斂するかたちで議論が進められていく。レヴィナスによれば、『期待　忘却』が示す言語とは、「〈同〉から〈他〉へ、〈自我〉から〈他人〉へ向かう」非連続的な言語作用にほかならない。論考末尾では、ヘーゲルの主と奴の弁証法が性的差異を含む関係へと変奏され、「常軌を逸した＝彷徨する（extravagant）」主人としての非連続的な言語作用と、それを論理によって汚しつつも主人の狂気を愛する「奴婢の言葉（parole ancillaire）」との関係が論じられている。

「アンドレ・ダルマスとの対話」は、フランソワーズ・コランによるブランショについての最初の単行本『モーリス・ブランショとエクリチュールの問い』（一九七一年）の出版と同時期に、レヴィナスが『ヌーヴォー・コメルス』誌の創刊者の一人ダルマスとおこなった対話である。コランの著作をおおむね肯定的に評価するレヴィナスは、その成果を踏まえて、哲学と文学の関係、中性的なもの、ブランショとハイデガーの差異などについて語り、ブランショの思想には二つの解釈の可能性があると述べて対話を締めくくっている。それによれば、一方ではブランショを意味の喪失というニヒリズムの極限として解釈する可能性がありながらも、他方で「他性の激化」、全体性を挫く「第三者」を語る思想家としてブランショを読み解く可能性も開かれており、レヴィナスは後者を強調している。

「『白日の狂気』についての演習」は、一九四九年に「ある」というタイトルで雑誌に掲載され、一九七三年に『白日の狂気』として単行本化されたブランショのテクストを読解するものである。この時期には、ロジェ・ラポルトとベルナール・ノエルによる『モーリス・ブランショの二つの読解』（一九七三年）やピエール・マドール『真摯な務め？』（同年）によってブランショの神話化が進んでいたが、本論考はそうした傾向に抗して、ブランショが語る「狂気」、「白日」、「他人」を手がかりに、『白日の狂気』を散文に翻訳することを試みている。これら三つはいずれも外部と関係しながらも「出口（issue）」なきものであり、ブランショのテクストはまさに出口のないことを表しているとされる。それに対し論考の結論部では、『白日の狂気』がテクストという織物である以上、なおもテクストの編み直しによって「狂気」を見出すことができるという見通しが、「それは編み物を続ける」という言葉とともに示されている。

以上の四篇から成る本書は、レヴィナスとブランショの思想的関係を考える際に重要な著作であるだけでなく、一九七〇年代のブランショ解釈においてレヴィナスが占める独特なポジションが垣間見える著作ともなっている。

『固有名』

Noms propres, Montpellier : Fata Morgana, 1976/2014 ; « Le Livre de Poche », 1987.
『固有名』合田正人訳（みすず書房、一九九四年）

押見まり

『固有名』はレヴィナスによる最初の作家論集である。本書は一三人の思想家・作家についての一六篇の論考からなり、一九四七年から七三年までの幅広い年代にわたるレヴィナスの思想と文体を収めている。論じられる思想家・作家は、アグノン、マルティン・ブーバー、パウル・ツェラン、ジャンヌ・ドゥロム、ジャック・デリダ、エドモン・ジャベス、キルケゴール、ジャン・ラクロワ、ロジェ・ラポルト、マックス・ピカート、プルースト、ファン・ブレダ、ジャン・ヴァールである。これらの思想家のうちには、本書にしかレヴィナスによる言及がない者もいる。それゆえ本書は、これらの思想家たちとの関係や、そのなかで尖鋭化するレヴィナスの思想を研究するうえで重要な著作である。

本書の形式的な特徴の一つに論考の配置がある。収められた論考が年代順ではなく、取り上げられる思想家・作家の名前順（アルファベット順）に並べられ、最後に「無名」と題された論考が置かれているのだ。この配置からもわかるように、本書は名前、すなわち「固有名」にこだわって編まれている。では、題名でもある「固有名」はどのような意味をもつのだろうか。序文では、「固有名」は意味の解体に抵抗するとともに話すことを助け、「語られたこと」に結びつけられた合理性の終焉を知らせるものとして提示されている。「固有名」の意義がこのように提示される背景には、本書が公刊された時代のフランス思想界の動向があると思われる。

一九六〇年代から七〇年代にかけ、フランスではソシュール

言語学や記号論、精神分析などに依拠する思想が隆盛した。大きく捉えれば、言語や記号が体系や構造として人間の意識を外から規定しているという見方がこれらの思想の共通項であった。いわば人間の思考に対して、普遍的で匿名的な「エクリチュール（書、文字言語）」の優位を主張する思想である。この思想に従えば、言葉に意味を与える人間主体という概念は否定され、単なる記号の連鎖としてのテクスト（文章／織物）のみがあることになる。ところがレヴィナスはこの思想に反対し、それを記号内容のない「記号の戯れ」とか「単語たちの骸」などと厳しく評している。他にも、序文でのジャン・ヴァールとガブリエル・マルセルへの言及や、本書収録の論考「ジャン・ヴァールと感情」などに、人間の外で普遍的真理を探求することを拒む姿勢が見て取れる。レヴィナスがそうした姿勢をとるのは、言語のなかに人の顔を指し示す「固有名」があるからだ。固有名がある人の顔を示すとき、言葉は対面での会話においてのように、顔によって意味を与えられる。それゆえ固有名によって、人が言葉に意味を与える「パロール（話、音声言語）」が援護される。話すためには他者、つまり包括されえない超越であり差異である者との関わりが必要だ。「目覚め」と呼ばれるこの関わりによって、普遍の学である存在論とは別の仕方が開かれる。したがって「固有名」とは、いまや形骸化した記号としての言語のなかにあって、意味を与える他者との関わり、「目覚め」、存在論の彼方をひらきうる言葉なのだ。

ゆえに「固有名」の語を題に戴く本書は、レヴィナスから一三人の思想家たちへの「応答」であり、「対話」の記録と言えよう。思想家たちそれぞれの固有名を各論考に冠することで、固有名の主たちによって論考の言葉に意味が与えられ、他方でわれわれ読み手にとっては、レヴィナスという固有名によってもその言葉に意味が与えられる。かくて本書の各論考は、思想家たちとレヴィナスとの対話であるとともに、対話するレヴィナスと読み手であるわれわれ自身との対話の可能性をひらくものとなる。さらに「対話」がソクラテスに始まる哲学の仕方だったことも考えれば、本書は哲学するレヴィナスの姿を示すと同時に、われわれ読み手にも哲学することを呼びかける著作と言えるかもしれない。

だが、「固有名」がレヴィナスの思想にとって重要なのは、顔を意味するという固有名そのものの性質のみによるのではない。本書の最後に置かれた論考「無名」を取り上げよう。

この論考の前半部では、レヴィナスの親族を含むユダヤ人約六〇〇万人が犠牲になった第二次世界大戦での迫害経験が語られる。それによると大戦期のユダヤ人迫害の特徴は、世界からの追放のみならず、誰一人抗議の声を上げず、助けの手も差し伸べない「見棄てられた状態」、「遺棄」であった。レヴィナスは、平時の同化があまりに脆く崩れ去ったこの歴史的経験から、危機に瀕する人間性を守るための「真理」を戦後世代に向けて提示している。「ユダヤ的条件」と題された後半部では、人間性がつねに危険にさらされているというユダヤ的条件と、その過酷さのなかでもなお人間性を保護する責務としての道徳が語られる。「無名」はこのように、犠牲となった名もなき人々へのレヴィナスの応答とも言える論考であり、そこでは大戦期の経験がレヴィナスにのしかかる重さと、戦後世代へ向けた道徳についてのレヴィナスの思考を読み取れる。

　思えば、およそ六〇〇万ものユダヤ人犠牲者たちは「固有名」を奪われ、物のごとく殺された、換言すれば文字どおり人間性を奪われた人々でもある。つまりユダヤ人迫害とは、それぞれの「固有名」を持っていた人々が、番号で管理された「無名」の物として死した事実と言える。固有名にまつわるこの経験がレヴィナスに対して有する重大さゆえに、「固有名」はレヴィナスの思想において重要な概念なのだ。

　本書『固有名』はこのように、一三人の思想家や作家、そして迫害の犠牲者たちとの対話録としてレヴィナスの思想をさまざまな角度から見せるとともに、固有名という概念の哲学的可能性を訴える一冊である。

『外の主体』

Hors sujet, Montpellier: Fata Morgana, 1987; « Le Livre de Poche », 1997.
『外の主体』合田正人訳（みすず書房、一九九七年）

樋口雄哉

本書は一四篇の論考をまとめた論文集である。収録されているのは、一三篇の既刊テクスト――①「マルティン・ブーバーの思想と現代ユダヤ教」（一九六八年）、②「マルティン・ブーバー、ガブリエル・マルセルと哲学」（一九七八年）、③「ブーバーについて――若干の覚書」（一九八二年）、④「フランツ・ローゼンツヴァイク――ある近代ユダヤ思想」（一九六五年）、⑤「ジャン・ヴァール――所有することも存在することもなく」（一九七六年）、⑥「ウラジミール・ジャンケレヴィッチ」（一九八五年）、⑦「意味の意味性について」（一九八〇年）、⑧「間主観性について――メルロ＝ポンティ覚書」（一九八三年）、⑨「アルフォンス・ド・ヴェーレンスの思い出に――感受性について」（一九八四年）、⑩「人間の諸権利と他者の諸権利」（一九八五年）、⑪「弦と木――聖書のユダヤ的読解をめぐって」

（一九七二年）、⑫「日常言語と能弁なき修辞」（一九八一年）、⑬「語の超越――『ビフュール』をめぐって」（一九四九年）――、および書き下ろしの表題作――⑭「主体の外へ（Hors sujet）」――である。書き下ろしを含め、一九四九年から八七年までの日付をもつテクストが、発表年に関係なく配置されている。

著作タイトルになっている«hors sujet»は、普通、«sujet»が有する「話題」「主題」の意味に従って、「話題（主題）から逸れている」という性質を示す形容詞句として、あるいはそのような状況を表す副詞句として用いられる。この熟語を、本書のレヴィナスは「主体の外の／主体の外で」という意味で使用している。ただし、ここでの「主体」とは対象を構成する客観化作用の主体であり、レヴィナスは主体概念そのものの破棄を意図しているわけではない。「主体の外の／主体の外で」とは、客観化とは別の経験様式ないし別の主体のあり方、主体と他なるもののあいだに結ばれる客観化とは別の関係、対象とは別の資格で現れる他者、対象性とは別の知解可能性、といった主題群に与えられた名前である。一三篇の既刊論文は、これらの主題群に関するものが選ばれている。

レヴィナス自身による「序文」に従えば、本書に収められた既刊テクストは、二つのグループに分けることができる。第一のグループは、「主体の外」を思考した思想家たちを論じるテクスト群である。とくに、「序文」のレヴィナスは、ブーバー、マルセル、ローゼンツヴァイクの三人の名前を挙げ、他なる人間が「客観化する主体の外側の知解可能性」に属することを、すなわち、他人が客観化作用に由来する意味とは別の意味を帯びていることを認めた哲学者たちだと評している。一三篇のうち①〜⑥、⑧、⑨、⑬がこのグループに属しており、⑬以外の八篇は、それぞれが主に扱う思想家の出生年に従って並んでいる。

フッサールやハイデガーなど幾人かの例外を除けば、レヴィナスが主要著作において同時代の哲学者たちを名前を挙げて詳細に論じたり、彼らから明示的に引用することは少ない。それゆえ、これらのテクストは、同時代の哲学者とレヴィナスの関係を理解するうえで、貴重な材料となるだろう。なかでも④が扱うローゼンツヴァイクは、レヴィナスが自らの哲学への影響を公言する哲学者であるが、レヴィナスの主著で彼の著作が集中的に論じられることはない。この論文は、「二つの世界のあいだで」（一九五九年、『困難な自由』所収）や、ステファヌ・モーゼス『体系と啓示』に寄せられた序文（一九八二年、『諸国民の時に』所収）などとともに、二人の影響関係を裏づけるにあたって重要な資料となるはずである。⑧と⑨では、「肉」や間身体性をめぐるメルロ＝ポンティの分析が主題となっている。いずれの論文も、最後にはメルロ＝ポンティにはない「倫理的」観点の導入の必要性が主張されるものの、メルロ＝ポンティの議論を主客構造の克服の試みとして積極的に評価している点は、注目に値する。⑬は、ミシェル・レリスのBifur／

Biffure の概念が露わにする「思惟が自己自身とは別のものになる」という出来事に注目する。この論文は、レヴィナスが文書のかたちで発表した最初の言語論でもあり、後半では、前年の講演「発話と沈黙」（『レヴィナス著作集2』）において展開されていた議論が概略的に述べられている。

以上の第一のテクスト群に、第二のグループのテクスト群（⑩〜⑫）が添えられている。これらの論考でレヴィナスは、人間の諸権利（⑩）や言語（⑪、⑫）といった観念を、「主体の外で」成立する他人との倫理的関係から捉え直そうとしている。なお、⑬が第一グループの他のテクストから離れてこの第二のグループの直後に配置されているのは、この論考がとくに言語を主題とするものだからだろう。

一三篇の既刊テクストのうち、⑦の「意味の意味性について」だけは、「序文」のなかに言及がない。この論文でレヴィナスは、ハイデガー哲学への批判を手短に述べた後、他人との倫理的関係ないし「顔」を「意味の意味性」とみなし、諸存在者の知解可能性としての存在をそれに準拠させるという、『存在の彼方へ』以降の自身のアイディアを要説している。レヴィナス晩年の思想の一つの要約とも言えるこの論文が、同世代のジャンケレヴィッチとメルロ＝ポンティを扱う論考のあいだに挿入されているという事実に、われわれは、「主体の外」の哲学者たちの系譜のなかに自分を位置づけようとする彼の意図を読み取るべきかもしれない。

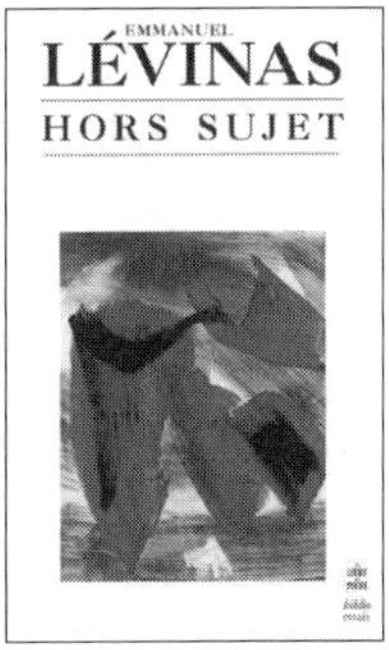

以上の既刊論考の後に、書き下ろしの論考（⑭）が置かれている。フッサール論の体裁をとるこの論文でレヴィナスは、「現象学的還元」によって見出される「純粋自我」が、対象の同一性とは区別されるべき「唯一者の同一性」を有する主体、「主体の外の主体」であることを指摘する。そして彼はこの主体の同一性を、「倫理的筋立て」において他人の悲惨の責任を負わされた「私」の同一性、「代替不可能な選ばれた者の唯一性」として再解釈する。『存在の彼方へ』以来繰り返し論じられてきた「他者のための一者」としての主体性概念に、フッサールを起点とする新たな説明が加えられており、晩年のレヴィナスを現象学の文脈で捉え返すにあたり、一つの手がかりとなるテクストである。

『困難な自由』

Difficile liberté, Paris: Albin Michel, 1963/1976; « Le Livre de Poche », 1984.
『困難な自由［増補版・定本全訳］』合田正人監訳、三浦直希訳（法政大学出版局、二〇〇八年）

平石晃樹

『困難な自由』（一九六三／一九七六年）はユダヤ教・ユダヤ思想を主題とするレヴィナスの最初の書物である。ユダヤ系の雑誌や機関誌に寄せた論考をはじめ、第二次世界大戦後に発表された四〇を超えるテクストを収録する。一九七六年の改版にあたって、すでにアクチュアリティを失ったと判断された数篇が削除され、代わりに初版出版後に発表された論考が追加された。これにともない全体の構成に若干の変化が生じている。邦訳に関しては、一九八五年に内田樹氏による抄訳が国文社より出版されたのち、現在流通している訳書としては以下の二つがある。一つは国文社から二〇〇八年に出た内田樹氏による訳であり、もう一つは法政大学出版局から同年に出版された合田正人・三浦直希両氏による訳である。前者は初版の全訳、後者は定本の一九七六年版の全訳である。本項では一九七六年版とその邦訳に依拠する。

以下、本書の前提となる事柄をいくつか確認したうえで、各部の内容を概観する。

まず「困難な自由」という印象的なタイトルについてである。本書の見開きのエピグラフにはタルムードの『アヴォート篇』（六章二節）から抜粋された「石板の上の自由……」という句が掲げられている。これは『出エジプト記』の一節（三二章一六節）に関するラビ・ヨシュア・ベン・レヴィの註解の抜粋である。掟の刻まれた二枚の石板を携えてモーセがシナイ山から下山する場面が描かれているこの一節について、彼はトーラーの研究に携わる者以外に自由な人はいないと解釈する。レヴィナスその人もまた、律法の学習と典礼による生活の規律化がユダヤ教の核心であることを本書で幾度も強調することになる。「困難な自由」という表題は、ユダヤ教についてのレヴィナスのこのような理解とまずは関係づけられるであろう。

しかしながら、本書は、太古のテクストの権威にことよせて訓詁学にいそしむわけでもなければ、世俗とのつながりを断ち宗教的生活に邁進することを勧めるわけでもない。むしろ本書は、二〇世紀後半のユダヤ思想に深い爪痕を残した数々の歴史的出来事との緊張関係から生み出されたものであり、実際、時事性の強いテクストも多い。そうした出来事のなかでも特筆すべきは、反ユダヤ主義の復活とその帰結としてのユダヤ人大虐殺（ホロコースト／ショアー）であり、一九四八年のイスラエル建国である。これらは、離散の民としてなおヨーロッパの地で暮らすユダヤ人であることの意味や「約束の地」を所有することの正当性などについて喫緊の問題を提起する。そうした問題に対して、聖書やラビ文献などの釈義という迂遠とも思われる方法で応答を試みるところに、本書の基本的な指針がある。この指針を支えるのは、それらの書物においては実はすでに「すべてが思考されていたかもしれない」（DL, 9／xiii）という、書物への信である。

「悲壮の彼方」と銘打たれた第Ⅰ部には、レヴィナスの理性主義的ないし知性主義的なユダヤ教理解を示す論考が収録されている。「成年者の宗教」（一九五七年）は、人間と神との関係は熱狂や畏怖などの非合理的情動を排した知性の鍛錬によってのみ結ばれると考える点に、ユダヤ教の特徴を見出している。世界をむしろ脱魔術化するユダヤ教は、その当然の帰結として無神論の危険性にたえずさらされつつも、西洋近代の啓蒙主義的理念、ひいてはヨーロッパ文明の真髄をなす哲学と合流するとレヴィナスは強調する。こうしたユダヤ教理解の延長線上で書かれたテクストとして、レオン・ブランシュヴィックに捧げられた二篇のテクスト、「レオン・ブランシュヴィックの手帳」（一九四九年）、および、「西洋的であること」（一九五一年）を位置づけることができるだろう。レヴィナスは、このフランスの合理主義哲学者を、同化ユダヤ人でありながら西洋文明とユダヤ性との結合を捻じれた仕方で体現した類まれな人物として、敬意を込めつつ描き出している。以上は、レヴィナスの思想における哲学と宗教、あるいはヘレニズムとヘブライズムの関係といったテーマを考えるうえで示唆に富む。

第Ⅱ部「註解」は、一九六〇・六一年の第三・四回フランス語圏ユダヤ知識人会議でのタルムード講話を元にした「メシア的テクスト」にまるごと充てられている。バビロニア・タルムード『サンヘドリン』の章句を対象として、「メシアの時代とはいかなる時代か」、「メシアの時代の到来は条件づけられているのか」といった問いをめぐるラビたちの解釈の対決を註解する。ひときわ興味深いのは、一連の議論の最後に提起される「誰がメシアなのか」という問いをめぐる考察だ。諸説を検討したあげく、レヴィナスは、「メシア、それは〈わたし〉であり、〈わたしであること〉、それはメシアであることです（Le Messie, c'est Moi, Etre Moi, c'est être Messie）」（DL, 138／一二〇）という驚くべき結論にたどり着く。メシアとは万人の苦しみを背負う義人であるが、他人たちの苦しみの全重量を担うことができるのは「私」と言う存在をおいてほかにない。こうしたメシア的主体性の構想は、同時期の『全体性と無限』（一九六一年）よりむしろ、『存在の彼方へ』（一九七四年）における「身代わり（substitution）」としての主体という発想と共鳴する。

その限りで、レヴィナスの思想の進展を把握するにあたって、本論は重要な意義を担うといえるだろう。

「論争」と題された第Ⅲ部は、タイトルが示すように、特定の思想家や作家を相手にした論争的なテクストが収められている。論争の具体的な相手は、エドモン・フレッグ、スピノザ、ポール・クローデル、シモーヌ・ヴェイユであるが、いずれの争点もキリスト教の観点からしたユダヤ教解釈をめぐって織り成されている。「スピノザ訴訟」（一九五五―五六年）はイスラエルの初代首相ダヴィド・ベン＝グリオンを旗手とするスピノザの破門解除キャンペーンをきっかけに書かれたものだ。レヴィナスは、ユダヤ教の真理を新約聖書の啓示に従属させるスピノザによる「裏切り」がとりわけ西洋のユダヤ知識人層の解体を後押しする負の影響をもたらしたことを重く見て、この名誉回復運動に断固否を突きつける論陣を張っている。三つのクローデル論のうちの一つ「イスラエルへの言葉」（一九五一年）は、同年にクローデルが出版した小著の表題をそのまま冠した論考である。同書においてクローデルは、イスラエルの民にキリストの「経理担当者（intendant）」として生きることを大胆にも提案している。この提案を最終的には却下しつつも、レヴィナスは、貨幣と通商という経済的生活が人間存在にとって有する格別の意義に着目したクローデルの卓見を高く評価している。このテクストの数年後に発表された「自我と全体性」（一九五四年）において、レヴィナスは経済と密接に関連した正義をめぐる思想を展開することになるが、その発想の背景を知るうえで本論は重要な手がかりを与えてくれる。

第Ⅳ部「開口」には、現代世界におけるユダヤ教・ユダヤ思想の意義をあらためて問う論考が配置されている。その冒頭に置かれた「今日のユダヤ思想」（一九六一年）では、現実に開かれ自らを更新しながらも、世界の有為転変にはけっして同化しないことで新しさと古さを同居させる点に、ユダヤ思想の意義があるとされる。「宗教と寛容」（一九六〇年）では、信仰の絶対性と他宗教への寛容の両立可能性を探るために、イスラエルの民の「選び」という観念が取り上げられる。レヴィナスによれば、この観念は、高慢な民族的思い上がりなどではなく、世界の苦しみを一手に担う無限の責任を表している。そして、信仰の絶対性は他宗教の否定ではなく選ばれた自己への義務という形をとるがゆえに、ユダヤ教は現代における宗教的寛容の復権に貢献しうるとされる。第Ⅳ部で最長の論考である「二つの世界のあいだで（フランツ・ローゼンツヴァイクの道）」（一九五九年）では、生と書物との関係をめぐるローゼンツヴァイクの考察が取り上げられている。「生へ」の一言で幕を閉じる『救済の星』は、書物の彼方に生が広がっていることを示すと同時に、書物を通る通路が人生の前提となっていることを表してもいる。書物と生とのこうした関係は、いわゆる「哲学の終焉」後になお可能な思想の一つのあり方を示しており、ここにレヴィナスはローゼンツヴァイクの思想の現代性を看取している。

第Ｖ部では、広く「隔たり」に関するさまざまな考察が展開されている。「ユダヤ教と現代」（一九六〇年）では、時代に参加しながらも離脱するという、語の根源的な意味での「時代錯誤（anachronisme）」こそがユダヤ教の本質的教えであり、それは典礼と聖書の学習を中心に据えた生活様式において体得されるものであると主張される。「歴史の方向＝意味（sens）」（一九五八年）では、そうした時代錯誤的存在としてのユダヤ人と歴史との関係が主題化されている。土地と結びついた歴史への帰属を拒むユダヤ人は歴史を裁く自由を獲得する。しかし、近代市民社会への参入からシオニズムを経てイスラエル建国へと至る流れのなかで、ユダヤ人はそうした自由を徐々に喪失しつつあるという。これを受けて、レヴィナスは、各々が置かれた歴史的現実に安易に同化することを拒む忍耐の必要を訴えている。「ハイデガー、ガガーリンとわれわれ」（一九六一年）では、人類初の宇宙飛行を引き合いに、ユダヤ的存在様式である分離と当時最先端の科学技術とが意外な仕方で結びつけられて論じられている。

第Ⅵ部「いまここで」には、一段と時事性の強い論考が並べられており、改版に際してテクストの入れ替えが最も多い部分である。「空間は一次元ではない」（一九六八年）は第三次中東戦争（一九六七年六月五日～一〇日）後に書かれたイスラエル国に関する重要なテクストである。イスラエルの電撃的な勝利に終わったこの戦争の結果、同国は嘆きの壁のある旧市街・東エルサレムをはじめ領土を拡大する。これによりフランスとイスラエルのあいだには政治的亀裂が走る一方で、多くのユダヤ人たちがイスラエルへの移住を果たすようになる。こうした緊迫の中、フランスになお留まろうとするユダヤ人たちはイスラエルに対してどのような態度をとるべきか。この問いに対する応答として書かれたのが本論である。「約束の地」の所有は、アラブ人という他者の排除と背中合わせである。イスラエル国をめぐる問題は倫理と正義をめぐるレヴィナスの思考を評価する際の重要な試金石となる。

加えて、第Ⅵ部には、東方イスラエリット師範学校の校長という立場で書かれた数篇のユダヤ教育論が収録されていることも特筆すべきであろう。その一つ「ユダヤ教育についての考察」（一九五一年）では、ヘブライ語教育を核とするユダヤ教育こそが、イスラエル国の外部で離散の民としてなおユダヤ人であろうとする者の実存を正当化するとの認識が示されている。さらに、教育による伝統の再活性化はユダヤ教の根幹にある人間尊重の精神を体得することにつながるがゆえに、ユダヤ人学校の特殊性は世俗の学校が依拠する西洋近代的ヒューマニズムの価値の普遍性と合流すると主張される。ここでもまた、ユダヤ教と西洋近代の親近性というレヴィナスのユダヤ教理解が確認されることであろう。

本書の末尾である第Ⅶ部「署名」は、自らの人生と知的遍歴を振り返るレヴィナスその人による履歴書とも言うべきテクストである。

以上見てきたように、主題も長短もさまざまなテクストを収めた本書は、レヴィナスの思想のヘブライ的源泉を知るうえで必読の書であることは言うまでもない。それはまた、西洋文明に対する態度や教育観など、哲学的テクストからは窺い知ることのできない哲学者の一面を伝えてくれるものでもある。よく知られているように、レヴィナスは自身の哲学的テクストと信仰上のテクストとが混同されることを警戒したが、たとえば経済的正義や存在様式としての分離という主題、また責任、教え、選びといった観念などは、これら二種のテクストをまたいで現れるものである。本書は、哲学者とは異なる、「ユダヤ思想家」としてのレヴィナスの顔を映し出すものというよりはむしろ、後年の彼の言葉を借用すれば、「ギリシア人たちが知らずにいた諸原理（始原）をギリシア語で表明する」（ADV, 233–234／三一八）ことを引き受けた思考の具体的な表現として理解されなければならない。

『タルムード四講話』

Quatre lectures talmudiques, Paris: Minuit, 1968/2005.
『タルムード四講話［新装版］』内田樹訳（人文書院、二〇一五年）

佐藤香織

『タルムード四講話』は、フランス語圏ユダヤ知識人会議におけるレヴィナスの発表のうち、一九六三年から六六年にかけての四つの講演を収録したものである。レヴィナスは、タルムードの解釈の刷新を通じてそのテクストが伝える普遍的な意味を探究しようと試みた。本書においてレヴィナスはとりわけ人間の「正義」の意味に接近する。

第一講「他人に対して」（『ヨマー篇』85a—85b）は「赦し」を主題として開かれた会議で発表された。同じ会議ではジャンケレヴィッチが「赦しの主題への序論」と題された発表をおこなっている。レヴィナスは以下の一節に注目する。「人間が神に対して犯した罪過は大贖罪日に赦される。人間が他人に対して犯した罪過は、あらかじめ加害者が相手の怒りを鎮めておかない限り、大贖罪日においても赦されない」。ここで問題とな

るのは、神に対して犯された罪過（禁制や戒律の侵犯、偶像崇拝、絶望）の赦しに比して、他人に対してなされた罪過（言葉で人を傷つけることを含め、他人に苦しみを与えること）の赦しが困難なことである。他人を苦しめたという罪過に対する赦しには、「あらかじめ加害者が相手の怒りを鎮めておく」という、個人どうしの私的な関係に基づく条件が必要である。ゆえに人間が他人に対して犯した罪過への「赦し」の条件としてレヴィナスが提示するのは、「被害者の善意」と「加害者の自覚」である。しかし、加害者は「本質的に無意識」であり、むしろ「加害者の攻撃性はおそらく彼の無意識そのもの」なのであるから、「原理的には赦しは不可能である」ということが帰結する。さらにレヴィナスは、同害刑法の正当性を扱うテクストを選ぶ。同害刑法を要求する被害者に「赦す」ことを強要することはできないが、「憐れみ（pitié）」を欠いて同害刑法を要求する者は、「イスラエルに属する」ことがもはやできないという解釈を通じて、レヴィナスは善意に基づく正義を思考する。

第二講「誘惑の誘惑」（『シャバット篇』88a―88b）という発表においてレヴィナスが扱うのは、自我が自律している状態に対して、逆説的に自我が自らの自律に陶酔し忘我しうるという「両義的状況」である。レヴィナスのいくつかの分析のうちでとくに核となるテクストの内容は、「イスラエルの民が「聞き従う」ことより先に「行う」ことを約束した」ときに、「聞き従う」ことと「行う」ことの両方に対して褒賞が与えられるというものだ。通常は先に「聞く」ことがあり、その後に「行う」ので、ここには順序の逆転がある。レヴィナスは、「聞く」ことが先にある場合、「よくわからない」もしくは「半分しかできなかった」という結果が発生しうると指摘する。それに対して、「聞き従う」ことがすでにして「行う」ことである場合、主体の自由な選択と行為に対して、服従することが先立っている。レヴィナスはここにおいて、自由に先立つ「責任（responsabilité）」の構造を確認しており、この「責任」に基づいてはじめて「正義」についての議論が可能になると述べるのである。

第三講「約束の土地か許された土地か」（『ソター篇』34b―35a）において問題となるテクストは『民数記』第一三章の記述である。「イスラエルに約束された」土地には先住者がいた。「約束」を信じてそこに攻め込むべきだろうか。ここでは国家の創建の問題が扱われ、政治的実践に伴う暴力が問いに付されている。神によって土地を約束された人々は、その土地に対する権利を主張することができる。ところがレヴィナスはむしろそうしたことは権利の濫用ではないかという懸念に着目する。レヴィナスがテクストから見出すのは、「取り消し可能な権利しか存在しない」ということ、それゆえに「約束」はその地に住むことを「許された」ということを意味しないということである。「自分の所業の結果を引き受ける用意がつねにある者、ある土地に住むだけの資格が自分にないと知ったらただちに流浪の身に甘んじる用意がある者、そういった者たちだけがその祖国へ踏み入る権利をもつ」。正義の名のもとにふるわれる暴力の正当性は、つねに問われうるのである。

第四講「世界と同じだけ古く」(『サンヘドリン篇』36b―37a)では、『存在の彼方へ』で重要な役割を果たすことになる「人質(otage)」の概念が登場する。「サンヘドリン」とは、ユダヤ教における裁判組織であり、「開かれた円環」のかたちで法廷に裁判官が列席する。「お互いを見ることができるように」、つまり対話が中断されないように円環の形をしており、そして「外の世界に対して開かれた状態でいるために」その円環は開かれている。ところでレヴィナスが驚きをもって着目するのは、『雅歌』におけるエロティックなテクストが正義に根拠を提供するという内容の一節である。「私たちは(サンヘドリンについての規定を)『雅歌』七章三節から学んだ」。エロティックなものは人間を誘惑するのであり、正義が存在するためには「誘惑そのものを克服する」ことが必要になるのだが、正義のうちでそうした誘惑はあらかじめ排除されてはいない。レヴィナスがテクストから見て取るのは、「ちっぽけな薔薇の生垣ひとつで誘惑から守られているような人間存在を実現すること」であって、エロティシズムのような情動性を排除することではない。ではいかにして誘惑に屈せず、「悪から身を遠ざける」ことができるのか。レヴィナスはこの問いに対して、「他人たちへの責任をわが身に引き受ける」という答えを見出す。

これら四つのタルムード講話は、『全体性と無限』を書き終え、『存在の彼方へ』を構成する諸論考を準備する時期になされた。タルムード講話は、哲学的諸論考と議論の方法は異なる。しかし、『存在の彼方へ』で展開された「責任」と「正義」の関係についての問いへの別様の取り組みとして、これらの諸講話はなお検討される価値がある。

『タルムード新五講話』

Du sacré au saint, Paris: Minuit, 1977.
『タルムード新五講話――神聖から聖潔へ〔新装版〕』内田樹訳(人文書院、二〇一五年)

渡名喜庸哲

一九七七年にミニュイ社から公刊された本書は、『タルムード四講話』(一九六八年)に続いて、六九年から七五年までフランス語圏ユダヤ知識人会議(以下会議)でなされた講演のうち

タルムード講話およびフランス語圏ユダヤ知識人会議一覧

	年次	レヴィナスの講演 (タルムード講話以外は＊を付した)	所収先	フランス語圏 ユダヤ知識人会議の主題
1	1957	—	—	ユダヤ意識についての最初の省察
2	1959	「二つの世界のあいだで」(フランツ・ローゼンツヴァイクの道)＊	『困難な自由』	ユダヤ思想の内気さと大胆さ
3	1960	「メシア的テクスト」Ⅰ～Ⅲ節	『困難な自由』	ユダヤ的道徳と政治
4	1961	「メシア的テクスト」Ⅳ～Ⅵ節	『困難な自由』	ユダヤ的メシアニズムと歴史の終わり
5	1963	「他者に対して」	『タルムード四講話』	赦し
6	1964	「誘惑の誘惑」	『タルムード四講話』	ユダヤ意識の誘惑と活動
7	1965	「約束の土地か許された土地か」	『タルムード四講話』	ユダヤ意識におけるイスラエル
8	1966	「他者と同じだけ古く」	『タルムード四講話』	世界はユダヤ人を欲するか？
9	1968	—	—	イスラエル
10	1969	「ユダヤ教と革命」	『タルムード新五講話』	ユダヤ意識における若者と革命
11	1970	「イスラエルの若さ」	『タルムード新五講話』	イスラエルの若さ
12	1971	「脱聖化と脱魔術化」	『タルムード新五講話』	脱聖化された社会におけるユダヤ人
13	1972	「そして神は女性を作った」	『タルムード新五講話』	「イシュとイシャ」あるいは卓越した他者
14	1973	—	—	ユダヤ意識におけるシャバト
15	1974	「イスラエルの孤独」	●1	イスラエルの孤独
16	1975	「火事によってもたらされた被害」	『タルムード新五講話』	戦争に直面したユダヤ意識
17	1976	「西欧のモデル」	『聖句の彼方』	西欧のモデル
18	1977	—	—	ムスリム共同体
19	1978	「逃れの街」	『聖句の彼方』	エルサレム，特異と普遍
20	1979	「最後に残るのは誰か」	『聖句の彼方』	政治と宗教
21	1980	「条約」	『聖句の彼方』	共同体
22	1981	「聖書に場所を得るために」	『諸国民の時に』	現在における聖書
23	1983	「聖典の翻訳」	『諸国民の時に』	イスラエル，ユダヤ教，ヨーロッパ
24	1984	「偶像崇拝としてのトーラー蔑視」	『諸国民の時に』	偶像
25	1984	「思い出を超えて」	『諸国民の時に』	記憶と歴史
26	1985	—	—	マイモニデス，普遍的なものの挑戦
27	1986	「諸国民とイスラエルの現存」	『諸国民の時に』	七〇の民
28	1987	「社会性と貨幣」	『貨幣の哲学』	貨幣
29	1988	「国家において国家を超えて」	『新タルムード講話』	国家の問い
30	1989	「自己自身とは誰か」	『新タルムード講話』	自己に関して
31	1990	—	—	根付きと流浪
32	1991	—	—	危機に瀕した道徳と政治
33	1992	—	—	指針を失った時代
34	1993	—	—	人類という理念
35	1994	—	—	身体

●1　*Cahier de l'Herne. Emmanuel Lévinas*, Paris : L'Herne, 1991.

五つを集めたものである。内田樹氏による邦訳が一九九〇年に国文社から公刊されている（その後二〇一五年に人文書院から新装版が公刊）。なお、七三年の会議「ユダヤ意識におけるシャバト」ではレヴィナスは講演をおこなっておらず、また七四年の会議「イスラエルの孤独」でなされた同名の講演は本書には収録されていない（後に『カイエ・ド・レルヌ』のレヴィナス特集号に収められているが未邦訳である）。

『タルムード四講話』に続き、本書序文でも、タルムードをどう読むかについてのレヴィナスの指針が開陳される。それは、かつてのような敬虔さを旨とする「トーラーの学び」でも、ユダヤ教学のような文献学的な学術的読解でもない。「タルムードの語ることのレトリック的ではない特徴を考慮し、一見矛盾しているように見える連関を無視することなく読む」ことで、そこに隠された「本質的なもの」を摑み、それを通じて「人間的なものの究極の知解可能性としての倫理的意味」を引き出すことである。ただし、「われわれ現代人の問題に応じてテクストに問う」と明示されるように、〈六八年五月〉に代表される若者の異議申し立て、世俗化、女性解放、中東戦争といった六〇年代後半から七〇年代前半のアクチュアルな主題に対応したかたちでタルムードの読解が試みられる点に本書の特徴がある。

第一章「ユダヤ教と革命」は、「ユダヤ意識における若者と革命」を主題とした六九年の会議での講話である。そこから明らかなように、〈六八年五月〉と総称される前年の学生や労働者による異議申し立て運動を念頭に置いたものである。本書「来歴」で触れたように、レヴィナスはこうした学生の抗議行動に必ずしも親和的でなかったとされるが、そのレヴィナスの「革命観」の一端がここに示されていると言ってもよいかもしれない。タルムードのテクストは、「労働者」の権利をめぐる『ババ・メツィア篇』83a-bである。他者の権利、および他者に対する無限の責任というお馴染みの考えをタルムードに認めつつ、レヴィナスが「革命」の意義を、「経済的決定論」から「人間を解放する」ことに見ているのは興味深い。

第二章「イスラエルの若さ」は、七〇年の同じ主題を掲げた会議での講話である。ただし、タイトルとは裏腹に、ここでの「若さ」は、「イスラエル」のそれというよりは、前年に引き続き現代社会における「若者」をまずは念頭に置いたものである。「ナジル人の誓約」をめぐるタルムードの『ナジル篇』66a-bをもとに、ナジル人に課せられたさまざまな規定のうち、とりわけ髪を切ることの禁止に注目し、これを現代の「若者」の「長髪」と重ね合わせる。レヴィナスによれば、髪を伸ばしたままにするその姿勢は、「若者」の画一主義に陥る恐れもあるが、とはいえ、自己自身の配慮を旨とする西洋思想に特徴的なナルシシズムの拒否を告げるものでもある。そこにこそ、「若者」の個人的な政治参画に先立つ、「前根源的な若さ」があるというのである。

第三章「脱聖化と脱魔術化」は、現代文明の科学技術の進歩において、宗教的な価値や超越的なものの地位が疑われるようになり、「世俗化」ないし「脱魔術化」したといわれる時代の傾向を主題とした七一年の会議「脱聖化された社会におけるユダヤ人」での講演である。「魔術」を扱う『サンヘドリン篇』67a–68aをもとに、レヴィナスは、本書全体の表題ともなる「神聖／聖なるもの(sacré)」と「聖潔(sainteté)」の区別を強調する。後者は超越的なものの隔絶性を特徴とするのに対し、前者は、自らの理解の範囲を超えるものであっても、「魔術」によるかのようにして自らの理解範疇に取り込もうとする。その観点からすると、現代の「脱聖化」ないし「脱魔術化」は、「魔術化」の消滅ではなくその退化した姿にほかならない。そこから、「聖なるもの」とも「脱聖化」とも異なる「聖潔」の探究こそがユダヤ教に委ねられた現代的な課題だとされる。

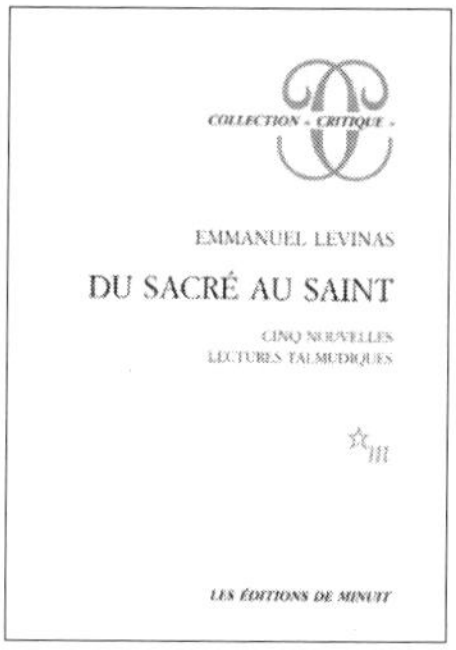

第四章「そして神は女性を作った」は、『創世記』第二章における「男(イシュ)」と「女(イシャ)」の関係を主題とする七二年の会議での講話である。「主なる神は人から取ったあばら骨でひとりの女を造り」という『創世記』の章句の「あばら骨」が何を意味するのかについてのタルムードでの議論をもとに、レヴィナス自身が「女性」ないし「性差」の問題に挑むタルムード講話として、これまでも多くの解釈を引き起こしている。レヴィナスは、聖典に明白に認められる男性の先行性ないし女性の事後性という発想について、両性の平等の原理という現代的見地からの批判というアプローチはとらない。むしろあえて両性の本質的な差異がとりあげられることによって、「男性」と「女性」の序列ではなく、「性差に基づく関係」と「間人間的関係」の序列こそが問われているとする結語は、レヴィナスの哲学思想における性差の問題とも無関係ではあるまい。

第五章「火事によってもたらされた被害」が興味深いのは、この講話が第四次中東戦争(七四年)を明らかに意識した七五年の会議「戦争に直面したユダヤ意識」でなされたものでありつつ、レヴィナスが「戦争」を直接の主題とせず、火事、疫病、飢饉といったさまざまな災厄をめぐるタルムードの議論を通じて、「戦争」という現象の背後に控える、「戦争以上に戦争である」ような「本質」の把握をめざしていることだ。ここでは、破壊や災害の人為性の有無、「戦争」の合理性の有無といった政治的な主題はもちろん取り上げられるものの、前年に公刊された『存在の彼方へ』と合流するような、苦しみ、無益な犠牲としての無限の責任といった倫理的な主題が提示される。レヴィナスにおける「倫理」と「正義」ないし「政治」の問題を検討するには欠かせないテクストだろう。

『聖句の彼方』

L'au-delà du verset : lectures et discours talmudiques, Paris: Minuit, 1982.
『聖句の彼方　タルムード――読解と講演』合田正人訳
（法政大学出版局、一九九六年）

松葉　類

本書は一九八二年に刊行された、レヴィナスのタルムードに関する研究の集成である。序言で示されるとおり、聖典の一部であるそれぞれの謎めいた「聖句」――ミシュナー、ゲマラー、そしてそのたえざる註釈――の解釈が問題となっている。タルムードはそれ自身に自閉することなく、つねにその彼方に新たな解釈を求めて語られる言葉である。それはシェイクスピア、モリエール、ダンテ、セルバンテス、ゲーテ、プーシキンによる「国民文学」と同じく「人間性」そのものを教える。つまり、聖句がその「言うこと」のなかに含みもつこの人間性の教え、すなわち「倫理的責任」が主題である。

本書にはフランス語圏ユダヤ知識人会議（第一七、一九、二〇、二一回大会）での講話を中心に、一九六九年から八〇年までに発表された、個々に重要な問題を扱う一四篇の論考が収められているが、それらは著者によって大きく四部に区分されている。

第一部「忠誠」は論考「強いるユダヤ教」に独立して割り当てられている。ここでレヴィナスはユダヤ性に対する自らの立場を明瞭に提示しており、第二の序文といった位置づけが与えられよう。問題となるのは、宗教としてのユダヤの歴史・民族・律法という個別性に対する倫理の位置づけである。レヴィナスはそれらを特権的地位に据えず、そうした「宗教性を成就する」ものとして「倫理の成就」を提示する。絶対的とされるものに対して、このようにあえて距離をとることにこそ、ユダヤ思想に対する忠誠が存すると考えられている。

第二部「タルムード読解」はユダヤ知識人会議での講話四篇と論文一つ（「宗教的言語と神への畏れについて」）で構成されている。ミシュナーとゲマラーに対する厳密な読解というよりはラビたちのおこなう「自由な翻訳」へと、自らの時代と立場から対話的な参与を試みるレヴィナスの態度が、その語り口をいっそう魅力的なものにしている。五篇はそれぞれ具体的なモチーフを扱っているが、そのどれもが西欧に対するユダヤ的な知・救済・正義のあり方を導き出す手がかりとなっている。「西欧のモデル」ではつねに供物として捧げられるべきパン、「逃れの町」では過失殺人者を保護する町、「最後に残るのは誰か」ではローマとペルシャの最終戦争、「条約」ではシナイ山における律法の成立場面、「宗教的言語と神への畏れについて」

は祈りにおける三つの不作法がそれぞれ論じられている。テクストの細部の読解において、講話という性質からか他ではみられないカジュアルで具体的な主張が織り込まれている点にも注目すべきである。

第三部「神学」に集められたのは、第二部までよりも「専門的な仕方で」聖典の読み方を焦点とする、いわばユダヤ的解釈学にまつわる五篇であり、扱われるモチーフも宗教的なものとなる。「聖典のユダヤ的読解について」では天上の法廷と地上の法廷との聖典読解における一致、「タルムードの諸節による神の名」では一般名詞ではなく固有名としての神の名とその性質、「ユダヤ教の伝承における啓示」では啓示における避けがたき命令の聴取、「「神にかたどって」——ボロズィンのラビ・ハイームによる」では『ネフェシュ・ハ・ハイーム』の聖書註釈方法がそれである。「スピノザの背景」はスピノザ・シンポジウムでのレヴィナスの口頭発表に基づくものであるが、スピノザの聖書解釈に対する手厳しい批判が加えられている。

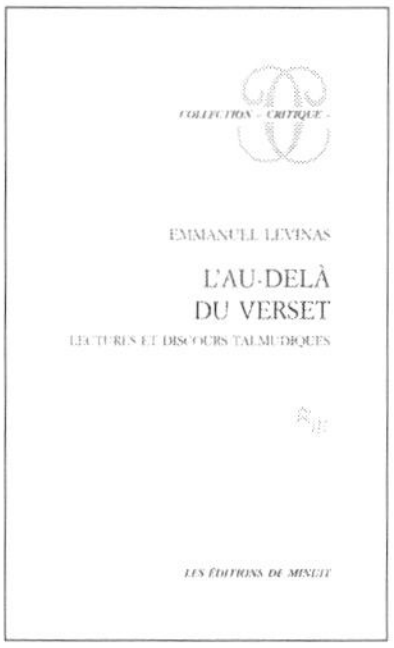

第四部は「シオニズム」と名づけられており、その名のとおりユダヤ的政治に関する三つの著名な論文が収められている。それらは他の論考と同様、パレスチナ・イスラエル紛争と同時期に書かれたテクストではあるが、それに直接的に応答するのではなく、倫理的国家の可能性という普遍的な問題を提示しようとする。この時期の対談などで部分的に述べられていた彼の政治哲学が、比較的はっきりと示されたテクスト群である。「カエサルの国とダヴィデの国」ではローマ帝国に代表される西欧的な国家に対して倫理的なダヴィデの国家の理念、「政治は後で！」ではシオニズムの現状分析とエジプト大統領サダトの和平路線転換に対する賞賛、「同化と新しい文化」では西欧的普遍主義が孕む同化の危険性とそれに抗するユダヤ文化の特殊性が扱われている。

以上の各論考は、現代において聖句の「言うこと」を聴き取ろうとする具体的な試みである。自在な解釈に基づいて聖句を再び開くことで、レヴィナスはそれらが扱う諸主題に今日性を与えようとしている。いまだ終わりを見ない宗教対立は政治的または経済的な覇権争いの後ろ盾を得て激化する一方であり、それによって宗教的な精神性そのものが誤解と偏見に満ちた非難の対象になるなかで、本書は現状に対する一つの批判的視点を与えてくれるのではないだろうか。

『諸国民の時に』

À l'heure des nations, Paris : Minuit, 1988.
『諸国民の時に』合田正人訳（法政大学出版局、一九九三年）

馬場智一

『諸国民の時に』は、八一年から八六年までのタルムード講話および、八二〜八六年の小論や対談を収録している。本書は、ソルボンヌ大学からも（七六年）、東方イスラエリット師範学校からも（七九年）すでに退いた、齢七五〜八〇歳となる、レヴィナス晩年の、ユダヤ教やユダヤ思想をめぐる思索の記録である。

タイトルが示すように、講話の多くは、ユダヤ教徒とそれ以外の諸国民との関係、あるいは聖史におけるイスラエルの民と諸国民の位置をめぐる、タルムード上の議論を扱っている。なお、「諸国民」の原語、フランス語の「nations《ナシオン》」は、タナッハ（旧約聖書）で非ユダヤ教徒一般を指すヘブライ語「goyim《ゴーイーム》」に対応する語である。この語は文脈によっては「異教徒」とも訳される。

これらの講話が発表された時期、国家としてのイスラエルは動乱の最中にあった。七八年以来、隣国レバノンで戦争が継続するなか、八〇年、国連安全保障理事会は、アラブ占領地におけるイスラエル入植地に関する決議をおこない、入植地からのイスラエルの撤退を要求した。八二年にはイスラエルがレバノンに侵攻し、多くの無辜の市民が虐殺されるサブラ・シャティーラ事件が発生。事件直後、レヴィナス自身もフランスのユダヤ系ラジオ局の番組で、アラン・フィンケルクロートら「ヌーヴォー・フィロゾフ（新哲学者）」と呼ばれた当時若手のユダヤ系哲学者の質問に答えている。このインタビューは、のちに雑誌記事「倫理と政治」として出版された。

国家としてのイスラエルと「諸国民」との関係が鋭く問われた、このような時代に発表されたのが、本書に収められた講話や論考である。歴史上ユダヤ教は、一種の選民思想であるといった偏見にさらされてきた。レヴィナスがここで論じるタルムードにおけるラビたちの議論や近代のユダヤ思想は、ユダヤ教を自文化中心主義的な宗教であるとみなす浅薄な理解を覆すのに十分な豊かな内容をもっている。

たとえば、ラビたちは、主にヘブライ語で書かれた聖典を他言語に翻訳することは許されるのかについて議論している。ラビのなかにはギリシアの智慧を批判する者もあるが、ギリシア語の明晰さは承認されている。レヴィナスはこれを受け、ギリシア語を、「迷妄を解き」「脱神話化」する「解釈学のための」、学術的な言語とみなす（「聖典の翻訳」）。また、タナッハでは「偶像崇拝」がたびたび批判されるが、これは、他の宗教に対する不寛容の態度というより、「トーラーの学習を侮ること」として、ユダヤ教内部にも潜む危険として論じられている（「偶像崇拝としてのトーラー蔑視」）。さらにタルムードは、イスラエルの民以外の諸国民の存在意義に多大な関心を割いてもいる。イスラエルの民を奴隷にしたエジプトも、むしろ彼らを寄留者として受け入れた国として聖史に参画していることが認められる。クシュ（エチオピア）は聖史の舞台にはならないが、その国民は善良なる「未開人」の善意を象徴するものとされる。ユダヤ教の神殿を破壊したローマは「茂みに住む野獣」として批判されるものの、その野蛮さやそこから帰結する富の蓄積は、人間本性に根差すものとして考察され、「ヒューマニズムの危機」として解釈される（「諸国民とイスラエルの現存」）。

　伝統として継承されてきた世界観やそれについての解釈を学びつつ、いかにしてそれを今自分たちが生きている現代的課題に向けて開いてゆくのかは、タルムード博士たちだけの課題ではない。近代のユダヤ人の思想家たちもまた、同じ問いに取り組んでいる。近代におけるユダヤ教啓蒙運動（ハスカラー）の流れを汲むメンデルスゾーンは、『エルサレム、もしくは宗教権力とユダヤ教について』（一七八三年）を著した。ドミニク・ブレルによる仏語訳に寄せた序文で、レヴィナスは、同書を「非ユダヤ人の世界との共生を望むユダヤ教」を示すものとして論じている。それによれば、「諸国民のためにあること」という「古くからのユダヤの宗教的心性固有のもの」がもつ「現代性」を示したのが、メンデルスゾーンである（「モーゼス・メンデルスゾーンの思想」）。ただし、共生には、理性による啓蒙が成し遂げたことよりも複雑な達成が必要だとされる。これに応える神学と終末論を企てたのが、ローゼンツヴァイクである。その主著、ユダヤ教とキリスト教を一つの形而上学に至る二つの道として構想した『救済の星』を体系的に解説した、ステファヌ・モーゼス『体系と啓示』への序文で、レヴィナスは、「対話の哲学」に広い枠組みを提供したこの思想がもつ、非全体的、非同一的な思弁的特徴を論じている（「フランツ・ローゼンツヴァイクの思想」）。その思想はレヴィナスの第一の主著『全体性と無限』のなかにも息づいている。

　キリスト教はユダヤ教を迫害もしたが、共存の歴史も有している。両宗教の共通点や近さについてレヴィナスは論じている。神が人間のもとへ下り至るという「ケノーシス」（ギリシア語の原義は「空にすること」）は、キリスト教神学の概念であるが、レヴィナスはこれを、〝神との交わりは人間同士の交わりを通して実現する〟というユダヤ教の教えにきわめて近いと考えている（「ユダヤ教とケノーシス」）。インタビュー「ユダヤ教

「と」キリスト教」では、インタビュアーの司教とのアウシュヴィッツをめぐる見解の違いが明確になるものの、ここでもレヴィナスは、両宗教の教えの親近性について語っている。

タルムード以外のユダヤ思想として言及されるのは、ユダヤ教史上最大の哲学者マイモニデス、イェフダ・ハレヴィー、レヴィナスの出身地リトアニアの偉大なラビ、ヴィルナのガオンの高弟、ボロズィンのラビ・ハイームなどである。また、独ソ戦を描いたユダヤ人作家、ワシーリー・グロスマンの『人生と運命』についての長い註釈がタルムード講話の終盤に置かれているのも注目に価する（「思い出を超えて」）。こうしたユダヤ的知性の遺産を論じながら浮かび上がる重要な論点に、時として「存在するとは別の仕方で」のようなレヴィナス独自の哲学的概念が重ね合わされる（「諸国民とイスラエルの現存」）。

『全体性と無限』では〈同〉の哲学としての西欧哲学全体と対決したレヴィナスだったが、彼にとって「ユダヤ教と哲学的省察との区別はただちに重大な確執として」現れるようなものではなかった。「哲学に先立つ体験」としての文学（「ユダヤ教哲学をめぐって」）や、「ラビの学習に含まれた暗黙裡の哲学的要素」（同）は彼の哲学的思考の糧になっている。ただし、制度としての哲学の言語（レヴィナスにとって、ギリシア語がそれを象徴する）では、そうした要素は退けられる。それでも、ユダヤ教と哲学の伝統は、二つの没交渉な知的営為ではない。「ギリシア語に聖書を翻訳しなければならない」（「聖典の翻訳」）、さらには「ギリシア語は、当の聖書が要請したものなのだ」（「聖書とギリシア人たち」）とさえレヴィナスが明言するような、積極的な関係がそこにはある。そうであるなら、レヴィナスの哲学には、「ギリシア語」以外で書かれた思想の、「ギリシア語」への翻訳が含まれるということになろう。哲学者でありタルムード註釈者としてのレヴィナスの思想において、哲学とタルムード（をはじめとするユダヤ思想）がどのように合流しているのかを、また両者の関係をレヴィナスがどのように考えているのかを、本書は、さまざまな講演と論考により示している。

なお、合田正人氏による本書の翻訳には、巻末に、タルムード関連の用語集があり、予備知識のない読者が本書を読み進めるためには、きわめて有益である。

『新タルムード講話』

Nouvelles lectures talmudiques, Paris: Minuit, 1996.

渡名喜庸哲

本書は、一九九六年にミニュイ社から公刊された。一連のタルムード講話シリーズの締めくくりとなるものである。現時点で邦訳がない。「天の意志と人間の権能」、「国家において国家を超えて」、「自己自身とは誰か」の三つが収められている。

後二者はそれぞれ一九八八年、一九八九年のフランス語圏ユダヤ知識人会議での講演であるが、これに対し、第一章「天の意志と人間の権能」は、同会議での講演ではない。時期的にも多少遡る一九七四年にフランスのユダヤ人団体である中央長老会でおこなわれたものである。本書に収録されるのに先立ち、一九九一年公刊の『カイエ・ド・レルヌ』レヴィナス特集号に「正義についてのタルムード講話」というタイトルで収録されている。このタイトルが示唆するように、タルムードから引き出しうる「正義」についての考え方、さらにそれと「倫理」との関係についてまとまって論じられている。とりわけ、『マコット篇』23-24bにみられる刑罰に関する議論をめぐって、神にではなく人間の管轄に属する刑罰および正義の問題が検討されたあと、それを担う人間の主体性の構造が「預言」「心的外傷」「霊性（inspiration）」といった概念によって特徴づけられる。この観点では、神の裁きと人の裁きないし責任をめぐる五〇年代からのレヴィナスの議論（『困難な自由』）から、七四年公刊の『存在の彼方へ』をはじめとする哲学的著作で定式化される正義論を経て、『タルムード新五講話』で正義の問題を取り扱う七五年の講演「火事によってもたらされた被害」などのタルムード読解と結びつけて読むことができるだろう。

第二章「国家において国家を超えて」は、「国家の問い」を主題にした一九八八年のユダヤ知識人会議での講話だけに、政治の問題がいっそう正面から論じられ、第一章で提示された議論をさらに敷衍するものとなっている。ここでレヴィナスは、アレクサンドロス大王とユダヤ人の賢者たちの対話というかたちをとる『タミド篇』31b-32bを解釈しながら、とりわけ前者が象徴する西洋的な政治思想と、後者が伝えるユダヤ的な倫理思想の対照を浮かび上がらせる。なかでも、「正当化できないが避けることもできない」政治的権力に対し、「トーラー」の教えを起点にしてそれを「受け入れ可能なもの」にしてゆくという「メシア的政治」の考えは、デリダ『アデュー』をはじめ多くの論者が注目するように、レヴィナス政治思想の鍵概念と言えるだろう。
第三章「自己自身とは誰か」は、八九年のユダヤ知識人会議での講話である。ただし、「自己自身」といっても、自己意識や主体といった哲学的概念の問い直しが問題となっているわけではない。この年の知識人会議自体の主題は«Quant-à-soi»ではあり、これは直訳すれば「自己に関して」となるが、慣用表現では自己にばかりかかずらうという点で「我関せず」といったよそよそしい態度を意味する。そうした現代の個人主義的な精神的風土を背景にして、あらためて「自己自身」という問題

が俎上にのぼったとも言えるだろう。テクストは、「私は塵あくたにすぎない」(『創世記』一八章二七節)というアブラハムの発言や「われわれは何者でもない」というモーセおよびアロンの言葉(『出エジプト記』一六章八節)をまず取り上げる『フッリーン篇』88b–89aである。その解釈を通じてレヴィナスは、戒律に従うことと自己が自由であることの両立や、単なる自己満足に還元されない自己性といった考え方を引き出す。アブラハムやモーセという形象から、「謙遜」、「実存すること」の「新たな超越の仕方」、「他人に対する責任への開かれた存在論」を読み解くこの解釈は、レヴィナス自身の哲学思想と無関係ではないだろう。他方で、カフカから「アブラハム、他者」というまた別のアブラハム的な主体性のあり方に注目するデリダの議論とも合わせて読まれるべきだろう。

この八九年の講演「自己自身とは誰か」は、確認される限りレヴィナスがフランス語圏ユダヤ知識人会議でおこなった最後のタルムード講話である。同会議でおこなわれたレヴィナスの講演はほとんどすべて単行本に収録されている(例外は七四年の「イスラエルの孤独」および八七年の「社会性と貨幣」だが、これらは一九九一年公刊の『カイエ・ド・レルヌ』レヴィナス特集号に収録された)。その後、レヴィナスは同会議で講演をおこなうことなく九五年に逝去する。同会議は九六年の主題を「困難な正義　エマニュエル・レヴィナスの痕跡のなかで」とすることになる。

『レヴィナス著作集1』

Œuvres complètes, tome 1. Carnets de captivité suivi de Écrits sur la captivité et Notes philosophiques diverses, volume publié sous la responsabilité de Rodolphe Calin et Catherine Chalier, Paris: Grasset-IMEC, 2009.

ロドルフ・カラン、カトリーヌ・シャリエ監修『レヴィナス著作集1　捕囚手帳ほか未刊著作』三浦直希・渡名喜庸哲・藤岡俊博訳(法政大学出版局、二〇一四年)

小林玲子

レヴィナスは一九三二年に結婚してフランス国籍を取得、一九三二年に兵役を果たし、一九三九年にドイツ語・ロシア語通訳として徴集されたが一九四〇年にはフランス軍兵士としてドイツ軍の捕虜となり、五年間を複数の収容所で過ごした。フランソワ・ポワリエによるインタビューに詳しく語っているように、この間はとくに酷い目にあうこともなく、森で昼間働き、帰ると読書をする余暇もあり、仕事中にその内容を語りあっていたという。ただ、森への往復の際には周囲の住民から白い目で見られていたので、ボビーと名づけられた犬がユダヤ人たちにも分け隔てなく懐いたことをレヴィナスは嬉しく思った。

『捕囚手帳』は一九三七―五〇年のあいだに書かれた。手帳二には「私がなすべき仕事」として、哲学、文学、批評、と書かれている。レヴィナスは捕囚生活後も、一九六〇年ごろまで小説家になりたいと思っていた。レヴィナス文庫には捕囚生活を舞台にした『ヴェプラー家の奥方』と『エロス』と題された二つの未完小説が収められている。フランスの敗北は意味の終焉であり、世界は壊れた。『手帳』における捕囚は現実的なものではなく、そのような小説の題材となる虚構的なものであった。また、文学批評に関しては、『手帳』にさまざまな書物の引用や断片的批評を書いているが、一九四七年には「プルーストにおける他者」という小論文を『デウカリオン』誌に掲載している。

哲学的考察に注目すると、『手帳』は『実存から実存者へ』の草稿による記述の痕跡を含んでいる。『実存から実存者へ』の序文が明確にしているように、この書の大部分は捕囚期に執筆された。第一章の主題はまさしく「壊れた世界」である。

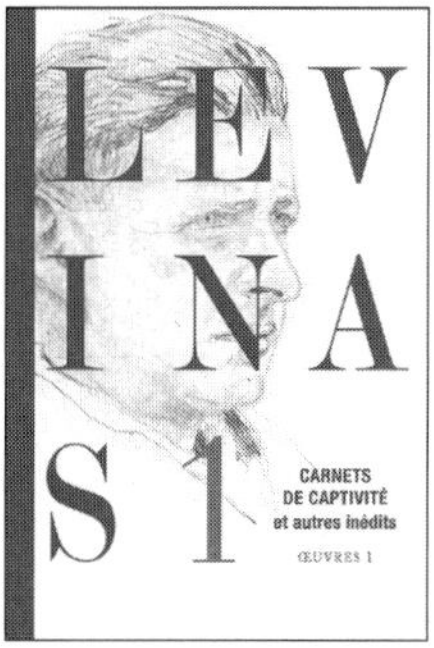

また、『捕囚手帳』は、ユダヤ教を存在のカテゴリーとして明らかにしようとする配慮に特徴づけられる。捕囚生活でユダヤ人たちは、自らのアイデンティティを見出した。「現存在から出発するか、J（ユダヤ教）から出発するか。カテゴリーとしてのJ」（『手帳』二）。それは、「教授たちのカテゴリー」とは正反対の、神に創造され、選ばれた者のカテゴリーである。後にステファヌ・モーゼスのローゼンツヴァイク論『体系と啓示』（未邦訳）に寄せた序文で述べているように、レヴィナスは宗教をすべての意味、世界の経験と歴史の意味に至るまでの本源的地平として考えようとする。彼はユダヤの本源的な意味を迫害に見出す。「存在をあらゆる場所から追い、その実存のむき出しの事実のうちに閉じ込める絶対的迫害。〔…〕この無用の苦しみの、この純粋な受動性――これによってひとは神の子となる――の陶酔」（『手帳』七）。彼がこの時期、社会の基盤とする二元性としての男女の関係も、ユダヤ教の観点で理解する必要がある。聖書によれば、神は男を創造し、人が一人でいるのはよくない、として女を創造し、「産めよ、増えよ、地に満ちよ」と祝福した。すなわち、主体は自我の内密性から他人との内密性によって解放され、そのことによって「神の面前で」繁殖性の時間を送る。父性は、創造当初の無垢以上のもの、善をもたらす。聖書の創世記の物語は歴史的事実ではなく、ユダヤ民族の実存的真実を語っている。レヴィナスは後に他者の概念を広げ、「語ること」による他者への関係に責任を伴う倫理の基盤を見出すようになる。さらに社会は第三者を含む正義の場であるとし、カップルの関係はむしろ反社会的なものと考えるようになる

（「自我と全体性」、一九五四年）。

『捕囚をめぐるテクスト』はレヴィナスが帰還後まもなく書かれたと思われる捕虜生活についての三つのテクストと、ベルクソン讃（一九四六年）から成る。ここで注目されるのは、イスラエル人捕虜たちが自分たちについて問い、ユダヤ教に避難場所を見出し、「遺棄の絶対的な受動性において、あらゆる紐帯からの離脱において――、自らが〈主〉の手のなかにいるような感情を抱き、その現前を感じ」「焼け焦げんばかりの苦しみのなかで、神の接吻の炎を見分け」、「至高の苦しみが幸福へと変換する神秘を見出」し、「苦しみそのもののうちに選びのしるしを発見」し「不正義と強者は敗れ、弱きもの、貧しき者が救われ勝利する」というユダヤ教の教えの成就をドイツの敗戦によって体験した、と述べられていることであろう。これは前述したユダヤの本源的な意味に一致する。無論、これはレヴィナス自身の体験からというよりはドイツにより迫害されたユダヤ人たちの代表としての発言である。ベルクソン讃は公表されなかったが、キリスト教に非常に傾倒していたにもかかわらず一九四一年に亡くなるまでユダヤ人として生きたこの偉大なフランス人への賛辞を表している。

『哲学雑記』は二冊の手帳と束状にまとめられたファイルから構成されている。束Aのファイルは「研究中の哲学雑記、とりわけ隠喩」と題されているが、他のファイルには題はない。束Cのメモの大半は『全体性と無限』の準備稿である可能性がきわめて高い。束A、B、Dは一九四八年と六一年のあいだにおこなわれた哲学研究、あるいは『全体性と無限』と同時期か少し後の時期におこなわれた研究である。これらの雑記は、言うなればそこで試行錯誤がおこなわれている実験場のようなもので、刊行された著書には採用されなかった案、その後深められた考察などが混在している。束Aの隠喩に関するメモは、おそらく一九六一―六三年に哲学コレージュでおこなった講演を準備するものであったと思われる。一九六四年には隠喩について論じられた「意味と意義」が『形而上学・道徳雑誌』に掲載された。「隠喩なしに神の声を聴くことはできない」（束A）。「神が思考されるということは、神は存在とは別の仕方であるということ」である。神は直接愛することはできず、「隣人の悲惨に対する反抗のうちに私は神を愛したのである」（束B）。後にレヴィナスは愛という言葉を誤解を避けて使わなくなる。隣人の悲惨に関しては、私に責任があり、身代わりとなって、贖う。この贖いが課されたことが選びであり、贖いによって自我としての唯一性が代替不能なものとして激化していくのである。

『レヴィナス著作集2』

Œuvres complètes, tome 2. Parole et silence et autres conférences inédites au Collège philosophique, volume publié sous la responsabilité de Rodolphe Calin et Catherine Chalier, Paris: Grasset-IMEC, 2011.
ロドルフ・カラン、カトリーヌ・シャリエ監修『レヴィナス著作集2　哲学コレージュ講演集』藤岡俊博・渡名喜庸哲・三浦直希訳（法政大学出版局、二〇一六年）

安喰勇平

本書の大部分は、一九四八年から六二年という時期に、ジャン・ヴァールの創設した哲学コレージュという場所でおこなわれた講演の未公刊原稿によって構成されている。本書の内容は、この講演がおこなわれた時期と場所を考慮に入れて理解する必要がある。レヴィナスにとって、一九六一年に国家博士論文である『全体性と無限』で国家博士号を取得し、その二年後にポワチエ大学に赴任するまで、活動の中心は世界イスラエリット連盟管轄の東方イスラエリット師範学校長としての職務であった。そのあいだ、ユダヤ教に関する研究は定期的に発表されていたが、一九四九年に出版された『実存の発見』（第一版）を除いて、自身の哲学研究に関する著書は出版されていない。そのような時期において、哲学コレージュでの発表は、レヴィナスにとって貴重な哲学研究発表の場であった。これは大学に属する研究機関ではなく、アカデミックな束縛から解放された、自由な研究を推奨する雰囲気に満ちた会合であった。

本書に収録されているのは、「発話と沈黙」、「権力と起源」、「糧」、「教え」、「書かれたものと口頭のもの」、「意欲」、「分離」、「可能事の彼方」、「隠喩」、「補遺Ⅰ〈意義〉」、「補遺Ⅱ」である。これらの講演原稿は、補遺を除いて、基本的には講演がおこなわれた時代順に並んでいる。講演原稿を大括りに整理するのであれば、最初の二篇（「発話と沈黙」と「権力と起源」）では、一九四七年出版の『実存から実存者へ』および一九四八年出版の『時間と他なるもの』の問題圏を引き継いだ議論を確認できる（『時間と他なるもの』はもともと哲学コレージュでおこなわれた講演を基にしている）。また、「糧」から「可能事の彼方」の内容は、『全体性と無限』に通じているものが多く見て取れる。そして、「隠喩」という講演原稿には『存在の彼方へ』への歩みを想起させる記述が多く残されている。いわば、当著作集は『全体性と無限』が完成するに至るまでのレヴィナスの思索の足跡をたどることを可能にし、さらに『全体性と無限』から『存在の彼方へ』に向けた彼の歩みを予感させる筆記を収録しているのである。

本書は、既刊著作との密接な関係性を見て取れるテクストからなるが、既刊著作を新たに読み直す契機をもたらす可能性を

備えてもいる。巻頭には監修者による二部にわたる「序」が付されているが、そこでは本書収録の各原稿固有の意義が提示されている。「序」の第二部では、一九四八年の講演「発話と沈黙」における「音の現象学」が取り上げられている。レヴィナスは、見ることを可能にする光の世界に還元されない契機として音を取り上げ、その音の本質を断絶であると捉える。断絶を本質とする音が、光によって明るみになっている世界のうちに他性と彼方を導き入れる、とされる。音に対するレヴィナスのこのような態度を踏まえることによって、既刊著作の随所にみられる、音や聴覚をめぐるレヴィナスの論述に対して新たな解釈の可能性が生まれるだろう。

一九五二年の講演「書かれたものと口頭のもの」は、真理に対する文献学的態度と哲学的態度を主題としている。この講演原稿でレヴィナスは、書かれたものに登場する語句の意味を丹念に整理し、また作者の伝記的事実に注意を払いながらテクストを解釈することで、作者の意図の再構成を試みるような文献学的態度への偏重を批判する。そうではなく、自らへと宛てられた発話であるかのように、書かれたものへと応答し、問いを投げかける態度の重要性をレヴィナスは強調する。そして、後者の態度における作者と読者の関係は、師と弟子の関係、および教えの問題圏へと結びつけられる。このような書かれたものをめぐる議論は、彼自身が著作のなかでいかに他の哲学者の議論へと応答し、また彼が自身の著作を通してどのような関係を読者と取り結ぼうとしているのかを考える契機となる。

加えて一九六二年の講演「隠喩」の原稿も重要なテクストである。このテクストは、『全体性と無限』以後のレヴィナスの新たな出発点をしるしづけるものだと位置づけることができる。『存在の彼方へ』では、『全体性と無限』で用いられていた存在論的言語を回避するよう試みられていたとしばしば指摘されるように、『全体性と無限』以降のレヴィナスの課題の一つは、超越についての語りの可能性の模索であったと言える。レヴィナスの隠喩論は、この課題を乗り越えるためにどのような方法を採用したのかを理解するための足掛かりとなるだろう。すなわち、自身の論述に隠喩をどのように組み入れていたのかを理解するための糸口となる。レヴィナスの用いる隠喩や迂遠な表現をどのように理解することができるかを検討する際に、しばしば言及されるのは『観念に到来する神について』における誇張法に関する議論であるが、この誇張法を説明する際に用いられる用語（「高揚（emphase）」）もこの「隠喩」というテクストにはみられる。レヴィナスの哲学的方法を理解するための新たな参照点を提供してくれる講演原稿である。

最後に、本書全体を通して、教育に関する用語群が多く登場することも注目に値する。『全体性と無限』において重要な役割を果たす「教え」と「師」の他に、「学校」という語も登場する。これら教育をめぐるレヴィナスの論述は、彼自身の教育活動との関連や、彼のユダヤ教教育論との関連のもと、新たな読解や解釈をもたらす契機となるだろうことが期待される。

　レヴィナスの思索の変遷をきめ細かくたどることを可能にするのに加え、既刊著作を新たな観点から読み直すことを誘うものとして本書を特徴づけることができる。

『レヴィナス著作集3』

Œuvres complètes, tome 3. Eros, littérature et philosophie, volume publié sous la responsabilité de Jean-Luc Nancy et de Danielle Cohen-Levinas, Paris: Grasset-IMEC, 2013.

ジャン＝リュック・ナンシー、ダニエル・コーエン＝レヴィナス監修『レヴィナス著作集3　エロス・文学・哲学』渡名喜庸哲・三浦直希・藤岡俊博訳（法政大学出版局、二〇一八年）

田中菜摘

本書には、小説二篇の草稿と、哲学的な主題について書かれた「エロスについての哲学ノート」、それから青年期（一九二一〜二八年）にロシア語で書かれた詩や散文がロシア語著作として収められており、これらはすべてレヴィナスの生前には未発表であった。

　小説二篇の草稿は、捕囚中から『全体性と無限』（一九六一年）の公刊前後にかけて構想・執筆されていたものであるため、レヴィナスが哲学と並行して文学にも取り組んでいたことと、彼の文学が戦争や捕囚の影響を受けていることを示している。編者によって名づけられた「エロスについての哲学ノート」は、小説の主題にもなっている〈エロス〉についての思索が多く記されたノートや紙片から編纂されている。そして、レヴィナスの前哲学的な世界が詩や散文として保存されている青年期のロシア語著作は、彼の思想が文学実践から始まったことを物語っている。

　本解題では、哲学ノートを参考にしながら小説二篇の内容とロシア語著作を簡潔に紹介する。

　一つ目の小説は、『エロス』あるいは『悲しき豪奢』である（タイトルが未確定のため併記されているが、ここでは『エロス』で統一する）。開戦時から終戦後（一九四〇〜四五年）が舞台となるこの小説は、読者に難解な印象を与えるかもしれない。というのも、まず主人公が約一三人も登場するうえ、彼らは互いに出会うことすらなく、各シーンも唐突に切り替わるからである。彼らの個人的な戦争経験がそれぞれの視点から描写され

ていく展開に、一貫したストーリーはない。
とはいえ、そこには共通して描かれている主題がある。それは、ある種の崩壊感覚と、そこで開かれる〈神秘〉への通路である。この崩壊感覚とは、戦争（とくにフランスの敗北）によって理解可能な世界、あるいは素朴な自分の日常が崩れ去る／崩れ去ったという主人公たちの確かな感覚である。ここで描かれるのは、生活の変容だけではなく、自分が何者なのか分からなくなるような事態である。たとえば、フランス人としての自分に愛着をもつユダヤ系フランス人のヴェイユがフランスの敗戦を確信する場面を、「飾り布が落ちる」とレヴィナスは表現する（この「飾り布」のモチーフは『全体性と無限』の序文にも登場する）。つまり、敗北により祖国フランスという装飾が崩れ落ちた舞台上で、ユダヤ人とも素朴に名乗れないヴェイユは演じられる役を失い、何者でもいられなくなってしまうのである。このように、『エロス』において戦争は、自分の日常を根底から強制的に瓦解させる装置として働いている。この装置によって、あらゆる意味や価値が剝ぎとられた〈裸〉の世界の先に、それまで隠されていた〈神秘〉への通路が開示されるのである。哲学ノートに照らせば、こうした一連の経験が、「神秘と羞恥によって記述されるもの――われわれすなわちエロス」にあたる。さらにレヴィナスは、その通路が、さまざまな意味づけによって再び覆い隠されていく虚無感や違和感も描く。これは、捕囚から帰還したジャン＝ポールがパリ北駅に降り立ち、終戦を迎えたパリがまるで何ごともなかったかのように「再び使えるもの」に戻ろうとしているのを目の当たりにするシーンにおいて、表現されている。

二つ目の小説は『ヴェプラー家の奥方』である。ここでも『エロス』と同様に、崩壊感覚と〈神秘〉への通路が描かれている。この小説の舞台も戦時中ではあるが、主人公リベラの崩壊感覚は、妻の狂乱の方に起因している。表面的には変わらない日常が内側から突き崩されていくような崩壊感覚が、三年も前に高級ホテルで一度見かけただけの高級娼婦を、彼に思い出させる。ここでは、リベラの日常の枠外にいる高級娼婦の存在が、彼に〈神秘〉への通路を開くもののように描かれている。それゆえに、リベラは高級娼婦への執着を強迫観念のように強めていき、彼女を買わねばと街中を必死に探し回るのだが、そのとき不意に「こんばんは部長」と部下から声をかけられる。そこで彼は「リベラ部長」という役割へむしろ甘美に座り直して帰路に着くのである。明後日には前線へと出発するにもかかわらず、ここでは戦争に紐づけられた役割がリベラに日常を取り戻させている。開かれていた〈神秘〉への通路は、自分の社会的役割と再び同化することで閉じられていくのである。

レヴィナスは、哲学ノートのなかで「エロスとは隠されたものとの交感である」と述べている。この〈エロス〉を、彼は『エロス』においては戦争を含む社会との関係から描き、『ヴェプラー家の奥方』においては個人的な人間関係から描いたといえるだろう。

哲学ノートでは、〈エロス〉の他に、レヴィナスの公刊著作において展開される〈イリヤ〉や〈イポスターズ〉、〈定位〉、〈脱個体化〉、〈自我〉と〈自己〉、〈父性〉といった鍵概念についての言及もある。そして、これら思索のアイディアは、ロシア語著作のなかにすでに散りばめられている。たとえば「春」「〈私〉」「眠り」「夜」「街灯が点滅していた……」「劇のために」等の詩や散文（とくに〈繁殖性〉につながる「美」）をみれば、レヴィナスが文学によってアプローチしようとした主題が、哲学へと引き継がれていったことが分かる。また、一九六一年頃の手直しが残されている詩（「電信線」）からは、彼が文学への関心を長く維持していたことが確認できる。

小説という虚構、あるいは文学的なエクリチュールがレヴィナスに必要だったのは、〈エロス〉を論理や概念に縛られずに、生々しく描き出したかったからなのかもしれない。だとすれば、レヴィナスにとっては、作品の完成や発表よりも文学実践そのものが重要だったと考えることもできる。いずれにせよ、文学を重要な仕事としながらもこれら文学テクストを発表しなかった理由は明らかでなく、後年のレヴィナスが自身の思想を文学作品として発表することはなかった。

このように本書には、レヴィナスが文学から出発し、少なくとも中期思想までは文学と哲学という二つの営みを交差させながら自身の思想を練り上げていた証左となる貴重な資料が収められている。

『超越と知解可能性』

Transcendance et intelligibilité, suivi d'un entretien, Genève: Labor et Fides, 1984/1996.
『超越と知解可能性』中山元訳（彩流社、一九九六年）

藤岡俊博

本書に収められているのは、一九八三年六月一日にジュネーヴ大学で開催された連続講演会「形而上学の真理と幻想」でレヴィナスがおこなった講演「超越と知解可能性」と、その翌日にジャン・アルペランの自宅で交わされた討論の記録である。講演は、前年に公刊された『観念に到来する神について』の延長線上に置かれるものであり、一部に同書の序文との重複もみられる。

講演の中心をなすのは、超越はいかにして知解できるかという問いである。超越といわれるとき、問題となっているのは明らかに神のことである。しかし、レヴィナスはこの講演が厳密に哲学的な性格のものだと明言する。この問いが哲学的に立てられるのは、哲学の営みがまさに超越を毀損する内在性として解釈される限りにおいてである。過去の著作でも繰り返し述べられたように、西洋哲学は「他なるもの」を「同じもの」に還元する知をその本質とする。存在者は、現れることで自らを与え、知はそれを概念として把握する。フランス語の concept であれドイツ語の Begriff であれ、概念という語には手でつかむことの具体性が保存されている。手でつかむという隠喩は、内在の現象学に属するものとして、文字どおりに受け取らなければならない。フッサールの生活世界の分析も、把持に身を委ねる世界が物理的・数学的科学の基底にあることを示したものである。

しかし、知が「同じもの」の枠組みのなかで「他なるもの」を思考するものであり、そこに「絶対的に他なるもの」の余地はないとすれば、超越や他者性、絶対的なものは、知解可能性とどのように関わるのか。それらはまさに「超越」や「他者性」などと名指されることで、知の内在性に還元されるのではないか。知に内在しえないものという、あくまでも知の尺度に依存した否定的な規定を逃れるためには、現れと知の現象学とは異なる現象学に依拠する必要があるとレヴィナスは言う。

レヴィナスは、哲学史における同種の試みとして、カントにおける実践理性の優位や、たえず新しいものが湧き出てくるベルクソンの持続を評価しながら、とりわけ、超越者を内在に還元しない思考を垣間見たものとしてデカルトの無限の観念を挙げる。無限の観念は、自らが思考する以上のものを思考するものであり、そこで思考は、思考されるものという終着点に到達することがない。目的＝終局（fin）としての絶対者に到達するならば、そのとき絶対者は目的性（finalité）や有限性（finitude）に、すなわち有限者の尺度に還元されてしまうからだ。無限の観念を神の観念と同一視し、神の存在の問題に回帰してしまったデカルトに対し、レヴィナスは無限の観念を、意識や存在からの解放の思考、「脱内存在性＝無私無欲性（désintéressement）」の思考と言い換えている。無限の観念は無限者による有限者の触発であり、触発された有限者はこの観念のうちで自らの内在を超え出て〈善〉へと向かう。無限の観念のうちで保たれる複数性は、統一性や単一性の失墜ではなく、他者との関係そのものとしての社会性であるとされる。

原稿から判断する限り、この講演はあまりに駆け足でおこなわれており、十分な議論が展開されているとは言えないが、無限の観念における崇敬の情態性と目眩の受動性へと至る分析を、レヴィナスは『観念に到来する神について』の序文と同じ表現を用いて、「無限の観念の現象学」と名づけている。

翌日の討論では、講演の内容を中心にしつつ、それ以外の著作も取り上げられながら、カトリック、プロテスタント、ユダヤ教の立場からレヴィナスと対話者との質疑応答がおこなわれた。預言、啓示、選びといった宗教的観念や、聖書とギリシアの関係といった同時期の他のテクストとも関連するテーマが話題になっているが、とくに重要なのはイエスの人格性との関連で扱われるケノーシス（神の無化）の問題である。キリスト教徒の発言者が、ケノーシスのうちにレヴィナスの思想の中心点があると述べたのに対して、レヴィナスは、キリスト教的なケノーシスを擁護しているかどでユダヤ人から自分に異議が出されたと発言している。レヴィナスは聖書やミドラッシュを引用しながら、人間の苦難の重みを耐え支える神のうちにケノーシスを見出す。神が観念に到来することは神の「降下」であり、このへりくだりによって神はむしろ高まっていくとされる。

本書の議論は、「神」という語を有意味なものとして聴き取ろうとする試みであり、単にユダヤ教やキリスト教の信仰の枠内にとどまるものではない。レヴィナスの思索が一貫してそうであったように、本書もまた、哲学とはなにか、宗教とはなにかを、人間の観念を訪れる神を軸に探究したものである。

『貨幣の哲学』

Roger Burggraeve (éd.), *Emmanuel Levinas et la socialité de l'argent: Un philosophe en quête de la réalité journalière. La genèse de socialité et argent ou l'ambiguïté de l'argent*, Leuven: Peeters, 1997.

ロジェ・ビュルグヒュラーヴ編『貨幣の哲学』合田正人・三浦直希訳（法政大学出版局、二〇〇三年）

馬場智一

レヴィナスの死後出版された本書は、貨幣と社会についてのレヴィナスの講演原稿を核として、講演に至る背景や、レヴィナスの思想全般についての編者による解説などを収録している。したがって本書は、編者との共著とも言える。収録されたテクストや対談は、一九八六〜八七年（八〇〜八一歳）のもので、哲学者の晩年に当たる。核となる論文「社会性と貨幣」は生前、いくつかの雑誌や論集に収録されていたが（第五章冒頭に付された註を参照）、その生成過程や経緯についての解説も含まれている。以下、内容を概観してみよう。

編者のビュルグヒュラーヴは、レヴィナス思想を元にした道徳神学に関する博士論文の執筆のため、ルーヴァン・カトリック大学（ベルギー）博士課程在籍中の一九七五年七月、哲学者本人に伝記的事実や思想解釈に関するさまざまな質問を手紙にまとめ送った。レヴィナスはこの質問に八月の長期休暇中、手書きの手紙で答えた（第六章「往復書簡」）。

それから一一年後の一九八六年、ベルギー貯蓄銀行連盟（GBE）は、創立二五周年を記念して、ベルギーの貯蓄銀行業界の歴史やその法的・経済的側面を扱った「基礎的研究書」の出版を計画した。GBEはレヴィナスにその序文執筆を依頼し、四月一〇日には、GBEを代表してHBK貯蓄銀行のM・ランプレヒツとA・ヴァン＝ピュットが、ルーヴァン・カトリック大学で教鞭を執るビュルグヒュラーヴとヴァン＝デル＝ヴェーケンの補佐を受け、長い対談をパリのレヴィナスの自宅でおこなう（第三章「予備的対談」）。対談に先立ちレヴィナスには、あらかじめ予備資料が送られていた（レヴィナス自身の貨幣に関する言及が含まれるテクスト抜粋、アリストテレス、ポール・ヴェーヌ、ポール・クローデルのテクスト抜粋）。

同年八月二三日から九月二日にかけて、フランスのスリジー＝ラ＝サルではレヴィナスに関する大規模シンポジウムが開催される。HKB貯蓄銀行の上述両氏も参加した（ここには、本書訳者の合田正人氏も参加しており、両氏とのやりとりが「訳者あとがき」に記されている）。このときレヴィナスは彼らに、基礎的研究書への序文を期日までに終えることは不可能なので、ビュルグヒュラーヴに依頼するよう求めた。この要請を受けてビュルグヒュラーヴは、貨幣に関するレヴィナスの視点をまとめた論文を執筆し（第二章「貨幣とつねに改善される正義」）、これが基礎的研究書の序文となった。

同年一二月、レヴィナスはベルギーに招かれ一週間滞在し、ブリュッセルの会議会館で総理大臣や財務大臣などを前に講演をおこなった（その文字起こし原稿が第四章「学術講演　貨幣の両義性」）。滞在中はボードワン国王による歓迎を受けたり、ベルギー・ラジオ＝テレビ放送からの二つのインタビューに応じたり、ルーヴァン・カトリック大学神学部の招きに応じ、大講堂で「謙譲について」というタルムード講義をおこなった（のちに「自己自身とは誰か」という題で一九八九年一二月一一日の第三〇回フランス語圏ユダヤ知識人会議で、再度発表され、『新タルムード講話』に収録）。ちなみに本書には、ルーヴァン・カトリック大学で大勢の聴衆に囲まれて講演をおこなっている様子など、滞在中のいくつかの場面の写真も掲載されている。この講演のテクストをレヴィナスはその後修正し、翌一九八七年五月にビュルグヒュラーヴに送った。これは講演原稿より若干短く、文章としてもかなり異なっている（第五章「決定版論文　社会性と貨幣」）。

以上の経緯を詳しく解説したのが、第一章「エマニュエル・

レヴィナスのこの研究が生まれた背景」である。本書掉尾を飾る第七章「ある哲学的伝記——エルサレムとアテネのあいだの思想家エマニュエル・レヴィナス」は、哲学者の死後、編者が追悼文として捧げた論文であるが、レヴィナス入門としても読むことができる。なお第一、二、七章は、もともとオランダ語で書かれたものの仏訳である（日本語版はそれをさらに翻訳したということになる）。

レヴィナスはそれまで、貨幣について主題的に書いたことはなかったが、数多くの箇所で言及してはいる（第二章末尾にその箇所がリスト化されている）。本書所収の講演や論文は断片的に記されたそれらの思考を一つにまとめている。その梗概を以下まとめてみたい。

物々交換とは異なり貨幣は、一つの尺度で物に価格を与え、あらゆる物の交換可能性を成立させる。貨幣がつくる等価性の次元には、商品となった物が、さらに労働力という商品となった人間もが組み込まれる。一つの尺度によって計られる全体性を形成するのが、貨幣がつくる経済的秩序であり、そこで人間は一つの「類の共同体」の一員となる。貨幣は蓄財を可能にするが、自己利益をため込む貨幣の機能にレヴィナスは、人間の存在様態、「内存在性の利害（inter-essement）」を見ている。

これに対し、レヴィナスが「倫理」、「聖潔」、「慈悲」といった語で考えてきたものは、自らの利害ではなく、他人に対して脱内存在性＝没利害性（dés-inter-essement）である。存在のただなか（inter）に在る（esse）ことから抜け出る（dés）このあり方においては、他人は同じ類に属する交換可能な成員ではなく、交換不能な一者であり、私自身も唯一者としてこの唯一である他者と関係を結ぶ。交換不可能な他者は、経済的な秩序を越え出ている。こうした他者との向かい合いの関係においては、共同体の共同性は中断される。

マルクス主義は貨幣による人間の搾取を問題視し、貨幣の廃止をめざした。貨幣的秩序とは対極にある倫理を考え抜いたレヴィナスは、「マルクス主義には愛があります」（SA, 40／六二）とさえ述べている。しかし、マルクス主義に基づいた国家体制であるソ連は、スターリン主義により、非人道的な管理体制のもと、強制労働や粛清で多くの命を奪った。

レヴィナスは正義という言葉を、他人との関係を表す「責任」や、後には「慈悲（miséricorde）」という意味で用いる。他方で、そうした一対一関係ではなく、第三者が現れることで私に正義が生じるとき、分配の公平性が必要になるときにも正義という言葉を用いる。国家という一つの全体を形成する社会性が正義を追求するとき、国家は一人の人間ではないゆえに、一対一関係を一人一人と結ぶのではなく、分配の公平性という意味での正義を考慮しなければならない。そのとき必要になるのが、貨幣である。

レヴィナスはそこに貨幣の第一の肯定的機能を見出している。複数の他者との関係において、厳密に公正な分割共有を実現できるのは、組織化された制度という政治的構築物としての国家が、他人のために貨幣を運用することによってである。レヴィナスは、第一の意味での正義（責任、慈悲）をヘブライズムにおける「聖潔」に見出す一方、公平性という意味での正義の観念をギリシア文明に見出している。

この必要性においては、貨幣を与えることは、慈愛をもち責任を引き受けることになる。ただし、それを保証する制度は、つねに修正可能性に開かれていなければならない。マルクス主義国家が分配の公平性を至上の価値として掲げたとしても、そのための制度を修正できないのであれば、制度それ自体が目的となり、公平性は実現されない。それゆえ、制度変更の自由がある国家でなければ、公平としての正義は実現しないことになる。

これ以外に、貨幣による損害賠償にもレヴィナスは貨幣の肯定的機能を見出している。貨幣による補償は、血で血を洗う復讐を流血なしに超え、同じ罪を犯したほかの犯罪者には不公平になってしまう罪の全面的な赦しを超える、贖いの可能性を有している。この点は上述のポイントに比べるとあまり展開されていないが、貨幣の肯定的機能として言及されている。

以上の論点は、レヴィナスがポール・クローデルやレオン・ブロワから学びつつ深めてきた観点でもある。この点に関する背景や解説は、訳者あとがきに詳しい。

『倫理と無限』『暴力と聖性』

Éthique et infini. Dialogues d'Emmanuel Levinas et Philippe Nemo, Paris: Fayard, 1982, «Le Livre de Poche», 1982.

『倫理と無限——フィリップ・ネモとの対話』西山雄二訳（ちくま学芸文庫、二〇一〇年）

François Poirié, *Emmanuel Levinas (Qui êtes-vous?)*, Arles: Actes Sud, 1996.

フランソワ・ポワリエ、エマニュエル・レヴィナス『暴力と聖性——レヴィナスは語る』内田樹訳（国文社、一九九一年）

村上暁子

両著作はいずれもレヴィナスとの対談を含むが、出版化の経緯や特徴はいささか異なる。

『倫理と無限』

一九八一年三月にフランスのラジオ局フランス・キュルチュールで一〇回にわたって放送されたフィリップ・ネモによ

るインタビューに、わずかな手直しと補足を施して一九八二年に出版された。著者名にレヴィナスの名だけが記されていることから、レヴィナス自身によるレヴィナス入門として定評を得ている。一九八五年に原田佳彦氏による邦訳が出版され、その後は入手困難になっていたが、二〇一〇年に西山雄二氏による邦訳が文庫版で出版された。

対話者のネモは、戦後生まれの政治思想の研究者であり、ハイエクを中心とする自由主義の研究に従事し、七〇年代には若手の毛沢東主義者たちとヌーヴォー・フィロゾフの活動に加わったこともある。ネモが聖書のヨブ記をもとに悪の問題について論じた『ヨブと悪の過剰』（一九七八年）の出版に際し、レヴィナスは書評「超越と悪／苦痛」（一九七八年）を書いており、両者のあいだには知的交流があったとみられる。

インタビューの各回にはさまざまなテーマが取り上げられるが、最初の二回には、レヴィナスの思考の出発点として、書物、とりわけ聖書とロシア文学を通じて哲学的な問題関心が醸成されたこと、フッサール、ハイデガーの思想との出会いなどが語られている。次いで主要著作である『実存から実存者へ』と『時間と他なるもの』の孤独や愛、『全体性と無限』の秘密や社会性や顔、『存在の彼方へ』の他人のための／代わりの責任や〈無限〉の栄光や証しといった重要概念が扱われ、最終回の対談では、預言と倫理、他者の死を危惧すること、存在への固執の問いただしなど、一九八二年に出版される論文集『観念に到来する神について』の問題意識に光が当てられている。

対談当時レヴィナスはすでに大学の教授職を退いていたが、精力的に論考の公刊や講演活動をしており、社会的評価の高まりとともに注目を集め、このインタビュー以外にも多くの対談に応じていた。レヴィナスの口ぶりにも懐古的なところは少なく、当時の関心に沿って自身の思想を再構成する意欲が感じられる。レヴィナス固有の用語は登場するものの、ラジオ番組でもあり終始一般的な言葉遣いで進むため、著作を読んだことのない者でも比較的理解しやすい。肉声ならではのリズムが感じられるところも本書の魅力の一つである。

『暴力と聖性』

フランソワ・ポワリエによるレヴィナス入門書として一九八七年に『エマニュエル・レヴィナス——あなたは誰？』のタイトルで出版された。ポワリエによる「レヴィナス哲学入門」の後に、「レヴィナスとの対話」、「未刊行テクスト」（レヴィナスのテクスト二篇）、「年譜」、「文献目録」が収録されており、著者名にはポワリエ、レヴィナスの両名が記されている。なお、本項目が依拠する一九九一年の内田樹氏による邦訳では詳細な

論文の書誌は割愛されているが、分量としては「対話」が半分以上を占めている。

　ポワリエは小説家・エッセイストとして知られる戦後生まれの作家であり、『アート・プレス』紙の編集者を長年務めた。レヴィナスとの対談も一九八六年に同誌にはじめて掲載されたもので、ポワリエは、この対談をきっかけに本書を企画し、その後何度かのインタビュー（そのなかには「二〇世紀の記憶」というテレビ番組シリーズの取材も含まれる）に基づいて執筆をおこなったという。本項目の目的はレヴィナス自身の著作の解題であるので、「レヴィナスとの対話」と「未刊行テクスト」の内容だけ概観しておこう。

　「レヴィナスとの対話」は、少年時代の記憶や家庭環境の話から始まり、ロシア文学や聖書の読書経験、フランスの大学に入って哲学を学んだこと、影響を受けた指導者や学友との関係、戦前・戦中・戦後の状況、自身の哲学研究の動機など、伝記的な事実の確認から始まる。それにレヴィナスの著作の主題をなす主要概念、存在、他者、倫理、正義、善、悪、孤独、愛などをめぐる問いと応答が続き、後半には、聖書と西洋文明、選び、国家、ユダヤ思想、タルムード、現代の思想潮流、イスラエル、ユダヤ教の再生など、さまざまな話題が取り上げられる。どの質問にも率直に答え、自身の経験についても珍しく詳細を語っている姿が印象的である。なお本書には豊富な写真資料が収録されており、当時の様子を窺い知ることができる。

　「未刊行テクスト」には二篇の論考が収録されている。一九八三年のベルン大学における講演を元にした「非志向的意識」は哲学論文である。死に対する不安を他者の死に対する危惧に対置しつつ、自発性の様態における意識とは異なる、問いただしの受動態における疚しい意識に光を当てるこの論考は、この時期の問題意識を要約するものとなっている。「アンリ・ネルソン」は、同名の医師の逝去に際して彼を称える目的で書かれたもので、初めユダヤ・コミュニティの雑誌『共同体通信』一九八〇年五月号に掲載された。ネルソンはレヴィナスをそのタルムードの師シュシャーニ氏に紹介した人物として知られるが、彼自身も正統派ユダヤ教徒として同師に師事しており、レヴィナスとは公私にわたって親交があった。『困難な自由』は彼に捧げられている。

　レヴィナスの対談はいくつか存在するが、日本語で読めるものは多くない。レヴィナスの著作の読解にはそれなりに労力がいるが、対談は比較的に平易であり、肩肘張らずに読むことができる。レヴィナスの人柄や思想のエッセンスに触れてみたい方におすすめである。

『超越・外傷・神曲』『レヴィナス・コレクション』

エマニュエル・レヴィナス『超越・外傷・神曲——存在論を超えて』内田樹・合田正人編訳（国文社、一九八六年）
エマニュエル・レヴィナス『レヴィナス・コレクション』合田正人編訳（ちくま学芸文庫、一九九九年）

平石晃樹

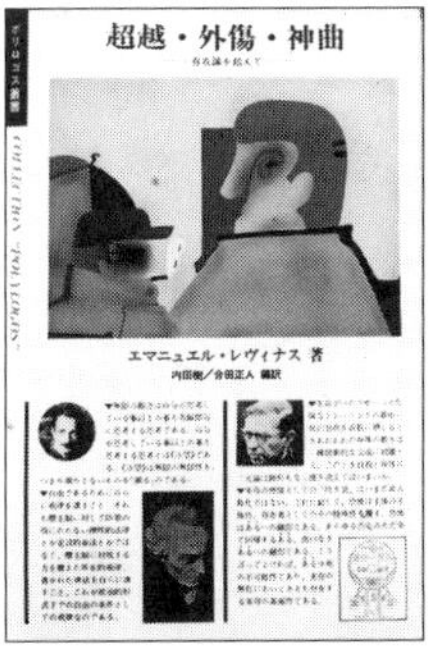

『超越・外傷・神曲』と『レヴィナス・コレクション』は日本の独自企画として編纂されたレヴィナスの翻訳論集である。両者には、重複して収録されていたり、今日では他の著作でも読めたりするテクストが多く含まれている。そこで本項では、書誌情報を整理したうえで、二つの論集だけで、あるいはそのいずれかだけで読める論考にのみ焦点を当てて内容を紹介することにする。

『超越・外傷・神曲』は内田樹・合田正人両氏による編訳書として一九八六年に国文社から出版された。一九三四年から五七年まで、つまり、現象学研究者としてキャリアをスタートしたレヴィナスが自身に固有の思想を発表し始めた時期から、後に『全体性と無限』（一九六一年）に結実することになる論文が継続的に発表される時期までのテクストを収録する。発表媒体、テクストの性格、論述の長短いずれもさまざまで、哲学的テクストのみならず、ユダヤ教・ユダヤ思想に関する論考も収められている。

『レヴィナス・コレクション』は合田正人氏単独の編訳書として一九九九年にちくま学芸文庫から出版された。同書は『超越・外傷・神曲』所収の一一篇のテクストを収録するが、訳者が同一の場合でも、タイトルを含め全面的に改訳されている。他方、同書からは『超越・外傷・神曲』に所収の七篇のテクストが削除されたが、うち二篇は刊行当時すでに出版されていた他の訳書で読めるようになっていたものである。代わりに、一九三四年以前に発表されたフッサール現象学に関する論考や『全体性と無限』公刊後に発表されたテクストが新たに加えられた。

二つの編訳書だけで読めるレヴィナスの戦前のテクストとし

ては、ルイ・ラヴェル『全的現前』の書評（一九三四年）、「マイモニデスの現代性」（一九三五年）、「逃走論」（一九三五年）がある。「逃走論」の詳細については本書の別立ての項目に譲るが、この論考でレヴィナスが独自に打ち出そうとしている存在論の背景には当時のフランスに特有の存在論復興の動きがあったことが知られている。『全的現前』の著者ラヴェルはその立役者のひとりにほかならない。また、マイモニデス論において は、神による「創造」と現世の活動としての「製作」を区別するこの中世アラブのユダヤ思想家の議論に触れながら、レヴィナスは、世界から脱出することの不可能性として、ユダヤ教にとっての「異教」を定義している。このように、『全的現前』の書評とマイモニデス論は、「逃走」という主題の思想史的源泉や同時代的文脈を知るうえで示唆的である。

二つの編訳書だけで読めるレヴィナスのテクストのうち終戦後に発表されたものとしては、「すべては空しいか」（一九四六年、『超越・外傷・神曲』では「すべては虚妄か」）、「ある」（一九四六年）、「多元論と超越」（一九四九年）がある。これらはいずれも、『時間と他なるもの』や『実存から実存者へ』といった同時期に公刊された著作で展開される思想と密接に関連したものである。ショアーの後に再会したかつての同僚と交わした当惑のまなざしや、破壊と喪失の後で日常が徐々に回復してゆくことにより喚起された奇妙な感覚について綴られた「すべては空しいか」は、「ある（il y a）」として概念化されるレヴィナスの存在思想を理解する一助となるはずだ。

『超越・外傷・神曲』だけで読める論考としては、「同盟の宗教的霊感」（一九三五年）、「反ユダヤ主義の霊的本質」（一九三八年）、「ユダヤ的存在」（一九四七年）といったユダヤ教・ユダヤ思想関連のテクスト、また、「時間的なもののなかの存在論」（一九四八年）と「哲学と無限の観念」（一九五七年）という哲学的テクストがある。「同盟の宗教的霊感」は、レヴィナスが当時職員だった世界イスラエリット連盟が離散（ディアスポラ）に与えていた「能動的な諦念」という意義について考察する小品である。「反ユダヤ主義の霊的本質」はジャック・マリタンの反ユダヤ主義分析を題材とする。反ユダヤ主義が、世界に対して永遠の異邦人にとどまるユダヤ人の「超自然」性に対する反乱であることを見抜いた点にレヴィナスはこのカトリック哲学者の慧眼を認めている。「ユダヤ的存在」は、西洋近代の非ユダヤ的世界においてショアーの後なおユダヤ人であることの存在論的な意味を「選び」の観念を軸に考察する論考である。「時間的なもののなかの存在論」と「哲学と無限の観念」は、いずれも『実存の発見』の仏語原著に収録されている論考だが、同書の翻訳に際しては既訳の存在を理由に掲載されなかったものである。前者は戦前にジャン・ヴァールの求めに応じてなされた口頭発表が元になっているが、早くも後年のハイデガー批判の萌芽が認められる点で興味深い。後者は、レヴィナスによるデカルトの「無限の観念」解釈を主題とするテクストであり、後に『全体性と無限』で展開される思考の骨子が凝縮して示されている。

『レヴィナス・コレクション』だけで読める論考としては、一九三〇年代に書かれた書評と、『全体性と無限』の元となった国家博士論文の提出先であるパリ大学の年報に掲載された論文要旨がある。書評の対象は、オイゲン・フィンクらの論考を収めた『哲学と現象学研究年誌』第一一号（一九三〇年）などの現象学関連の書籍、および、ハリー・ウォルフソン『スピノザの哲学——その論証の隠されたプロセスの解明』（一九三四年）である。

『超越・外傷・神曲』と『レヴィナス・コレクション』はレヴィナスの思想の発生と展開、そしてその多面性を知るのに適したアンソロジーといえよう。テクストのデジタル化はもちろんのこと、資料の整備が今ほど進んでいなかった八〇、九〇年代に、フランス本国でも入手困難なレヴィナスのテクストを収集し日本語に移すことでこの国におけるレヴィナス受容の確かな礎を築いた編訳者たちの功績はここに銘記されてよい。『超越・外傷・神曲』は現在絶版となっているため、レヴィナスそのひとの文章にまずは触れてみたい向きには『レヴィナス・コレクション』が格好の入門書となるだろう。

第Ⅳ部　開かれるレヴィナス

パリのエマニュエル・レヴィナス広場

1　レヴィナスと哲学史　①古代〜中世

馬場智一

1　プラトン主義者レヴィナス?

自らを一現象学徒として規定したレヴィナスであるが、その著作には古代哲学へのさまざまな言及が見られる。レヴィナスが本格的に哲学を学んだのは、ストラスブール大学に留学してからであり、古代哲学の手ほどきは、アリストテレス『自然学』の仏語訳者でもあるアンリ・カルトゥロンから受けている(EI, 16/二二)。晩年のインタビューである『倫理と無限』では、アリストテレスの『ニコマコス倫理学』などとともに、プラトンの『パイドロス』を西洋哲学史上五指に入る名著に挙げている。東方イスラエリット師範学校の校長としては、ヘブライの思想遺産を元にした古典教育をめざしていたが、それもギリシア・ローマの哲学的古典を範としたものであった。[1] たしかに、プラトン論やアリストテレス論を残したわけではないが、レヴィナスにとって古代哲学が、自らの哲学を構築するうえでの重要な対話相手であったことは間違いない。[2]『全体性と無限』に限定すると、アリストテレスへの言及、とりわけ『形而上学』への言及はかなりの数にのぼる。しかし、それにもましてプラトンへの言及はフッサールやハイデガーに比べても多い。

『全体性と無限』はもともとレヴィナスの国家博士号取得論文として一九六一年にソルボンヌ大学に提出されたものだが、ソルボンヌ大の『大学年報』(Annales de l'Université) にその要約が掲載されている。要約を哲学者は、次のように締めくくっている。

> 顔によって開示される他人が第一の叡智的なものであると言うこと〔…〕、それは、歴史に対する倫理の独立性を肯定することでもある。第一の意義作用が道徳性のなかに現れることを示すこと〔…〕、それは歴史による現実理解の限界線を引き、プラトン主義を取り戻すことである。[3]

2　ポパーによるプラトン批判

フランスではサルトルやメルロ＝ポンティが大きな影響力を誇っていた時代に「プラトン主義を取り戻す」のは、いかにも時流に反している印象を与える。フランス国外に目を転じてみると、オーストリア出身のユダヤ系科学哲学者カール・ポパー（1902〜94）は、戦火を逃れニュージーランドで『開かれた社会とその敵』を執筆し、一九四五年に出版した。ポパーは、その第一巻で、プラトンの政治哲学を全体主義的な傾向をもつものとして糾弾してさえいる。「〔…〕私はプラトンの政治綱領が道徳面で全体主義より勝っているなどとは言えず、根本的には同一であると信じる」（ポパー 1980：九八）。

ポパーはその根拠を、階級の厳格な区分、支配階級による権力の独占、支配階級の知的活動への検閲などといったプラトンの「政治綱領」に見出している（同：九七）。同書は、プラトンを扱った第一巻と、「全体主義の父」ヘーゲル（同：二九）そしてマルクスを扱った第二巻に分かれる。プラトン批判の論点はいくつかあるが、とくに全体に一貫しているのは「歴史信仰」への批判である。興味深いことに、プラトンへの否定的評価とは対照的に、この歴史信仰に対する批判は、全体性を形成する歴史に対するレヴィナスの批判と重なる。その歴史信仰とは次のようなものである。

政治に対する真に科学的ないし哲学的な態度、また社会生活一般のより深い理解といったものは、人間の歴史についての瞑想と解釈に基づかなければならないという信念が広く行き渡っている。普通の人は自分の生活の枠組みとか、個人的経験や小さな苦労の重要性などを当然のこととしているのであるが、これに対して社会科学者ないし社会哲学者というものはものごとをもっと大所高所から考察すべきであるといわれる。彼は個人を一個の歩として、つまり人類の一般的な発展のなかでの大した意味をもたない手段としてみる。また彼は、歴史の舞台における真に重要な俳優たちは、偉大な民族とその偉大な指導者たちであるとか、あるいは偉大な諸階級であるとか、あるいは偉大な諸理念であることを見出す。これがどのようなものであれ、彼は歴史の舞台の上で演じられる演劇の意味、すなわち歴史発展の諸法則を理解しようと努めるであろう。もし彼がこのことに成功するならば、もちろん彼は未来の展開を予測できるであろう。そうすれば彼は政治を堅固な土台の上に置き、どのような政治的行為は成功の見込みがありどれが失敗しそうかを告げることによって、われわれに実践的な助言を与えることができるであろう。

（同：二七）

この一節をたとえば『全体性と無限』における、歴史が形成する全体性への批判と比べてみよう。

全体性が実現するのは、歴史を編纂する修史官が、個別の実存者の自由な意志が残した業＝作品（œuvre）に、その作者が意図しなかった意味を与えることで、普遍史＝世界史（histoire universelle）のうちに個別の実存者を失わせてしまうときである。（TI, 48：八五）

この一節を、ポパーが批判する歴史信仰に重ね合わせると、次のように解釈できる。世界史は、人類の一般的発展が展開される歴史の舞台である。そこでは、個人の行為はその舞台上でのみ意味あるものとして、本人の意図とは独立に扱われる。大所高所から考察された歴史において、一般庶民は「大した意味をもたない手段」として、将棋でいう「歩」として扱われる。その人固有の人生を歩んでいる一人一人の「実存者」は、こうしてその固有の顔を失う。歴史に対する両者の批判の親和性の高さから判断するに、全体性を形成する大文字の歴史への批判的視座をレヴィナスもポパーも共有している。ただし、レヴィナスが歴史批判を展開するとき、具体的に念頭に置かれているのはヘーゲルであり、プラトンにまでこうした発想を認めてはいない。

『開かれた社会とその敵』では、このようにプラトンを嚆矢として、ヘーゲルやマルクスにも受け継がれた歴史主義的認識がもつ全体主義的側面が厳しく批判されている。とはいえ、プラトンに対するポパーの批判は、プラトンのテクストに即して検討すると必ずしも正確とは言えない部分もある（納富 2012：三二一―四二）。納富によれば、激しいプラトン批判の背景には、二〇世紀になってからとりわけ「政治化」した、『国家』の解釈という問題があった。たとえば、

ドイツ教養知識人たちの理想は、第一次世界大戦において理性による人類の進歩という理念の崩壊を経験することで変質し、プラトンを「生の哲学」への活性剤とするシュテファン・ゲオルゲ（Stefan George, 1868–1933）らの解釈を生んでいく。そうした流れにおいて、プラトンは、やがてナチスとそのシンパによって恣意的に利用される。（同：四五）

ドイツ語圏出身のポパーの、ややもすると厳しすぎるプラトン批判は、こうした背景から理解される。他方、二〇世紀後半になると、レオ・シュトラウス（1899～1973）、エリック・フェーゲリン（1901～85）らによる非政治的な読解も現れてくる（同：四七）。

では、ほぼ同時代人（1906～95）であり、全体主義の時代を経験したレヴィナスのプラトン読解はどうだろうか。『全体性と無限』は「プラトン主義を取り戻す」試みであると著者本人が書いているわけだが、哲人王による統治を理想とし、真理の模倣者にすぎない詩人の追放や不道徳な神話の検閲さえも主張

したプラトンの思想を、レヴィナスはいったいどのように取り戻すというのだろうか。しかも、〈他〉を〈同〉へと還元する暴力の哲学として西洋哲学を批判した『全体性と無限』が、プラトン主義を取り戻す企図を持っているのだとしたら、それはいったいどのようなプラトン主義なのだろうか。

上記の『国家』解釈史からレヴィナスのプラトン解釈を眺めると、レヴィナスが『国家』だけではなく、『パイドロス』も重要視している点が注目される。上述のとおり、哲学史上五指に数えられる著作として、レヴィナスはプラトンの『国家』ではなく『パイドロス』を挙げていた。実際、『全体性と無限』では、『国家』に次いで『パイドロス』への言及数が多い。以下ではとくにこの二冊に着目し、ここではレヴィナスがそこからどのように全体性の外部に脱出する思想を引き出しているのか見てみたい。

3 『国家』における「存在の彼方の〈善〉」

レヴィナスのプラトンに対する肯定的評価の重要な根拠の一つは、『国家』で示された「存在の彼方の〈善〉」という着想にある。まずプラトンに即して、この表現が現れる「太陽の比喩」を見てみよう。太陽は事物を見ることを可能にしているだけでなく、そうした事物そのものを成長させ、養い育んでいる。〈善〉の実相（イデア）（508E）もまた、これに類した働きを認識において果たしており、この意味で、〈善〉は実在の彼方にあるといわれている。

> それなら〔太陽と〕同様にして、認識の対象となるもろもろのものにとっても、ただその認識されるということが、〈善〉によって確保されるだけでなく、さらに、あるということ・その実在性もまた、〈善〉によってこそ、それらのものにそなわるようになるのだと言わなければならない——ただし、〈善〉は実在とそのまま同じではなく、位においても力においても、その実在のさらに彼方に超越して（epekeina tes ousias）あるのだが。　(509B)

実相（idea）は、知性的思惟（nous）によって知られる。実相は感覚的に認識される世界ではなく、知的世界（noeton topon）にある。〈善〉のイデアは「最後にかろうじて見てとられる」ものである。これを見てこそ、人は、公私ともに「思慮ある」行いをすることができる。

> とにかくしかし、このぼくに思われるとおりのことはといえば、それはこうなのだ。——知的世界〔noeton topon〕には、最後にかろうじて見てとられるものとして、〈善〉の実相（イデア）〔he tou agathou idea〕がある。いったんこれが見てとられたならば、この〈善〉の実相こそはあらゆるものにとっ

て、すべて正しく美しいものを生み出す原因であるという結論へ、考えが至らなければならぬ。すなわちそれは、〈見られる世界〉においては、光と光の主とを生み出し、〈思惟によって知られる世界〉においては、みずからが主となって君臨しつつ、真実性と知性とを提供するものであるのだ、と。そして、公私いずれにおいても思慮ある行いをしようとする者は、この〈善〉の実相をこそ見なければならぬ、ということもね。（517B–C）

イデアとは、それによって個別のものの認識が可能になるような事物の真実の姿である。しかし〈善〉のイデアは、善良な人や善い国家といった個別の事物を認識させてくれる「善さそのもの」であるだけではない。もしそうであれば、〈善〉は、他のさまざまなイデアと並ぶ一つのイデアにすぎない。〈思惟によって知られる世界〉に君臨し、さまざまな物事の真理とそれを認識する知性を提供するとまでは言えないだろう。先の引用と合わせて考えるなら、〈善〉のイデアは、認識されるところのイデアの実在さえも可能にする特別な地位をもったものである。その意味で、〈善〉は、他のイデアの実在と同列にはなく、「実在の彼方」にあるのであり、厳密にいえば、実在ではない、なにか別のものである。しかし、それを名指すことは難しい。なぜなら、どのような形であれ、それを名指すならば、それは知性により認識されるものの一種であると誤解されてしまうからである。実在の「彼方」は、「実在ではない」なにかとして、否定によって示されているのと実質は同じである。レヴィナスはここに、全体性を超える思考の一つの型を見出している。

しかしこうした思考は、古代ギリシアのなかではむしろ例外的である。古代ギリシアの形而上学に関して、その動向の一つをレヴィナスは次のように見ている。「ギリシアの形而上学がたどった道の一つは、〈一なるもの〉（unité）への回帰、〈一なるもの〉との融合を探究することだった」（TI, 105／一八〇）。しかし同時に、プラトンを念頭に次のような診断も下している。

ギリシアの形而上学は、〈善〉を《存在すること》（essence）の全体性から分離されたものとみなしており、それゆえ全体性が《彼方》を許容しうるような構造を（いわゆる東方の思想の手をまったく借りずに）垣間見ている。〔…〕プラトンは〈善〉から存在を演繹しようなどとはしていない。プラトンは全体性を乗り越えるものとして超越を位置づけているのである。〔…〕あらゆる《存在すること》の上部という〈善〉の〈場所〉〔上述の517Bのnoeton toponつまり知性のトポスに相当〕は、神学ではなく哲学の最も深遠な教え——決定的な教え——である。（TI, 105–106／一八〇—一八一）

ここでのessenceは、プラトンの上記の一節で言えば、ousia

に相当する。存在すること／実在の全体を超えた〈善〉という発想をプラトンは、「東方／オリエントの思想（pensée orientale）」すなわちヘブライズムとは独立に垣間見たのである。無限は顔を通じて顕現するが、その「最初の言葉」は、「汝殺すなかれ」である（TI, 217／三五二）。この言葉は、モーセが神から与えられた十戒のうちの一つである殺人の禁止（『出エジプト記』二〇章一三節）に由来する。ギリシアから見て東方／オリエントで生まれた聖書は、存在の彼方の〈善〉を、殺人の禁止のかたちで表現した。顔が放つこの禁止のなかに、レヴィナスは無限の観念を見ている。この無限の観念を、プラトンもまた「存在の彼方の〈善〉」によって表現しているのである。

思考の統一性を根拠に、世界を多様性ではなく全体性として捉えようとする「イオニアからイエナまで」の哲学を批判するローゼンツヴァイクの『救済の星』に倣い、ここでのレヴィナスは、「パルメニデスからスピノザやヘーゲルに至るまで主張された、統一性（unité）という古き特権」（TI, 105／一七九）を、全体性を形成する思考の系譜と捉え、これに対し〈無限〉の観念を対置する。〈無限〉の観念はけっして抽象的な概念ではなく、「これを具体的に成就するのは社会である」（TI, 104／一七九）。プラトンが言う「実在の彼方の〈善〉」は、まさにこの無限の観念の一つの表現なのである。

プラトンの霊感を受けたその後のギリシア哲学はしかし、必ずしもプラトンと同じものを垣間見てはいない。プラトンと、ヘレニズム期の新プラトン主義者であるプロティノスを比較して、レヴィナスは次のような診断を下している。「〈一者〉を起点とした《存在すること》の現れを流出や降下によって表すとき、プロティノスはパルメニデスに立ち返っている」（TI, 105／一八〇）。

プラトンが「イオニアからイエナまで」の哲学のなかで占める例外的な地位は、『国家』に見られる「存在の彼方の善」という着想に負っている。レヴィナスが「プラトン主義」と呼ぶ思想内実の一部は、このような発想を指すだろう。この発想により、ポパーによる「全体主義者プラトン」とは正反対のプラトン像が成立している。では、『パイドロス』からレヴィナスは何を読み取ったのだろうか。

4　『パイドロス』におけるレトリック批判と言論

全体主義社会には、「アーリア人種の優越」や「プロレタリア独裁」といった支配的な世界観・イデオロギーがあり、これがプロパガンダにより大衆に流布される。プロパガンダは、それが真実かどうかの吟味を許さない種の言論であり、それが伝える内容のみが真実であることを前提に拡散される。本来、言葉による他者との関係は、顔を持った〈他人〉が現れる条件であるが、「正面」からではなく「斜め」から〈他人〉に接する言論（レヴィナスの用語では「言説」）が、「レトリック」である。人を特定の見解に導く「教育指導」、「民衆扇動」、「精神誘導」はその例である（TI, 67／一一四）。レトリックという不正を、他人と正面から向き合う正義（TI, 67／一一五）と対照させるとき、レヴィナスは『パイドロス』を参照しているのだが、該当する箇所を見てみよう。

レトリックを駆使して人を説得する技術は弁論術といわれる。『パイドロス』では、この弁論術を医術と同様に一つの技術として検討がなされている（269–272）。医術がその対象とする人間の身体についてさまざまな知識を有しているのと同様に、弁論術は、その対象とする人間の魂について知らなければならない。なぜならば「そもそも言論というものがもっている機能は、魂を説得によって導くことであるのだから」（271C）。魂にはどのような種類のものがあるのか、そして話し方（言論）にはどのような種類があるのかを学んだうえで、どのような種類の言論がどのような種類の魂には説得のために有効なのかを知り、さらには、実際に説得に当たる際に、説得の対象となる人がどのようなタイプなのかを見分けられる必要がある。さらには、どういう時に語るべきで、どういう時には語るのを控えるべきなのか、さらにどのような話し方の種類を使うべきなのか、その好機を識別できるようになり始めて人は弁論術を身につけたと言える（271D–272A）。

ところで、このような技術は、真理を追求する哲学的問答とは異なっている。弁論術という言論の技術を身につけようとする者は、「何が正しい事柄であり善い事柄であるかと言うことに関して、あるいは、どういう人間が〔…〕正しくまた善い人間であるかということに関して、その真実にあずかる必要は、少しもない」（272A）。人を説得する際に重要なのは、真実ではなく、「真実らしくみえるもの」であって、弁論術においてはむしろ「真実にかかずらうのをきっぱりとやめ、言論を用いるにあたってはあらゆる仕方で、この真実らしく見えるものをこそ、追求すべきである」とさえ言われる（272E–273A）。

この真実らしく見えるものは、「多数の者にそうだと思われるもの」にほかならない（273B）。裁判で勝つためには、それを傍聴する多数の聴衆を説得しなければならないからだ。「私たちが言説のなかで接近するのは〔…〕プラトンが述べるように群衆としての人間である」（TI, 66／一一三）とレヴィナスが述べるとき、参照されているのはこの論点である。「群衆」（multitude）とは、「多数の者」のことである。レヴィナスは、こうした弁論術が正面からではなく「斜めから」他人と接し、魂がどんな「範疇」に属するのかを見分け、「あてがい」（TI, 67／一一四）、真実らしく見えるものへと導き、魂がもっている自由を「腐敗」させるとしている。プラトンでは裁判の例だが、レヴィナスは真実そのものではなく真実らしくあればよい、むしろ真実を追求することの放棄を旨とする弁論術を、全体主義時代の言論のあり方にも見出していると言える。(4)

真実を追求する言論のあり方について、レヴィナスは『パイドロス』のもう一つの議論を参照している。弁論術の本質をめぐる議論ののち、パイドロスとソクラテスは、文字に書かれた言葉と、「それを学ぶ人の魂の中に知識とともに書き込まれる言葉、自分をまもるだけの力をもち、他方、語るべき人々には語り、黙すべき人々には口をつむぐすべを知っているような言葉」（276A. TI, 70／一一九）との比較によって対話を終えている。

ソクラテスはまずエジプトに伝わる文字という技術に関する逸話を紹介する。それによると、エジプトの神テウトが、エジプト全体に君臨していた王である神タムゥスに、さまざまな技術を披露し、エジプトに広めることを勧めた。そのなかに文字を書くという技術も含まれていた。これを覚えれば知恵は高まり、物覚えは良くなるというわけである。しかしタムゥスは、そこにテウトが提示する利点と正反対の結果を予測する。むしろ文字によって人は、文字に頼り、自分で思い出そうとしなくなり、人から親しく教えを受けなくても物知りになり、みかけだけは博識になり、非常につきあいにくい人間になるというのである（274C–275B）。

これを口火にソクラテスは、書き言葉のデメリットを列挙する。まず書かれた文字は、そこから何か教えてもらおうとして質問をしても何も答えてくれない。言葉はいったん書かれると、それを理解する人であるかどうかにかかわらずさまざまな人の目に触れる。誤解されたとしたら、それを書いた「父親」つまり書き手の助けを必要とする。これに対して、話される言葉は、誤解を受けても、話者はすぐに自分自身を弁明することができ、相手の質問に答え、相手の魂に知識を書き込むことができる。「正しいこと、美しいこと、善いことについて知識を持っている人」（276C）は、それをまじめに伝えたいのであれば、上述の理由から、文字に書いて伝えようとはしないだろう。正、美、善といった事柄については、話し言葉によって「真剣な熱意」によって扱われるならば一層美しいとソクラテスは考える。

それはほかでもない、ひとがふさわしい魂を相手に得て、哲学的問答法の技術を用いながら、その魂の中に言葉を知識とともにまいて植え付けるときのことだ。その言葉というのは、自分自身のみならず、これを植え付けた人もたすけるだけの力をもった言葉であり、また、身を結ばぬままに枯れてしまうことなく、一つの種子を含んでいて、その種子からは、また新たなる言葉が新たなる心の中に生まれ、かくてつねにそのいのちを不滅のままに保つことができるのだ。

（276E–277A）

問い掛ければ答え、相手の誤解に対して弁明もし、さらに正、美、善の真実について熱意をもって語る言論は、弁論術ではなく、哲学的問答法である。対話の相手である他人の自由を前提にしたコミュニケーションを、レヴィナスは次のように描いている。これは、上述の「自分自身をまもる」力をもつ言葉についての引用（267A）の直後に述べられている。

> この言説は、まえもってつくられた内的論理を繰り広げることではなく〔これは弁論術に当たるだろう〕、自由がもつありとあらゆる危うさをともなって、思考者どうしの闘争のなかで真理を構成することである。言語という関わりが前提とするのは、超越であり、徹底的な分離であり、対話者どうしの異質性であり、私（moi）に対する〈他者〉の啓示である。別の言い方をすれば、言語が話されるのは、関係をなす諸項のあいだの共同性がないところ、共通平面がなく、それがはじめて構成されるべきところである。言語は、こうした超越のうちに場を占めている。（TI, 70–71／一九九）

レヴィナスは、哲学的な自由な問答、相手を特定の見解に導くのでないような対話に、イデオロギーによって構築された外部なき全体性を脱け出ることを可能にする超越の可能性を見出している。ソクラテスのセリフに即せば、「知識を植え付ける」といった比喩表現は、知識を持っている人が、知識を持たない人に、同じ知識を伝達するということが含意される。しかし伝達の過程では、その知識についてわからないという他人の異他性があらわになり、誤解に対しては弁明が迫られる。

『国家』のいわゆる「線分の比喩」では、実相に迫るのが、仮説を元になされる「学術」ではなく、まさに仮説とはなにかを問い直すことで進んでゆく問答法であるとされている。

> すなわちそれ〔実相〕は、理《ロゴス》がそれ自身で、問答（対話）の力によって把握するところのものであって、この場合、理はさまざまの仮説を絶対的始原とすることなく、文字どおり〈下に置かれたもの《ヒュポテシス》〉となし、いわば踏み台として、また躍動のための拠り所として取り扱いつつ、それによってついに、もはや仮説ではないものにまで至り、万有の始原に到達することになる。そしていったんその始原を把握したうえで、こんどは逆に、始原に連絡し続くものをつぎつぎと触れたどりながら最後の結末に至るまで下降して行くのであるが、その際、およそ感覚されるものを補助的に用いることはいっさいなく、ただ〈実相〉そのもの（eidesin autois）だけを用いて、〈実相〉を通って〈実相〉へと動き、そして最後に〈実相〉において終るのだ。（511B–C）

善の実相を知ることは、存在の彼方へと抜け出ることである。この脱出のためには、弁論術とは異なる言論のあり方によって、〈他人〉と正面から向き合う必要があった。その言論のあり方が、哲学的問答法である。プラトンは、全体性を脱する対話の哲学の手がかりをレヴィナスに与えている。

このようなプラトン理解が、プラトンを全体主義の起源と見るポパーとは正反対であることは明白だろう。歴史が形成する全体性という批判を共有しつつも、レヴィナスはまったく違うプラトンの読み方を発見した[5]。ここでは『国家』と『パイドロス』に焦点を絞って、レヴィナスの言う、取り戻すべき「プラトン主義」の内実に迫ったが、「同」と「他」の概念や、エロスをめぐる省察などについても、レヴィナスがどのように自らの思想のうちに取り込んでいるのか検討に値するだろう。

参考文献

プラトン（1979）『国家』下、藤沢令夫訳、岩波文庫
とくに断りのない場合は、訳文は本書に従っている。原文については以下に拠った。Platon, *Œuvres Complètes Tome VII 1er partie. La république Livres IV–VII*, texte établi et traduit par Emile Chambry, Les Belles Lettres, 2002

カール・R・ポパー（1980）『開かれた社会とその敵　第一部　プラトンの呪文』内田詔夫・小河原誠訳、未來社

納富信留（2012）『プラトン　理想国の現在』慶應義塾大学出版会

Adriaan Theodoor Peperzak (1997), *Platonic Transformations: With and after Hegel, Heidegger, and Levinas*

註

（1）拙論「東方イスラエリット師範学校校長としてのレヴィナスと伝統」、杉村靖彦・渡名喜庸哲・長坂真澄編『個と普遍――レヴィナス哲学の新たな広がり』法政大学出版局、二〇二二年、とくに三〇―三一頁を参照。

（2）熊野純彦訳『全体性と無限』下（岩波文庫）の索引には、レヴィナスが言及しているアリストテレス（二三三頁）とプラトン（二六―二七頁）の著作とその箇所のリストがある。

（3）«Résumé de thèse par Emmanuel Levinas», *Levinas : au-delà du visible. Etudes sur les inédits de Levinas des* Carnets de captivité *à* Totalité et Infini, Cahier de philosophie de l'université de Caen, n°49, Presse universitaire de Caen, 2012, p. 55.

（4）ここでレヴィナスは「神々の御心にかなおうとして」(273E) 用いられる言葉を、レトリックに対置している（TI, 68／一一六）。しかし、『パイドロス』では、弁論術という能力を身につけるために払う労苦の目的を、「神々の御心にかなう仕方で振る舞いうるようになることに、おかなければならない」としている (237E)。このセリフの冒頭でソクラテスは、真実への類似（真実らしく見える）を発見できるのは真実そのものを知っている者であると語り、弁論術における真実の放棄という議論を反転させている。パイドロスとの議論のなかでソクラテスは、弁論術をたしかに真理の探求と対照的に描いてはいるが、誰も及ばぬ完成の域にまで達したペリクレスについては、哲学者アナクサゴラスとの出会いにより、「知性と無知」との本体を突き止めるきわめて詳細で高遠な思索を経て弁論術を身につけたことが想起されている (270A)。完成された弁論術に至るには哲学を経由する必要があったのである。「神々の御心にかなおう」とする努力は、哲学を経由した弁論術について言われているように思われる。

（5）ちなみにハイデガーもまた、「存在の彼方」の一節の読解に長期間取り組んでいるが、その解釈には変化があり、プラトン学者やハイデガー学者による批判的な評価の蓄積がある (Peperzak, 1997 : 57–111)。

2　レヴィナスと哲学史　②　近代

長坂真澄

本章では、近代哲学史を一七世紀から一九世紀を中心に振り返りつつ、この時代の思想の変遷をレヴィナス哲学がいかに継承しているのかを明らかにしたい。近代は、それまで無批判に引き継がれてきた伝統を批判的検証にさらす時代であったと言える。レヴィナスとの関係でとりわけ本章が着目したいのは、近代哲学史が、神の存在を素朴に前提しない立場、すなわち方法的無前提としての無神論的立場から、神の存在を証明しようとし、その結果、当の証明の不可能性を暴露するに至ったということである。それはまた、思弁的ではない仕方で神について語る道を開くものともなった。現代の哲学者であるレヴィナスは、こうした議論を背景に、神の存在「証明」ではもはやなく、神についての「証言」を語る。本章では、この側面からレヴィナス哲学に光をあてることを試みる。

1　存在神学としての形而上学
――デカルト、スピノザ、ライプニッツ

かつてアリストテレス（384–322BC）は、無限を「可能態（δύναμις）」におけるもの、すなわち仮無限（可能的無限）と、「（完全）現実態（ἐντελέχεια / ἐνέργεια）」におけるもの、すなわち実無限（顕在的無限）とに区別した。[1] 仮無限とは、たとえば自然数を数え上げるときのように、限界がないという意味で無際限ではあるものの、完結した無限にはけっしてたどり着かない無限のことである。それに対して実無限とは、たとえば自然数の集合が一つの集合としても捉えられるように、完結した無限のことである。アリストテレスはさらに「付加（πρόσθεσις）」における無限と、「分割（διαίρεσις）」における無限とを区別した。[2] 先述の自然数を数え上げる例は付加における無限である。分割における無限の例としては、線分、時間、運動などが挙げ

られる。たとえば線分を半分に分割すれば、その線分をさらに半分に分割でき、それを無限に続けることができる。これは連続体と呼ばれる。アリストテレスは経験の対象になりえない実無限の存在を認めず、分割における仮無限のみを認める。[3] 線分の際限ない分割において、その最終地点にたどりつくことはないが、いつまでも分割し続けることができるという意味において、それは仮無限として認められるのである。

さて、これに対し近代は、極限という概念の導入により、実無限を数学的すなわち量的に認識の対象として認める方向へと舵を切った。一五世紀、クザーヌス（1401〜1464）が示した、最大の円の円周（曲度が最小の曲線）は直線に等しいという考え方は、[4] 無限大の円を可能的にではなく顕在的に直線として捉えている。このような時代背景のもと、無限の実体とされる神（実無限）が、思弁的な存在証明の対象となるに至ったのである。

一七世紀にデカルト（1596〜1650）が、すべてを懐疑に付すという方法的懐疑から出発して、神の存在を証明しようとしたとき、ここでもやはり、神は実無限の実体として考えられていた。彼はスコラ哲学における「レアリタス（realitas）」という概念を引き継ぎ、無限のレアリタスをもつ実体としての神の存在証明を模索した。「物（res）」という語から派生したこの語は、物の物性（何性）を指す。物がもつ肯定的な述語の度合に応じて、物のレアリタスの大小が比較される。たとえば、大きな岩は小さな石よりレアリタスが大である。また、高い熱は低い熱よりもレアリタスが大である。[5] 原因が結果よりも大もしくは同等のレアリタスをもつとの主張は、デカルト流の運動量保存の法則とも相容れるものである。[6]

さて、デカルトによる神の証明には、『方法序説』（一六三七年）、『省察』（一六四一年）、『哲学原理』（一六四四年）に通底する三つの型がある。第一の型は、無限の観念から無限の実体（神）の存在を導出するもの、第二の型は、自己の存在の究極原因として神の存在を推論するもの、第三の型は、神の概念にすでに存在が含まれているとする「存在論的証明」である。この第一の型こそ、レヴィナスが『全体性と無限』のみならず多くの著作で繰り返し採り上げるものである。私は無限の観念を有するが、有限の私は無限の観念の創造者（原因）ではありえない。なぜなら、レアリタスが小である有限が、レアリタスが大である無限を生み出すことは、無から有を創造するに等しい不合理だからである。それゆえ、無限の観念（神の観念）の原因として無限の実体（神）が実在するとデカルトは主張した。[7] ここに、観念（論理的に無矛盾でありさえすれば可能であるもの）から実体（単に論理的に可能であるのみならず、現実に存在するもの）への遡行という跳躍が起こる。この跳躍は、神という概念の属性の一つに実在を数え入れる存在論的証明にも共通する。

スピノザ（1632〜1677）は、幾何学的証明という方法をデカルト（『省察』第二答弁）[8]から継承しながらも、デカルトとは異なる定義と論証を導入した。それが『エティカ』（一六七七年）第一部冒頭における神の存在証明である。スピノザがデカルトと大きく異なるのは、「自己原因（causa sui）」なる概念の定義から始める点にある（「定義1」）。自己原因とは、自己以外のいかなる原因をも必要とせず存在するものを指す。スピノザはこのものを、「実在するという以外にその本性が考えられえないもの（cujus natura non potest concipi nisi existens）」と説明する[9]。デカルトにおいてはなされていた、無限の観念（可能性としての概念）から無限の実体（現実性としての物）へと遡行するという難題がここで回避される。この遡行が難題であるのは、後件肯定の虚偽による。現実に存在する或る物が思考されることにより、当の物の概念が帰結するとしても、この物の概念があるからといって、その物が現実に存在するとは限らない。スピノザは、もともと実在している物から出発することにより、概念からその当の概念の実在へと遡るという難題は不要にする。彼はまず「実体」（それ自体であるもの、その概念が他のものの概念に依存しないもの、「定義3」[10]）が自己原因であることを示し、さらに「神」（絶対的に無限な存在、無限の属性からなる実体、「定義6」[11]）が自己原因であることを証明しようとする。実体は、他の何ものをも自らの原因として必要とはしないため、自己原因にほかならず、よって、「実体の本性には実在することが属する」（「定理7」[12]）。また、「実在しないと考えられうるものは、何であれ、その本質には実在が含まれない」（「公理7」[13]）と言えるため、神が実在しないと仮定するならば、神の本質には実在が含まれないこととなり、それは「定理7」に反するため、背理であるとされる。それゆえ神は「必然的に実在する」と証明されるのである（「定理11」[14]）。そのさらに先では、神においては、本質と実在は一つにして同じであるとされる（「定理20」[15]）。

ライプニッツ（1646～1716）もまた、デカルトの神の存在証明を不十分なものとみなす。無限の観念が可想的だからといって、それが実体として存在するとは限らない。たとえば、最大の数は存在しない。ライプニッツは、改良された宇宙論的証明において、目的論的観点を導入する。任意の所与である偶然的事実に対して、「なぜこのようであって、別様ではないのか」という問いが成り立つ。なぜなら、偶然であるとは、別様でもありえたということを意味するからである。しかし、この問いに答えるために原因へと遡るとき、その原因がやはり偶然的事実であるならば、それに対して先述の同じ問いが再び立ち上がる[16]。偶然的事実の系列をたどる限りにおいて、この遡行には終わりがない。しかし、この宇宙がこのようであることには十分な根拠があるはずである（充足根拠律）以上、無限遡行はありえない。よって、偶然的事実の系列の外に必然的な原因が存在するのでなければならない。ライプニッツはこの必然的存在者を、全知を備え、目的をもって選択する者、すなわち神と考えるのである。[17] ここでは、神は自らが選択するもの、すなわち現実存在せしめるものについて、あらかじめそれに属するすべての述語を網羅的に（完足的に）知っているということが含意されている。[18]

以上、哲学史上名高い神の存在証明の一部のみ確認したが、ここで、至高のレアリタスをもつ存在者をR、必然的存在者（その概念からして実在するもの）をNと呼ぶならば、デカルトの第一の証明はRからNへと移行するもの、スピノザの上述の証明はNから出発し、RをNに結びつけるもの、ライプニッツの上述の証明は、Nを導き出し、それがRであると提示するものであり、いずれも、RとNを結合するものであることがわかる。カントの用法に従い[19]、われわれはこのように無限の実体（神）の認識を可能とする哲学を存在神学と呼ぶ。

2　存在神学の批判——ヒューム、カント、シェリング

大陸におけるこのような形而上学との緊張関係のなかで、イギリスでは現実的な感覚に即した経験論が主流となった。ロック（1632～1704）は、認識の起源を経験に求め、物質に対してわれわれがもつ知覚を第一性質と第二性質に分け、第一性質は物質それ自体に属すものの、第二性質はわれわれの感覚の側にあると考えた。[20] ヒューム（1711～1776）は経験論をさらに厳密に捉え直した。もしも感覚的経験が与えるもの以上のものを素朴かつ独断的に措定することを差し控えるならば、第一性質が帰属するとされる対象がもつ同一性も、保留せざるをえなくなる。というのも、同一性は感覚の対象ではありえないからである。よって彼は『人間本性論』（一七三九—四〇年）において、対象の同一性はわれわれが感覚的所与から想像力による連合を通して構築するものであるとした。[21] このことが意味するのは、二つの知覚（印象あるいは観念）が想像力によって結合されるとき、その結合には必ずしも必然性がないということである。因果関係においても、同様の議論が帰結する。ある観念（火）と別の観念（熱）を、われわれは想像力の連合によって結びつけるが、この結合は、これらのものの知覚の継起を反復的に経験することに依拠してなされると考えられる。[22] 同時に、ヒュームは神の存在論的証明についても、その誤謬を鋭く見抜く。或る物が存在するということは、その物がもつ性質について何の規定も与えない。机が存在するか否かは、その机のもつ性質（四角い、白い等）とは無関係である。すなわち存在することは物の属性ではない。よって、神の存在を神の属性の一つとして数えることはできず、神の概念を根拠にその実在を帰結させる推論は妥当性を有さない。[23]

カント（1724-1804）はしかしながら、経験という偶然的な事実に依拠するヒュームの論証は、有限の根拠に基づくのみで必然的な原理に基づいていないために、自らの主張を相対的なものに、よって懐疑の対象とせざるをえないと考えた。[24] そもそ

も、およそ経験が可能であるためには、与えられた知覚の諸断片を一つに集約する極が必要である。というのも、個々の知覚や表象が別々に散在し、互いに結合することがなければ、経験は構成されようがないからである[25]。よって、まずは超越論的統覚（数的に同一な私）を、経験の可能性の条件である綜合の作用として、超越論的な次元で前提しなければならない。他方、たとえ超越論的統覚によって経験の断片が一つの思考に与えられたとしても、有限である経験の諸断片から、無限の物へと普遍的に適用されうる原則（たとえば因果律）の妥当性を証明することはできない。よってまずそれらの普遍的な原則を、経験を可能にするような思考の枠組みすなわち範疇として前提することが必要である。

　とはいえカントは、ヒュームから決定的な遺産を引き継いだ。〈経験〉と〈経験を越えるもの〉の二領野を区別したヒュームに対し[26]、カントは、〈経験〉、〈可能的経験〉、〈可能的経験をも越えるもの〉の三領野を区別する[27]。感性的知覚に供されうるものであるならば、実際に経験の対象ではなくとも、可能的な経験の対象であると言えるからである。ここで、〈経験を越えるもの〉は推論の産物でしかないことを暴いたヒュームと類比的に、カントは、〈可能的経験を越えるもの〉の推論が仮象に陥ることを認めるのである。この三領野の区別は、有限、仮無限、実無限の区別であると考えることができる。たとえば、因果律は可能的経験の対象（感性に与えられうる無際限のもの）には普遍的に適用できる。しかし、これを拡張し、無限の因果系列の開始点としての究極原因（神）（完結した無限）の存在を推論することは「無益」であるとされる[28]。重要であるのは、カントが、経験的所与の究極原因として必然的存在者を想定することそれ自体を反駁しているわけではなく[29]、この必然的存在者をあくまで「人間理性にとっての真の深淵」すなわち不可知のものとしているのみだということである[30]。

　実際、前批判期の『神の実在の論証のための唯一可能な証明根拠』（一七六三年）においてカントは、何かが思考可能であるならば、その可能性の質料的要件として、何らかの現実的なものの存在が必然的に想定されなければならないとしていた。もしもこの世界に何ものも存在しないならば、そもそも何かが考えられることもないからである[31]。ただし、帰結としての何らかの可能性からその根拠としての現実性へと遡行する際、先述の後件肯定の虚偽により、その現実性が当の可能性と同じ概念を共有するものであるとは限らず、よって、この現実性が何であるかは規定できない。『純粋理性批判』においても、何らかの必然的存在者を想定すること自体はカントは肯定も否定もしておらず、ただこの存在を概念的に規定するときに、仮象が引き起こされると考えるのである。

　他方、至高のレアリタスをもつ存在者は、個々の実在する事物の属性とその程度を網羅的に（汎通的に）規定するための基準となる超越論的理想にすぎないとされる[32]。超越論的理想のみが、唯一、たった一つの概念によって網羅的に規定されるのであり、他の個物はこの理想がもつ可能的述語の欠如を通して規定される[33]。しかし、現実に存在するものならば網羅的に規定されるはずであるという前提から、網羅的に規定されるものならば現実に存在するとは必ずしも主張できない[34]。

さて、『純粋理性批判』第一版において、カントはデカルトの立場を「超越論的実在論」と名づけた[35]。超越論的実在論とは、空間と時間を感性の外に前提し、その外部に物の実在を想定する立場である。超越論的実在論は、必然的に懐疑に陥る。感性の外部に空間・時間の実在を認めるならば、意識に現れる現象は、意識の外部の空間・時間に実在する何かの写像でしかないことになる。ここに懐疑が現れる。意識の外部にある物（オリジナル）と、意識に対して現れる現象（コピー）が区別され、両者は同一ではなく、差異がそこに潜んでいるのではないかという懐疑が生まれるのである。このような懐疑は不条理である。このような懐疑は、実物と意識に現れる現象とが、あたかも比較可能であるかのように捉えている。ところが、物自体が意識によってはいかにしても捉えようがない以上、あるいは、捉えるが否やそれは現象である以上、このような差異を指摘することは不可能である。このような不条理を排するために、カントは、自らの哲学を「超越論的観念論」と名づける[36]。超越論的観念論は、現象そのものを経験の対象として捉える。ここで、空間・時間は、主観が現象を知覚するための条件として、直観の形式として捉えられることになるのである。

さて、思弁による神の存在証明の不可能性を突きつけたカント以降のドイツにおいては、カントの批判を超克することで神の存在証明をなそうとする思潮が隆盛した。ヘーゲル（1770～1831）は、その没年の宗教哲学講義において、スピノザの語る、神における本質と実在の一致を称揚している。彼は、有限なものに関しては、確かにその現実存在が概念に対応しないと認めつつ、無限なものに関しては、実在が概念に対応すると主張する[37]。すなわち、概念と存在の分離は有限なものにおいては認められるが、無限なものすなわち神においては実現するとされる。そのヘーゲル哲学を、消極哲学（概念についての哲学）と積極哲学（実在についての哲学）を混交させるものとして批判し、独自の歴史哲学を通して神の存在証明を模索したのが、シェリング（1775～1854）である。

もともと若き時代にはヘーゲル同様カント哲学の克服を標榜していたシェリングであるが、後期へと思索を深めるに連れ、カントの神の存在証明反駁を受け入れる形で神の存在証明を構想するようになる。ここで彼が着目したのも、スピノザである。「実在するという以外にその本性が考えられえないもの」から出発するスピノザの証明は、カントによる反駁の対象であった、概念（可能性）から物（現実性）へと遡行する推論を回避することを、シェリングは指摘する[38]。しかし他方でシェリングは、その証明の第二段階において、スピノザは誤りを犯していると指摘する。なぜなら、この実在するとしか言えないものは、概念規定されえないことをその本質とするにもかかわらず、神概念と等置されるからである。[39] よって、シェリングはこの自己原因、実在するとしか規定されえない何かを、「盲目的な存在」と呼ぶ。[40] それは、「思考以前の＝記憶不可能なほど古い（unvordenklich）存在」とも名づけられる。[41] 私の思考はそれに対してつねに遅れて到来する。[42] シェリングは、意識が事後的に見出すような、経験の可能性の条件としての「超越論的過去」[43]を認める。彼は、この思考に先んずる存在が神であることは概念的には規定されえない以上、すなわちア・プリオリには規定されえない以上、それはア・ポステリオリにのみ、すなわち歴史を通してのみ証明されうると考えるのである。[44]

　以上の議論は以下のように要約できる。NとRが結合できないものであることを指摘したヒュームに続き、カントはNをRと同定する証明を体系的に反駁している。それに対し、シェリングは、NとRが概念的に同定されえないことを全面的に肯定したうえで神を語る方法を模索しているのである。

3　存在神学批判の彼方の神
——レヴィナスにおける近代哲学史の継承

　さて、以上の近代哲学史は、いかなる意味でレヴィナス哲学の背景となっているのであろうか。本節では、上述のNとRの分離がレヴィナス哲学においても見出されることを論じ、かくして存在神学批判が回避される形で神が語られていることを示したい。

　そもそもレヴィナスは『全体性と無限』において、デカルトの第一証明を採り上げ、無限が有限に先行しなければならないとしたデカルトの上述の議論を、高く評価している。私は私自身を有限として相対化するような、私に先行する何かを認めなければならない、とレヴィナスは語る。[45] しかしここで、超越論的実在論から帰結する懐疑について、レヴィナスはどのように考えるのかが問題となる。レヴィナスはデカルトが懐疑において〈私はこれこれの明証性を否定する〉と表明するとき、[46] その表明（つまり懐疑の肯定それ自身）は、懐疑とは「異なる位階において」なされると主張する。[47] これにより懐疑の表明は少なくとも、当の表明行為により自らの表明内容を懐疑の対象にしてしまうような、自己反駁的言説ではなくなることになる。とはいえ、懐疑の表明はさらに「異なる位階」（第二の位階）において再び懐疑に付されうる（懐疑することを懐疑しうる）ため、さらにこの懐疑を第三の位階において肯定する（懐疑することを懐疑することは肯定する）としても、無限遡行に陥ることには変わりない。しかし、レヴィナスによれば、デカルトの超越論的実在論が不毛な遡行に陥らないのは、無限という他者を受け入れ、他者から「肯定」を受け取ることにより、懐疑を第一の位階で停止することができるからである。この他者は、私の意識に現れるものを相対化し、よって私の認識を相対化することになる。さてしかし、このような他者の措定は独断論ではないのだろうか。換言すれば、このような措定により、レヴィナスはデカルト的な存在神学に回帰しないのだろうか。

ここで喚起されるべきは以下の点である。カント、シェリングにおいて確認されたように、概念という帰結から実在という根拠へと遡る推論それ自体は、この実在を概念規定しない限りでは反駁されない（a）。あるいは、概念という帰結からその根拠となるものを概念規定するならば、その根拠となる概念（たとえば至高のレアリタスをもつ者としての神の概念）を単なる可能性、可想的なものとして扱う必要がある（b）。レヴィナスは独断論を回避するために、この両者を遂行していると考えることができる。このことは『存在の彼方へ』をはじめとする後期の思想において明確に見てとられる。以下にそれを説明したい。

レヴィナスはデカルトの語る神を認識の対象ではないとし、デカルトによる神の存在証明を、証明ならぬ「証言」であるとする。[48] 証明は、諸概念とその連関からなる命題を構成要素とする。変数を含む方程式においてそうであるように、証明においては、諸概念に包摂されるあらゆる個物に普遍的に妥当する論証が展開される。それに対し、証言は、一回限りの再現されえない個物、個別の事実を提示する、またはその事実について何らかの主張をする。そのような事実の提示は、証言を受け取る者に対し信を要求するのみで、諸概念の必然性に基づいて論理的に成り立つような客観的認識を標榜することはない。とはいえ、そのような一般化不可能な事実、すなわち概念化されない事実をいかにして主体は受け取るというのだろうか。ここで、デカルトとは異なり、「神」（至高のレアリタスをもつ実体）という概念規定を持たないものが語られなければならない。

レヴィナスは「可傷性」という概念によって、このような問いに答えていると考えられる。可傷性とは、いかなる概念にも結びつかない何かを被《こうむ》ることのできる能力とされる。可傷性こそ、感性を感性たらしめる基盤であるとレヴィナスは考え、概念と結合する直観を受け取る能力としての感性も、可傷性としてのあり方からはじめて可能となるとする。[49] とはいえ、概念に結びつかないこの被りは、そもそも悟性による綜合の対象とならず、そのため一つの極（超越論的統覚）に集約されるものではありえない。つまり、レヴィナスは超越論的統覚（数的に単一の私）に先行し、自己の成立そのものを可能にするような、つまり主体の成立の必然的な質料的要件となるような、被りという出来事を認めていることになる。かといって、ヒュームにおけるように、その被られる何かは、経験的知覚の所与ではない。それはシェリングの術語を用いるなら、超越論的過去において思考以前に受け取られており、私はそれを事後的にのみ見出すのである。レヴィナス自身はこれを、「記憶不可能な過去」における触発として記述している。[50] 以上が、上記（a）に相当する。すなわち、概念という帰結に先行する要件としての何らかの実在（N）が、当の概念の根拠として語られたとしても、その何かが未規定的なものである限りにおいては、それは後件肯定の虚偽を免れている。

他方、レヴィナスは、デカルトの語る至高のレアリタスをもつ神（R）を、カントの議論を踏まえ、〈存在の彼方〉と形容する。レヴィナスはレアリタスの全体性（omnitudo realitatis）、すなわちレアリタスのあらゆる可能的述語の全体を、カントが超越論的理想と呼ぶことを喚起したうえで、この超越論的理想が、物の「原因」としてではなく、物の「規定」のために要請されることを強調する。[51] このように、〈実在する根拠〉と〈物の規定可能性のための単なる基準としての空虚な概念〉との明確な区別は、「実在性なき全体性」という言葉によって表される。[52] この全体性（完結した実無限）は、実在／非‐実在のいずれも証明できないという意味において、実在性なき全体性なのである。レヴィナスは、カントにおけるこの超越論的理想、すなわち神の理念が、感性的所与を超える限りにおいて、「いかなる存在をも表現しない理念」であることを強調する。[53]「意味が存在への依拠なくして意味することができるということ」が、『純粋理性批判』超越論的弁証論の大きな成果であるとレヴィナスは評価する。[54] 超越論的理想は「存在という述語をけっして受け取らない」のであり、この超越論的理想に対して、経験の対象は「完全に規定されたものとして」、すなわち網羅的（汎通的）に規定されるものとして思考されるのである。その意味において、この超越論的理想という理念は、「存在の彼方」へと向かう。[55] それは単に可想的にとどまるのである。以上が、上記（b）に対応する。あらゆるものの属性を網羅的に規定する際の基準となる概念（神）は、あくまで思考されるにとどまるのである。可能性としての帰結から別の可能性としての根拠に遡る推論は、この根拠を存在するもの（現実性）としない限りで、仮象を免れている。

かくして、NとRの分離により、他者を私の外部に独断的に措定するという存在神学の危険が、レヴィナスにおいては回避されていると考えられる。思考に先立つもの、それゆえいかなる規定をも免れているものは、事後的に思考によって規定されうるが、かといって、その規定が、それに先立つものの規定として妥当であるとは限らない。先にカントとともに確認したように、可能性の質料的要件としての現実性が、当の可能性と同じ概念をもつものであるとは限らない。その意味で、この思考に先立つものについては、いかなる存在「証明」も可能ではなく、ただ「証言」のみがなされうるのである。

註

（1） Cf. アリストテレス『自然学』Γ6 206a14–16 (*Aristoteles' Physik*, Bücher I (A)–IV (Δ), Griechisch-Deutsch, Hans Günter Zekl (übs.), Hamburg: Felix Meiner, 1987, S. 134).

（2） Cf. Idem.

（3） Cf. Ibid., Γ6 206a16–17（S. 134）, 206b12–13（S. 136）, Γ7 207a33–207b1 (S. 140–142).

（4） Cf. Nikolaus von Kues, Leo Gabriel（hrsg.）, Dietlind und Wilhelm Dupré (übs.), *Philosophisch-theologische Schriften*, Studien- und Jubiläumsausgabe, Lateinisch-Deutsch, Bd. 1, Wien: Herder, 1964, S. 234.

（5） Cf. C. Adam et P. Tannery, *Œuvre de Descartes*, Paris: L. Cerf, 1897–1910（以下、アダン＝タヌリ版デカルト全集は AT およびローマ数字の巻数で表記), t. VII, p. 41.

（6） Cf. Descartes, *Principia Philosophiae*, Pars secunda, §36, AT VIII, 61.

（7） Cf. AT VII, 40 sqq.

（8） Cf. AT VII, 160.

（9） Spinoza, *Opera II, Im Auftrag der Heidelberger Akademie der Wissenschaften*, herausgegeben von Carl Gebhardt, Heidelberg: Carl Winters Universitætsbuchhandlung（以下 G II と表記), S. 45.

（10） Idem.

（11） Idem.

（12） G II, 49.

（13） G II, 47.

（14） G II, 52.

（15） G II, 64.

（16） Leibniz, *Principes de la nature et de la grâce, fondés en raison*, §8, *Ohne Überschrift, enthaltend die sogenannte Monadologie*, §37, in: *Die philosophischen Schriften von Gottfried Wilhelm Leibniz*, C.J. Gerhardt（hrsg.）, Berlin: Weidmannsche Buchhandlung, 1875–1890（以下 GP と表記), Bd. VI, S. 602, 613.

（17） Cf. Idem.

（18） Cf. Leibniz, *Ohne Überschrift, enthaltend Discours de métaphysique*, §8, GP IV, 433.

（19） Cf. Kant, *Kritik der reinen Vernunft*（『純粋理性批判』、以下 KrV と表記), in: *Kants gesammelte Schriften, herausgegeben von der Königlich Preusisschen Akademie der Wissenschaft*, Berlin: Reimer, 1900ff.（以下 AA と表記), Bde. III, IV, A632; B660.

（20） Cf. Locke, A.C. Fraser（ed.）, *An Essay Concerning Human Understanding — Complete and Unabridged*, New York: Dover Publications, INC., 1959, Vol. 1, pp. 169–171.

（21） Cf. Hume, Norton（ed.）, *A Treatise of Human Nature*, A Critical Edition, Oxford: Clarendon Press, Vol. 1, 2007, 1. 1. 4（p. 13）, 1. 1. 5（p. 14）, 1. 3. 2（p. 53）.

（22） Cf. Ibid., 1. 3. 6（p. 61）.

（23） Cf. Ibid., 1.3.7（p. 66）.

（24） Cf. KrV A767–768; B795–796.

（25） Cf. KrV A115.

（26） Cf. KrV A760; B788.

（27） Cf. KrV A766; B794.

（28） KrV A786; B814.

（29） Cf. KrV A587–588; B615–616, A616; B644.

（30） KrV A613; B641.

（31） Cf. AA II, 78–83.

（32） Cf. KrV A572f.; B600f.

（33） Cf. AA XVIII, 532（Reflexionen, 6255）.

（34） Cf. Idem.

(35) KrV A369.
(36) Idem.
(37) Cf. Hegel, *Werke in zwanzig Bänden*, Frankfurt am Main: Suhrkamp, 1969–1971, Bd. 17, S. 531.
(38) Cf. F. W. J. Schelling, K. F. A. Schelling (hrsg.), *Sämmtliche Werke*, Stuttgart und Augsburg: J. G. Cotta, 1856–1861（以下 SW と表記）, Bd. X, S. 34–35.
(39) Cf. SW XIII, 156–157.
(40) SW X, 34–35.
(41) SW X, 36.
(42) Cf. SW X, 34.
(43) Cf. SW X, 93–94.
(44) Cf. SW XIII, 165.
(45) Cf. TI, 93 *sqq*., 215／一六〇以下、三四九。
(46) 判断の差し控えである懐疑と、判断の行使である否定とは、異なる二つの事柄である。しかしデカルトは方法的懐疑において、両者を区別していない。
(47) Cf. TI, 93 *sqq*.／一六一以下。
(48) AE, 196／二八四。
(49) Cf. AE, 30, 102, 104, 107, 119／四九、一五五―一五六、一五七―一五八、一六二―一六三、一八一。
(50) EDE, 301-302／三一七。
(51) Cf. DMT, 179／二一四。
(52) AT, 62／五七―五八。なお、本章では、réalité という仏語を、そのつどの文脈に応じて、「レアリタス」と「実在性」という まったく異なる意味をもつ二つの概念に区別し訳し分けている。
(53) Idem.
(54) DMT, 70／八二。
(55) Idem.

3 レヴィナスと倫理学

村上暁子

レヴィナスは、一般に〈他人〉の「顔」との関係としての「倫理」(l'éthique) で注目を集めたことで知られている。しかしこの点でレヴィナスには批判も向けられてきた。レヴィナスは「道徳主義」である、政治から乖離した不可能な道徳を唱えている、といった批判の多くは、「顔の倫理」をレヴィナスの他の議論から切り離して解釈する「倫理的輸入」の傾向によって生まれた、と『全体性と無限』公刊五〇周年の論集においてバーナスコーニは振り返っている。(1) しかし二〇二二年現在、レヴィナスのいう「倫理」をどう位置づけるべきかについて、いまだ決定的な解釈は出されていないようにみえる。(2) そこで本章では、倫理学の主要分野からレヴィナスにアプローチしていくつかの検証をおこないたい。

1 規範倫理学からみたレヴィナス

まず規範倫理学からは、そもそもレヴィナスは規範倫理学なのか、という疑問が投げかけられる。レヴィナスが語る「汝殺すなかれ」や「他者のために」は行為を指示する規範なのか。もし規範倫理学である場合、道徳がいかなる内容をもつべきか、という見地から、規範の内容やその判断基準が吟味される。たとえば、なぜ他人を殺してはいけないのか、なぜ他者のために応答するのが「正しい」といえるのか。これらの問いに理論的な回答を与えられない場合、その倫理学は批判されるだろう。しかし「倫理」に関するレヴィナスの記述は、「これこれの状況で何をなすべきか」に関する指示の寄せ集めとは異なり、〈他人〉との関係における「道徳的命令」を現象学的に記述するものである。「他人の現前によって私の自発性が問いただされることが、倫理と呼ばれる」(TI, 13/五八) といわれるように、

「倫理」という語は、他人が「他者」として自我のあり方を問いただすことを指す。自我が他人を主題化するのではなく、他人が、自我のもっている他人像を無限に超え出ていくことで、自我を問いただすのだ。これをレヴィナスは「顔」と呼ぶ。自我にとって、これは自分を問いただす他人を迎え入れ、「ある要請、道徳性に従うこと」(TI, 58-59／一四九)を意味する。ただしこのとき自我は、二段階の判断をしているわけではない。「困っている他人」のイメージをもった後に「助けなければ」と判断するのとは違い、この「倫理」においては知覚と義務づけが一体化している。「顔」はただちに私のあり方を問いただし、他人についての責任に応じるよう、私に呼びかけるのだ。このように、レヴィナスが語る「倫理」は、他人に対する「応答責任(responsabilité)」と関わっている。自我にとってそれは、何かができるという権能、自分の自由そのものの暴力性に気づかされ「恥じ入ること(honte)」(ibid.)、自己の同一性を蝕む「悔恨(remords)」(AE, 18／三〇, 180／二六五)の出来事でもある。マッキンタイアは、こうした道徳的要請は、個別的な行為規範とは異なる次元にあるとして、レヴィナスの思考を「諸規範なき規範性」[3]についての思考と呼んでいる。

ただし、レヴィナスの議論は、事実として私たちの倫理的経験を記述する「記述倫理学」ではない。経験の主体を人間一般として立て、人間が通常経験する一般的内容を記述するのとは異なり、レヴィナスは、「倫理」において自我と他人が分離した存在者として生起することを、この自我から出発して語る。一般的事実の平面に「倫理」を位置づけるのではなく、応答を迫られる責任関係の内側から、関係様相として「倫理」とは何であるかを語っていくのだ。これは、経験の具体性を、出来事が生起する仕方、その現象性から切り離すことなく考察する、レヴィナス固有の現象学的方法に基づいている。この記述法により、他の関係には還元できない「究極の関係」としての「本源的社会性[4]」、「倫理的関係一般の本質[5]」が規定されているとの指摘もある。このように、他人との関係を倫理道徳の可能性の条件として記述する点で、レヴィナスの議論は一種の超越論的考察であるといえる。この観点からデリダは、レヴィナスの倫理学を、特定の道徳法則や概念をもつ「倫理学」として規定されたとたんに「それ自体は必ず否定され、忘れ去られる」ような「「倫理学」に関する一種の「倫理学」」(Derrida 1967, 164)と評している。実際、「倫理」を一般的内容をもつ倫理学として規定すると、その特性が損なわれ、「倫理」自体が否定されざるをえない。それは、レヴィナスの議論が自他の交換不可能性と非対称性を前提とするためでもある。他人によって問いただされ応答を迫られる「倫理」においては、自我はつねに自分の場所から出発し、その立場を離れられないがゆえに、他人との関係を主題化して全貌を捉えることはできない。この条件においてのみ「倫理」は他者への義務づけとして意味を成すのだ。クレティアンは、この非対称の「倫理」は私だけに可能でありなすべきであるような「内面の秘密」であり、それを公に述べる文章を理解するときすでに「不道徳」が起きている、と指摘している。[6] 他人の「顔」による要求に応答しなければならないのは、その他人と対面しているこの「私」ひとりであるのに、このことを語るときには、関係性の出発点である私が一般化されて、誰でもよい任意の自我の話になってしまうからである。[7] つまり「応答責任」は、一般的な義務内容としては義務づけをなさない「内奥的」ないし「主観的」(TI, 223／四四〇) な道徳性であり、レヴィナスの記述は、一人称でなければ語れないことを〈同〉と〈他〉の関係として語るという逆説を含んでいる。以上から、レヴィナスが「倫理」と呼ぶものはひとまず規範倫理学ではないといえるだろう。

一方で、レヴィナスの「倫理」は、しばしばカント的義務論と親和性をもつといわれてきた。レヴィナスの道徳論はカント的義務論の特徴を備えているのだろうか。サランスキは、備えている点と、そうでない点を指摘している。[8] 一般に「善の道徳」が善さによって義務を規定するのに対し、「義務の道徳」は「当為」によって正しい行為を規定する。カントは、義務を理性によって導出される道徳法則のみによって定義することで、古典的形而上学と断絶した。存在の完成に向けた道行きのうちで道徳を捉えるのではなく、「義務」は存在論とは関係なくそれ自体として「なすべき」だと主張したのである。サランスキによれば、レヴィナスはこの点を高く評価し、自身も道徳性を事実の平面や存在論から切り離して、全体性を超える「無限」の観念によって規定している。このように、義務を存在論的に正当化することを拒否する点で、レヴィナスはカント的義務論を保持しているといわれる。ただしレヴィナスは、道徳を「法則の要請への服従」として規定する「法の道徳」には該当しない。カントは、真の道徳的義務を普遍的法則の遵守として説明し、普遍化可能性によって本物の義務かどうかを吟味できると主張した。しかしレヴィナスの場合、他人からくる「道徳的命令」を格率にすると「あなたはまったき他人に一切を負っている」となってしまい、普遍化には耐えられない。ここからサランスキは、レヴィナスの道徳は、「非‐法律尊重主義／非‐律法主義 (non-légaliste) 的義務論」である、と結論づける。つまりレヴィナスの考える「道徳性」は、存在の事実の次元にないだけでなく、カントとは違って、法の一般性の次元にもないのである。

2　メタ倫理学からみたレヴィナス

レヴィナスの現象学的記述は、メタ倫理学を含んでいるのだろうか。メタ倫理学は一般に形式性を保ち、普遍化可能なものとして展開されるのに対し、「倫理」は自我と他人の関係という個別的なものに関わる。このことからサランスキは、レヴィナスはメタ倫理学には帰属しないと述べつつも、レヴィナスの思考においては具体的な実質をもつ倫理学とその条件に関わる一種のメタ倫理学が一体をなしている、とも指摘する（Salanskis 2011, 30–31）。倫理学とメタ倫理学を分ける慣例については、ウィリアムズが、倫理学の内容・本性を示す「倫理学」とその基準を考察する「メタ倫理学」は連動しており、両者を切り離すことは実質的には不可能ではないか、という疑問を呈しているが[9]、レヴィナスの議論もまた、たとえ一般的なメタ倫理学には帰属しないとしても、倫理的思考の内実をもち、その思考実践の条件についての考察をともに含んでいると考えられる。

　では、レヴィナスの立場は、メタ倫理学の分類のうちにどう位置づけられるのだろうか。メタ倫理学の内部にはさまざまな立場があるが、紙幅の都合上、レヴィナスとの共通点が指摘される「道徳における非自然主義的実在論」に絞ってみていこう。道徳における非自然主義的実在論は、(1)私たちの道徳判断とは独立に、道徳的事実が実在する、(2)道徳的事実は、科学が対象とするような自然的性質ではない、と主張する立場である[10]。そのなかには、ムーアに始まる直覚主義（intuitionism）や、マクダウェルの感受性理論（sensitivity theory）があり、「義務」や「善さ」といった道徳的価値・性質は、他の自然的性質によって定義することはできないものの、実在として直覚されうる、あるいは、感受性を通じて知られうる、と主張している。パトナムの見立てによると、レヴィナスの場合、〈他人〉との関係が自我に「根底的義務」の知覚をもたらすのであって、ムーアのように非自然的性質として「善さ」を直覚するわけではないし、ほかの直観主義者のように「義務それ自体」を直覚するわけでもない[11]。ではそれは、マクダウェルの感受性理論のほうに近いのだろうか。マクダウェルによると、「善さ」や「義務」といった価値一般は、事物として実在するのではなく、色や音、匂いと類比的な仕方で事物のうちにあることが感受されるものである。レヴィナスの場合、他人の「道徳的命令」すなわち「根底的義務づけ」は「恥」や「悔恨」といった感情によって告げられるため、枠組みとしては感受性論に似ているようにみえる。また、非自然主義との関連でいえば、レヴィナスは「〈善〉（Bien）を存在の彼方に位置づけるプラトンの定式」（EE, 9／九）を、初期の著作『実存から実存者へ』を導く指標にしている。代表作の『全体性と無限』では、「他人のために存在すること」としての「私の善性」（bonté）が語られ（TI, 239／四七〇）、『存在の彼方へ』では、「その善性ゆえに」現前せず、不可視で、縛られず孤絶した（absolu）聖潔な（saint）ものによって私が選ばれることで、応答責任のうちで「善良である」、といわれる（AE, 25／四〇）。非対称性の図式にのっとって私の善性と他人の善性は別の仕方で語られるが、善が存在を超えた様態（「他者のために」という超越の方位・意識の現在からの超越性）として語られるところに、非自然主義との親和性があるようにみえる。

　しかしながら、そもそもレヴィナスは実在論にコミットしているのだろうか。一般に道徳的実在論は、道徳を実在的価値ないし性質とみなし、それについて真偽判断できるとする「認知説」の立場をとるが、レヴィナスの場合、他人の「道徳的要請」に従う私が善であることを真偽判断する立場は、自己から出発する限り、原理上存在しないようにみえる。むしろ〈隠れた善〉という発想によれば、〈自己〉が善良であるためには、自らの善性を認識しないままに〈善〉に従っているのでなければならない（AE, 187／二七四）。この枠組みが〈同のうちなる他（l'Autre dans le Même）〉と呼ばれる倫理的主体性の感受性の構造を規定している点を鑑みると、レヴィナスは、実在論者とは言えないようにも思われる。

3　徳倫理学からみたレヴィナス

レヴィナスは徳倫理学的なのだろうか。アリストテレス的な徳倫理学において「善さ」は、人間共通の本性を開花させる活動における卓越性として捉えられており、道徳的善は、自然的善と同様に存在論的な目的の秩序のうちにある。これに対しレヴィナスは「倫理」を存在の彼方への超越として位置づけ、道徳性を自然的事実として語ることを拒む。またレヴィナスは、道徳性を人間性へと結びつけるものの、それを人間一般の特性やその能力、活動についての知識によって基礎づける「哲学的人間学の企図の手前でたちどまる」（Salanskis 2011, 160）と指摘されている。一方、関係性に応じて「徳」を評価する「個別主義（particularism）」の発想は、レヴィナスにも通ずるところがある。徳倫理学では、人柄や態度、欲求のうちで実現されている「善さ」を、当人を取り巻く状況や関係性を考慮しつつ評価するが、レヴィナスのいう「倫理」もまた自我たる私を起点とする具体的状況であり、偏りのなさよりも他人に「無関心ではいられないこと」を重視するからだ。しかし徳倫理学では、個別的な「善さ」を特定の共同体における政治学によって定め、「徳」を類型的に「模範的なあり方」として定式化する。一方レヴィナスの場合、他人からの道徳的要請はそのつど個別化され、具体的な救援要請として聴かれる（Salanskis 2011, 35–36）もので、責任にどう応じるべきかは定式化できない。このように、レヴィナスにおいて「善いあり方」は、人間存在の本性や、特定の国家の政治学から生じるものではなく、この私が他人に応答を迫られるという状況において生起する。これは「本質主義」的でない点で、「徳倫理学」よりも「実存主義」により近い発想だといえる。

次に、レヴィナスはカヴェルのいう「道徳的完成主義者（moral perfectionist）」なのか、という問いを取り上げたい。「道徳的完成主義者」は、詳細な道徳的・政治的な規則を提供することよりも、規則に先立つが、それなしにはいかなる規則も価値を失ってしまうような「何か」を信じて考察を続けるとされる。パトナムは、カヴェルの規定を踏まえて、レヴィナスの語る

「他なる人間の必要や苦しみに対して自己を使用可能にする義務」もまた「振る舞いの規範でも正義の理論でもない」が、この根源的義務づけがなければそのいずれの規則も役に立たないという点で「道徳的完成主義」的な義務ではないか、と指摘している。[12]また、「道徳的完成主義者」は、不可能な要求とも見える仕方で私たちがなすべきコミットメントを描き出しつつも、同時に、この「不可能な」要求を視野に入れることでのみ「いまだ到達されていないが到達しうる自己」をめざして努力できると知っているリアリストである（Putnam 2002, 36）とされるが、レヴィナスの「ユートピア主義」の発想[13]は、この枠組みと合致する。一九八六年の対談でレヴィナスは、現実社会と自らが語る「聖潔性（sainteté）[14]」の理想が乖離していることについて、たとえ実現されえないとしても「究極的にはすべての道徳的行為を導くなにかがある」と信じる「ユートピア的契機[15]」の重要性に注意を喚起しているからだ。そこで「道徳的生」の条件が「ユートピア主義」に見出されており、人間の諸権利に即して法律を改善し続け「いまだない正義」をめざす改良国家のモデルとしてリベラルな国家が挙げられていることは注目に値する。

また、既存の倫理学や、いわゆる「道徳主義」への抵抗、という面でも、レヴィナスと「道徳的完成主義」には共通点がある。そもそもカヴェルが「道徳的完成主義」を語る背景には、大学での道徳哲学教育が目的論と義務論に支配され、道徳的生活の次元が相対的に閉ざされているという問題意識がある。[16]カヴェルの考えでは「道徳的完成主義」は他の理論と競合する倫理理論ではなく、古くはプラトンからエマソン、ニーチェ、ウィトゲンシュタインらにつながる系譜であり（Cavell 1990, 2）[17]、人間関係と自己変容・社会変容の可能性と必然性を重視する道徳的生活の一次元である。それは徳倫理学と同じく教育を重視し「私たちの道を発見すること」に最大の関心を抱くが、人間の「完成状態」を知っていると偽ったり、不当な方法で人々を完成させようとする「偽装した、ないし頽落した完成主義」、つまり悪しき「道徳主義」としての既存の「卓越主義（perfectionism）」に抗して闘う（Cavell 1990, 13–16）。カヴェルはとりわけエマソン的な「道徳的完成主義」のうちに従来の徳倫理学の問いただしを見出している[18]が、レヴィナスにも、慣習的道徳を問いただす「疑いの倫理学」の側面があることが指摘されている（Bernasconi 2012, 255）。行為の前後で「正しい行為とは何か」を知っていると確信してやまない倫理学とは異なり、レヴィナスのいう「倫理」とは、自我の不当さを問いただす他人の前で、事柄の全貌についての思考なしに「どことも知らずに向かう」冒険であり、超越である。それは「私の」道徳性にすぎないが、他人の問いただしゆえに恥や悔恨の感情に取り憑かれ、自らの善さを確信できずにいる。だからこそ、自我は独断主義的に自己満足することなく、よりよい応答を模索するのだ。これは、自分が正しいと思うことを一般論として他人に強制する「道徳主義」の対極にある発想である。このように、「ユートピア主義」と「道徳主義」批判において、レヴィナスは「道徳的完成主義」と共通項をもつと思われる。

4　応用倫理学からみたレヴィナス

レヴィナスの論点は、応用倫理学の幅広い分野に影響を与えた。契約論的な有限責任とは異なる、〈他人〉に対する無限の応答責任や、死、老い、他人の苦しみによる触発への「傷つきやすさ」といった論点は、医療・ケア実践の担い手のあいだで大きな反響を得た。また、対面の「倫理」が第三者の「正義」要請による「政治」に先行するという主張、理性的存在・公的市民の間柄とは異なる身体性・物質性・個別性を重視した社会性論は、正義論・国家論・権利論などの政治哲学的な文脈において議論を引き起こした。さらに、自足した主体の自己同一性とは異なる、「享受」の生における個体化論は、人間とその環境、他の動物との結びつきをめぐる議論を喚起している。レヴィナスは「倫理」の意味を探求しつつも倫理学の構築を自身の課題とはしなかったが、自身の語ったことから倫理学を構築しうることは認めていた（EI, 95–96／一一四）。二一世紀におけるわれわれの社会は、レヴィナスが生きた時代にはない新しい倫理学的課題を多く抱えているが、レヴィナスの考察はそうした現代に固有の問題の検討にも生かされており[19]、今後も影響力をもち続けるだろうと思われる。そのなかでも、ここではとくに、「動物倫理」の観点からレヴィナスに対してなされた「人間中心主義」批判を取り上げたい。

この問題は、「動物の顔」をめぐるデリダの問題提起[20]以来、他者論の文脈で争点になってきたが、政治哲学と、生命倫理、エコロジー、動物倫理などの応用倫理学を専門とするペリュションは、より実践的な側面から問題を指摘している。『全体性と無限』において、応答責任が「顔」をなすこととしての人間性と結びつけられることについて、ペリュションは、「顔」を人間だけにみる発想では〈他人〉以外の他の生き物が「倫理」の枠外に追いやられてしまう、と批判する[21]。動物に対する倫理の可能性についてレヴィナスはどう考えているのか。先の対談でレヴィナスは、私には動物に顔があるかどうか分からない、と前置きしたうえで、「人間の顔は完全に異なっており、私たちが動物の顔を発見するのは事後的にでしかない」（Levinas 1986, 172）と語っている。また、「菜食主義」については、「他人の苦しみに対する応答責任」という人間的な観念を経由してはじめて、動物たちの苦しみに配慮する義務をもつことができると述べている（ibid.）。このことから、人間と動物の苦しみをいずれも快苦の量として一律に考慮する可能性をひらくベンサム流の功利主義の発想とは異なり、レヴィナスがあくまで人間的な関係性を起点に、つまり人間性を「中心」に据えて動物倫理の問題を考えていることが分かる。

またレヴィナスは、「存在すること」それ自体に存在の目的を置く「動物的な生」と、「他者の生」や他者のために生きる存在の「聖潔性」を否定しえない価値として認める「人間的な生」とを明確に区別している(Levinas 1986, 172–173)。ただし、これは生物学的特性や、理性や知性といった能力に基づいて他の種族を差別する「種差別」ではない。「顔」との出会いとしての「倫理」は、人間の本性を知覚してからそこに義務があると判断することではなく、ただちに自己のあり方を問いただされ、道徳的要請を無視できない「間柄」のことだからである。この間柄をレヴィナスは、「兄弟関係」と呼んで人間性の基盤に置くが、この連帯関係がなければ、道徳性は根底から崩れてしまうだろう。とはいえ、レヴィナスの著作において人間は、天使のような精神的・知性的存在として描かれているわけではまったくない。むしろ自我は物質性のうちに身体として個体化し「生存闘争」や「存在への固執」に囚われながらも、他人の呼びかけに応答することのうちで「自らに反して」善良な自己になりうるといわれている。『存在の彼方へ』における倫理的主体性の記述ではとりわけ実存の物質性と身体性が強調されることから、ペリュションはそこで語られる「倫理」を拡張し、レヴィナスの「〜によって生きる」(享受)と「傷つきやすさ」(他性の経験)の発想を活用して、他の生き物、環境をも配慮対象に含む「コンシデラシオンの倫理」を提唱している[22]。このように、応用倫理学分野においては「倫理」の活用可能性をめぐってさまざまな検討が続けられており、レヴィナスは突出した存在感を示している。

ここまで倫理学の各分野から足早に考察を進めてきたが、最後に「倫理」をめぐるレヴィナスの問題意識の現代性を指摘しておこう。ベンスーサン[23]によれば、道徳を根底から問いただしたニーチェ以降、私たちはもはや「道徳主義」を素朴に受け入れることはできない。ポスト・ニーチェ時代は「道徳に騙されてはいないか」(TI, ix/一五)という問いかけによって規定されており、倫理学的規則や道徳に関するさまざまな言説は、一様に疑いの目を向けられている。ベンスーサンは、この状況下で道徳をめぐる反省的思考を試みるとき、レヴィナスに見出される「二つの道徳」は最も適切な領域を提供するだろうと述べている。「二つの道徳」とは、対面の「近さ」と、一般化された相互関係としての「正義」とが互いに移行し合う隣接関係のことである。レヴィナスは、具体的な他人に対する「責任」から「正義」が生まれ、その「責任」における「倫理」が、道徳として固定化した「正義」をたえず問いただすことを強調している。この枠組みは、現代を生きる私たちに、倫理学の研究対象である「道徳」を問い直すための場所をもたらすと考えられる。この意味において、倫理学とレヴィナスとの対話は、倫理道徳によって生き方を考える私たち一人一人に再考を促し、倫理学に新しい可能性をもたらすだろう。

註

（1） Robert Bernasconi, "Levinas's Ethical Critique of Levinasian Ethics," in Scott Davidson and Diane Perpich (ed.), *Totality and Infinity at 50*, Pittsburgh: Duquesne University Press, 2012, p. 153. (Bernasconi 2012)

（2） 二〇一五年に小手川氏はこの点を指摘した。小手川正二郎『甦るレヴィナス——『全体性と無限』読解』水声社、二〇一五年、一七四頁。

（3） Alasdair Macintyre, "Danish Ethical Demands and French Common Goods: Two Moral Philosophers," *European Journal of Philosophy* 18, no. 1 (March 2010), p. 14.

（4） Pierre Hayat, *Emmanuel Lévinas, Éthique et société*, Paris: Kimé, 1995, p. 53.

（5） Jacques Derrida, « Violence et métaphysique, essai sur la pensée d'Emmanuel Lévinas », dans *L'écriture et la différence*, Paris: Seuil, 1967, p. 164. (Derrida 1967)

（6） Jean-Louis Chrétien, « La dette et l'élection », dans Catherine Chalier et Miguel Abensour (éd.), *Cahier de l'Herne. Emmanuel Lévinas*, Paris: L'Herne, 1991, p. 273.

（7） レヴィナスは「誰かが私の代わりになれると言い始めたとき不道徳性が始まる」（DQVI, 135／一五八）と述べている。

（8） この点については以下を参照。Jean-Michel Salanskis, « Lévinas: une nouvelle philosophie de la morale », Strasbourg, 16 février 2006, dans *L'émotion éthique: Levinas vivant I*, Paris: Klincksieck, 2011, pp. 34-35. (Salanskis 2011)

（9） Bernard Williams, *Ethics and the Limits of Philosophy*, New York/London: Routledge, 1985, reprinted in 2011, pp. 80-83.

（10） Cf. 蝶名林亮「第5章　自然主義と非自然主義の論争について——自然主義と道徳の規範性からの反論を中心に」、蝶名林亮編著『メタ倫理学の最前線』勁草書房、二〇一九年、一二九—一五四頁。

（11） Hilary Putnum, "Levinas and Judaism," in Simon Critchley and Robert Bernasconi (ed.), *The Cambridge Companion to Levinas*, Cambridge: Cambridge University Press, 2002, p. 55. (Putnum 2002)

（12） Putnum 2002, 38.　パトナムは、レヴィナスにおける「責任」と「正義」、「倫理」と「政治」が、切り分けられつつ結びつけられる仕方にも注意を喚起している。

（13） レヴィナスにおけるユートピア論の射程についてはとくにヒューマニズムと政治学との関連で論じられてきた。Cf. Catherine Chalier, *Lévinas: l'utopie de l'humain*, Paris: Albin Michel, 1993. Miguel Abensour, *Emmanuel Levinas, l'intrigue de l'humain. Entre métapolitique et politique: Entretiens avec Danielle Cohen-Levinas*, Paris: Hermann, 2012.

（14） レヴィナスは「倫理」よりも「聖潔」の語でもって善さ、道徳性を表現することが多い。「倫理という語はギリシア語である。私はそれよりもっと多くを、いまはとりわけ、聖潔性、他人の顔の聖潔性、あるいは、そのようなものとしての私の義務の聖潔性を考えている」（EL, 95／一二二—一二三）。

（15） Emmanuel Levinas, « The Paradox of Morality: an interview with Emmanuel Levinas », interviewed by Tamra Wright, Peter Hughes, Alison Ainley, translated by Andrew Benjamin and Tamra Wright, in Robert Bernasconi and David Wood (ed.), *The Provocation of*

Levinas: Rethinking the Other, London: Taylor & Francis Group, 1988, 177–178.（Levinas 1986）

（16） Stanley Cavell, *Conditions Handsome and Unhandsome: The Constitution of Emersonian Perfectionism*, The Carus Lectures, Chicago/London, The University of Chicago Press, 1990, p. xix.（Cavell 1990） 本著作にはレヴィナスへの言及はない。カヴェルがレヴィナスをどう読んだかについては、下記を参照。Stanley Cavell, "What is the Scandal of Skepticism" in *Philosophy the Day after Tomorrow*, Cambridge, MA: Harvard University Press, 2006, Chapter 6.

（17） パトナムはそこに、ブーバー、コーエン、ローゼンツヴァイクらとともにレヴィナスを加えている。

（18） カヴェルの考えるエマソン的な「道徳的完成主義」によれば、道徳性の領域では「徳」の基準を明確化できずどんな規則も機能しないため、よき生に適した目的は「道徳的目的性についての判断」によってのみ与えられ、この判断についての私の判断自体が、「私の応答であり私の責め（責任）」である（Cavell 1990, 113–114）。

（19） レヴィナスに着想を得て尊厳の概念をＳＯＬ（Sanctity of Life：生命の神聖性）・ＱＯＬ（Quality of Life：生活の質）とは別の角度から捉え直し、安楽死・治療停止の問題を考察する取り組みや（Corine Pelluchon, *Pour comprendre Levinas: Un philosophe pour notre temps*, Paris: Seuil, 2020, pp. 85–95（Pelluchon 2020）/ *Tu ne tueras point: Réflexions sur l'actualité de l'interdit du meurtre*, Paris: Cerf, 2013, p. 52）、科学技術の時代におけるクローン、遠隔性における「顔」の問題を論じる取り組みがある（F.-D. Sebbah, *Lévinas et le contemporain: les préoccupations de l'heure*, Besançon: Les Solitaires Intempestifs, 2009, Chapitre V–VI）。

（20） デリダは、飼い猫に裸の姿を見られて恥ずかしさを感じる出来事のうちでこの猫の単独性、まったき他なるもの（以上に他なるもの）としての特徴を記述しようとしている（Jacques Derrida, *L'animal que donc je suis*, Paris: Galilée, «La philosophie en effet», 2006, pp. 26–31.『動物を追う、ゆえに私は（動物で）ある』鵜飼哲訳、筑摩書房、二〇一四年）。

（21） Corine Pelluchon, *Éléments pour une éthique de la vulnérabilité: les hommes, les animaux, la nature*, Paris: Cerf, 2011, p. 50.（Pelluchon 2011）

（22） Pelluchon 2020, 100. Cf. Corine Pelluchon, *Éthique de la considération*, Paris: Seuil, 2018.

（23） Gérard Bensussan, *Les deux morales*, Paris: J. Vrin, 2019, p. 113.

4 レヴィナスと現象学

平岡 紘

二〇世紀初頭にフッサールによって創始された現象学は、『存在と時間』の時期のハイデガーによって継承されたのちに一九三〇年代にフランスへ本格的に導入されると、四〇年代にとりわけハイデガーの影響下でサルトル、メルロ゠ポンティによってその可能性が押し広げられ、五〇年代後半以降、「フランス現象学」と呼ばれる、独特な現象学的思考を提示する哲学運動へと展開していく。その流れのなかには、いつもレヴィナスの姿があった。フランスにおける最初期の本格的なフッサール研究書『フッサール現象学の直観理論』（一九三〇年）とフッサールのソルボンヌでの講演『デカルト的省察』の仏訳（一九三一年、G・パイファーとの共訳。レヴィナスの担当は第五省察）、そして一九三二年の論文「マルティン・ハイデガーと存在論」は、現象学がフランスへ導入される際に重要な役割を果たした。レヴィナスはいわゆる現象学者としてその哲学的キャリアをスタートさせ、以後もフッサールおよびハイデガーへの関心を保ち続ける。レヴィナスが独自の哲学を開陳し始める第二次大戦後になっても、このことは変わらない。一九五一年ブリュッセルで開催された第一回国際現象学会議——メルロ゠ポンティやフィンク、リクールらが講演をおこなった——の招待者リストにはレヴィナスの名が見られ、(1) W・ビーメルやガダマー、フィンク、シュッツなど名だたる現象学者がフランス北部のロワイヨモン修道院に一同に会した、フッサールをめぐる五七年の国際シンポジウムでは「現象学的「技術」についての考察」の発表をおこなっている。レヴィナスの二つの主著『全体性と無限』および『存在の彼方へ』は、「現象学叢書 Phaenomenologica」シリーズから刊行された。とりわけ第二主著の時期になるとレヴィナスは、リクールやアンリ、デリダらと並んで「フランス現象学」を代表する独特な哲学者として活躍することになる。フランス現象学における「神学的転回」を指摘するD・ジャニコーの見方(2)に与するかどうかは別であるが、レヴィナスがフランス現象学の代表者の一人であることを否定する者はいないだろう。本論では、フッサール、ハイデガー、サルトル、メルロ＝ポンティを中心に、レヴィナスと現象学的思考の関係について概観することにしたい。

1　フッサール

レヴィナスはさまざまな留保を設けつつも、全体としてはフッサール現象学を具体的な人間へ立ち戻る「人間主義的」（HAH, 118／一六九）な思考として高く評価し、自らがフッサールに忠実であることを強調する。無論それは、レヴィナスが、フッサールによって構想されたプログラムを展開したというような意味ではない。レヴィナスそのひとがある対談で述べているように、フッサールの文字のすべてをなぞることなしにフッサールの「精神」にとどまること[3]、そうした忠実さである。

レヴィナスがフッサール現象学の中から取り上げる論点は多岐にわたり、どのような論点を重視するかは時期によって異なるが[4]、その読解には一つの基本線がある。すなわちフッサールの思考に、一方で理論（観想）に優位を置く広い意味での主知主義的な方位と、他方でこうした傾向に収まらず、フッサール現象学をいわば自らの外部へと連れ出してしまうような方位――それはフッサールをハイデガーやメルロ＝ポンティへ結びつける方位でもある――という二つの方位を探り当てる、というものである。以下ではこの基本線を、レヴィナス自身の哲学においても重要な位置を占める、志向性と感覚という二つの論点に関して見ていくことにしよう。

フッサール現象学の根本概念である志向性は、レヴィナスにとっても重要な概念である。その志向性を、レヴィナスは一貫して、『論理学研究』「第一研究」で記述される言語の意味の現象を範型にして、「意味付与（Sinngebung）」による同一化として理解する（EDE, 32／七二）。「第一研究」は、言語表現を用いて何らかの対象を名指したりそれについて述定したりする言語の理論的使用の場面に定位して、その指示対象についてある内容（意味）を言明するという言語表現の意味作用が、言語表現に意味を付与し、その意味のうちで対象を思念する意識の作用（意味付与作用）によって可能となること、そして言語表現の意味は心理的なものではなく、いつ誰がその表現を用いても同一にとどまる理念的なものであることを論じる。レヴィナスによれば、意識が、たとえば「明けの明星」といった表現を用いてその意味のうちで金星を思念するとき、金星という対象は「思考のうちに理念的に現前している。思考が自らとは他なるものを理念的に含むこの仕方――これが志向性を構成する」（EDE, 32／七二）。このような、理念的意味を介した対象への関係が志向性なのである。したがって意識の対象は「思念の多様性を通じて同一化されるもの」（EDE, 203／二三二）なのだが、意味の理念性ゆえに対象は、眼前に見出されるテーブルのような個体であっても、同一化の「理念的な極」すなわち「理念的同一性」として構成されることになる(EDE, 204/二三三)。こうした同一化の能動性は、対象が与えられることの受動性を排除せず、むしろそれを想定している。意識は所与に遅れつつそれを同一化するのである。このようにして「これをこれとして、あれをあれとして」同一化すること、与えられたものを「これ」ないし「あれ」という理念的意味のもとに包摂して同一化することが、何かを意識するということなのである(EDE, 304/三三四)。『存在の彼方へ』においては、こうした志向性の意味付与的同一化が「言われたこと」としての言語の機能と結びついたものであることがあらためて強調されることになる。

他方レヴィナスは、『全体性と無限』の時期以降、志向性が有する「地平構造」を重視する。たとえばサイコロを知覚するとき、今見えているサイコロの面は、見えていない面を指示している。意識はいつでも、それぞれの瞬間に明示的に思念されたものよりも「より多く思念する」(Mehrmeinung)[5]わけである。現象学は意識による理念化的同一化の総合のプロセスを分析し記述するが、それは対象を意識する顕在的な志向を支えているさまざまな地平を「再活性化」(EDE, 205/二三四)すること、これら地平を描きとる諸々の潜在的志向性を露呈することにほかならない。レヴィナスにとってかかる現象学的分析は、さまざまな概念を、それらの意味の源泉となる具体的な経験に即して考察し、諸概念の連関を明らかにする営みである(家と女性、言葉と他者への贈与のつながりを論じる『全体性と無限』第二部Dの分析はその実践例である)。レヴィナスは、フッサールが顕在的志向性と同様、潜在的志向性をも同一化として理解しようとすることを認めつつ、フッサールの精神に潜在的志向性を同一化とは異なる機能をもつものとして解釈する仕方を採り当てる。そこで主題化されることになるのが感覚である。

眼目となるのはヒュレーを構成する志向性である。レヴィナスによれば、感性固有の志向性は、「感性があらゆる内容と自らを、諸対象との関係においてではなく自らとの関係において位置づける」(EDE, 166–167/一九三)という点にある。つまり感覚は、諸々の感覚内容を(統握のように)対象に関係づけるのではなく、自分自身との関係で位置づけることで自分自身をも位置づけるのであり、かくして感性がその「ゼロ点」——「ここといま」(EDE, 166/一九二)——として自らを位置づけるとともにこのゼロ点を起点として諸感覚内容が位置づけられる、根源的な時空間が描きとられる、とレヴィナスは言うのである。どういうことなのか、もう少し詳しく見ていこう。

時間に関しては、レヴィナスはフッサールによる内的時間意識の分析を感性論として読解している。今与えられた感覚印象(「原印象」と呼ばれる。たとえばメロディーの一音)が過ぎ去り、新たな原印象(次の一音)が現れ、前者の原印象はたった今過ぎ去ったものとして「把持」される。つまり把持の志向性は原印象を対象ではなく新たな原印象に結びつけるわけである。

このようにして生成する、原印象と把持的変様の統一体において意識されるのが、ヒュレーなのである。レヴィナスによれば原印象は、過ぎ去って把持されてはじめて現在として意識される。しかるに、把持がたった今過ぎ去った原印象をそのようなものとして保持するとき、この過ぎ去りの背後にあって、もう一つの時間を基準としてこの過ぎ去りを確認するような、いわば不動の意識があるわけではない。したがって瞬間を「たった今」として把持することは、この瞬間が過ぎ去ることとそれ自体と等しい。この意味で「時間意識は時間についての反省ではなく、時間化そのものである」(EDE, 213／二四二)。かくして時間意識としての感覚は、時間化の出来事そのものでありつつ、時間のうちで現在として自らを位置づけるのである。

他方、空間に関してレヴィナスが着目するのは身体において生きられる感覚であり、より精確に言えば『イデーンII』などにおいて分析・記述される「キネステーゼ」と「感覚感 Empfindnisse」である。たとえば机の上に手を置いて動かしていくと、机の滑らかさや固さを感じると同時に、手の表面ではその滑らかさや固さを感じ、また手の内部では手の運動と並行して展開されていく運動感覚を経験する。この運動感覚がキネステーゼであり、手の表面に局所化された触感や滑らかさの感覚などが感覚感である。感覚感についてはメルロ＝ポンティの項で取り上げることにして、ここではキネステーゼについて見ていこう。キネステーゼの特殊な点は、それがヒュレーのように統握されて対象を呈示するのではなく、統握に対する「動機づけ」の機能を有する点にある。すなわち、「もしかくかくのような目の運動があれば、見られるものはかくかくに変様する」(EDE, 219／二四八)といったように、「もし〜ならば、こうだ」[6]という条件法的な関係によってヒュレーの統握はキネステーゼの経過に動機づけられているのである。レヴィナスは、こうしたキネステーゼの志向性が「動くこととそれ自体」(EDE, 196／二二五)であること、つまりキネステーゼと運動がただ一つの同じ事柄であることを強調する。キネステーゼによる動機づけの関係は、私が不動の主体ではなく「本質的に歩き、可動的な諸器官をもつ主体」(EDE, 219／二四八)であることを含意するのである。実際、物は変化していく多数の射映を通じて同じ一つの物として知覚されるが、そのような射映の変化は、知覚する私がその物の周りを回ったり、それに近づいたりそれから遠ざかったりといったことなしには不可能である。そしてこうした運動に伴うキネステーゼの経過はあらゆる瞬間に静止へと連れ戻されうるが、他方でこの静止は可能な運動の始まりと終わりでもある。私はいつでも自由に動くことができ、また止まることができる。かくしてキネステーゼは、空間を「器官の諸運動と身体全体の歩行の領野として」(EDE, 220／二四八)描きとる。歩行する私は空間を歩行の領野として構成しつつ、この空間のうちに位置づけられるのである。

以上のように感性固有の志向性は自らがその原点に位置づけ

られる時空間を描きとる。フッサール現象学から焙り出された感性固有の志向性は、レヴィナスが自らの思考を展開するうえでも大きな役割を果たしている。『全体性と無限』第二部の享受論において感覚は享受として特徴づけられるが、この享受論は感性固有の志向性を生の用語系によって解釈し直したものと言うことができる。また後期レヴィナスの感性論の鍵概念である「傷つきやすさ」は、感性論としてのフッサール時間論における原印象が意識に対して有する他性を強調するものと解しうる。同じく後期の鍵概念「隔時性」の原型の一つは、自身が構成する時空間内に位置づけられるという感性のダイナミズムであると言ってよい。

志向性と感覚をめぐるレヴィナスのフッサール解釈がよく示しているように、レヴィナスは、いわばフッサール自身とともにフッサールを超えて思考しようとする。それがレヴィナスにとってのフッサールの精神への忠実さであったのである。

2　ハイデガー

フッサールに対してと同様、レヴィナスはハイデガーのナチ加担を知ったのちも、その哲学的天才を評価し続ける。レヴィナスによれば、その才は『存在と時間』に凝縮されている。いわゆる「転回」後のハイデガーの思考をレヴィナスが知らなかったわけではない[7]。それでもレヴィナスにとってハイデガーとは何よりも『存在と時間』のハイデガーなのである。

ハイデガーは何をもたらしたのか。それは存在という語の「動詞性」(EI, 28／三九)、とりわけその「他動詞性」(EDE, 140／一六五)である、とレヴィナスは繰り返し述べる。西洋哲学の伝統において存在は超越範疇として、存在者が経験するさまざまな「冒険」のただなかにあって「静穏で自分自身と等しい」ものとされていたが、ハイデガーは存在と存在者を区別することで、存在するという事実を「出来事」として、「冒険そのもの」として考えるという見方をもたらした。ハイデガーが「世界内存在 (l'être-dans-le-monde ; In-der-Welt-sein)」、「死に臨む存在 (l'être pour la mort ; Sein zum Tode)」、「他者とともにある存在 (l'être avec les autres ; Mitsein mit Anderen)」といった語り方をするとき、「内」や「に臨む」、「とともに」といった「前置詞」は、「存在するという動詞の語幹のうちにある」のであり、これら前置詞は、無規定な実体に付け加わる属性ではなく、「存在するという出来事を分節化している」のである(以上 IH, 98／九八─九九)。レヴィナスが『実存から実存者へ』などで、イポスターズによってイリヤのうちに自己へ繫縛された〈私〉が成り立ち、そこから他者へ開かれていくという自身の哲学の筋立てを「存在論的冒険」(EE, 48 et passim／六三など)と呼ぶとき、それが動詞としての存在というハイデガーの見方と密接に関わっていることは間違いないだろう。

他方で「ハイデガー哲学の風土から離れるという深い欲求」

（EE, 19／二六）を抱いていたレヴィナスは、第二次大戦直後の時期からハイデガーに対して厳しい批判を加え、ハイデガーの諸テーゼを逆転させるようにして自らのテーゼを開陳していく。典型例は論文「存在論は根源的か」（一九五一年）や『全体性と無限』で提示されるハイデガー批判である。ハイデガー存在論は、「存在者との関係における存在の先行性を肯定」し、「存在者である誰かとの関係（倫理的関係）を、非人称的なものとして存在者の把握と支配を可能にする〔…〕存在者の存在との関係（知の関係）に従属させる」（TI, 36／六四）、「権能の哲学」（TI, 38／六三）である。そう断じたうえでレヴィナスは、優れた意味で存在者である他者とは対話者なのであり、「対話者としての〈他者〉とのこの関係——存在者とのこの関係は、どんな存在論にも先行する」（TI, 39／六六—六七）と論じ、外部性との関係としての「形而上学」ないし他者との関係としての「倫理」の優位を主張する。こうした読解に対しては、ボタンのかけちがいとも言うべき誤読であるという反論が「暴力と形而上学」のデリダをはじめとして幾度も提起されている。その誤読は意図的なものと見ることもできるが、ともあれレヴィナスのハイデガー批判の要点の一つをなすのは、「権能（pouvoir）」の概念であることは間違いない。この点をよく示すのが、レヴィナスによる「被投性」概念への批判である。

　近年注目されているように、レヴィナスがハイデガー哲学のいわば核心として見据えたのが被投性の概念である。[8] 被投性は、現存在がどこからとも、どこへとも明らかでなしに、自らの存在に委ねられ投げ出されていることを言い、レヴィナスの目から見るとこの概念がフッサールとハイデガーを分かつ。フッサール的な意識が、「根源との合致」という仕方で自分自身を完全に知解する権能を有しているのに対して、ハイデガーは被投性の概念によって、そうした思考による自己知解・自己支配の権能を現存在に認めない。「ハイデガーは人間を、自らを完全に引き受けることができないものとして定立する。被投性は知解に一つの限界を引く。人間のただなかに、観念論的意識を実存へ変容させる、解きほぐせない核が現れるのである」（EDE, 137／一六二）。しかしレヴィナスの目から見ると、被投性は限界でしかない。ハイデガーは、結局は現存在が自らの存在を引き受けうることを肯定している。実際、『存在と時間』において、被投性は、現存在が自分の存在をさまざまな可能性へ向けて投げることを意味する「投企」に結びつけられる。そして現存在の存在たる気遣いが時間性として解釈されて投企が将来（未来）、被投性が既在（過去）であることが示されたうえで、投企の未来の優位が説かれる。[9] レヴィナスによれば、こうした未来の優位は、ハイデガーにおいて死が「現存在の端的な不可能性の可能性」[10] として「権能」の観念のもとで捉えられていることに基づく。「有限な存在の権能——それは死ぬことの権能である」（EDE, 146／一七二）。ハイデガー的な実存は「死において自らの有限性を保証することによって自らの有限性から自らを切り離す」(EDE, 148／一七三) のである。このような認定の背後には、何かをなしうるという権能の外部にある「いっさいの可能性の不可能性」である「瞬間」(TI, 262／四二二) として死を捉える、レヴィナスそのひとの死の思考もあるだろう。いずれにせよ、ハイデガーにおいて現存在は自らの存在を最終的には引き受ける権能を保持しているというのがレヴィナスによる被投性概念批判のポイントである。このあと見るように、この論点がサルトルの自由論に対するレヴィナスの批判のポイントともなる。

　ハイデガーとの関係で重要なもう一つの論点は、先ほども触れた『全体性と無限』の享受論である。ハイデガーは『存在と時間』において、日常的な現存在が世界内の存在者と交渉する仕方が行為であり、そこで出会われる存在者が道具であることを示した。道具は「〜のためのあるもの」として別のものを指示しており、こうした多様な指示の連関によって構成される道具全体性のなかでのみ道具は道具たりうる。レヴィナスの享受論は、道具とその使用に先立って、糧とその享受こそが生の原初的かつ基底的な層であることを明らかにしようとするものである。最も身近に出会われるものは道具ではなく糧であり、糧は別の目的のための手段ではなくそれ自体が目的である。糧の享受は単に欲求の充足だけでなく、それに伴う快をもたらす。それゆえ「何ものかによる生である生は幸福である」(TI, 118／二〇〇)。ちなみに享受論でもレヴィナスは被投性概念に触れている。周囲にあるもの一切が道具であるような世界とは、「欲求が享受を超えて課される限界事例、呪われた労働の刑に処し、身体的存在が避難所も我が家での余暇も見出すことのないプロレタリアの条件」であり、「被投性の不条理な世界」である (TI, 156／二五九)。日常的な生はそうしたものではない。「私は生のどんな内容によっても——未来を保証する労働によってさえも生きる」(TI, 156／二五九)。「人は労働の呪いをスポーツに変えることができる」(TI, 141／二三五) のである。被投性概念への言及の正当性如何については措いておこう。ここで銘記すべきは、レヴィナスの享受論が、『存在と時間』の意味論への批判と結びついているという点である。

　ハイデガーは道具が他のものを指示するという指示連関の全体を「有意義性」と呼び、そこに「意味する (signifier; bedeuten)」という事柄が成り立つ原初的な場面を見出す。ところでこの指示連関は最終的に、それ自身は他のものに差し向けられることのない現存在の存在へと至る。ということは、とレヴィナスは論じていく、「意味が含意する差し向けは、差し向けが自分から自分へとなされるところ——享受において終わることになるだろう」。ところで「到達点とはいっさいの意味がまさに失われる点である」。目的は達成されるやいなや目的として意識されなくなり、そのことで手段は手段としての意味を失うからである。そして行為における指示連関の到達点である享受は「無意識の満足」にほかならないのだから、享受が諸事物を手段として意味づけることはできない。使用に先立つ享受という次元を考える限り、行為を意味の原初的場面と考えることは不可能なのである（以上TI, 95–96／一六四）。こう批判するレヴィナス自身は、意味するという事柄の原初的場面を、エゴイスティックな享受を乗り越えた、他者との語りの場面に見出すことになる。

最後に、存在者に対する存在の先行性という先ほどの論点に関して、これが他者との関係だけでなく自己ないし主体性の側にも関わることを指摘しておこう。『全体性と無限』によれば、『存在と時間』の「唯一つのテーゼ」は、「存在は（時間として繰り広げられる）存在了解と不可分であるということ、存在はすでに主体性への呼びかけであるということ」である（TI, 36／六二）。存在は自らを開示するために、存在を了解する主体性としての人間を求めるというのがハイデガーの唯一のテーゼだ、と言うのである。「存在とは何か？」が問われるためには、存在が開示されうることが必要である。この開示、存在の露呈としての真理、それが生起する場が存在を了解する人間にほかならない。ハイデガーが関心を向けるのは「人間という、真理の存在論的出来事」（EDE, 133／一五七）を記述することなのである。後期レヴィナスは、いわゆる「存在の牧人」としての人間という後期ハイデガーの人間観を背景にして、こうした枠組みにおいては人間的主体性が存在の真理に従属すると強調する。存在の暴露としての存在の真理の成立は、それを見つめる主体を、すべてを知の現在に回収する「自己意識」として喚び起こし、かくして主体性は、真理が成立する際にとる迂回、真理の成立に必要な一契機、「存在の一様相」にすぎないものとなってしまう（AE, 50／七八）。後期レヴィナスはここに見られるような、人間的主体性を非人称的な存在論的構造の一契機へと還元する思考の枠組みを「存在主義（ontologisme）」と呼び、その「反人間主義的ないし非人間主義的」（HS, 136／一六三）性格を指弾し、それに自らの「他なる人間の人間主義」を対置することになる。この「存在主義」の論点が、メルロ＝ポンティとの関係においても問われることになる。

以上の検討が示唆しているとおり、レヴィナスによるハイデガー批判は、一見したところでは誤読に見えるが、その実、個々の論点の慎重な読解に裏打ちされている。いわばハイデガーの概念を徹底的に考え抜くことを通じてその意味を変容させてしまう、そうした読解なのである。こうした意味で、ハイデガーとレヴィナスの関係をさらに精査することは、存在論的差異とは異なる思考のありようを探ることにつながるだろう。

3　サルトル

レヴィナスとサルトルの接点となる論点は少なくない。サルトルがレヴィナス『直観理論』から現象学について学んだことはよく知られている。サルトルのフッサール理解はこの書物によってかなりの程度枠づけられていることが指摘されているが[11]、やがて論文「フッサールの現象学の根本的理念――志向性」（一九三九年）でサルトルは自身の志向性解釈を提示し、それをレヴィナスは翌年発表の論文「エトムント・フッサールの業績」以降一貫して批判する。一九三五年のレヴィナスの論文「逃走論」と三八年のサルトルの小説はどちらも「吐き気」について語る。四六年に出版され大きな影響力をもったサルトル『ユダヤ人問題についての考察』は、レヴィナスがユダヤ人問題について思考する際に一つの参照先であり続けた。『実存から実存者へ』が身体を「人間が自らを定位する仕方」（EE, 123／一五四）として提示する際にセネステジーの概念を批判するとき、標的の一つとなっていたのは『存在と無』第三部第二章の対私身体の議論であったと思われる。数少ないレヴィナスの芸術論の一つ「現実とその影」（一九四八年）はイメージの概念をめぐって、サルトル『想像力の問題』（一九四〇年）を名指すことなく批判を加えている。他者との関係をめぐって、『存在と無』第三部第一章のサルトルも『全体性と無限』のレヴィナスも、「視線」ないし「私を見つめる眼」（TI, 282／四五三）について語り、他者を前にしての「羞恥」について論じ、性愛をめぐって精緻な分析を提示する。サルトルは自らの状況を選び取る自由の哲学者であり、対してレヴィナスは他者によって選ばれ任命される自由の哲学者である。――サルトルとレヴィナスのあいだに対話があったとは言いがたい。少なくとも『全体性と無限』の時期まで時代はたしかにサルトルのものであったのであり、「つねに自分はサルトルの世代に属していると感じてきた」（IH, 134／一三九）レヴィナスがサルトルに応答していたというのがおそらく実相であろう。以下では、最後に挙げた論点すなわち自由と、それに密接に関わる状況という論点に関して、レヴィナスの応答を見ていくことにしたい。

サルトルによれば、「自由は状況のうちにしか存在せず、状況は自由によってしか存在しない」[12]。私たちはある時代のある場所に、特定の過去を担い、さまざまな事物に取り巻かれ、さまざまな人々とともに、自らの死に脅かされながら生きる。私たちはつねに、こうした事柄によって構成される状況のうちにあり、そこに拘束されている。しかしそうした状況は単なる束縛ではない。束縛を束縛として意味づけるのは、ある目的をめがけて自らを投企する私たちの自由のほうだからである。その意味で、私たちは自らが置かれている状況の作者であり、それゆえこの状況を全面的に引き受けねばならないのである。このようにレヴィナスによれば、サルトルがもたらしたのは「人間に課されるすべてのものを介して人間的自由が再び見出されうる」という「希望のメッセージ」であった（IH, 128／一三三）。

実は自由と状況という論点は、レヴィナスによるサルトルの志向性解釈への批判にも関わっている。今触れたように、レヴィナスはサルトルがフッサールの志向性概念を「〜へ向けて炸裂すること」と読む解釈に一貫して否定的であった。今の文脈において重要なのは、『全体性と無限』の時期になされるサルトル批判である。レヴィナスによれば、志向性が単に「〜へ向けて炸裂すること」、すなわちサルトルが言うように「通りに、町中に、雑踏のなかに」というように諸事物の周囲に直接に現前していることを意味するという理解にとどまる限り、ひとは「表象の素朴な生のための認識理論」(EDE, 176／二〇三)を築くに至るにすぎないのであって、現象学にはけっして至らない。すでに触れたように、真に現象学的な志向性理解とは、顕在的な同一化志向性が、そこに含蓄されている諸々の潜在的志向性に支えられているという見方である。こうした潜在的志向性は地平を描きとるのであるが、興味深いことにこの時期のレヴィナスは、他の時期とは異なって例外的に、「地平」という語は潜在的志向性を同一化志向性に従属させてしまうために適切ではないとして、より適切な語として「状況(situtation)」の語を特権視する。「志向性に含蓄されている地平はしたがって、対象のまだ曖昧に思考されている文脈ではなく、主体の状況である。状況内主体(sujet en *situation*)、あるいはハイデガーならこう言うであろうが、世界内主体が、こうした志向の本質的な潜在性によって告げられているのである」(EDE, 183／二一一)。先ほど検討したフッサールの感性固有の志向性も、感覚内容を自らとの関係に位置づける(situer)ことで自分自身をも位置づけるとして、「状況」の語を用いて語られていた。ただしレヴィナスは、状況への拘束を強調したいわけではない。レヴィナスが強調したいのは、フッサールに見られる「超越論的観念論の離脱(dégagement)と世界への拘束(engagement)の同時性、あるいは「自由と帰属の同時性」である(EDE, 184／二一三)。レヴィナスの目から見ると、サルトルによる自由と状況の議論は、サルトル自身は理解しなかった、現象学的志向性概念によって準備されていたことになるだろう。

　レヴィナスから見ると、サルトルの言うような自由は「自分自身によって自分を正当化する」がゆえに「恣意的」なものである(TI, 83／一四五)。それゆえ「サルトルにおいて〈他者〉との出会いは、私の自由を脅かし、もう一つの自由の視線のもとで私の自由が失墜することと等しい」(TI, 338／五四三)。ここで問題とするべきは、他性をスキャンダルとすることではなく、「自由の正当化」(TI, 338／五四三)である。他者の現前によって私の自由は問いただされる。しかしその問いただしゆえに、自由は他者によって「任命された自由」(TI, 337／五四一)、いわば他者のための自由として、正当化されることになる。「私が一人ではない状況において」(TI, 340／五四五)私は他者に対して責任を負うために自由なのである。後期のレヴィナスはこうした見方をさらに先鋭化させ、他者に対する私の責任が私のイニシアティヴに先立つこと、「アンガジュマンに先立つ」(AE, 163／二四一)ことを繰り返し論じることになる。

　この項の冒頭に挙げておいたように、レヴィナスとサルトルは数多くの主題において交錯している。サルトルに対するレヴィナスの応答というパースペクティヴからレヴィナスの著作を——とりわけエロスなどの主題に関して——読むことは、稔りの多い課題であるように思われる。

4　メルロ＝ポンティ

現象学の歴史においてメルロ＝ポンティがもたらしたものは、何よりもまず経験の原初的かつ基底的な層として身体を特権的な主題として問い、それに密接に結びついた感覚＝知覚論と言語論であるだろう。レヴィナスがメルロ＝ポンティに見出したのも、身体論と一体となった感覚論と言語論であった。レヴィナスは著作内のさまざまな箇所でメルロ＝ポンティの思考に陰に陽に言及しているが、そこで議論されているのはおおむね身体、感覚、言語であると言ってよい。また主題的な論考として、『外の主体』所収の「間主観性について——メルロ＝ポンティ覚書」（一九八三年）と「アルフォンス・ド・ヴェーレンスの思い出に——感受性について」（一九八四年）を残している。この二つの論考では主として『シーニュ』（一九六〇年）に収められているフッサール論「哲学者とその影」（一九五九年）の身体論・感覚論が採り上げられている。他方、『著作集第二巻』に収められている、『全体性と無限』前後の時期のものと推測されている原稿「意義」では、ソシュール言語学を咀嚼した中期メルロ＝ポンティの言語論考「間接的言語と沈黙の声」や「言語の現象学」（ともに一九五二年、『シーニュ』所収）が丁寧に読解されている。以下では感覚論と言語論について、レヴィナスのメルロ＝ポンティ読解の概要を見ていこう。

まず言語論から始めよう。レヴィナスの言語論が呼びかけや対話など口頭でのやりとりを前面に置くものであることはよく知られているが、レヴィナスは言語記号さらには記号一般についても丁寧に分析している。その際にレヴィナスが対話の相手として選んでいるのがメルロ＝ポンティなのである。『全体性と無限』は、言語が思考のまとう「衣服」ではなく、「思考の身体」であることを示したメルロ＝ポンティの所論[13]を高く評価する。「発話する前に発話を思考する脱肉化された思考」なるものが「一つの神話」であることを「誰よりも見事に」示したのはメルロ＝ポンティである。「すでにして思考は記号体系のうちで——一つの民族ないし文明の言語のなかで切り取り、この操作そのものから意義を受け取ることに存する。〔…〕思考はそれゆえほとんど身体の「私はできる」において働くのである」。このように認定したうえで、レヴィナスは問いを立てる。「しかしなぜ言語が、記号体系に頼ることが、思考に必要なのだろうか。なぜ対象は、知覚された対象であっても、意義となるために一つの名前を必要とするのだろうか」（以上、TI, 225–226／三六四–三六五）。この問いの背景には、記号体系に関するレヴィナスの見方がある。すなわち原稿「意義」に見られるようにレヴィナスはメルロ＝ポンティに依拠しつつ、記号体系をソシュールの言う記号の価値の示差性のもとで考えているのである。「一つの記号は側面的にもう一つの記号を思念するのであって、意義そのものを思念するのではまったくない」（O2, 359／三七一）[14]。一つの記号が意味するのは、別の記号との差異によってであり、したがって言語記号が意味するものは、つねにまたもや一つの言語記号である（cf. TI, 97／一六七）。ところでレヴィナスによれば、このように理解された言語記号の意味は思考の対象、志向的対象である。「言語の諸記号が〔…〕弁別的であり記号から記号へ側面的に意味するにしても、これら記号の打ち立てる意義が思考の対象であるということはそれでも真である」（O2 378／三八九）。言葉を思考の身体と見る見方にあっても同様であり、「受肉した言語から受け取る意義」は「志向的対象」である（TI, 226／三六五）。そうだとすれば、身体が介在したのちに、結局は意識の意味付与的同一化が、対象が一つの意味を有するための鍵を握ることになる。つまり思考が言語を必要とするのは、語が意味するという事柄が志向性の同一化の範型だからなのだ。要するに意味があくまで理論的意識に相関するものである限り、意味するという事柄を身体的志向性の分析によって解明し尽くすことはできないのである。これがレヴィナスの批判である。先に述べたようにレヴィナス自身は、意味するという事柄を他者との関係から考えていくことになる。

身体論・感覚論に関しては、フッサール『イデーンII』で分析される「感覚感」が論点となる。先に例示しておいたように、たとえば机を手で触れると、机の滑らかさを感じるのと同時に、手の表面でその滑らかさを感じる。これは触感覚の二重性と呼ばれる事柄であり、この一面をなす後者の感覚が感覚感である。これは身体が自分で自分を感じる自己感覚であるが、ここで注目すべきはメルロ＝ポンティが、こうした触感覚の二重性を他者との関係にまでつなげていくことである。メルロ＝ポンティは『知覚の現象学』において、フッサール『デカルト的省察』や『イデーンII』を参照し、左手で右手に触れるという経験の記述に言及している。左手に触れられている対象としての右手もまた感得しうるものであるという二重感覚の経験からメルロ＝ポンティは、触れられている右手が触れられているままに触れる側に立つことはできず、触れられている以上はこの右手は対象となってしまっていると論じる。そこに成り立つのは、両手が触れる‐触れられるという機能において互いに交代するという「両義的な組織化」[15]にほかならない。それは『見えるものと見えないもの』（一九六四年）の表現で言えば、いつでも「切迫」にとどまって事実上実現することのない、触れることと触れられることの「可逆性」のことである[16]。晩年のメルロ＝ポンティにおいては、こうした触感覚の二重性が、触れる‐触れられるという両手の二重性における「一種の反省」に展開され、さらに間身体的な二重性とそれに基づく「共現前」としての間主体性へと拡大される。右手で左手に触れるとき、左手は触れつつある右手に触れる。「私の身体は「一種の反省」をはたす」のである。そして右手で他者の手を握ると、他者のその手は私の左手に置きかわる。「私の身体はこの「一種の反省」において他者の身体を併合する［…］。他者と私は唯一の間身体性の二つの器官のように存在するのである」[17]。感覚における自己関係をめぐる理解が、感覚や身体の見方を超えて、他者との関係の捉え方にまで及ぶわけである。

　レヴィナスはこうした晩年のメルロ＝ポンティの思想をよく理解していた。一九六〇年代以降のレヴィナスは、メルロ＝ポンティの言う共現前としての間主体性、「ただ一つの世界に共に現前している肉体的な諸存在者の原歴史」[18]を「根本的歴史性」と呼び、繰り返し批判する（cf. AE, 259／三七九）。レヴィナスから見れば、そこにあるのは非人称的な存在論的構造の一契機へと主体性を従属させる「反人間主義的ないし非人間主義的」（HS, 136／一六三）な思考の枠組みなのである。おそらくこうした批判を念頭に置いてのことであろう、レヴィナスは感覚感を論じるにあたって、一方の手が他方の手に触れるという例には関心を向けず、「対象の熱は手で感じられ、周囲の寒さは足で感じられ、立体感は「指先で」感じられる」（EDE, 217／二四六）と例証し、あくまで身体がそれとは別の物に触れるという例に即して考察を進めていく。その考察は、傷つきやすさとしての感性の絶対的受動性を強調しそこに他者への通路を見出すという『存在の彼方へ』において展開される感性論へ深化していくことになる。

　以上見てきたように、レヴィナスは、現象学的思考とのたえざる対話を通じて、自身が現象学運動の歴史を形づくりつつ、そのうちに自身を位置づけてきた。ここでは触れることのできなかったリクールやデリダ、アンリ、デュフレンヌらとの関係に関しても、またフッサール、ハイデガー、サルトル、メルロ＝ポンティの四人との関係についても、なお検討するべき論点は数多い。ここに挙げた哲学者たちの関心の広がりとレヴィナス自身の思考の幅に鑑みれば、その検討作業はまた、現象学という枠組みを超えて、二〇世紀のフランス哲学の歴史というさらに大きな枠の中でのレヴィナスの位置をあらためて見定めることにもつながっていくように思われる。

註

（1） Herman Leo van Breda (éd.), *Problèmes actuels de la phénoménologie*, Desclée de Brouwer, 1952, p. 161.（M・メルロ＝ポンティほか『現象学の課題』高橋允昭訳、せりか書房、一九六九年、二一七頁）

（2） Dominique Janicaud, *Le tournant théologique de la phénoménologie française*, Éditions de l'éclat, «tiré à part», 1991.（ドミニク・ジャニコー『現代フランス現象学——その神学的転回』北村晋・本郷均・阿部文彦訳、文化書房博文社、一九九四年）

（3） «Intention, Ereignis und Der Andere. Gespräch zwischen Emmanuel Levinas und Christoph von Wolzogen am 20. Dezember 1985 in Paris», in Emmanuel Levinas, *Humanismus des anderen*

Menschen, übersetzt und mit einer Einleitung versehen von Ludwig Wenzler, Felix Meiner, «Philosophische Bibliothek» Bd. 547, 2005, S. 131; trad. fr. Alain David, «L'intention, l'événement et l'autre. Entretien avec Christoph von Wolzogen, le 20 décembre 1985 à Paris», in *Philosophie*, n°93, 2007 printemps, pp. 12–13.

（4） レヴィナスが関心を向ける論点を年代ごとに分けて整理した古典的な研究に以下がある。Jacques Colette, «Lévinas et la phénoménologie husserlienne», in *Les Cahiers de la nuit surveillée. Emmanuel Lévinas*, n°3, Éditions Verdier, 1984, pp. 19–36.

（5） Edmund Husserl, *Cartesianische Meditationen*, hrsg. von Elisabeth Ströker, Felix Meiner, «Philosophische Bibliothek», Bd. 291, 1977, S. 48.（フッサール『デカルト的省察』浜渦辰二訳、岩波文庫、二〇〇一年、九一頁）

（6） Edmund Husserl, *Ideen zu einer reinen Phänomenologie und phänomenologischen Philosophie, Zweites Buch, Husserliana*, Bd. IV, Martinus Nijhoff, 1952, S. 57.（エトムント・フッサール『イデーン』II―1、立松弘孝・別所良美訳、みすず書房、二〇〇一年、六八頁）

（7） たとえば『全体性と無限』でレヴィナスは、「建てること、住むこと、考えること」を踏まえながら、後期ハイデガーの「四方域」（Geviert）の概念を批判している。この点の詳細については、藤岡俊博『レヴィナスと「場所」の倫理』東京大学出版会、二〇一四年、一二八―一三三頁を参照。

（8） たとえば以下を参照。Rodophe Calin, «Préface», O2, 24–33／二〇―三〇、渡名喜庸哲『レヴィナスの企て――『全体性と無限』と「人間」の多層性』勁草書房、二〇二〇年。

（9） Martin Heidegger, *Sein und Zeit* [1927], 18. Aufl., Max Niemeyer, 2001, S. 329.（ハイデガー『存在と時間』三、熊野純彦訳、岩波文庫、二〇一三年、四七二頁（第六五節））

（10） *Ibid.*, S. 250.（同前、一三五頁（第五〇節））

（11） 生方淳子『戦場の哲学――『存在と無』に見るサルトルのレジスタンス』法政大学出版局、二〇二〇年、三〇〇―三〇八頁。

（12） Jean-Paul Sartre, *L'être et le néant* [1943], Édition corrigée, Gallimard, 2008, p. 534.（ジャン＝ポール・サルトル『存在と無』III、松浪信三郎訳、ちくま学芸文庫、二〇〇八年、一五七頁）

（13） Maurice Merleau-Ponty, *Phénoménologie de la perception* [1945], Gallimard, «Tel», 2005, p. 222.（M・メルロ＝ポンティ『知覚の現象学』I、竹内芳郎・小木貞孝訳、みすず書房、一九六七年、二九九頁）

（14） レヴィナスは間違いなく「間接的言語と沈黙の声」の冒頭を踏まえている。Voir Maurice Merleau-Ponty, *Signes* [1960], Paris: Gallimard, «Folio essais», 2001, p. 63.（モーリス・メルロ＝ポンティ『精選 シーニュ』廣瀬浩司編訳、ちくま学芸文庫、二〇二〇年、九九頁）

（15） Maurice Merleau-Ponty, *Phénoménologie de la perception*, *op. cit.*, p. 122.（前掲『知覚の現象学』I、一六五頁）

（16） Maurice Merleau-Ponty, *Le visible et l'invisible* [1964], Gallimard, «Tel», 1979, p. 191.（M・メルロ＝ポンティ『見えるものと見えないもの』滝浦静雄・木田元訳、みすず書房、一九八九年、二〇四頁）

（17） Maurice Merleau-Ponty, *Signes*, *op. cit.*, pp. 271 et 274.（前掲『精選 シーニュ』、二五二頁および二五六―二五七頁）

（18） *Ibid.*, p. 294.（同前、二七九頁）

5　レヴィナスとフランス思想

服部敬弘

レヴィナスの哲学的源泉は、フッサールとハイデガーを中心としたドイツ哲学である。しかし、戦後二度とドイツの地を踏むことはなかったレヴィナスにとって、フランス思想との関係は格別の意味をもつ。その関係は、多くのフランスの知識人との豊かな交流に支えられ、その交流がレヴィナスの哲学に少なからぬ影響を与えていたからである。それは、彼の年長世代で、ベルクソン哲学の洗礼を受けたマルセル、ヴァール、ジャンケレヴィッチらとの交流に始まる。ただ、彼らの思想は、賛辞も込めて著作のなかでしばしば言及されるものの、踏み込んだ議論は少ない。それに対して、現象学を本格的に学んだリクール以降の世代とのあいだには、レヴィナス哲学の深い理解に支えられた批判と応答の連続を見ることができる。そこにはレヴィナス哲学の核心に触れるものもあり、こうした対話がドイツ哲学とは異なる、フランス思想との独特の関係を作り上げている。

以下では、レヴィナスが関わったフランスの思想家のなかでも、アンリ、リクール、デリダ、マリオンとの対話を概観する。それは、ときに対面での討論や私的な書簡を通して展開された、実に生き生きとした哲学的対話であると同時に、レヴィナスとフランス思想との関係を証言する貴重な思想的ドキュメントでもある。

1　ミシェル・アンリ（Michel Henry, 1922～2002）

レヴィナスの哲学は、ドイツの現象学への批判から始まる。それは、他人との関係を志向性から区別し、志向性の手前へと遡行しようとする歩みである。この志向性の手前にある領域を「情感性」によって開拓したフランスの代表的人物としてレヴィナスが参照するのが、ミシェル・アンリである。とくにアンリの主著『現出の本質』は、レヴィナスによって一九七六―七七年の講義で取り上げられ、『神・死・時間』においてその読解の一端を見ることができる。

アンリの情感性は、いかなる超越も許容しない直接性、「自己触発」である。レヴィナスは一方で、アンリによるこの「志向性なき情感性」（DMT, 26／二三）への遡行を評価する。しかし他方で、その直接性から一切の超越を排除した点については批判している。確かに感情は、知を前提する志向性には回収されない。しかし、だからといって感情の直接性が一切の超越を排除してしまうわけではない。それはレヴィナスによれば、「近さ」という超越をもつからである。アンリとは異なり、超越は志向性に限定されない（EDE, 226／原注五五）。それは志向的相関項に向かうだけでなく、ヴァールの示唆したとおり、「無限」にも向かいうるからである（EDE, 205／原注五三）。「自我は主権的自我の自己触発において始まるわけではない」（DMT, 205／二五〇）。むしろ感情には「絶対的に他なるものによる触発」（DQVI, 183／二二七）を読み取るべきである。

アンリとレヴィナスは、自己触発と異他触発のいずれに自己性の成立を認めるかをめぐって対立する。こうした対立にもかかわらず、レヴィナスは、アルキエに捧げられたコロックでは、（おそらく同席したアンリを前に）『現出の本質』への賛辞を送り（EN, 245／三一一）、インタビューでもそれを「非常に卓越した著作」（EL, 133／一七九）と述べている。アンリ夫人の証言によれば、アンリの博士論文公開試問の場にレヴィナスの姿もあったといわれている。(1) またアンリも、レヴィナスに言及しながら、「生は〈存在するとは別の仕方で〉語る」(2)と述べ、自身の現象概念とレヴィナスのそれとを重ねている。

ただ、アンリの著作に真剣に取り組んだレヴィナスに対して、アンリの方は、夫人の証言では「レヴィナスについて何も読んでいなかった」とされ、晩年に『存在の彼方へ』を瞥見したにすぎない。実際、アンリは「レヴィナスの〈他者〉は曖昧である」(3)と明言しており、上記のレヴィナスへの評価は表面的なものと思われる。アンリにも他者論があり、また神の啓示を自身の現象学に取り込もうと試みてはいたが、出発点となる自己性の理解に齟齬がある以上、両者の立場は根本的に相容れないと考えざるをえない。

2　ポール・リクール（Paul Ricœur, 1913～2005）

アンリとレヴィナスとの対立点は、自己関係と自他関係のどちらに根源性を認めるかに存する。それに対して、リクールとレヴィナスとのあいだでは、自他関係に根源性を認める点では両者は合意している。自己の成立には必ず「他」が前提される。しかし、この自他関係が「相互性」か「非対称性」かをめぐって新たな対立が生じることになる。(4)

この対立が最も明瞭に現われたのが、一九八五年におこなわれた両者のラジオ対談である。(5) レヴィナスはリクールとの立場の違いを認めたうえで、議論を展開する。他者を、私と対称的な「もう一人の私」とみなして自他関係を相互性と理解するリクールに対して、レヴィナスは、他者を他と比較不可能な「顔」とみなして自他関係を非対称性として理解し、相互性を非対称性から派生したものと捉えようとする。両者の議論は、正義や普遍性をめぐっても展開され、いずれも平行線をたどるが、この対立からはその背後にある二つの争点が垣間見える。

第一の争点は主体である。実際、リクールは非対称性を否定するわけではない。重要な点は、非対称的関係において、私は他者を他者として認識すると同時に、自分が責任を担う自己であることを「知っている」点にある。主体はつねに反省的な主体であり続ける。しかし、この主体を「知」の次元に位置づけるレヴィナスは、主体を徹底して他者に対して受動的な存在として捉えようとする。

第二の争点は言語である。二人は自他関係の根底に「言語」がある点では合意している。しかし、レヴィナスは言語を他人との関係から理解するのに対して、リクールは言語を、他人との関係にとどまらない広義の「歴史」との関係とみなす。それは、伝承された言語的遺産＝テクストに対する（再）解釈とその受容から成る言語である。

第一の争点について、リクールは『他者のような自己自身』（一九九〇年）のなかで再び立ち戻っている。[6] そこでは、レヴィナスが「誇張法」と呼ぶ方法によって、受動性の意味が拡張された結果、他者の優位性を「承認する」主体の反省的契機が失われている点が批判される。非対称性は「承認という逆の運動によって償う」必要がある。そこには主体の反省的契機、「自己評価（estime de soi）」がつねに前提されるからである。

リクールは、自他の非対称性自体を否定するわけではない。むしろ非対称性を、相互性によって補完されるべきものと捉えるのである。相互性とは、「心遣い」をもって「苦しむ他者」と共感することである。他者と共感する自己はレヴィナスと異なり、「自発性」を備えた主体である。なお、リクールは別の論考で、ナベールと比較しつつ、レヴィナスの自己性の概念にこの主体を読み込もうと試みている。[7]

このリクールの批判に対して、レヴィナスは『他者のような自己自身』出版後の書簡（一九九〇年）のなかで応答している。[8] レヴィナスは、自発性と媒介性とを前提したリクールの解釈学的な主体理解を、非対称的な自他関係から派生したものとして位置づける。というのも、リクール的な自己評価は、「身代わり」という絶対的受動性から理解されるべきであり、そこではじめて自己の「唯一性」が理解されるからである。

第二の争点に関しては、一九七六年にブリュッセルでおこなわれた聖書をめぐる討論ですでに顕在化していた。[9] 討論に先立つ発表のなかで、リクールは、聖書の啓示様態を多様な言述からなる複層的な出来事として描き出すが、そのなかの一つとして、「律法」や「戒律」という形態を取る啓示様態を「法規的（prescriptif）〔命令的〕言述」と呼ぶ。[10] この発表を受けてレヴィナスは、自身の発表で、ユダヤ教においてはこの法規的言述が特権的意味をもつ点を主張する（ADV, 161／二二二）。というのも、律法への服従において、自己は、他者に対していかなるイニシアティヴももたない絶対的受動性として他者に対面するからである。また、そこには確かに聖書というテクストが介在するが、それは第一義的な意味をもたず、ユダヤ教の啓示において重要な契機は、むしろ「呼びかける」神と「応答する」預言者との直接的関係であり、またその啓示がまず「口頭」＝パロールによって伝承され、その後タルムードにおいて文書化される点にある。

それに対してリクールは、発表後の討論において、啓示の諸様態から法規的言述だけを特権化するレヴィナスに反論する。彼にとって啓示の宗教性を支えるのはむしろ、神と預言者との関係が聖書に描かれたという「物語的言述」にある。それはもっぱら「書かれた作品」に依拠し、これをリクールは「歴史的出来事」とみなしている。神と預言者との直接的関係が啓示された「瞬間」はすでに過ぎ去り、現在のわれわれはテクスト（歴史）を介してそこにアクセスせざるをえないからである。

自己は、解釈を要する歴史的出来事＝テクストに「依存」しており、その意味で受動的である。しかし自己は、テクスト解釈という迂路を経て自己了解を獲得する以上、「他律」ではない。自己はむしろ「他律なき依存」である。というのも、自己性の成立には「物語」という媒介が不可欠であり、かつその主体はまずもって物語る主体、反省の主体だからである。

この主体を「自律」と表現するリクールに対して、レヴィナスは、同じ討論内で自己を「隷従なき他律」として規定する。それと同時に、テクストの客観的内容ではなく、主観性の構造そのものに啓示の痕跡を読み込む自身の立場を示し、物語的言述に対して法規的言述を優先する理由をあらためて説明する。自己性の根源に、主体の自律を認めるか否か、また自他関係の本質はどこに存するのか。ここには両者の調停しがたい対立点がある。

実際、二人とも（アンリと違い）自己性にある種の「ズレ」を見出す点では共通している。このズレは両者ともに「無限」からの隔たりとして理解される。しかし、この「無限」の理解や「隔たり」のもつ意味はけっして同じではない。自他関係をめぐる表面的対立の背景には、二人の方法論的前提や言語理解、さらには宗教的立場の違いもあり、安易な要約を許さない。

哲学的には賛否入り混じる関係であった二人だが、私的関係は敬愛に満ちている。一九六七年、レヴィナスがパリ大学ナンテール校の教授に就任した際、彼をこのポストに招いたのがリクールであった。哲学的背景も共通点の多い二人は以後、互いを尊重し合い、私的交流を続けることになる。レヴィナスは、独立した論考としてリクールを論じることはなかったが、彼へのオマージュを込めた論考は数篇残されている。そしてリクールは、レヴィナスの死後、マルカによる伝記でレヴィナスとの美しい思い出を語っている。それは、まさにリクールがアリストテレスに見出したような理想的な友愛の関係を覗わせる貴重な証言である。

3　ジャック・デリダ（Jacques Derrida, 1930〜2004）

では、レヴィナスが非対称的自他関係を絶対視したのはなぜか。それは「存在論からの脱出」というプロジェクトが当初から彼の哲学を規定していたからである。それはリクールにはない視点である。しかし、このレヴィナス哲学全体を通底する視座は、ある根本的矛盾を孕んでいる。その点を鋭く突いたのが、かつてリクールの助手を務めていたこともあるデリダである。[11] そこで論点は、自他関係をどう捉えるかという次元を超えて、存在論と倫理との関係をどう捉えるかというより根本的な次元に移行する。

デリダは、助手時代にリクールから『全体性と無限』について聞いた後、同書の本格的な読解に取り組む。そして一九六四年にそれを批判する論考「暴力と形而上学」を公表する。この論考は雑誌掲載後、加筆修正を施されて『エクリチュールと差異』（一九六七年）に再録された。[12] これはレヴィナス哲学の核心をいち早く捉えると同時に、その重大な難点を指摘した、レヴィナス研究における最重要論文の一つである。

デリダは、レヴィナスの試みを言語という観点から問い直す。フッサールとハイデガーへの批判を通じて、存在論から倫理への移行を試みるレヴィナスは、「ギリシア的ロゴス」から（ヘブライズムを背景とした）〈他人〉を救い出す形でこの試みを遂行する。ギリシア的ロゴスとは、〈同〉の暴力性を含んだ言語であり、〈他人〉とはこうした言語には回収されない言表不可能な絶対的他性である。これに対してデリダは、論考前半部で、ギリシア的ロゴスなしに〈他人〉を語ることがいかに矛盾を孕んだ試みであるかを明らかにする。確かにレヴィナスの〈他人〉は、パロールとしての言語によって表出する。しかしデリダは、このパロールとして表出する「顔」には、逆説的にも〈同〉の暴力性がすでに刻印されている可能性を問う。

後半部では、〈他人〉と言語的暴力との共犯関係をさらに追及していく。〈他人〉は定義上、ギリシア的ロゴスと絶縁しているにもかかわらず、その記述に際しては当のロゴスが密かに援用される。デリダは、ヘーゲルの無限論とレヴィナスのそれとを巧妙にすり合わせながら、またレヴィナスのハイデガー理解を批判的に検討しながら、最終的に存在論からの脱出という企図が、当の存在論によってあらかじめ規定されている事実を暴きだす。存在論と倫理、あるいはヘレニズムとヘブライズムとは、実は共犯関係にある。ヘーゲルが両者共通の起源に立脚していたように、反ヘーゲル主義を掲げるレヴィナス自身が皮肉にもヘーゲルと同じ地点に足を踏み入れていたことになる。

デリダは、この起源がレヴィナスによって主題的に問われないのは、レヴィナスが顔を記述する際、顔の公現を（隠喩的）言語を媒介しない（不在としての）現前、あるいは「経験」として捉えようとするからだと見る。これをレヴィナスの経験主義と名づけるデリダは、「現前の形而上学」なしにこの経験主義を維持することの困難を指摘する。

この批判に対してレヴィナスは、まずデリダへの私信で応答している[13]。「暴力と形而上学」前半部に関して、〈他人〉の表出に際して援用される言語には「謎」という両義性が含まれる点が強調される。それは、デリダの批判がこの両義性をいささか単純化していた点を暗に糺すものである（なお、この点は後にデリダによって補足される）。

さらに後半部については、レヴィナスはデリダが表出概念の多様なレベルを区別していない点に不満を表明している。記号にはやはり存在論には回収されない表出が含まれているからである。この点が、後のレヴィナス唯一のデリダ論「まったく別の仕方で」（一九七三年）で展開されることになる。そこでは、デリダの記号概念が批判される。レヴィナスは、一方で、デリダがフッサールの主観性を「現前の形而上学」とみなす点について同意する。他方で、デリダが、現前と不在との差異＝「差延」を、記号の一般的な構造として、「シニフィエなきシニフィアンの体系」としてしか捉えない点については同意しない。というのも、記号を差延とみなし、現前の形而上学が抱える「不在」を肯定的に語ろうとしても、その挙措はレヴィナスには「依然として、肯定性と同一視された現前へと舞い戻る一つの仕方」（NP, 71／九三）に映るからである。

記号は、単にシニフィアンの戯れにすぎないのではない。デリダのように差延に身を委ねるのに終始するなら、存在論にとどまるほかない。それに対してレヴィナスは、「存在論は出口なしなのだろうか」と問う。記号の根源には、差延だけではなく、『存在の彼方へ』が示したとおり、「身代わり」としての「他者のための一者」があるからである。

レヴィナスは、論考「存在の思惟と他者の問い」（一九七八年）でもデリダに応答している。フッサールの記号、「指標（Anzeige）」は、確かに何ものかを指示する、「純粋に形式的な指示」である。しかし、それは実は「形式的な結合とは別の源泉」（DQVI, 182／二二六）をもつ。一方の項と他方の項とのあいだには「戯れ」があるだけではない。記号には、両項のあいだに、絶対的差異を抱えた記号＝痕跡があるからである。それは「共時性」としての「言われたこと」に回収されえない「隔時性」としての「言うこと」である。レヴィナスはこの記号の根源的構造に、やはり存在論からの出口を見る。

存在論からの脱出を図るレヴィナスと、存在論を支える根源的差異への遡行を図るデリダ。そこには記号や言語の理解をめぐる根本的対立がある。なお、デリダは後に、論考「この作品の、この瞬間に、我ここに」や『アデュー』において『存在の彼方へ』以降の歩みに目を向け、言語論の難点を正義や第三者の分析を通じて再検討しているが、晩年の仕事にはレヴィナスとの共通点を窺わせるものも少なくない。とくに「痕跡」という独特の記号概念について、デリダはインタビューを通じて、留保を付しながらも自身との接点を認めている。

哲学的には一定の距離を置いたデリダだが、プライベートではレヴィナスに対する敬意を失うことはなかった。「暴力と形而上学」出版後、デリダはこの論考をレヴィナスに送るとともに、ソルボンヌでのレヴィナスの講義に出席してもいる。以来二人は互いに著作を献呈し合い、手紙で感想を伝え合っていたほか、レヴィナスがデリダの国家博士論文審査にも加わるなど、両者の友好関係はレヴィナスの死まで続くことになる。その詳細は、ペータースの『デリダ伝』で引かれる未公開書簡や、マルカの『評伝レヴィナス』でのデリダ自身の証言で知ることができる。なお、ペータースによれば、デリダ第二子の名（ジャン・ルイ＝エマニュエル）の一部は、レヴィナスの名を受け継いだものである。

4　ジャン＝リュック・マリオン
(Jean-Luc Marion, 1946〜)

存在論からの脱出というプロジェクトは確かに困難を抱えている。その困難の一端は、謎めいた他者概念の現象学的身分にある。この他者概念の抱える難点をあらためて問うたのが、かつてレヴィナスと同じソルボンヌ大学の形而上学講座教授に就いていたマリオンである。

戦後生まれの哲学者に言及することが少ないレヴィナスだが、マリオンは例外である。マリオンへの言及は、まず『実存から実存者へ』第二版（一九七七年）の序文にみられる。そこでレヴィナスは、マリオンの批判に答えている。その批判とは、同年に出版されたマリオンの『偶像と隔たり』におけるレヴィナス批判である。[14]同書でマリオンは、ハイデガーの「存在論的差異」には回収されない「隔たり」を探究するなかで、レヴィナスの哲学を検討する。レヴィナスは、確かにこうした隔たりを自他関係のなかに見出そうとしている。レヴィナスは、「存在」を「中性的なもの（Neutre）」と呼んだうえで、あらゆるものを一般性へと回収する「中性的なもの」から他者を引き離し、他者を存在の彼方で捉えようとするからである。しかし、『全体性と無限』でレヴィナスは、この他者を「存在者」と呼ぶ。ここからマリオンは、レヴィナスの試みは、存在論的差異の克服ではなく、その逆転にすぎないと批判する。レヴィナスが、他者に存在者以外の積極的規定を与えない限り、存在論に対する倫理の優位を主張する彼の試みは、存在に対する存在者の優位を確立することに尽きてしまうからである。

レヴィナスが先の序文で応答したのは、この批判に対してである。そこでレヴィナスは、他者がむしろ「存在論的差異を超えた意味」（EE, 12／七）をもつ点を強調する。そして、こうした他者の意味の探究が『全体性と無限』から『存在の彼方へ』への哲学的歩みを特徴づけていると述べる。ただ、当該の序文では、その歩みの内実が語られることはない。それに対して、マリオンは、別の論考でレヴィナスの主体の地位を問うたのち、論考「他人から個人へ」(二〇〇〇年)において、『存在の彼方へ』に関する独自の解釈を提示することで、今度はレヴィナス他者論への肯定的評価を導き出している[15]。

そこで中心的役割を果たすのが「愛」の概念である。マリオンは、『存在の彼方へ』の「愛」の概念において、それまで存在者にとどまっていた他者が、最終的に存在論的差異の彼方で積極的な具体性を獲得するに至ると解釈する。『全体性と無限』の他者概念は、愛を通じて「汝殺すなかれ」という「普遍的」な律法への従属を命じる点で、匿名性に転じる危うさを抱えていた。それに対してマリオンは、『存在の彼方へ』に隠された別の愛の概念に注目し、普遍的命法を振りかざす以前に、「知」に先立って私を愛する他者を発見する。この他者の愛は、晩年のレヴィナスによって他者の(存在者化とは異なる)「個体化(individuation)」を保証する愛とみなされることになる。ここにマリオンは、デリダ以来問題視されてきたレヴィナス他者論の一定の解決を見る。

この愛の評価の背景には、一九八六年にパリでおこなわれたコロックにおける、レヴィナスとマリオンとの直接的な討議がある。マリオンは、レヴィナスに対して、自他関係を規定する際に、自他の相互性を想起させる「倫理」という表現に代えて、非-相互性に立脚した「愛」という表現を用いるべきではないかと提起する。驚くべきことに、レヴィナスはこの提案に対して全面的に同意している[16]。これが驚くべきなのは、マリオンはこの愛を、ユダヤ教ではなく、キリスト教に基づいて理解しているからである。彼は、レヴィナスの困難をキリスト教の枠組みによって解消すべきだと提案していたことになる。

この提案への同意はけっしてその場限りのものではない。レヴィナスは、キリスト教的慈愛の神を「存在なき神」として理解しようとするマリオンの試みをつねに肯定的に評価するからである(DQVI, 194/二二九、EN, 138/一七二)。確かに、マリオンの「存在なき」神とレヴィナスの「存在に感染せざる」神は、ともに存在論的差異の彼方に位置づけられる点で、共通性がある。ただ、マリオンは『存在なき神』(一九八二年)において、偶像としての神を「神」(«Dieu»)と記す一方、存在と交錯しない神には「×」を付して表記する。この十字は、存在を抹消する絶対的超越を指すと同時に、十字架をも意味している。つまり「存在なき神」とは、十字架上で死を遂げた神=人でもある[17]。それに対して、レヴィナスの神に十字架上の死はない。「神は受肉ではなく、律法によって具現する」(DL, 192/一九四)からである。

マリオンに対するレヴィナスの評価の背後には、キリスト教に対するレヴィナスの両義的態度が見え隠れする。レヴィナスは、存在論的差異の超克という目的をマリオンと共有するが、彼が依拠するキリスト教の枠組み全体を共有するわけではない。では、マリオンの提案への同意の真意はどこにあったのか。管見の限り、レヴィナスがそれを公の場で語ることはなかった。マリオンによれば、レヴィナスは晩年、それを旧知の研究者に明かしたとされるが、伝聞の域を出ない。

　最後に、レヴィナスとマリオンとの個人的関係についても一瞥しておこう。マリオンは『偶像と隔たり』出版直後にレヴィナスの自宅に招かれている。以来、マリオンによるいくつかの批判にもかかわらず、レヴィナスがそれを真摯に受け止め応答する態度に対して、マリオンは深い感銘を受けたとされる。『存在なき神』はレヴィナスに触発されて書かれ、後の哲学的著作にもその影響は随所に見て取ることができる。ここで取り上げた四人のなかでマリオンこそ最も深くレヴィナスの影響を受けたであろうことは、マリオン自身の対談から覗い知ることができる(18)。

　ほかにもレヴィナスは、ブランショやリオタールなど、数多くのフランス知識人と対話している。こうした対話は、既刊著作だけでは知りえない、レヴィナス哲学のさまざまな背景を浮き彫りにするものとして重要な意味をもつ。なお、最後に、こうしてフランス人と積極的に対話したレヴィナスが外国人であった点も忘れられてはならない。リトアニア出身のレヴィナスは、外国語としてフランス語を学び、その抑揚からも異邦人という印象を与えずにはおかなかった。しかし、フランス語特有の多義性を巧みに利用した高度な表現法を駆使した彼のテクストは、フランス思想の外部から到来しながら、その内部に強い磁場を生み出した。それは、戦前はフランスへの現象学の本格的な輸入という形で、戦後は独自の哲学の展開という形で、フランスに知的衝撃をもたらした。彼の独創性と影響力は、戦前のベルクソンに匹敵する。フランス思想に遅れて加わったこの異邦人が、いまやベルクソンと並ぶ、二〇世紀フランス思想を代表する哲学者であることは、今日のフランス人の誰もが否定しえない事実であろう。そのこともまた、レヴィナスとフランス思想との関係を格別のものとしている。

註

（1）Anne Henry, «Michel Henry (1922–2002) Entretien en manière de biographie», in J.-M. Brohm et J. Leclercq (éd), *Michel Henry, Les Dossiers H*, L'Age d'Homme, 2009, p. 27.

（2）M. Henry, *Phénoménologie de la vie*, tome I, PUF, 2003, p. 196.

（3）M. Henry, *Auto-donation. Entretiens et conférences*, Beauchesne, 2004 [Prétentaine, 2002], p. 213.

（4）レヴィナス／リクール関係の文献については、以下の訳者解説が詳しい。リクール『別様に』関根小織訳、現代思潮新社、二〇一四年参照。

（5） *Levinas, Philosophe et Pédagogue*, Éditions du Nadir, 1998, pp. 13–28.

（6） P. Ricœur, *Soi-même comme un autre*, Seuil, 1990, pp. 221–226.（『他者のような自己自身』久米博訳、法政大学出版局、一九九六年、二四二—二四八頁）

（7） P. Ricœur, «Emmanuel Levinas, penseur du témoignage», in *Répondre d'autrui, Emmanuel Levinas*, La Baconnière, 1989, pp. 17–40.

（8） *Éthique et responsabilité. Paul Ricœur*, La Baconnière, 1994, pp. 35–37.

（9） *La révélation*, Publications des Facultés universitaires Saint-Louis Bruxelles, 1977.

（10） *Ibid.*, p. 23.

（11） レヴィナス／デリダ関係については、以下に詳細な書誌情報がある。『終わりなきデリダ』法政大学出版局、二〇一六年、巻末文献案内参照。

（12） J. Derrida, «Violence et métaphysique. Essai sur la pensée d'Emmanuel Levinas», in *L'écriture et la différence*, Seuil, 1967, pp. 117–228.（『エクリチュールと差異』谷口博史訳、法政大学出版局、二〇一三年、一六三—三三〇頁）

（13） «Deux lettres d'Emmanuel Levinas à Jacques Derrida»（1964）, in D. Cohen-Levinas（éd）, *Lire* Totalité et Infini *d'Emmanuel Levinas*, Hermann, 2011, pp. 213–217.

（14） J.-L. Marion, *L'idole et la distance*, Grasset, 1977, pp. 274–280.

（15） J.-L. Marion, «D'autrui à l'individu», dans *Emmanuel Levinas, Positivité et transcendance*, PUF, 2000, pp. 287–308.

（16） *Autrement que savoir*, Éditions Osiris, 1988, p. 75.

（17） J.-L. Marion, *Dieu sans l'être*, 2e éd., PUF, 2002, p. 107.（『存在なき神』永井晋・中島盛夫訳、法政大学出版局、二〇一〇年、九九頁）

（18） J.-L. Marion, *Paroles Données, Quarante entretiens 1987–2017*, Les Éditions du Cerf, 2021, pp. 301–315.

6　レヴィナスとユダヤ思想

佐藤香織

1　レヴィナスの生とユダヤ教

レヴィナスは、対談「ユダヤ教哲学をめぐって」のなかで、自分の出発点は「ユダヤ教がごく自然に生きられているような世界」（HN, 198／二八〇）であったと述べている。レヴィナスは二〇世紀初頭のリトアニアというユダヤ人と非ユダヤ人が共存する社会に生まれ、六歳からヘブライ語と聖書を学ぶ環境にあった。ストラスブール大学で学び哲学研究を志す過程でユダヤ教およびユダヤ思想の研究に携わることはなかったが、その後哲学研究を進める一方で、一九三四年からレヴィナスは世界イスラエリット連盟に所属し、機関紙『平和と権利』にいくつかの論文を執筆している。そのうちにはユダヤ思想に関する論考「マイモニデスの現代性」（一九三五年）も含まれていた。また、生前には発表されていなかった「捕囚手帳」の公刊に伴って、レヴィナスが戦前の一九三五年頃よりドイツのユダヤ思想家フランツ・ローゼンツヴァイクの著作『救済の星』を重要なものとみなしていたことが明らかになった（OI, 74／八八）[1]。

レヴィナスがユダヤ人子弟の教育およびユダヤ教のテクストの学習に本格的に取り組むようになったのは第二次世界大戦後である。レヴィナスは戦後から、大学に職を得た後も含め一九七三年までは正規の校長として、その後も一九七九年まで、パリにある東方イスラエリット師範学校（ＥＮＩＯ）に勤めていた。また、仕事のかたわら、ユダヤ教の文献に造詣の深いシュシャーニから各種の書物の読解方法を学んだ。一九六一年に国家博士論文『全体性と無限』の口頭試問を受けた後、ポワチエ大学の教壇に立つ前まではＥＮＩＯでヘブライ語および哲学を教え、実際に授業をするという形でユダヤ人教育に携わっている。また、一九五七年から九一年まで幾度かの例外を除きフランス語圏ユダヤ知識人会議に毎回出席し、その多くの回で講演を重ねた。フランス語圏ユダヤ知識人会議では毎回時代性に富む主題があらかじめ定められ、講演者はそのテーマに沿ったタルムード講話と聖書講義をおこなう。レヴィナスは生涯を通じてさまざまな仕方でユダヤ教と関わりをもち続けたのである。没後の一九九六年には第三六回フランス語圏ユダヤ知識人会議でレヴィナスの思想がテーマとなり、その内容は論集『困難な正義』（一九九八年）として出版されている。

他方、レヴィナスはユダヤ教と関わりが深かったとはいえ、その哲学的基盤はつねに現象学にあり、レヴィナス自身が自分をユダヤ思想家の枠組みに入れることはなかった。タルムード学習に関してレヴィナスは自らをアマチュアと位置づけて、「日曜タルムード学者」（ADV, 144／一九六）と自称していた。またたとえばアンドレ・ネエルといった聖書研究の立場から、レヴィナスの仕事はフランス語の読者に釈義の意味を伝えたものとして評価されていたが、[2]そうした評価は限定的なものであった。レヴィナスがユダヤ思想家として国際的に知られるようになったのは没後である。シオニストでハイファ大学の哲学教授であったゼエヴ・レヴィやイスラエルでレヴィナス研究学院を創設したベニ・レヴィといったユダヤ思想家たちがレヴィナスの思想の普及に尽力したのである。

2 リトアニア・ユダヤ思想およびタルムードとレヴィナス

リトアニア・ユダヤ思想への関心

レヴィナスは「ユダヤ教」を「聖書、タルムード、ラビ文学を基礎とし、しばしばカバラーの神秘神学ないし神智学と組み合わされた信仰、典礼、道徳的戒律の体系」（DL, 47／三三）と説明している。第二次世界大戦後のレヴィナスは、それらのうち主にタルムードの読解に関心を抱いていた。ユダヤ教のうちタルムードの学習を中心とする流れとしては、レヴィナスの故郷であるリトアニアで一八世紀に活躍した思想家ヴィルナのガオン、およびその弟子であるボロズィンのラビ・ハイームを中心とする、リトアニア・ユダヤ教を挙げることができる。

一八世紀、律法の形式的厳守を重視することなくしてユダヤ教への回帰をめざす民衆運動であるハスィディズムが東欧のガリツィアで開始された。しかし、レヴィナスが伝えているように、ヴィルナのガオンの見るところでは「ハスィディズムという民衆運動は、知識よりも熱情を要求することで、学問やタルムードの弁証法には、ユダヤの宗教的生活での第一義的な地位を拒んだ」（ADV, 182／二五〇）。ハスィディズムに反対してタルムードの学習の優越を認める人々はミトナグディームと呼ばれている。マルカが『評伝レヴィナス』のなかで指摘するように、近代のリトアニア・ユダヤ教の重要な流れとしては、一八四〇年代から一八五〇年代に、タルムードを学びその方法論を研究するための学院をリトアニアに設立した人物である、ムーサール運動の創始者サランテルの名を挙げることができよう。

リトアニア・ユダヤ教とレヴィナスの関わりとしては、レヴィナスが直接に論じているラビ・ハイームの思想に着目したい。ラビ・ハイームはリトアニアにタルムードを学ぶ学院であるイェシバを創設し教育活動に身を捧げたが、遺稿としてユダヤ教の学術的体系に関する論考を残した。この遺稿は『ネフェシュ・ハ・ハイーム（生の魂）』（一八二四年）[3]という題で出版されており、レヴィナスはこの著作の仏訳に序文「「神にかたどって」――ボロズィンのラビ・ハイームによる」を寄せたほか、「ユダヤ教とケノーシス」（一九八五年）でラビ・ハイームの思想を分析している。ボロズィンのラビ・ハイームはハスィディズムには異を唱えていたものの、カバラーにも依拠しており、神秘主義への接近をあまり評価しないレヴィナスとその思想傾向は異なっている。しかし、レヴィナスは、「人間の人間性」が「理性的な動物」を起点とすることなく、「神にかたどって創造された人間」として理解されている点において、ラビ・ハイームを評価するのである。

また、ラビ・ハイームの思想を通して得られた、ユダヤ教に対するレヴィナス独自の観点は、たとえば論考「ユダヤ教とケノーシス」のうちに見ることができる。この論考では、キリスト教の「ケノーシス」の概念とラビ・ハイームにおける「聖潔」の概念を結びつけることで、レヴィナスはユダヤ教を起点として主体概念について独自の考察をおこなった。「ケノーシス」はギリシア語で神の受肉を意味しており、たとえば『フィリピの信徒への手紙』では、キリストが神の身分でありながら「自分を無にして（ἐκένωσεν）」（二章七節）人間の姿で現れ、「へりくだって死に至るまで、それも十字架の死に至るまで従順であった」（二章八節）とパウロが語っている。レヴィナスは「ケノーシス」を「奴隷的な人間の境地にまでへりくだることに同意した神の謙譲（humilité）」（HN, 133／一九一）と解釈する。そして、「神の謙譲」、すなわち身を屈して人間の悲惨さのうちに宿るという神の状態を、旧約聖書のうち「モーセ五書」「予言書」「諸書」等の各所、さらにはボロズィンのラビ・ハイーム『生の魂』のうちに見出すことで、キリスト教のケノーシス概念を独自に捉え直したのである。

タルムードの学習

リトアニア・ユダヤ思想はタルムード学習と不可分である。しかしレヴィナスは、リトアニア・ユダヤ思想の書物の読解とは別途にタルムード学習をおこなっていた。レヴィナスがタルムードを直接に学んだ師であるシュシャーニは出自も本名も不明であり、住所も不定であって、とくにリトアニア・ユダヤ教の系譜にあるわけではない。レヴィナスがタルムードの読解を公に発表していたのも主にフランス語圏ユダヤ知識人会議においてであって、レヴィナスが思索をおこなう際にリトアニアという自身の出自に拘泥するということもなかった。

　フランス語圏ユダヤ知識人会議は、世界ユダヤ会議の後援のもと、一九五七年から毎年開かれることになった。レヴィナスは、第一回は聴講者として、第二回からは発表者として参加しており、はじめてタルムード講話をおこなったのは一九六〇年である。レヴィナスは毎回フランス語とヘブライ語の両方の言語で書かれたテクストを配布し、読解をしながら講話をおこなった。第二回の会議の主題は「ユダヤ思想の内気さと大胆さ」であり、レヴィナスは「『サンヘドリン篇』におけるメシア的時間と歴史的時間」という題で発表した。一九六三年の会議の主題は「赦し」であり、ジャンケレヴィッチがショアーという特定の出来事に関するドイツ人の赦しの問題について著名な講演をおこない、レヴィナスは「他人の赦し」に関するタルムードの一節に関する発表をおこなった。その後もほぼ毎年続けられたタルムード講話は、『困難な自由』『タルムード四講話』『タルムード新五講話』『聖句の彼方』『諸国民の時に』『新タルムード講話』などに収められている。

　タルムードの読解に携わる際に、レヴィナスは自らの生および自らが生きる時代と思想を切り離すことをしない。タルムードはユダヤ教の伝統において聖書とは別に授けられた口伝の教えを編纂したテクストであり、つまり「聖書釈義を含むユダヤ教を自らの信仰とするユダヤ人の日常生活、宗教生活および思考」（QLT, 10／一〇）を記した古代のテクストである。ただし、タルムードにおける、現代から切り離されることなく生きたものであり続けるという性格を、レヴィナスは殊のほか重視していた。タルムードには師たちによる註解の積み重ねが師の名前と発言をそのまま引用する形で記されている。レヴィナスは「書物の形になってもなお生ける語りに対して開かれている」（SS, 10／七）あり方にタルムードの思想的意義を見出していた。レヴィナスの没後、その思想を主題とした第三六回フランス語圏ユダヤ知識人会議で、この会議の開催に長年携わっていたジャン・アルペランは、「来たるべき会議の文脈に最も適したタルムードの一節を入念に選択しようと熱意を捧げた省察」[4]に敬意を捧げつつ数々のレヴィナスのタルムード講話を回想した。会議の主題はその時代に話題とすべき事柄が選ばれることが多いのだが、レヴィナスは、「タルムードの知恵を私たちの時代の悩みごとと突き合わせてみること」（QLT, 24／二三）をエルサレムのヘブライ大学の課題であると考え、毎回の発表の準備に多くの労力を割いていた。こうしてレヴィナスは、タルムード研究および聖書の釈義を通じて「私たちの時代の悩みごと」へと向かったのである。

3　ドイツ・ユダヤ思想とレヴィナス

ドイツ・ユダヤ思想との関わり

リトアニア・ユダヤ思想、聖書およびタルムードの研究に加えて、レヴィナスは近代以降のドイツ・ユダヤ思想からも着想を得ている。

一八世紀末のドイツでは、ユダヤ人がその同一性を保持しつつ西欧近代国家の一員として生きるためのあり方が模索された。ユダヤ人によるこの啓蒙運動（ハスカラー）の流れのなかで、モーゼス・メンデルスゾーンは一七八一年にユダヤ自由学校（Jüdische Freischule）を創設し、さらに著作『エルサレム、もしくは宗教権力とユダヤ教について』（一七八三年）の出版を通じて近代ユダヤ哲学の確立に貢献した。『エルサレム』はその出版二百年後にドミニク・ブレルによって仏訳され、レヴィナスはこの翻訳に序文を寄せている。メンデルスゾーンの著作は、「ユダヤ人国家の終焉」（HN, 164／二三四）とともに近代の民族国家における〈ユダヤ人〉と〈非ユダヤ人〉とのあいだの「友愛」（HN, 164／二三四）をも示しているとレヴィナスはその立場を要約した。レヴィナス自身は、ユダヤ人意識が多様である二〇世紀、とりわけショアー以後にメンデルスゾーンの時代の民族間の調和という展望が有効であるかということについては懐疑的である。しかし、メンデルスゾーンが「倫理的ヒューマニズムや他者の人格の尊重にとどまることなき、人間の知性の統一性をまさに肯定した」（HN, 168／二三九）ことを評価している。

一九世紀末から二〇世紀のドイツでは、ユダヤ人が組織する多くの団体が設立された。一方ではユダヤ人のドイツへの同化が進み、ユダヤ教の信仰およびユダヤ教の伝統と文化によって結びつくことのないユダヤ人が増えた。他方、一八九六年、ユダヤ系のオーストリア人であるテオドール・ヘルツルによって、ユダヤ人が祖国パレスチナに帰還するために起こされた運動であるシオニズムが開始された。また、一九〇一年にはマルティン・ブーバーが論文「ユダヤ・ルネサンス」を発表したことから見てとることができるように、二〇世紀初頭にはドイツのうちにユダヤ文化を再生する動きが始まった。さらに、二〇世紀のヨーロッパにおけるユダヤ思想の大きな潮流のうちにはユダヤ神秘主義思想であるカバラーの研究があり、ゲルショム・ショーレムらがこの分野において活躍し、カバラーの体系化が進められた。ハスィディズムの運動も盛んであって、たとえばブーバーはこれに強い関心を抱いていた。

しかしレヴィナスはユダヤ文化、とりわけユダヤ神秘主義思想を再評価する流れとは袂を分かつ。レヴィナスは神秘主義思想には一貫して批判的立場を貫いており、カバラー研究に関心を抱くことはなかったし、神秘主義思想における、神と合一しようとする「熱狂」そして「人間をその権能と意志を超えて包み込み、連れ去る」（DL, 29／一九）ような「聖なるもの（le sacré）」を拒否した。神との合一をめざす神秘主義には、他性を思考する契機が欠けているのである。

近年では、F・ノールマン、M・ビーネンシュトック、R・コーエン、E・メイアーなどの研究によって、二〇世紀前半における、神秘主義思想に回収されることのないドイツ・ユダヤ思想、とりわけローゼンツヴァイクやその師の一人であるヘルマン・コーエン、ブーバーの思想とレヴィナスの思想の関係が着目されている。たとえばノールマンは、『レヴィナスとドイツ・ユダヤの哲学』[5]において、レヴィナスは「哲学者」であると同時に「ユダヤ思想家」であり、コーエン、ローゼンツヴァイク、ショーレム、ベンヤミンといった二〇世紀前半のドイツ・ユダヤ思想家たちによる、「ユダヤ教の諸源泉の参照と哲学的企図の分節化の問題」という「遺産」を受け継いでいるという解釈を提示した[6]。ノールマンによれば、ドイツ・ユダヤ思想は、ドイツ観念論の時代の後のドイツの哲学、そして二〇世紀のユダヤ思想の両方を体現するものとして、レヴィナスの哲学とユダヤ思想をつなぐ紐帯となっている。以下、レヴィナスの思想と関連する主な近代ドイツ・ユダヤ思想として、ローゼンツヴァイクとブーバーを取り上げてみたい。

ローゼンツヴァイクへの評価

本節の冒頭に記したように、レヴィナスは戦前からローゼンツヴァイクに着目していた。『全体性と無限』の序文における、「フランツ・ローゼンツヴァイクの『救済の星』における全体性の観念への異議申し立てに私たちは強い感銘を受けており、同書は引用するにはあまりにも頻繁に本書のなかに姿を見せている」(TI, 14/二七)という言及は、しばしばレヴィナスのローゼンツヴァイクへの関心の高さを示すものとして引き合いに出される。また、レヴィナスは、「二つの世界のあいだで」(一九五九年)、「フランツ・ローゼンツヴァイク——ある近代ユダヤ思想」(一九六五年)を発表したほか、ステファヌ・モーゼスによるフランスにおける最初のローゼンツヴァイク研究書『体系と啓示』(一九八二年)に序文を寄せた。

「二つの世界のあいだで」は、第二回フランス語圏ユダヤ知識人会議において発表され、その後論考として出版された。レヴィナスはこの発表において「フランツ・ローゼンツヴァイクの哲学ではなく、彼の精神的な伝記について」(DL, 235/二三八)述べるよう依頼された。その内容はローゼンツヴァイクの思想形成時期の経験、その主著『救済の星』の構成の紹介、『救済の星』出版後のローゼンツヴァイクの人生や、残された書簡からわかるその人柄についての証言から成っており、結論部においてレヴィナスは、ローゼンツヴァイクの思想的貢献を、「哲学者の全体化する思考の法と産業社会を、いずれも絶対的なものの構造であるような生の姿勢によって置き換えたこと」(DL, 259/二六五)に見出した。その背景にあるのは、あらゆる民族が歴史の一部となるという考えに対して、特異な民族の歴史に対する独立性を保持しようとすることからユダヤ人の意識について思考するローゼンツヴァイクの試みである。レヴィナスはローゼンツヴァイクを、「ユダヤ的実存」を「存在の本質的出来事」として思考を展開した人物として紹介した（DL, 237／二四二）。またレヴィナスは、実存者の特殊的なあり方についての思考を起点として特殊と全体の関係を考察する存在論をローゼンツヴァイクの議論のうちに見てとる。「ユダヤ的実存」という主題はレヴィナスにとって人間の特殊性と普遍性の問題であり、レヴィナスは「ユダヤ的普遍主義はつねに特殊主義に現れていた」（DL, 216／二二八）とも述べている。レヴィナスは、ローゼンツヴァイクにおける「特殊」概念の扱い方に示唆を得たことも理由の一つとして、『全体性と無限』において「全体性」の観念に対する批判を展開することになるのである。

「フランツ・ローゼンツヴァイク——ある近代ユダヤ思想」（一九六五年）においても基本的な論調は変化していない。ただし、一九八〇年前後になると、レヴィナスのローゼンツヴァイクへの関心のあり方は若干変化している。モーゼスの著作に序文を寄せた際には、『救済の星』が提示する時間性および言語の問題に言及する。また、後期のインタビューなどでは、過去、現在、未来という時間の「脱形式化」をおこなった思想家の一人として、レヴィナスは幾度かローゼンツヴァイクの名を挙げている。ローゼンツヴァイクは『救済の星』において、過去を〈創造〉から、現在を〈啓示〉から、未来を〈救済〉から思考した。レヴィナスは「形式的な諸概念が真に思考されるのはこの具体的な出来事においてである」（EN, 137／一七〇）と述べるとともに、「具体的な出来事」から時間を考えるというローゼンツヴァイクの挙措をフッサールの時間論に通底するものと捉える。レヴィナスは、ローゼンツヴァイクにおける時間の「脱形式化」と自身が展開する時間論とのあいだにいかなる共通性を認めているのかを直接に示してはいないが、ローゼンツヴァイクに対するレヴィナスの肯定的評価は変化しつつも保持されていると見てよいであろう。

ブーバーとレヴィナス

ブーバーの主著『我と汝』（一九二三年）における〈我－汝〉についての思考と、『全体性と無限』においてレヴィナスが分析する「対面」という出来事は、しばしば自他関係の構造に関する議論として比較される[7]。じっさい、『全体性と無限』において、レヴィナス自身もブーバーに関してローゼンツヴァイクよりも詳しく言及しているし、それに先立って、哲学コレージュにおける一九五七年の講演「分離」においてもレヴィナスはブーバーの名を挙げていた。また、ブーバーの八〇歳記念論文集に寄せた「マルティン・ブーバーと認識の理論」（一九六三年）に対してブーバーは書簡をもって応答し、両者のやりとりがおこなわれている[8]。そのほかレヴィナスは、「マルティン・ブーバーの思想と現代ユダヤ教」（一九六八年）、「マルティン・ブーバー、ガブリエル・マルセルと哲学」（一九七八年）、「ブーバーについて——若干の覚書」（一九八二年）といった論考を残している。

　ブーバーにとって〈我‐汝〉とは世界に対して人間がとる態度の一つであり、「出会い」という出来事における二者間の関係を示している。レヴィナスはブーバーの〈我‐汝〉関係を「間の存在論」（NP, 30／三三）と呼び、ブーバーにおける、思考の主体を起点とするのではなく「出会い」を起点としてなされる人間的実存の分析を評価する。「客体的認識を支える存在との関係が〔…〕他人である一箇の存在者（*Seiendes*）に、したがって存在の最初の出来事である社会性に導く」（NP, 29／三二）構造をレヴィナスはブーバーのうちに見出していた。その一方でレヴィナスはブーバーの〈我‐汝〉関係の相互的性格の本源性を問いに付した。レヴィナス自身は『全体性と無限』において、〈他人〉の超越的性格および自他関係の非対称的性格を強調しており、ブーバーと立場を異にする。またレヴィナスは、ブーバーにおける〈我‐汝〉はその形式的性格ゆえに人間と事物を結びつけることが可能であり、その場合に「家政、幸福の追求、事物との表象的関係」（TI, 65／一一〇）といった、友愛以外の人間と事物の結びつきを説明できなくなると指摘する。

　ブーバーはこれに反論して、「一方が他方を認識し、めざし、同一化し、認知し、承認し、まさにこの人格として相手を肯定する」（NP, 45／五四）場合にも〈我‐汝〉関係は成立するのであり、〈我‐汝〉関係は友愛に収斂することはないと述べた。また、ブーバーはハスィディズムの立場から、レヴィナスとは異なりむしろ積極的に、人間以外のものを含むあらゆるものとのあいだに〈我‐汝〉関係を見出していた。レヴィナスはブーバーの死後、「マルティン・ブーバーの思想と現代ユダヤ教」において、ブーバーの述べる〈我‐汝〉の「出会い」について、「私たちは私たちにとっての一切の現前を意識の諸形式に還元してしまいがちであるが、出会いは、そうした諸形式のうちに潜り込むことのないようなある関係を示している」（HS, 33／三三）と述べ、〈我‐汝〉を単に形式的なものとして捉えることをやめている。また、ブーバーが「対話」と呼んだものは「政治的対話の普遍性に先立つ」（HS, 29／二七）ものであって「《対話のなかに参入》させる対話」（HS, 29／二七）であると、その思想を再評価している。

4　ユダヤ思想とレヴィナスの哲学

では、ユダヤ思想とレヴィナスの哲学のあいだにはどのような内在的関係があるのか。むろん、レヴィナス哲学がつねにユダヤ思想への目配りを要請するわけではない。レヴィナス自身、ユダヤ思想に関する書物はミニュイ社から、哲学書は主にナイホフ社とヴラン社から出すことで、両者の区別を明確にしようとしていた。また哲学書においては極力ユダヤ教に特徴的な語彙を用いないようにしていた。ユダヤ思想への言及をすることなくレヴィナスの哲学的論考を分析する研究も数多くなされてきており、フェロンのように、レヴィナスのユダヤ思想に関する諸著作を「ユダヤ教神学を疑似‐哲学的な言説に移し替えたもの[9]」とみなして、レヴィナスの哲学的な、とりわけ現象学に関わる著作のみを重視する立場の研究も多い。

それでは、レヴィナスがユダヤ思想と哲学を区別していたことを考慮に入れつつも、両者の関係をどのように見積もるべきか。この問いに答えるためには、レヴィナスがユダヤ教に関わるテクストと哲学的テクストの両方で用いているいくつかの鍵概念に着目するとよい。たとえばG・ベンスーサンは、「哲学的な由緒正しさがある」時間の問題と、「宗教史もしくは宗教社会学に属するように見える」メシアニズムの問題という、「十分に隣接していることはわかるがその統一はそう容易に認められるわけではない二つの秩序[10]」を接合させて「メシア的時間」を主題として論じ、その思想史のうちにレヴィナスを位置づけた。また、レヴィナスにおいて「啓示」という概念は『全体性と無限』では自我に対する他者の現れを意味し、ユダヤ教に関わる書物では神の人間に対する顕現を意味するのであるが、S・アビブはレヴィナスの「啓示」概念をローゼンツヴァイクの『救済の星』の「啓示」概念との比較のもとで論じている。[11] D・アルビブは、「無限」の観念に着目して、レヴィナスの哲学的著作におけるデカルト読解とユダヤ教に関わる論考のラビ・ハイーム読解を突き合わせた。[12]

じっさいのところ、とりわけ一九六〇年代以降のレヴィナスの諸著作を通覧した際に、ユダヤ思想に関する書物がレヴィナスにおいて哲学と完全に分離可能であると明言することは困難である。哲学的主著『全体性と無限』では、この著作の主題の一つである自他関係が「宗教」と呼ばれている（TI, 30／五三）ほか、現象学の用語を用いた哲学的分析のかたわらで終末論、メシア的平和、啓示といった宗教的な語彙が哲学的術語として用いられており、こうしたことはレヴィナス研究が開始された当初から着目されていた。たとえばハンデルマンは「レヴィナスの哲学的鍵概念はすべて彼のユダヤ教関係の書物のうちに見出される[13]」と指摘していたし、ブーレッツは、レヴィナスにおいては「ユダヤ教の伝統と哲学とが調和のうちに同居しえている[14]」と述べている。[15] チャラメリは、レヴィナスにとってユダヤ教は「超越へと例外的に開かれた経験と伝統の証言[16]」であると考え、レヴィナスは哲学的な「自律」の思想に対して「宗教的な他律」を尊重していると論じた。これらの見方はレヴィナスの哲学とユダヤ教の不可分性を示している。レヴィナス自身、後期には「ユダヤ教と哲学的省察との区別はただちに重大な確執として現れるのか」（HN, 198／二八〇）と問うに至った。レヴィナスは、聖句の解釈は「哲学的読解ではいまだない」（HN, 199／二八二）が、聖句の解釈を通じて「その〔哲学的読解の〕数々の長所の一つが獲得される」（HN, 199／二八一）とも述べている。つまり、レヴィナスは聖書の解釈によって哲学的議論を補足することが可能であると見ているし、さらに「哲学的言説以上に、聖典の言説は意味を担う者たちに密着している」（HN, 199／二八二）とすら考えている。レヴィナスの思想にとって「聖典と哲学との本質的な連合」（HN, 199／二八三）は、人間性の探究のために必要なものなのである。

註

（1）サロモン・マルカ『評伝レヴィナス——生と痕跡』斎藤慶典・渡名喜庸哲・小手川正二郎訳、慶應義塾大学出版会、二〇一六年、九〇頁。

（2）アンドレ・ネエル『言葉の捕囚』西村俊昭訳、創文社、一九八四年、四頁。

（3）Rabbi Haïm de Volozine, *L'âme de la vie*, présentation, traduction et commentaires par Benjamin Gross. Préface d'Emmanuel Lévinas, Paris: Verdier/Poche, 1986.

（4）*Difficile justice: Dans la trace d'Emmanuel Lévinas*, Paris: Albin Michel, 1998, p. 14.

（5）Sophie Nordmann, *Levinas et la philosophie judeo-allemande*, Paris: J. Vrin, 2017.

（6）*Ibid.*, p. 9.

（7）ブーバーとレヴィナスの比較研究の一例として、Peter Atterton, Matthew Calarco, Maurice Friedman, *Levinas and Buber: Dialogue and Difference*, Pittsburgh: Duquesne University Press, 2004 を挙げることができる。

（8）「マルティン・ブーバーとの対話」（一九六五年、『固有名』所収）。

（9）Etienne Féron, *De l'idée de transcendance à la question du langage*, Grenoble: Jérôme Millon, p. 10.

（10）ジェラール・ベンスーサン『メシア的時間——歴史の時間と生きられた時間』渡名喜庸哲・藤岡俊博訳、法政大学出版局、二〇一八年、一頁。

（11）Stéphane Habib, *Levinas et Rosenzweig: philosophie de la Révélation*, Paris: PUF, 2005.

（12）Dan Arbib, *La lucidité de l'éthique: Études sur Levinas*, Paris: Hermann, 2014, pp. 231-248.

（13）スーザン・ハンデルマン『救済の解釈学——ベンヤミン、ショーレム、レヴィナス』合田正人・田中亜美訳、法政大学出版局、二〇〇五年、四九二頁。

（14）ピエール・ブーレッツ『20世紀ユダヤ思想家3　来るべきものの証人たち』合田正人・渡名喜庸哲・三浦直希訳、みすず書房、二〇一三年、二七四頁。

（15）他には、C・シャリエなどの研究者も「哲学的著作」と「ユダヤ教に捧げられた著作」を分離することに懐疑的である（Catherine Chalier, *La trace de l'Infini. Emmanuel Levinas et la source hébraïque*, Paris: Cerf, 2002, p. 235）。

（16）Fabio Ciaramelli, « Le judaïsme dans l'oeuvre de Levinas », *Revue Philosophique de Louvain*, n° 52, 1983, p. 599.

7　レヴィナスとキリスト教

伊原木大祐
伊藤潤一郎

1　終わりなき対話——カトリックとの関係を中心に

晩年の回顧によれば、リトアニアのユダヤ人家庭で育った幼少期のレヴィナスにとって、キリスト教は「まったく閉ざされた世界」であったという[1]。一方に異端審問や十字軍、他方に福音書の人間観——飢えた者の神性をほのめかす『マタイによる福音書』二五章が『イザヤ書』五八章とともに参照される——という、キリスト教の対極的な二面性が少年レヴィナスの脳裏に刻み込まれたのは、もっぱら読書を介してである。その後に起こったショアーの惨禍をめぐっても、同じような二面性がたびたび取り上げられる。レヴィナスは一方で、虐殺に加担したのが洗礼を受けた者たちでもあるという事実を厳しく指摘し続けた。他方で、自らの妻子が修道院に保護されて難を逃れたことに謝意を表明し、ユダヤ人を匿ったキリスト者たちの勇気と慈愛を称えている。このアンビバレントな態度は、彼のキリスト教観を考えるうえで見逃すことのできない基本線である。以下では、レヴィナスとキリスト教との関わりを便宜的に三つのトピックに分けて素描する。

キリスト教世界への抵抗

主として一九三〇年代から五〇年代までのレヴィナスは、西洋におけるキリスト教文化の覇権に抗って、ユダヤ教固有の価値を顕揚することに意を注いでいた。『平和と権利』誌に掲載された戦前の論考群、なかでもボンシルヴァン神父『ユダヤ教徒とキリスト教徒』への書評（一九三六年）、マリタン「不可能な反ユダヤ主義」への批評「反ユダヤ主義の霊的本質」（一九三八年）、教会の「ユダヤ的出自」に触れた「ピウス一一世の死について」（一九三九年）は、ナチズムの脅威を前にキリスト教との連帯を志向しながら、それには還元しつくせないユダヤ教の独自性を強く訴えたものとなっている[2]。これを継ぐ戦後の見解は、『困難な自由』所収のテクストに見出される。西欧社会にあってユダヤ教は、キリスト教徒から、さらには世俗のユダヤ人からも、用済みの遺物や化石のごときものとして扱われてきた。その背景には、ユダヤ教が「新約」聖書に統合されるべき「旧約」聖書を残した古代宗教としてのみ評価され、タルムードの叡智に基づくラビ・ユダヤ教独自の意義は否認されているという現実がある。そうした文化のなかで、ユダヤの『聖書』がときにキリストの予示として尊重されるのに対し、『聖書』をめぐるラビ的解釈の伝統はことごとく軽視されてきた。以上のように考えるレヴィナスは、まさしくユダヤ一神教の特殊性から、キリスト教へと止揚されることなく、それ自体で普遍主義に至る道を呈示しようとする。この観点から、「政治的・社会的次元におけるキリスト教の不首尾」には異論の余地がないとする「場所とユートピア」（一九五〇年）、カトリック作家ポール・クローデルの旧約理解に疑義を呈した二論考「人格か予徴か」（一九五〇年）および「イスラエルへの言葉」（一九五一年）、モロッコのトゥムリリン修道院でおこなった講演「成年者の宗教」（一九五七年）、ダニエルー神父への反論を含む「イスラエルと普遍主義」（一九五八年）などが注目に値する。なお、同時期に日刊紙『コンバ』に掲載された、フィナリー事件（カトリック信者が戦時中に匿ったユダヤ人子弟の引き渡しをめぐる係争）に対する論評「唯一の宥め」（一九五三年）は、カトリック側への辛辣な抗議を含むが、どの著作にも採録されることはなかった。そこでは、人間道徳に対立する「神意」を持ち出すようなキリスト教徒とのあいだには対話も議論も成り立ちえないということが、冷徹な皮肉と確信をもって語られている。(3)

キリスト教世界との友好

一九六〇年代から七〇年代にかけて、レヴィナスはキリスト教（とりわけカトリック）との関係を急速に深めてゆく。もちろん、ユダヤ教とキリスト教をともに真理とみなすフランツ・ローゼンツヴァイクの著作に長く親しんできたレヴィナスが、両宗教間の対話や友好にこれまで関心がなかったということはありえない。しかし、レヴィナスを実際の交流へと駆り立てる大きな推進力となったのは、何といっても、第二ヴァチカン公会議における宣言文「Nostra Ætate〔われわれの時代に〕」（一九六五年）であろう。ユダヤ人との歴史的関係を真摯に見直し、反ユダヤ主義との完全な絶縁を刻印したこの宣言を、レヴィナスは好意的に受け止めた。そして、こうした流れをさらに加速させる出来事が、六〇年代における「フランス・ユダヤ＝キリスト教友好会」（一九四八年設立）への参加、また、その会長を務めていたカトリック知識人ジャック・マドールとの出会いだったのではないかと思われる。この動向のなかで示された新たな友愛への希望は、同時期の二つの小論からも窺い知ることができる。(4)友好会のメンバーとして、ユダヤ教との対話を推進したドミニコ会司祭ベルナール・デュピュイとの継続的な関係も無視できない。

この時期を通じて、キリスト教への思想的な歩み寄りを最大限に示している論考が、『われわれのあいだで』所収の「ある神人？」である。これは、フランスのカトリック知識人センターが一九六八年に開いた会合「イエス－キリストとは誰か？」内でおこなわれた講演の記録であり、その表題はもともと、レヴィナスが参加したセッションの共通テーマであった。本講演ではまず、「神としての人」という問題から、神の謙遜および受難という二つのキリスト教的観念が引き出される。続いて、キルケゴールやイザヤ書を参照しつつ、超越の様相である謙遜を、赤裸で貧しい「隣人の顔」における〈無限〉の「痕跡」へと概念化する一方、そこから「身代わり」という極度に受動的な主体性の概念を展開してゆく（EN, 64–71／七七―八七）。後者の概念は、同年発表の論文「身代わり」を通して、後期レヴィナス思想の中核を形づくることになるだろう。

翌六九年からレヴィナスは、ローマ大学で宗教哲学を講じていたエンリコ・カステッリが主催するシンポジウムに定期的に出席している。そこにフランスから招かれた人の多くは、キリスト教信仰をもつ学者（プロテスタントの哲学者ポール・リクール、カトリックの哲学者クロード・ブリュエール、パリ・カトリック学院で教鞭をとっていたグザヴィエ・ティリエットとスタニスラス・ブルトンなど）であった。レヴィナスはカステッリに求められ、その場で「タルムードの諸節による神の名」（ADV, 143–157／一九五―二一六）を発表したのを皮切りに、以後も一〇回ほどの講演をおこなっている。フランシスコ会系の学校で哲学と神学を学び、後にロヨラ大学教授となるアドリアン・ペパーザックは、このシンポジウムを介してレヴィナスと親睦を深め、英語圏での優れたレヴィナス解釈者として重要な役割を果たすようになる。また、フライブルク大学のカトリック神学者ベルンハルト・カスパーがレヴィナスと出会うのも、同シンポジウムにおいてである。ローゼンツヴァイクの専門家でもあったカスパーは、宗教哲学に関する会議をたびたび組織し、レヴィナスをドイツ語圏のキリスト教界へと開いていった。後年の著作『諸国民の時に』は、「偉大な心と高貴な思想をもった友人」たるカスパーに捧げられている。

以上のような交流は、キリスト教の世界でレヴィナスへの認知が急速に高まってゆく前触れでもあった。これに次ぐ七〇年代の特筆すべき出来事が、キリスト教と縁の深い大学・学部からの名誉博士号授与である。シカゴにあるイエズス会系のロヨラ大学は一九七〇年に、オランダにあるライデン大学神学部（プロテスタント）は一九七五年に、ベルギーにあるルーヴァン・カトリック大学は一九七六年に、それぞれレヴィナスを名誉博士としている。

キリスト教世界への浸透

一九八〇年代以降は、レヴィナス思想の広範な伝播とともに、キリスト教の知識人による反応や摂取が増えてゆく時期である。哲学者ジャン＝リュック・マリオンの受容などはその典型であろう。けれども、レヴィナスの存在感を何にもまして決定づけたのは、カロル・ヴォイティワ、すなわち往時のローマ教皇ヨハネ・パウロ二世との親交である。マックス・シェーラーに関する博士論文で学位を取得し、現象学を知悉していた教皇にとって、レヴィナスは特権的な対話者の一人であった。後のインタビューからも、教皇がレヴィナスの「顔の哲学」を最大限に評価していたことは明らかである。[5]

一九八〇年二月にパリでカトリック作家協会が企画した会議「ヨハネ・パウロ二世の哲学思想」にはレヴィナスも参加しており、そこでの講演が「ヴォイティワ枢機卿の哲学思想に関する覚書」という題で、国際カトリック誌『コムーニオー』の同年号に掲載されている。枢機卿時代に限定して考察するこの論考は、ヴォイティワによる神学的人間論の特徴を現象学的観点から浮き彫りにしたものである。ヴォイティワがカントやシェーラーを踏まえて提示する「行為的人格」論から「主観的召命」というモチーフを取り出し、社会構造や集団表象には従属しない自我の意義を見て取る点や、目的自体としての人間を焦点とした「自己目的論」という説を「人間的超越の筋立て」に引きつけて解釈している点などは、いかにもレヴィナスらしい読解と言える。[6] ポーランド出身のヨハネ・パウロ二世は、当時分断されていた東西ヨーロッパの学術交流をなす拠点として、ウィーンに設置された人間科学研究所の活動を支持し、その成果を論じあうべく、夏の滞在地であるガンドルフォ城で二年に一度セミナーを開いた。リクールらとともに研究所の委員に名を連ねていたレヴィナスは、一九八三年以降、継続的にこのセミナーに招かれ、教皇との関係を深めることとなる。最初のセミナーでの発表は『超越と知解可能性』という作品に結実している。これと同じ内容の講演はジュネーヴ大学でもおこなわれたが、その翌日に設定された討論で鋭い質問を投げかけているプロテスタントの神学者マルク・フェスレルは、ケノーシス概念を中心にレヴィナス思想を読み解いている代表的な論者の一人である。[7]

七〇年代から八〇年代にかけてのレヴィナスを語るうえで見逃せないのが、南米のカトリック、なかでも「解放の神学」に鼓吹された人々へのインパクトである。キリスト教の隣人愛を、貧困や搾取からの解放という方向に具体化しようとしたこの運動は、ペルーの司祭グスタボ・グティエレスによる『解放の神学』（一九七一年）を一つの起点とするが、「他者への責任」を中心としたレヴィナス思想との親近性もしばしば指摘される。一九八二年のインタビューで、「あなたの哲学とマルクス主義の総合を確立しようとする、とりわけラテンアメリカにおける〔…〕さまざまな試み」に話を向けられた際、レヴィナスが知人として真っ先に挙げたのはエンリケ・ドゥセル、次いでファン・カルロス・スカノーネの名であった。[8] ちなみに、スカノーネは現ローマ教皇フランシスコに対して強い知的感化を及ぼした師の一人である。ドゥセルもスカノーネも、「解放の哲学」を旗印としてアルゼンチンのブエノスアイレスで一九七三年に出版された『ラテンアメリカ哲学雑誌』の創設メンバーであり、レヴィナスの思考を重要なレファレンスの一つとしていた。ドゥセルは当初ハイデガー存在論を受容しつつも、一九七二年のルーヴァンにおけるレヴィナスとの直接対話、さらにその著作の読解を通して、「他者」の問題を第三世界におけるさまざまな抑圧の犠牲者たちへとつなげてゆく視座を獲得している。[9]カスパーの組織する会合で南米カトリックのグループと交流したレヴィナスは、そこにハイデガーからの多大な影響を認めると同時に、自らの思想への反響をも見出して「誇らしく思う」と語った。

キリスト教神学の側からレヴィナスと生産的な対話・対決を遂行しようとする試みは、その死後もなお各地で続いている。最後にごく限られた例を挙げておこう。一九九七年にボン大学で催されたコロキウムは、ユダヤ思想との対話に積極的なカトリック神学者たちが中心となって組織されたものであり、ドイツにおけるカスパー以後の神学的受容を代表している。[10]英語圏では、エジンバラ大学で組織神学を講じていたマイケル・パーセルや、その教え子ナイジェル・ツィマーマンの著作が、レヴィナス思想をキリスト教神学へと媒介することで新しい思考を切り開いている。[11]ことにパーセルの著作は、欲望や目覚めに関するレヴィナスの説を恩寵の神学へと連結し、レヴィナス的な「典礼」論の神学的含意を掘り起こすものである。この著作に先立つ『神秘と方法』では、レヴィナスがカール・ラーナーとの対比で読み解かれていた。[12]第二ヴァチカン公会議を主導した神学者ラーナーとの比較検討の試みは、同時期にエルヴィン・ディルシェルや、上記論集の編者ヨーゼフ・ヴォールムートによっても着手されていたものであり、[13]今後の「レヴィナスとキリスト教」を考えるうえで実り豊かな視点を与えてくれている。また近年では、カトリックの司祭で、長らくパリ・カトリック学院の哲学部長を務めたフィリップ・カペル＝デュモンが、合理神学批判に根ざした神論および他者概念という視点から、ハイデガーとレヴィナスを巧みに分節化している。[14]カペル＝デュモンは二〇一九年のインタビューで、レヴィナスとキリスト教との両義的関係を正確に跡づけながらも、その大きな差異が受肉信仰への賛否にあることを指摘した。[15]なお、このインタビューを踏まえてレヴィナスにおけるユダヤ教とキリスト教の関係を再考しているものとして、ダニエル・コーエン＝レヴィナスの論考がある。[16]

（伊原木大祐）

2　レヴィナスと「キリスト教左派」

二〇世紀フランスのキリスト教を語るうえで、「キリスト教左派」と呼ばれる潮流を欠かすことはできない。一九世紀以降いわゆる「社会回勅」が幾度も発されてきたように、そもそもキリスト教と政治や社会問題との関係は二〇世紀のフランスにことさら限定されるものではないが、二〇世紀半ばから後半のフランスでは、キリスト教を信仰するがゆえに政治的に左派に与する人々が独特の存在感を放っていた。(17) そこにはカトリックもプロテスタントも含まれ、場合によっては広範な政治的影響力を獲得するためにキリスト教徒であることが明示されないことさえあった。ある意味で「キリスト教左派」とはそれほど曖昧模糊とした呼称なのだが、歴史を繙けばこうした人々が非キリスト教徒との連帯や信仰をもたない人々への開かれた態度を一度ならず示していることがわかるだろう。レヴィナスもまたこうした人々と無縁ではなかった。

とりわけレヴィナスと関係が深いのが、エマニュエル・ムーニエによって一九三二年に創刊され、現在もフランスにおいて無視することのできない影響力をもつ『エスプリ』(*Esprit*) 誌である。『エチュード』(*Études*) や『経済とヒューマニズム』(*Économie et humanisme*) などと並ぶ「キリスト教左派」の代表的な雑誌として知られる『エスプリ』は、カトリックであるムーニエ自身の信仰を基盤としながらも、個人主義に鋭い批判を向けつつ、かけがえのない人格から成る共同体形成をめざす「人格主義」の雑誌として、創刊当初から執筆者の門戸を非キリスト教徒にも開いていた。(18) 実際レヴィナスは、初期の論考「ヒトラー主義哲学に関する若干の考察」(一九三四年) をはじめ、後に『歴史の不測』に収められる一九五〇—六〇年代の時事的論考 (「ジュネーヴ精神について」「原理と顔」「中ソ論争と弁証法」) や「謎と現象」(一九六五年) のような現象学的考察など、一〇本の論考と対談 (そのうち一つは没後刊行) を『エスプリ』に発表している。そして、『エスプリ』の側もジャン・ラクロワやポール・リクールらがレヴィナス思想の重要性を論じ、しだいにレヴィナスは「人格主義」にとって欠かせない思想家となっていく。以下ではこうした経緯を踏まえ、まずは『エスプリ』の側がレヴィナスの哲学をいかに受け止めたのかを概観し、次に『エスプリ』から出発しつつも後にデリダへと接近したジャン゠リュック・ナンシーの哲学とレヴィナスの関係を追い、『エスプリ』とナンシー双方にとって共通するレヴィナス哲学のありようを浮かび上がらせていきたい。

レヴィナスと『エスプリ』

『エスプリ』一九三四年一一月号に発表された「ヒトラー主義哲学に関する若干の考察」は、現在ではレヴィナス独自の思考の出発点を告げる論考として知られている。当時の『エスプリ』周辺の知識人のうち、この論考に最も鋭敏な反応を示したのは反ユダヤ主義批判を積極的に展開していたジャック・マリタンだった。一九三八年二月にマリタンが発表した「諸国民のなかのユダヤ人」には、「ヒトラー主義哲学」論考を想起させる表現がみられるほか、生物学的カテゴリーにひとを縛りつけるレイシズムを「ネオパガニスム」とみなす議論は、レヴィナスが一九三五年の「マイモニデスの現代性」で示した「世界の外に出る能力を根本的に欠くこと」というパガニスム理解と多くの点で一致している。実際レヴィナスは、「反ユダヤ主義の霊的本質――ジャック・マリタンによせて」（一九三八年五月）という書評をすぐさま発表し、ナチズムに対抗するユダヤ教とキリスト教の同盟関係が鮮明に打ち出されていくこととなる。[19]とはいえ、『エスプリ』に集った人々がレヴィナスの「ヒトラー主義哲学」論考に対して示した反応は、マリタンを除けばほとんど存在しない。ヒトラー主義を「ヨーロッパ文明」の問題として捉え、「問われているのは、人間の人間性そのものなのだ」と結ぶレヴィナスの議論は、たしかに当時の人格主義と大まかには同じ方向を向いているが、ムーニエの同時期の論考や近年刊行された手記を参照してもレヴィナスへの言及はまったくなく、その後の誌面でもこの論考が取り上げられることはほとんどなかった。[20]

一転して戦後になると、ムーニエとともに『エスプリ』創刊に尽力したジャン・ラクロワがレヴィナスの哲学について積極的な論を展開し始める。とりわけ一九六六年に出版された『現代フランス思想の展望』所収の「エマニュエル・レヴィナスによる無限と隣人」は、ブランショの「未知なるものを知ること」（一九六一年）や、デリダの「暴力と形而上学」（一九六四年）と並ぶ早い時期の『全体性と無限』受容として知られている。そこでのラクロワの解釈の特徴は、「他人の真正な認識は倫理的でしかありえない以上、レヴィナスの思考の根本はまさにカント的なのである」[21]と述べられているように、カント倫理学と接続された人格主義[22]と親和的な哲学者としてレヴィナスを捉える点にある。一九七〇年代に入ると、レヴィナスの側がラクロワ論「哲学と宗教」を発表し（一九七一年、後に『固有名』所収）、ラクロワが「ユダヤ思想の現代性」[23]（一九七五年）においてレヴィナスを取り上げるといったように、双方向的な言及がなされるようにもなるが、一九六〇年代からすでにラクロワは『エスプリ』の編集からは退いており、レヴィナスの思想が雑誌としての『エスプリ』において存在感を示すのは一九八〇年代を待たなければならなかった。[24]

『エスプリ』にレヴィナスの重要性を知らしめたのは、若き日にプロテスタントとカトリック双方が集う左派雑誌『テール・ヌーヴェル』(*Terre Nouvelle*) に寄稿し、ムーニエ亡き後の『エスプリ』を支えていたポール・リクールである。そもそもリクールがレヴィナスについてまとまったかたちで論じるようになるのは一九八〇年代からであり、八五年の『時間と物語』においてレヴィナスの「痕跡」概念が論じられているほか（同年にはラジオで両者の対談もおこなわれた[25]）、八九年にはハイデガーとジャン・ナベールとの関係からレヴィナスを論じる「エマニュエル・レヴィナス、証言の思想家」[26]（『レクチュール3』所収）が発表されている。また一九九〇年の『他者のような自己自身』でもレヴィナスへの集中的な論及があり、九七年には言語の問題から『存在の彼方へ』を読み解く『別様に』[27]が発表されていく。[28]リクールが『エスプリ』に対してレヴィナスの重要性を示したのは、このような一九八〇年代以降のリクール自身のレヴィナスに対する注目の一環としてであった。

一九八二年に『エスプリ』の創刊五〇周年を記念して開催されたシンポジウムにおいて、リクールは「人格主義は死に、人格は回帰する」[29]という挑発的なタイトルの講演をおこない、一九九〇年にはその続編ともいうべき論考「人格への接近」[30]が発表されている（どちらも『レクチュール2』所収）。これら二つの論考で、人格主義の未来にとってきわめて重要な位置を占めるとされたのがレヴィナスの哲学だった。とりわけ後者の論考においてリクールは、ムーニエがおこなった人間に対する分析を受け継ぐことを表明し、人格概念を倫理的に特徴づける三項構造として、「正しい制度において‐他者とともに、他者のために‐完全な生を望むこと」[31]（強調原文）を挙げているが、このうち「他者とともに他者のために」という「心づかい」に関しては、レヴィナスの「顔」、「外部性」、「他性」の思考こそが鍵になるとされている。『エスプリ』の創刊以来、人格主義は時代のなかに置かれた人間のあり方につねに目を向け、状況のなかで（神からの「召命」として）人間がなすべきことをつねに問うてきた。リクールは、人格主義の本領ともいえるこうした人間学が、いまやレヴィナスぬきには成り立ちえないと述べ、人格主義の未来をレヴィナスの哲学と結びつけたのである。一九八八年から二〇一二年まで『エスプリ』の編集長を務めたオリヴィエ・モンジャンがレヴィナスにおける政治を論じ、[32]『エスプリ』ではじめてのレヴィナス特集（一九九七年七月号）を組んだ背景には、以上のようなリクールの発言の影響があるだろう。

レヴィナスとジャン＝リュック・ナンシー

一九六〇年代前半に『エスプリ』で活動を開始したナンシーは、その後デリダに接近しながらも、一九八〇年代の共同体論や九〇年代以降に展開される「キリスト教の脱構築」では、「共同体」や「意味」など人格主義由来の概念を積極的に打ち出しており（これらはデリダが忌避する概念でもある）、その点で人格主義の遺産をきわめて独自の仕方で受け継いでいる哲学者だといえる。ナンシーとデリダの差異は、レヴィナスへの参照に関しても際立っており、デリダが初期から晩年まで一貫してレヴィナスとの対話を続けたのに対し、ナンシーがまとまったかたちでレヴィナスを論じ始めるのは二一世紀に入ってからにすぎない。いまでこそ『著作集』第三巻の編者として序文を寄せているナンシーだが、一九八〇年代から九〇年代の著作でのレヴィナスへの言及は散発的なものだった。

ナンシーはレヴィナスに関する五つの論考と対談を発表しているが、そのうち二つがレヴィナスの小説『エロス』を論じるものであり（「『エロス』――エマニュエル・レヴィナスの小説？」[33]

および『著作集』第三巻「序」）、ダニエル・コーエン＝レヴィナスとの対談は「愛の両義性」[34]と題されている。このようにナンシーのレヴィナス論の中心は「エロス」や「愛」というテーマにあるが、これらは自己を外部へと開く契機として捉えられており、同時期の『アドラシオン（キリスト教の脱構築2）』（二〇一〇年）で提起された人間の意味の問い直しと密接に関係している。しかし、外部へと開かれる自己という観点からすれば、ナンシーのレヴィナスへの関心は一九八〇年代から連続するものだとみることもできる。たとえば、『無為の共同体』では、レヴィナスにおける「他人（autrui）」が、前置詞や動詞との関係のなかに置かれる「被制格」であることが語られ（もともと«autrui»という語は、古フランス語«autre»の「被制格」である）、自己が他なるものとの関係のなかでしか存在しえないことが論じられていた。そして、『無為の共同体』と『アドラシオン』の双方において特筆すべきは、ナンシーがこうした外部を「共同のもの」ないし「共同体」と結びつけていることだろう。

　このように見ると、ナンシーにおいてレヴィナスの哲学は、自己の外部というテーマと関係し、さらにそこに共同体という人格主義の枢要な問いが流れ込んでいることがわかる。ナンシー自身はもはや自らを人格主義者や『エスプリ』の流れを汲む者とは称さなくなったが、そこにはたしかに人間の問い直しとしてレヴィナス哲学を読むという共通の姿勢がみられる。『エスプリ』の人間学とナンシーによる人間の脱構築が示しているのは、レヴィナスの哲学が現代において人間を問い直す際の最良の道標であるということにほかならない。

（伊藤潤一郎）

註

（1）『諸国民の時に』所収の「ユダヤ教「と」キリスト教」（HN, 189／二六九）参照。

（2）Cf. «Fraterniser sans se convertir (à propos d'un livre récent)», in: *Paix et Droit*, v. 16, n°8, octobre 1936; «L'essence spirituelle de l'antisémitisme d'après Jacques Maritain», in: *Paix et Droit*, v. 18, n°5, mai 1938, «À propos de la mort du pape Pie XI», in: *Paix et Droit*, v. 19, n°3, mars 1939.「改宗することなく友愛を結ぶこと」藤岡俊博訳、『現代思想　総特集レヴィナス』青土社、二〇一二年、六三―六四頁、「ピウス一一世の死について」藤岡俊博訳、同前、六五―六六頁。

（3）Cf. «L'unique apaisement», in: *Combat*, 2 avril, 1953.

（4）『困難な自由』所収の「ユダヤ教とキリスト教の友愛」（DL, 303-304／二六七―二六九）、『他性と超越』所収の「対話を超えて」（AT, 93-102／八八―九七）参照。

（5）教皇ヨハネ・パウロ二世『希望の扉を開く』三浦朱門・曽野綾子訳、新潮文庫、一九九六年、二五七頁参照。

（6）Cf. «Notes sur la pensée philosophique du Cardinal Wojtyla», in: *Communio*, V, 4, juillet-août, 1980, pp. 87–90.

（7）Cf. Marc Faessler, «Humilité du signe et kénose de Dieu», in: *Emmanuel Levinas. L'éthique comme philosophie première*,

Paris: Cerf, 1993, pp. 239–257; «Kénose», in: Emmanuel Levinas et les théologies, Paris: In press, 2007, pp. 143–153.

（8）『われわれのあいだで』所収の「哲学・正義・愛」（EN, 129／一七一）参照。

（9）Cf. Enrique Dussel, "'Sensibility' and 'Otherness' in Emmanuel Levinas," translated by John Browning with Joyce Bellous, in *Philosophy Today*, vol. 43, 2, 1999, pp. 126–134; Michael D. Barber, "Emmanuel Levinas and the Philosophy of Liberation," in: *Laval Théologique et philosophique*, vol. 54, 3, 1998, pp. 473–481; Alain Mayama, *Emmanuel Levinas' Conceptual Affinities with Liberation Theology*, New York: Peter Lang, 2010. pp. 126–133.

（10）Josef Wohlmuth (Hrsg.), *Emmanuel Lévinas: eine Herausforderung für die christliche Theologie*, Paderborn: F. Schöningh, 1999.

（11）Michael Purcell, *Levinas and Theology*, Cambridge: Cambridge University Press, 2006; Nigel Zimmermann, *Levinas and Theology*, London: Bloomsbury, 2013.

（12）Michael Purcell, *Mystery and Method: the Other in Rahner and Levinas*, Milwaukee, WI: Marquette University Press, 1998.

（13）Erwin Dirscherl, *Die Bedeutung der Nähe Gottes. Ein Gespräch mit Karl Rahner und Emmanuel Levinas*, Echter, 1996; J. Wohlmuth, Herausgeforderte Christologie, in: *Emmanuel Levinas: eine Herausforderung für die christliche Theologie*, pp. 215–229.

（14）Philippe Capelle-Dumont, «Dieu. Ereignis. Tout autre. Heidegger et Levinas», in: *Levinas lecteur de Heidegger*, Paris: J. Vrin, 2021, pp. 205–219.

（15）Philippe Capelle-Dumont, «Levinas et le christianisme», in: *Philosophie magazine*, Hors-série, n° 40, 2019, pp. 110–111.

（16）Danielle Cohen-Levinas, «29. Emmanuel Levinas. Au nom de la séparation», in: *Judaïsme et christianisme dans la philosophie contemporaine*, Paris: Cerf, 2021, pp. 279–293.

（17）もちろん「キリスト教左派」に関しては、カトリックとプロテスタントの差異など詳細な議論を要する論点が多く存在する。「キリスト教左派」についての主要トピックを網羅した代表的な研究書として、次を参照のこと。Denis Pelletier et Jean-Louis Schlegel (dir.), *À la gauche du Christ: Les chrétiens de gauche en France de 1945 à nos jours*, Paris: Seuil, coll. «Points», 2012.

（18）『エスプリ』の歴史については、創刊から一九八〇年代初頭までを次の二つの研究によって知ることができるが、残念ながらレヴィナスについての記述はほとんどない。Michel Winock, *«Esprit»: Des intellectuels dans la cite (1930–1950)*, Paris: Seuil, coll. «Points», 1996. Goulven Boudic, *Esprit 1944–1982: Les métamorphoses d'une revue*, Paris: IMEC, 2005.

（19）反ユダヤ主義に関するマリタンの論考とレヴィナスの書評は、現在ではピエール・ヴィダル＝ナケの解説とともに以下にまとめられている。Jacques Maritain, *L'impossible antisémitisme*, Paris: Desclée de Brouwer, 1994. レヴィナスとマリタンのより詳細な関係については、馬場智一『倫理の他者——レヴィナスにおける異教概念』（勁草書房、二〇一二年）の第Ⅲ部第一章「護教的パガニスム概念の受容？——レヴィナスとマリタン」を参照のこと。

（20）掲載から一年間でレヴィナスに直接的に言及した論考は次の一つしかない。Robert-Étienne, «La tradition communautaire allemande», *Esprit*, janvier 1935, p. 618.

（21）Jean Lacroix, «L'infini et le prochain selon Emmanuel Levinas», dans *Panorama de la philosophie française contemporaine*, Paris: PUF, 1966, p. 121.（『現代フランス思想の展望』野田又夫・常俊宗三郎訳、人文書院、一九六九年、一一七頁）

（22） こうしたラクロワの人格主義理解は、同年出版の『カント哲学』でも示されている。Cf. Jean Lacroix, *Kant et le kantisme*, Paris: PUF, coll. «Que sais-je ?», 1966.（『カント哲学』木田元・渡辺昭造訳、白水社、一九七一年）

（23） Jean Lacroix, «L'actualité de la pensée juive», dans *Mélanges André Neher*, Paris: Adrien Maisonneuve, 1975.

（24） ラクロワと比べると、一九五七年から七六年まで『エスプリ』の編集長を務めていたジャン＝マリ・ドムナックのレヴィナスへの関心は明らかに低い。一九八一年の著作でドムナックは、レヴィナスを専門家しか知らない哲学者のひとりとして挙げている。Cf. Jean-Marie Domenach, *Enquête sur les idées contemporaines*, Paris: Seuil, 1981, p. 55.（『世紀末を越える思想』桑田禮彰訳、新評論、一九八四年、一〇〇頁）

（25） この対談は一九八五年にフランス・キュルチュールでおこなわれたものであり、以下で抜粋を読むことができる。«Entretien Lévinas-Ricœur», dans *Emmanuel Lévinas: philosophe et pedagogue*, Paris: Éditions du Nadir, 1998.

（26） Paul Ricœur, «Emmanuel Lévinas, penseur du témoignage» [1989], dans *Lectures 3*, Paris: Seuil, coll. «Points», 2006.

（27） Paul Ricœur, *Autrement: Lecture d'Autrement qu'être ou au-delà de l'essence d'Emmanuel Levinas*, Paris: PUF, 1997.（『別様に——エマニュエル・レヴィナスの『存在するとは別様に、または存在の彼方へ』を読む』関根小織訳・解説、現代思潮新社、二〇一四年）

（28） リクールのレヴィナス論について詳しくは、リクール『別様に』の日本語訳に付された関根小織による訳者解説を参照のこと。

（29） Paul Ricœur, «Meurt le personnalisme, revient la personne» [1983], dans *Lectures 2*, Paris: Seuil, coll. «Points», 1999.

（30） Paul Ricœur, «Approches de la personne» [1990], dans *Lectures 2*, Paris: Seuil, coll. «Points», 1999.

（31） *Ibid.*, p. 204. この定式は、同年に刊行された『他者のような自己自身』における、「正しい制度において、他人とともに、他人のために、「善き生」をめざすこと」（強調原文）という定式とほぼ同じものである（Paul Ricœur, *Soi-même comme un autre*, Paris: Seuil, coll. «Points», 1990, p. 202.『他者のような自己自身』久米博訳、法政大学出版局、一九九六年、二三三頁）。

（32） Olivier Mongin, «Comment juger? "...pour le peu d'humanité qui orne la terre"», dans *Les Cahiers de la Nuit surveillée*, n°3, Lagrasse: Verdier, 1984. Olivier Mongin, «La parenthèse politique», dans Jean Greisch et Jacques Rolland (dir.), *Emmanuel Lévinas: L'éthique comme philosophie première*, Paris: Cerf, 1993.

（33） Jean-Luc Nancy, «*Eros*, le roman d'Emmanuel Levinas? Conférence de clôture», dans Danielle Cohen-Levinas (éd.), *Levinas et l'expérience de la captivité*, Paris: Lethielleux, 2011.（「『エロス』——エマニュエル・レヴィナスの小説？」渡名喜庸哲訳、『現代思想』第四〇巻第三号、青土社、二〇一二年）

（34） «L'équivocité de l'amour: entretien avec Jean-Luc Nancy réalisé par Danielle Cohen-Levinas», dans Danielle Cohen-Levinas (éd.), *Lire* Totalité et Infini *d'Emmanuel Levinas: Études et interprétations*, Paris: Hermann, 2011.

8　レヴィナスと教育

平石晃樹

はじめに——主題の見取り図

「レヴィナスと教育」という主題は意外な取り合わせにみえるかもしれない。というのも、彼は通常、たとえば『エミール』のルソーがそうであるような意味で「教育思想家」とみなされることはないからである。しかし、「レヴィナス」と「教育」は実は多様な仕方で交錯する。以下、その交わりを三つの位相に大別して概観してみよう。

一つ目は伝記的な位相である。捕虜生活から復員後の一九四六年、レヴィナスは世界イスラエリット連盟の附属機関である東方イスラエリット師範学校の校長に就任する。人員と物資が欠乏するなか、妻とともに住み込みで学校の再建に尽力し、保護者対応などの管理職としての仕事はもちろんのこと、哲学を講じたり聖書の註釈講義を開いたりした(1)。

二つ目の位相は、教育者としてのレヴィナスが深くコミットした「ユダヤ教育（éducation juive）」に関するものだ。レヴィナスは、とくに戦後から一九五〇年代にかけて、数多くのユダヤ教育論を発表している。離散の民であるユダヤ人にとっての教育の意義、戦後のフランスにおけるユダヤ教育の課題、ヘブライ語学習を中心に据えたカリキュラム改革の提言など、理論と実践の双方を股にかけた多種多様なテーマが論じられている(2)。その背景には、ショアーとイスラエル建国の後、ヨーロッパの地でなおユダヤ人としてあり続けることを正当化できるかどうかはユダヤ教育にかかっているという切実な認識がある(3)。

三つ目は、哲学的な位相である。レヴィナスの哲学上の主著の一つ『全体性と無限』（一九六一年）の根本的な主張の一つは、私と他人との関係は「教え（enseignement）」として生起する、というものであった。草稿などの新資料の公刊により、こうした着想は早くも捕囚時代にすでに芽生えていたことが明らかになっている(4)。しかも、注目すべきことに、それはレヴィナスが明示的に「倫理」について語り始めるより前のことなのだ。この事実は、レヴィナスの哲学的思考にとってもまた、教育という主題がいかに重要なものであったのかを物語っていよう。

本論では、とくにレヴィナスのユダヤ教育論と哲学的な教育論に注目する。両者は、論述の抽象度や主題の選択といった点において相当異なるところがあり、地続きに論じることは難しい。しかし、両者を別個に扱えば、今度はかえって教育をめぐるレヴィナスの思想が雲散霧消してしまいかねない。そこで、次の戦略をとることにしたい。つまり、教育学の王道ともいうべきトピックをあらかじめ目印として立てたうえで、各々についてレヴィナスがどのような思想や主張をもっていたのかを、第二、第三の位相を行き来しながら抽出する、というものである。以下では具体的な目印として、教え、師、子ども・若者という三つの主題を設定し、それぞれについて検討しながら、レヴィナスの教育思想と呼びうるものを浮き彫りにすることをめざす。

1　問いただされることとしての教え

まずは『全体性と無限』に登場する〈教え〉の概念である。「アクティブラーニング」の流行に象徴されるように、近年は学習者の能動性や活動性に根ざした〈学び〉を重視する教育言説が主流をなしている。対して、あらかじめ述べておけば、レヴィナスがもっぱら問題とするのは「教えられる」という教育の受動的な側面である。

〈教え〉という概念の由来と内実を理解するには、レヴィナスによる想起説批判を検討するのが簡便である。プラトンの初期対話篇『メノン』では、「人間は、自分が知っているものも知らないものも、これを探求することはできない」[5]という、いわゆる「探求のパラドクス」が登場する。想起説とは、このパラドクスの解決策として提示される一つの学習論である。それは、「学ぶ」と通常呼ばれているものはその実、不死の魂が現世ではただ忘れているにすぎないものを想起することに等しい、と主張する[6]。

レヴィナスの想起説への批判は、魂の不死性という受け入れがたい前提に対してではなく、それが「〈同〉の哲学（la philosophie du Même）」（EDE, 233）[7]の典型であることに向けられる。想起説という古典的な学習論は、知の源泉を自己の内部にのみ求める学習者の「自律」を表現している（EDE, 233）[8]。そこには、確かに、扇動や教導に対する自己防衛という積極的な意味がある。しかし、想起とは、自分が知っていることを思い起こすという本性的に孤独な営みである以上、学習者は〈他〉に触れることなく〈同〉の圏域にとどまる。そのことは以下の二つの難点を生む。第一に、学習が想起に縮減されると、学習者は自らの知の枠組みそれ自体を総体として問い直すことがなくなる。その結果、学習者は素朴で恣意的な独断状態に閉じ込められてしまう。第二に、仮に学習者が習得した知識を疑い、反省を始めるにしても、想起としての学習は孤独な営為であるがゆえに、その反省は無際限に続く。結果として、学習者の知は「始原（アルケー）」を欠いた曖昧で混乱したものにとどまってしまうのである。

　これらの難点を踏まえてレヴィナスが導入するのが〈教え〉という概念にほかならない。それはまずは次のように規定される。「教えが意味するのは、外部性というまったくの無限である。外部性というまったくの無限は、まずはじめに生起して、それから教えるわけではない――教えとはまったくの無限の生起そのものなのだ」（TI, 186／三〇二）。言い換えれば、〈教え〉とは、〈同〉（学習者の内奥性）に回収されない〈他〉（「外部性というまったくの無限」）の顕現という出来事それ自体を指している。重要なのは、〈他〉との関係が生じることではじめて、〈同〉は、物事の中心にたえず自分を置く自らのあり方をそれとして知ることができるようになる、ということだ。つまり、〈同〉に対する〈他〉の顕現としての〈教え〉は、〈同〉のあり方が「問いただされること」（TI, 33／五八）と一体となって生起するのである。とすれば、レヴィナスのいう〈教え〉とは、学習者に何らかの未知の事柄を伝達することではない。学習者がまず教えられるのは、物事に対するこれまでの自分の関わり方の素朴さや独断性、あるいは閉鎖性そのものである。レヴィナスはこのような意味での教えを「第一の〔根源的な〕教え（l'enseignement premier）」（TI, 186／三〇二）と呼ぶ。物事への関わり方がはじめてそれとして自覚されるということは、物事が学習者の〈同〉の世界から引き剝がされ、それまでとは異なる観点のもとに置かれることを意味する。だから、〈教え〉を通じてこそ、物事や観念などについてより確かな知を得ることが可能となるのである。

　では、そのような〈教え〉をもたらす〈他〉とはいったい何であろうか。それは驚嘆の情を喚起する超自然的な奇跡のようなものではない。「絶対的に〈他〉なるもの」、それは、レヴィナスによれば、「〈他人〉」である（TI, 28／五〇）。この点を確認したところで、二つ目の主題である「師（maître）」に移ろう。

2　師としての他人

レヴィナスによれば、絶対的な〈他〉としての他人は〈師〉として顕現する。〈師〉とは他人を形容する数々の候補から恣意的に選ばれた一つの具体例ではない。〈同〉に対する絶対的な〈他〉の顕現は〈教え〉の出来事と一体となっている以上、他人は〈教え〉をもたらす〈師〉という仕方でのみ私に顕現する。つまり、「教えと教える者」はつねに「同時発生」するのである（TI, 66／一一三）。このように、他人は〈師〉としてしか私に顕現しない以上、〈師〉は他人についてのいわば存在論的な規定であるということができよう。

〈教え〉が想起説との対決から生まれてきた概念であるように、それをもたらす〈師〉は、想起を手助けする産婆術の使い手という教師像と対置される。産婆としての教師は、学習の援助者、ないしはファシリテーターとしての教師という、今日流布している教師像の古典的なモデルである。だが、レヴィナスの主張によれば、「教えは、単に、すでに果実をはらんでいる精神に子どもを産ませるという、結局のところは付随的でしかないような機能を引き受けるわけではない」(TI, 100–101／一七二)。〈教え〉は、学習者の内側にすでにあるものを「呼び覚ます(*éveiller*)」(TI, 66／一二二)ことには縮減されない。それはむしろ、学習者の素朴さを問いただすことで、学習者が自分自身や物事を別様の新たな観点から捉えることを可能にする。このような意味で、レヴィナスにおける〈師〉は介入的であると性格づけることができるだろう。

〈教え〉という形での私と他人の関係はさらには「言語(langage)」[9]として具体化されるが、ここでは最後に次の問題に注意を払っておきたい。「師」と訳したフランス語の《maître》には、ほかにも、奴隷に対する「主人」という意味がある。すでにみたように、介入する〈師〉の現前は、学習者がより確かな知を獲得する際の起点となる。その意味で、〈師〉とは「あらゆる物事が自己同一的なものとして固定される出発点となる者」(TI, 101／一七二)である。だが、そうした〈師〉の介入は、学習者の主体性の芽を摘み、〈師〉に追従するだけのいわば奴隷の魂を生み出すことにはならないのだろうか。問題は〈教え〉という出来事の「他動性(transitivité)」の内実をどう捉えるかに関わる。〈師〉の「第一の教え」は、学習者の素朴さをそれとして学習者自身に顕在化させることであった。とすれば、〈師〉が学習者にもたらすのは、何らかの物事に関する知——それが思想であろうと信条であろうとイデオロギーであろうと——ではない。それはむしろ、独力では摑むことのできない自己のあり方を捉える反省的な知の遂行そのものである。こうした知の働き方を、レヴィナスは端的に「批判」(TI, 83／一四六)と呼ぶ。〈師〉は、学習者を隷従化させるどころか、批判としての知を覚醒させるのだ。したがって、たとえばレヴィナスが「教える者の最初の教え、それは、教える者としての現前そのものである」(TI, 102／一七四)と述べるとしても、彼の記述する〈師〉は、教室に入るやいなや聴講者たちを虜にする、いわゆる「カリスマ教師」とはけっして同一視されえないのである。

3　子ども・若者の両義性

最後の主題である子ども・若者に移ろう。「児童の世紀」(エレン・ケイ)とも謳われる二〇世紀は、教科書を中心に教師が主導する学校教育の過酷さに対するリアクションとして、子どもの自発性や生活を教育の中心に据える教育思想を生み出し、新教育や進歩主義教育という名で知られる実践を創り出した。

こうした教育思想を児童中心主義と名づけるとすれば、レヴィナスは反児童中心主義の側に立つ。そのことが顕著にみてとれるのは彼のユダヤ教育論においてである。以下では一九五五年の小論「青年運動」[10]を取り上げてみよう。

ドイツ発のヴァンダーフォーゲル、イギリスで生まれたYMCAやボーイスカウトなど、一九世紀末から二〇世紀初頭にかけては、児童中心主義の思潮が生まれるのと並行してさまざまな青年運動が花開いた時代でもあった。この波はフランスのユダヤ人コミュニティにも及び、一九二三年にはフランス・イスラエリット・スカウトが結成される。青年運動は、レヴィナスがみるところでは、「学校の教師たちが確信を失ったときに出現する」(MJ, 309／三六四)。実際、たとえばボーイスカウトは、教師という大人の手から離れ、青少年自身によって組織を運営し、教室での授業ではなく自然のなかでの遊びを通した教育を理念とした[11]。青年運動が隆盛する時代にあっては、「子どもらしさ」がむしろ貴重なものとなり、「学校においてさえも、「子どもは王様」式の子どもに媚びる教育法のようなものや子どもっぽさを活かした教育法が促進される」ようになる(MJ, 310／三六五)。若者の行動は、確かに、凝り固まった世界に新たな息吹を与える。だが、「歌と〈自然〉がすべてを解決するわけではない」(MJ, 311／三六六)。盛り上がりはやがて静まり、冷静さを取り戻した若者たちは、「「若者たちに語りかける若者たち」をいかがわしく思う」(*ibid.*)ようになる。必要なのは、若者たちを教え導く「師」であり、「書物」を読む「忍耐と勉学」である(*ibid.*)。「さあ、〈学校に戻る時〉だ(C'est la Rentrée)」(*ibid.*)という呼びかけでこのエッセーは締めくくられる。

レヴィナスにとって、無邪気な子どもっぽさは、大人が消極的にしか介入してはならない保護されるべきものではなく、師による導きと勉学を通じた陶冶によって脱出すべきものである。教育の価値をあくまで擁護するこのような姿勢は、熱狂、感情、情緒などの非合理的なものに対してあくまで理性の側に立とうとする、レヴィナスの思想の「理性主義(rationalisme)」[12]と関連づけて理解することができる。実際、『全体性と無限』では、師の現前という教えを受け入れることそれ自体が理性の働きそのものだと主張される[13]。理性が人間を他の動物から弁別する徴であり、その真価は教えの受容にあるならば、「教育」とはまさに「人間を規定するもの」そのものであることになる(OL, 400／四五二)。このような理性主義は、レヴィナスのユダヤ教・ユダヤ思想論においても認められる。レヴィナスが強調するところによれば、ひとは自然と、あるいは本能的にユダヤ教徒になることはできず、典礼に従った日常生活のたえざる規律化とヘブライ語聖書の厳密な学習が必要である。神と人間との関係は知性の鍛錬によってのみ結ばれると考える点で、ユダヤ教は「成人たちの宗教(une religion d'adultes)」なのである[14]。

これまで子ども・若者に対するレヴィナスの評価を見てきたが、他方で、彼の思想のうちには、未成熟とは異なる〈若さ〉

や幼稚さには縮減されない〈子ども〉の意味を捉えようとする試みがあることも見過ごされてはならない。最も有名なのは、『全体性と無限』第四部などで展開される「繁殖性（fécondité）」をめぐる議論である。原語の «fécondité» は生命の再生産一般を意味するが、レヴィナスによれば、人間の生殖は生物学的な次元には切り詰められない。繁殖性が描き出すのは、「さまざまな可能事に対して行使される権能には還元不可能な、未来との関係」（TI, 300／四八二）であり、その未来との関係は「子どもとの関係」（*ibid.*／四八三）として具体化される。私の子どもは、私にとって一人の他人でありながら同時に私自身であるという独特の存在である[15]。子を持つとは、自己でありながら、実体としては独りの自己を越えたものとして私が刷新されるという、「超－実体化」（TI, 301／四八四）の出来事にほかならない。このように、レヴィナスは、「繁殖性」のうちに、「自我の劇そのもの（drame même *du moi*）」（TI, 306／四九三）を構成する、いわば存在論的な範疇としての子どもを見出している[16]。そして、子との関係という仕方で自己を刷新する自我のあり方を、彼は「哲学的概念としての若さ」（TI, 301／四八四）と呼ぶのである。

4　レヴィナスの教育思想とその〈時代錯誤〉

以上、教え、師、子ども・若者という三つの主題にそくして検討を進めてきた。一九世紀に「教育学」[17]が成立して以降今日に至るまで、哲学にとって教育は「置き去りにされた問い」[18]であり続けている。その状況を踏まえれば、レヴィナスは、シカゴの「実験学校（laboratory school）」で自身の教育理論を実践したデューイ、フランクフルトの地にユダヤ人の成人教育のための「学舎（Lehrhaus）」を創設したローゼンツヴァイクらとともに、哲学と教育を架橋する数少ない二〇世紀の哲学者だということができよう[19]。

それにしても、〈教え〉の受動性と師の介入を強調し、成熟を称賛するレヴィナスの教育思想は、学習者の能動性を称揚し、「子ども目線」での教育を自明視する現代の教育観からすれば、いかにも〈時代錯誤（anachronisme）〉に映る。しかし、ユダヤ教をめぐる省察のなかで強調されるように、レヴィナスにとって、〈時代錯誤〉とは積極的に引き受けられた一つの立場である。それは、時々刻々と変化する世界の流れにけっして同化しないことで、一定の距離を保ちながら世界を捉えることを可能にする[20]。実際、たとえば教育を学習者の〈学び〉に縮減する教育言説が主流をなす今日、〈教え〉をめぐるレヴィナスの議論は、すべては学習者の〈学び〉に帰着するのか、それとも〈教える〉ことには〈学ぶ〉ことによっては汲み尽くされない固有の意義があるのか、といった問題を提起するものとして受け取ることができる[21]。また、この国の国語教育政策がますます実用化のほうに傾斜するなか、人間を「書物に関係づけられた存在（*zum-Buch-Sein*）[22]」と捉え、書物を読む忍耐を要求するレヴィナスの主張は、文章の読解と単なる情報処理は何が異なり、なぜ書物（livre）はただの文書（document）には切り詰められないのか、といった問いを投げかけることだろう。このように、教育に関するレヴィナスの思想に認められる〈時代錯誤〉は、むしろ教育の現実に埋没せずにそれを批判的に捉えるための座標軸となりうるのである。

註

（1）「教育者」としてのレヴィナスについては、以下の二つの伝記を参照。Salomon Malka, *Emmanuel Lévinas. La vie et la trace*, Paris: JC Lattès, 2002, pp. 99–119（『評伝レヴィナス——生と痕跡』斎藤慶典・渡名喜庸哲・小手川正二郎訳、慶應義塾大学出版会、二〇一六年、一一九—一四七頁）; Marie-Anne Lescourret, *Emmanuel Levinas*, Paris: Flammarion, 2006, pp. 133–145.

（2）レヴィナスのユダヤ教育論は、世界イスラエリット連盟の紀要やフランスのユダヤ人コミュニティの雑誌などに発表された。その一部は『困難な自由』（一九六三／七六年）で読むことができる。この主題に関して日本語で読める貴重な研究としては、以下を参照。藤岡俊博『レヴィナスと「場所」の倫理』東京大学出版会、二〇一四年、三一七—三二七頁。馬場智一「東方イスラエリット師範学校校長としてのレヴィナスと伝統——世界イスラエリット同盟アーカイヴ所蔵文書を読む」、杉村靖彦ほか編『個と普遍——レヴィナス哲学の新たな広がり』法政大学出版局、二〇二二年、二〇—四三頁。

（3）Emmanuel Levinas, « Réflexions sur l'éducation juive », in DL, 394／三五一。

（4）一九四四年ごろに書かれたと推定される覚書には「教授たちというカテゴリー——教えというカテゴリー。社会的関係としての教え〔…〕」（OI, 150／一七九）という記述がみられる。〈教え〉をめぐるレヴィナスの省察は戦後の哲学コレージュでの講演「発話と沈黙」（一九四八年）や「教え」（一九五〇年）などを通じて深められてゆくことになる。

（5）プラトン「メノン」80E、藤沢令夫訳、『プラトン全集』九、岩波書店、一九七四年、二七六頁。

（6）同前、81C–D、二七八頁。

（7）「哲学と無限の観念」『超越・外傷・神曲——存在論を超えて』（内田樹・合田正人編訳、国文社、一九八六年）、三五七頁（同論考は邦訳『実存の発見』には収録されていない）。

（8）同前、三五三頁。

（9）「顔において〈他人〉が出現するのに応じて、私は問いただされていく——私たちは、この問いただしを言語と呼ぶ。言語がそこからやってくる高さを、私たちは教えという語で指し示す」（TI, 185／三〇一—三〇二）。

（10）Emmanuel Levinas, « Mouvements de jeunesse »（以下、MJと略記）, in *Difficile liberté*, Paris: Albin Michel, 1963, pp. 308–311.（『困難な自由——ユダヤ教についての試論』内田樹訳、国文社、二〇〇八年、三六四—三六七頁）

（11）田中治彦『ボーイスカウト——二〇世紀青少年運動の原型』中公新書、一九九五年、一六二—一六四頁。なお、かつての教え子の証言によれば、レヴィナスはボーイスカウトにまったく理解を示さず、フランス・イスラエリット・スカウトがオルセーに創設した学校で彼が週末を過ごしたことを告げると「あなたは合理主義者ですか、神秘主義者ですか」と詰め寄られたという（Salomon Malka, *Emmanuel Lévinas. La vie et la trace*, *op. cit.*, pp. 111–114. 前掲『評伝レヴィナス——生と痕跡』、一三六—一三九頁）。

（12） レヴィナスの理性主義については以下の研究を参照。小手川正二郎『甦るレヴィナス——『全体性と無限』読解』水声社、二〇一五年、一四六—一七三頁。

（13） 「言語は、すべての理性に共通するような理性の内的成熟を加速させるわけではない。言語は、思考のなかに《新しいもの》を教え、導き入れる。思考のなかへの《新しいもの》の導入〔…〕——これこそが理性の働きそのものである」（TI, 242／三八九）。

（14） Emmanuel Levinas, « Une religion d'adultes », in DL, 27–46／一四—三三。

（15） 「私の子どもは、一人の異邦人であるが〔…〕、単に私のものであるだけではない。なぜなら、私の子どもは私であるからだ」（TI, 299／四八一）。

（16） レヴィナスの議論にあって、親と子の関係は父と子との関係と同一視される（cf. TI, 310／五〇一）。この点については、「愛されるもの（l'Aimée）」という受動態でのみ女性を描く「エロスの現象学」とともに、フェミニズムによるものをはじめ、さまざまな批判が寄せられてきた。ことの詳細については、以下の研究の整理を参照。渡名喜庸哲『レヴィナスの企て——『全体性と無限』と「人間」の多層性』勁草書房、二〇二一年、四一六—四二〇頁。

（17） 教育学の一領域として制度化された教育哲学におけるレヴィナスの受容については、以下の二つの論集を参照。Denise Egéa-Kuehne (ed.), *Levinas and Education. At the Intersection of Faith and Reason*, New York/London, Routledge, 2008; Guoping Zhao (ed.), *Levinas and Philosophy of Education*, New York/London, Routledge, 2018.

（18） Denis Kambouchner, *L'École, question philosophique*, Paris: Fayard, 2013, p. 23.

（19） レヴィナスはかつて自らの理念に適う新たな教育機関を創設する計画をもっていたと伝えられている（Salomon Malka, *Emmanuel Lévinas. La vie et la trace*, *op.cit.*, p. 103. 前掲『評伝レヴィナス——生と痕跡』、一二五頁）。

（20） Cf. Emmanuel Levinas, « Judaïsme et le temps présent », in DL, 317–318／二八二—二八三。

（21） このような視角からレヴィナスを読解する興味深い教育哲学研究として、以下を参照。ガート・ビースタ『教えることの再発見』上野正道監訳、東京大学出版会、二〇一八年。

（22） Emmanuel Levinas, « Philosophie, justice et amour », in EN, 119／一五五。

9　レヴィナスと政治学

松葉　類

1　レヴィナスの「政治学」？

「政治」（πολιτική）とは一般に、「ポリス」（πόλις）に関する事柄、すなわちある社会の成員に共有される具体的な意思決定とそのプロセスを意味している。他者を起点とした社会性について論じるレヴィナスの思想において、この意味での政治概念は重要な主題の一つであり、とくに一九七〇年代半ば以降、彼の後期思想において分節化されている。

しかし一方で、個別的な政治的主題に対するレヴィナスの発言が、あまりに不用意なものだとして議論を呼ぶことがある。たとえば彼が「女性的なもの」に与えた諸規定は現代のジェンダー論の観点からは不十分なものだと批判を受けることがあるし、彼の倫理における「動物」の人間に対する副次的な位置づけもまた、動物倫理学の立場から厳しい指摘を受けている。ある対談において、パレスチナ紛争のイスラエル軍の行動を擁護したかのように受け取れる発言が取り沙汰されることもあった。

こうしたことから、レヴィナスにおいて政治を扱うこと自体の困難がしばしば指摘される。しかし、レヴィナスのいう政治とはこのような個別的な主題に尽きるものではない。むしろそれは「他者」との根源的な関係である「倫理」と表裏一体をなす重要な概念である。本章で詳しく論じられるレヴィナスの「政治学」とは、具体的な意思決定や価値判断を伴うような「政治（*la* politique）」ではなく、普遍的な「政治的なもの（*le* politique）」に関する政治哲学であることが明らかになるだろう[1]。

2　政治と倫理のアポリア

時代や場所を問わず、人間主体は司法、制度、身分、職業といったさまざまな政治的秩序において生きている。国家に属していれば国籍があり、親子関係があり、識別可能な名前やＩＤを与えられ、職業や役割を得る等々、何らかの制度に内属しなければ社会的生活を送ることはできない。そのことによって国家は、成員に関わる利益の管理や秩序の維持をおこなうことができる。これが司法や制度の担い手としての国家の有用性である。レヴィナスもやはり、このような国家の有用性を認めており、国家は「司法制度と司法手続き」の担い手として要請されると論じている（EL, 141／一五七―一五八）。こうして司法を遂行することによって、諸国家は「諸制度を強化する」ことになる（EN, 241／三二七）。政治的秩序の本質的な傾向性は、このようにして有用性を拡大し、制度を強化することによって自己を保持していくことにある。

しかし翻ってみれば、この主体に対して与えられた秩序は、ひとりひとりの実存をなおざりにし、自らの階層性に取り込む形で全体化する一つの全体性でもありうる。「国家は戦争と管理、つまり戦争と階層性によって創設され、維持される。しかし、〈同〉を純粋なままに維持するはずの戦争、管理、階層性によって〈同〉は疎外される」（IH, 75／二四四）。言葉を換えれば、主体は国家の階層性において生きる限り、七並べのトランプカードのように自らの位置を既存の秩序によって定められることになる。それぞれの主体こそが国家を成立させる要素であるにもかかわらず、国家が内包する秩序はこの主体の個別性を取り込んでしまおうとする。

レヴィナスは政治の根拠を問い直しながら、つねにこの側面に注意を促している。彼によれば、政治の成立根拠とは「倫理」である。あらゆる言語はそれを伝える対話相手の存在を前提としているはずであり、この言語の成立に関わる他者への関係こそが言語的秩序の源泉となる。言い換えれば、この他者への関係こそが原初的言語であり、言語によって形成された秩序はすべてこの関係――「倫理」と呼ばれる――を参照している。社会的秩序である政治とて例外ではない。政治とは複数の他者たちと生きる社会において、この倫理を制度として通用させるべく、他の他者たちとの関係と比較考量し、普遍化し、客観化し、平準化したものである。このとき、そもそもこの倫理が言語的秩序を生み出すものであるがゆえにこそ、その言語的秩序によって捉えられないものであったことを考えれば、このような制度化によって、倫理は不可避的にその本質を変容させられてしまう。

制度化によって生まれた政治的秩序は、すでに述べたように、成立した時点から自らの有用性の強化と拡大を旨とする。この制度が適用される個々の主体を多様な制度的属性によって規定しながら管理することで、この秩序を破壊するような主体性を封じ込めようとする傾向性をもつことになる。つまり、この制度を生んだ根拠となるような主体性、言語的秩序によっては原理的に思考しえない「他者」、そして彼との関係における原初的言語はこの制度維持の傾向性と矛盾することになる。したがって政治は、自らの制度を強固なものにしていく一方で、それを根本的に成立させている原理――「無制限な初発の責任」（DMT, 214／二五九）――を忘却しうる。政治は倫理に従属するものであるにもかかわらず、この倫理を自らの秩序のなかへと回収してしまうのである。ここに倫理と政治のアポリアが存する。

3　民主主義の卓越

こうして国家における階層的秩序の本質である合理性は、その根拠であったはずの倫理を覆い隠してしまうが、主体は単に秩序のなかでのみ生きているわけではない。だからこそ、疎外された他者の「秘めたる涙」に気づくことができる。このことについて、レヴィナスは次のように述べている。

> 恐るべき残酷さが存在するのは、それがまさしく〔国家における〕合理的〈秩序〉の必要性から生じているからです。こう言ってよければ、公僕には見えない涙が存在するのです。それは他者の涙です。〔…〕私の見方では、主体性による〔この秩序への〕抗議が好意的に受け入れられるのは、主体性のエゴイズムが聖なるものであるという理由からではなく、私のみが他者の「秘めたる涙」に気づくことができるからなのです。
> （LC, 97f.／二五九）

政治が等閑視してしまう他者を前にして、主体は再び政治を生み出した倫理に関わることになる。言い換えれば、通常「普遍性、国家、歴史、全体性において」客観化されている主体は、こうした他者との関係によって「責任あるものとして、自分の最終的な実在性に連れ戻されるのを見出す」（TI, 194／三二六―三一七）。他者によって権能を問いただされることで、主体はいわば秩序に投げ入れられる前の本来的な主体性へと送り返される。

さらに、この他者への責任によって定義される主体性を伴って、主体は否応なく再び政治へと関わっていくことになる。結果的にもとの秩序を変更するかどうかにかかわらず、政治を他者との未来における「より良いもの」へ向かって運営していく際にはつねにこの倫理的領野が関わっている。この意味では、あらゆる制度はいかにそれが厳格なものであったとしても、それを成立させたのと同じ根拠によってより良いものへと変更される可能性を有しているということになろう。政治におけるこの変更可能性にこそ、レヴィナスは「民主主義」の本質を見出す。

> 私はかつて次のように言いました。まさに他者への責任、他の人間の顔が要求する慈悲、善性の名においてこそ、あらゆる正義の言説は作動するのです。他者への無限の厚情に、この言説が有する厳しき法（*la dura lex*）がいかなる制限や厳

格さをもたらそうとも。この無限は忘却できず、厳格さはつねに緩められるべきです。〔…〕おそらくここにこそ、民主主義の卓越があり、その土台をなす自由主義は、正義の絶え間ない深い悔恨に対応します。それはつねに未完成で、つねに再開される法制、より良いものに開かれた法制なのです。
（EN, 214f.／三三八）

ここで参照されているラテン語の法諺、「厳しき法、されど法なり（*Dura lex, sed lex.*）」は、「いかなる厳しい法であっても、それが法である限り遵守されねばならない」ことを意味しているが、レヴィナスはこれを読み替え、いかに厳しく堅固な法であっても、倫理によって成立した法である限り、他者を前にそれを緩めることができると考える。

そして、彼はここで「民主主義」の卓越を、このようにして法や正義が中断され補完されるということそのものに見ている。当時ありふれていた冷戦下の通俗的民主主義論とは異なり、民主主義が社会主義やほかの体制とその種差において比較されているのではないことに注意が必要であろう。民主主義の本質は、普通選挙、多数決による議決、代表議会制、福祉制度の保障などといったいわゆる民主的制度によって定義されるのではなく、むしろあらゆるそれぞれの政治体制にもかかわらず、そのつど政治が他者を前に「より良いもの」に向かって再開されうるということそのものにある。このように政治的主体性を開く倫理の働きを、レヴィナスは「神の言葉」とさえ呼んでいる。

4　レヴィナスとホッブズ

このような政治学によって批判されるのは、たとえばホッブズである。レヴィナスによればホッブズのいう国家とは、自己の欲求のみによって突き動かされる自然状態の人間たち——「狼たち」——による「万人の万人に対する闘争」を経て要請される、相互の権利の制限によって成立する。暴力とそれへの恐怖によって支配される自然状態を脱するために、人間は国家を打ち立てることになる。この国家は、欲求同士が衝突する自然状態に戻ってしまわぬように人間たちの行為を管理し、そのことによって自由と安全を保障する。つまり、人間は国家によって守られるのだから、ひとたび国家が成立すれば、誰もがこの管理に対して無条件に同意していることになる。こうしたホッブズ的政治においては、すでに述べたような国家の有用性のみが強調されることで、政治の自己拡大と強化の傾向性を差し止めるモメントが存在しない。いかに国家の名のもとに個々人の権利が蹂躙されようが、全体が暴力の跋扈する自然状態へと逆戻りするよりはましだというわけだ。

レヴィナスによれば、この議論においてホッブズは本来的な人間性を二点において捉えそこねている。第一に、人間の本質は「狼」としてのみあるのではなく、他者の涙に気づき自己の主体性そのものを差し出すような倫理性にも存している。ホッブズの人間は「相互に制限し合い、いち素材として規定され」ており、その各々は「存在することへの固執、我執（intéressement）」にとらわれている（AE, 15／二四）。しかし、ホッブズが自己や自己の所有物に限定しているような愛や欲求は、現実には他者の利益のために働くこともある。国家の合理的秩序において、このような個々人の本来的主体性の一側面が不当に覆い隠されてはならない。

第二に、ホッブズの国家においては政治が「より良いもの」となる可能性が原理的に存在しない。なぜなら、国家を打ち立てたのが個々の暴力に対抗するための一つの集合的な暴力である限り、この暴力に勝る暴力を行使するのでなければ、成員はその内部から国家的秩序に変更を加えることが許されないからである。別様に言えば、国家の否定は原理的に自己の生存基盤の否定であることになってしまう。翻ってレヴィナスの政治学においては、国家の有用性は認めつつも、倫理を基盤とする政治は同じ倫理によってつねに「より良いもの」に向かって批判や変更を加えられる可能性が残り続ける。

> 「人間にとっての狼」として人間を定義することから、諸制度を導き出すことができるのでしょうか。暴力による制限から生まれる諸制度、あるいは責任による制限から生まれる諸制度とのあいだにはいかなる差があるのでしょうか。少なくとも、二番目のものにおいては、それらを生み出したのと同じ名のもとで諸制度に抗することができるのです。
> （DMT, 214f.／二五九）

おそらくレヴィナスはここで、社会における制度の見直しや法改正などの現実的な諸側面を念頭に置いて考えているのであろう。ホッブズとは異なり、レヴィナスの政治学においては、制度そのものの正当性を奪うことなく、個々の諸制度の正当性に疑義を呈することができることになる。

このようにして自己批判を許容する国家のことを、レヴィナスは「ダヴィデの国」とも呼んでいる（ADV, 209ff.／二八五以下）。西欧的な合理的な支配機構としての「カエサルの国」に対し、ダヴィデの国は人間の解放という「絶対的な秩序」に属しているがために、人間性を前にたえず批判にさらされなければならない。それらは二つの異なる原理ではなく、ダヴィデの国はカエサルの国においてまさにその問い直しとして——国家における国家の彼方として——働くのである。レヴィナスはこのように、聖書時代の典型的な王政にさえ、政治的権力を人間性へと従属させることで、民主主義の本質を見出している。

5　レヴィナスとユートピア論

ここまで述べてきたレヴィナス政治学は、ともすると通俗的なユートピア論のように捉えられかねない。たしかに、この思想が倫理の名のもとに何らかの絶対的な価値を提示することを許すのであれば、そうした解釈も可能となろう。だがいかなる政治であれそれを打ち立てたのと同じ倫理によってつねに問い直されることがありうるとすれば、ある「より良いもの」は別の「より良いもの」にとってはより悪いものであるということになる。政治が以前より良くなったかどうかを評価する基準は不可能である。デリダが指摘するように、この表現は比較級であるからこそ意味がある。[2] つまり、レヴィナスにとって「「ハッピー・エンド」で終わるような文学的観念」は他者に対しては思考しえないのである（SA, 56／七八）。

レヴィナスはたびたびユダヤ的な語を用いて自らの政治学を説いているにもかかわらず、ユダヤ思想を倫理的な観点から読み替えてゆくことで、いわゆる終末論や神権政治の主張に陥ることを禁じていると言えるのではないだろうか。彼が自ら主張するユダヤ教普遍主義は、このような政治学としても表現されている。

また、レヴィナスはマルクス主義をこの点において評価する。彼はある対談において、「マルクス主義には愛がある」と述べたことを明らかにしている（SA, 40／六二）。ここにいう「愛」とは倫理による正義の問い直しを指しており、彼がマルクスを自らの主張と重ね合わせる形で読解していることがわかる。当然、すでにマルクス主義を標榜する政治がもたらした歴史的事実は看過できないし、彼もスターリン主義については批判を加えてやまない。それにもかかわらず彼がマルクス主義を評価するのは、絶対的な正義や通俗的な意味でのユートピアの現実化を認めず、むしろ永続的に更新され続ける正義概念についてである。なお、このような初期マルクスの政治哲学を重視する読解は、彼によるエルンスト・ブロッホの「いまだないもの（*Noch-Nicht*）」へ向かう時間論の倫理的解釈にも表れていることに注意を向けなければならないだろう。

6　レヴィナス政治哲学の現代的意義

政治哲学者のミゲル・アバンスールは、ある対談においてレヴィナスを「最も古典的な意味における法的規則と民主主義に惹きつけられた偉大な思想家」と位置づけている。[3] 政治哲学において、レヴィナスの民主主義論はいかなる現代的意義をもちうるだろうか。それはいかなる規範も方向性も持たないがゆえに、語るべきことを持たないのだろうか。以下では二つの論点から、ごく手短にこの問いに応答しよう。

第一に、レヴィナスの議論は、平等な合意形成のための手続きとして、もしくは自己統治のために人民が選ぶべき機構としてのみ民主主義を規定しようとする論者への批判として機能しうる。それはたとえばシュンペーターの選挙制度論に端を発し、現在ではロバート・タリースらによって支持されている見解である[4]。タリースによれば、民主主義はそれを担う人民の生活や精神性に根差し、それに影響を与えるとしても、基本的には議論の公平さや自由投票といった手続き的なものの規定にとどまるべきである。なぜなら生活や精神性そのものと同一視されるような実体的な規定を有する民主主義は、私的生を政治化することでより強い支配を許容してしまいうるからだ。それは市民のうちに民主主義的な精神性を陶冶するために、存在論的もしくは認識論的多元性を損なう抑圧的なものになってしまいうる。レヴィナスの民主主義概念はこの区別によれば実体的であることになろうが、すでに見たように、何らかの具体的な規範を与え方向づけるものではないために「強い支配」となることはない。むしろ政体における公的な手続きのみならず、それぞれの人民の生における私的な秩序さえも、他者の前に問い直される可能性があるということ、この意味での民主主義は、手続き的／実体的の二分法およびそれが前提とする公私の区別を越えて機能しうるのではないだろうか。

第二に、宗教と民主主義との関係を他者への関係から問い直すことで、両者の二極化傾向を緩和することができる。マルセル・ゴーシェが『民主主義と宗教』で述べたように、近代民主主義は、イデオロギー的中立性を標榜することで宗教を「単なる文化が持つ伝統や慣習・儀礼をこえて」本質的なメッセージと意味を与えるものとして承認したが、そのことによってかえって宗教を道徳や価値観のような世俗的なものの一つへと還元する「承認のポリティクス」へと包摂してしまう傾向性を有していた[5]。ジャック・ランシエールによれば、このような宗教の承認と同化の両義性に引き裂かれた民主主義への疑念は、前世紀から続く「民主主義への憎悪」と呼ぶべき状況の要因をなしている[6]。しかしレヴィナスによれば、民主主義と宗教は他者への責任を土台とするがゆえに、一方が他方を承認および包摂する関係にはない[7]。民主主義の原理は中立性ではなく他者を前にした改善可能性にこそあり、この意味でいかなる政治であれ──圧政であれ神権政治であれ──民主主義へと開かれていることになる。この議論は宗教を背景とした全体主義的支配の現状肯定に利用されてはならないが、民主主義的グローバリゼーションが破綻してなお機能しうる民主主義概念を彫琢するための手がかりとなるのではないか[8]。

たしかにレヴィナスの議論はシャンタル・ムフのいう「極端な多元主義」に陥る危険性を孕んでいる[9]。いかなる意味でも主体間の紐帯を同一化ないし強化すること、あるいはそれによって政治的決定を導くことに資するような議論ではないし、それゆえ民主主義を支える「人民」の領域確定の問題を現実に即して問うことはできないことになろう。ただし、レヴィナスはいわばそうした制度としての民主主義論ではなく、その可能性を条件づける「政治的なもの」としての民主主義を提示しようとしていたのではないだろうか。あらゆる国家のなかで「国家の彼方」として働く民主主義の意義はそこにこそ存するといえる。

おわりに

レヴィナスの政治学は一方で国家や制度の有用性を認めつつも、他方で国家的制度の自己拡大と強化の傾向性に警鐘を鳴らし続け、法や制度は原理的に最終的な体制となることがない、つねに「より良いもの」へ向かって変更が可能なものであるということを示している。レヴィナスは同時代の政治思想からは一定の距離を置きつつも、本章でその概観を示したような政治学を思考していた。

彼の政治学はいわゆる明確な政治的傾向性をもつわけではないし、個別的な価値判断へと導こうとするわけでもない。じっさい彼は何らかの規範によって倫理学を構築することは自らの課題ではないと主張している（EI, 85／一一四）。この意味では政治という主題は――彼の論考「政治は後で！」のタイトルどおり――倫理よりも後回しにされなければならないかのようだ。しかし、本章で論じた政治哲学としてのレヴィナス政治学は、他者への倫理的関係を背景としたそのつどの改善可能性としての規範性を論じるものである。宗教間対立を前提とする諸制度、形骸化する議会制、不平等な選挙、移民や社会的弱者への差別――こうしたさまざまな問題を孕んだ、民主主義の危機とも呼ぶべき現代のわれわれの状況において、レヴィナス政治学の根本的な諸テーゼは新たな視点をもたらしてくれるのではないだろうか。

註

（1）C・ペリュションによれば、レヴィナスの正義論は「政治」ではなく「政治的なもの」の省察である。「〔…〕レヴィナスはとりわけ権力を統治し支配しさらには維持する方法の問いに関わる政治に興味がなかったとしても、政治的なもの、すなわち民主主義が維持されうる諸条件を省察した」。Corine Pelluchon, *Pour comprendre Levinas*, Paris: Seuil, 2020, p. 207.

（2）Jacques Derrida, *Adieu: À Emmanuel Lévinas*, Paris: Galilée, 1997, p. 194.（『アデュー――エマニュエル・レヴィナスへ』藤本一勇訳、岩波書店、二〇〇四年、一六九頁）

（3）Miguel Abensour, Danielle-Cohen Levinas, *Emmanuel Levinas, l'intrigue de l'humain*, Paris: Hermann, 2012, pp. 29–30.

（4）Joseph A. Schumpeter, *Capitalism, Socialism and Democracy*, London and New York: Routledge, 2003. また、Robert. B. Talisse, *A Pragmatist Philosophy of Democracy*, London: Routledge, 2008.

（5）Marcel Gauchet, *La Religion dans la Démocratie: Parcours de la laïcité*, Paris: Gallimard, 1998, p. 133ff.（『民主主義と宗教』伊達聖伸・藤田尚志訳、トランスビュー、二〇一〇年、一四五頁以下）

（6）Jacques Rancière, *La haine de la démocratie*, Paris: La Fabrique, 2005.（『民主主義への憎悪』松葉祥一訳、インスクリプト、二〇〇八年）

（7）ただしこの点につき、レヴィナス自身はつねにユダヤ的なものという出自を手放さない。たとえば、バトラーの批判を参照のこと。Judith Butler, *Notes Toward a Performative Theory of*

Assembly, London: Harvard University Press, 2015, p. 106ff.(『アセンブリ——行為遂行性・複数性・政治』佐藤嘉幸・清水知子訳、青土社、二〇一八年、一四一頁以下）バトラーによれば、われわれは「レヴィナスに反して」レヴィナスを読解しなければならない。

（8）この概念は、さらに近代民主主義成立以前の過渡的形態とされる立憲君主政、啓蒙専制君主政などの分析に関しても有用であろう。

（9）Chantal Mouffe, *The Democratic Paradox*, New York: Verso, 2009, p. 20.(『民主主義の逆説』葛西弘隆訳、以文社、二〇〇六年、三三頁）

10　レヴィナスと社会科学

藤岡俊博

1　レヴィナスと社会学・民族学

エミール・デュルケームが所属していたボルドー大学文学部に、フランスではじめての社会学関連の講座である「社会科学・教育学」講座が設立されたのは一八八七年のことである。それから三〇年ほどが経過し、レヴィナスがフランスで学生生活を開始した一九二〇年代初頭は、新しい学問分野である社会学が大学で確固たる地位を築き始めた時期だった。デュルケームの教え子で、レヴィナスが何度も称賛と敬意を表している恩師の一人モーリス・アルヴァックスは、第一次世界大戦後に再びフランスの大学となったストラスブール大学で、初の独立した社会学講座の教授となった人物である（「社会学・教育学」講座が一九二二年に「社会学」講座に改組されたことによる）。アルヴァックスは労働問題や「集合記憶」をめぐる議論で知られる社会学者である。[1] 大戦前のストラスブールではゲオルク・ジンメルが教鞭を執っており、新生ストラスブール大学の哲学研究所（L'Institut de Philosophie）はドイツ時代の豊富な蔵書を活用することができた。ストラスブール大学の教員たちは、旧来のフランスの大学にあった個人主義的な伝統に別れを告げ、お互いの授業に参加したり共同で授業を実施するなど、まさに領域横断的な研究教育をおこなっていた。[2] アルヴァックスと、同じくレヴィナスの恩師であるモーリス・プラディーヌの当時の言葉を引いておく。「［社会学という］この学科は、自然な親和性により、さまざまな科学のほうに向かっている。統計を介して、社会学は数学に愛着を抱いている。人間科学としての社会学は、科学的心理学と同様、一般生理学とも関わりをもっている。帰納的・実験的な研究においては、社会学は物理諸科学の方法から着想を得ている。しかし、あらゆる科学がそうであるように、社会学は哲学のなかに根を生やしている。それゆえ、社会学を哲学からまったく分けないのは当然のことだった[3]」。

一九二九年には、マルク・ブロックとリュシアン・フェーヴルを中心に『社会経済史年報』が創刊され、政治外交史に限定されない長期にわたる社会構造の多層的な歴史分析をめざす「アナール学派」の基礎が据えられることになる。ストラスブールの哲学研究所で、ガブリエル・パイファーからフッサールの『論理学研究』を勧められて現象学の道に進んだレヴィナスが、以上のような学際的な雰囲気のなかで研究活動を開始したことは、どれだけ強調しても強調しすぎることはない。レヴィナスは当時の教育や学生たちの関心のうちでデュルケームとベルクソンが格別の地位を占めていたことを回想しながら、デュルケームには、互いに還元不可能な「複数の存在の水準」に関する理論があると述べ、そこに現象学的探究との親近性を見ている。「形而上学者デュルケーム」は、個人の心理の総和に還元されない「社会的なもの」を、動物的・人間的な心性を超えた「精神的なもの」の秩序として打ち立てたというのである（EI, 17／二四）。

著作自体のなかに示されるレヴィナスの社会学への関心は、とりわけ宗教現象に関する社会学的分析に集中していると言ってよい。「他人の表象ではなく他人を呼び出すことに帰着するような他人との紐帯、呼び出すことに了解が先立つことのないような他人とのこうした紐帯」を「宗教」と呼ぶとき、レヴィナスの念頭にあったのは、フランス社会学の先駆者であり、「人類教」を掲げるオーギュスト・コントの『実証政治体系』（一八五一―五四年）における宗教の定義だった（EN, 19／二四）。「本論で、宗教はつねに、個人的・集合的たるを問わず、人間的実存のどの部分もすべてが相応に調整されている際の、かかる人間的実存に固有の十全な調和の状態として特徴づけられる」[4]。神や「聖なるもの」の設定にさえ先行する、他人との関係としての宗教は、レヴィナスにおいては「社会」の同義語であるとも言える。レヴィナスは、社会の特徴を宗教のうちに認めるデュルケームの見解を、対象の客観性とは異なる他人の超越の様態を捉えた点で評価しながらも、最終的にデュルケームが「宗教的なもの」を「集団表象」に還元したことには批判的である（TI, 64／一〇九）。複数の人間からなる社会集団に基づくとはいえ、それが表象である限り、「宗教的なもの」は、対象化する主体の構造に帰着してしまうからだ。同様にレヴィナスは、デュルケームによる「聖なるもの」の理解も主体と客体の二元論を超え出ていないことを指摘している。「デュルケームにおいて、聖なるものは、それが引き起こす感情によって俗なる存在と際立った対照をなすとはいえ、これらの感情は依然として、対象を前にした主体の感情である。これらの各項の自己同一性は問いに付されていないように思われる。聖なる対象が有するもろもろの感覚性質は、この対象が解き放つ情動的な力とも、こうした情動の本性そのものとも共通の尺度をもたないが、これらの性質は、「集団表象」の担い手として、かかる不均衡や非合致を説明するのである」（EE, 98–99／一二八）。

以上のような留保をともなうデュルケーム解釈に比して、レヴィナスにとって重要な位置を占めているのが、フランスの民族学者リュシアン・レヴィ＝ブリュールである。レヴィナスのストラスブール時代の恩師で、反フロイト派の心理学者シャルル・ブロンデルはレヴィ＝ブリュールの弟子であり、レヴィナスはブロンデルとはなんでも話すことのできる間柄だったという（EL, 72／八七）。また、レヴィナスが公刊した初の論文である「エトムント・フッサール氏の『イデーン』について」（一九二九年）は、レヴィ＝ブリュールが編集委員を務めていた雑誌『フランス内外哲学誌』に掲載されている。レヴィ＝ブリュールがレヴィナスの思想形成に果たした役割は、こうした伝記的事実にとどまらない。レヴィナスは、存在者なき存在一般という〈ある〉（il y a）を導入する際に、レヴィ＝ブリュールが「未開」心性を説明するにあたって用いた「融即（participation）」という概念に依拠している。融即という語は、従来の哲学史では、感覚界の事物が叡智界の形相に与っていることを示すプラトンの「分有」の訳語として用いられたものである。レヴィ＝ブリュールは、「前論理的」なものである「未開」心性にとって、ヨーロッパ的な思考からは混同されえない「一と多」や「同と他」などの対立は重要ではないとする。「未開」心性を特徴づけるのは、矛盾律や同一律ではなく、論理的には対立する両項が相互に干渉しあう融即であるとされる(5)。こうしたレヴィ＝ブリュールの議論は、論理的心性と前論理的心性の対立を「誤ったアンチノミー」と呼ぶレヴィ＝ストロースをはじめとして(6)、その後の民族学や社会学からは批判の対象となったものだが、レヴィナスは、主体と客体の区別の撤廃を示唆する融即概念のうちに、存在一般への省察へと通じる可能性を見ている。「類へのプラトン的分有とは根本的に区別される神秘的融即においては、諸項の自己同一性は失われる。これらの項は、自らの実体性そのものを構成するものを脱ぎ捨てる。ある項の、他の項への融即は、一つの属詞を共有することにあるのではない。ある項は他の項である」（EE, 99／一二八）。融即において、存在者の相互区別を可能にする自己同一性や実体性が消失する場面に、レヴィナスは、存在者による支配から解放された〈ある〉という非人称的な存在一般を見出し、さらにはハイデガーにおける「世間」という日常的な現存在の匿名性との近さをも認めるに至る。こうしたいわば存在論的なレヴィ＝ブリュール読解は、論文「レヴィ＝ブリュールと現代哲学」（一九五七年）でも維持されている。レヴィナスは、レヴィ＝ブリュールの「未開」心性分析が、経験の条件であるもろもろのカテゴリーの破砕を明るみに出した点を評価し、そこに自身の同時期の現象学研究の主要なテーマであった「表象の瓦解」が機能する事態をも見ている。「もちろん、問題になっているのは、未開人の信仰それ自体に回帰することではなく、こうした信仰を可能にするさまざまな精神構造を浮かび上がらせることであり、そして結局のところ、そのような構造を可能にするもろもろの存在様態──存在論──を浮かび上がらせることである」（EN, 51／五九─六〇）。

レヴィナスの思想と社会学や民族学の関連について言えば、「贈与（don）」の主題との近接性が挙げられる。マルセル・モースの『贈与論』（一九二五年）を嚆矢として民族誌的に展開されてきた贈与研究に言及することはないものの、レヴィナスは他人との関係の根底に贈与を位置づけている。その際、デリダが『時間を与える』（一九九一年）で提示した、「不可能なもの」としての贈与と、返礼によって回収されてしまう交換（デリダによればモースの贈与もそれに含まれる）の差異も、〈同〉と〈他〉の非対称的・不可逆的な関係と、反転可能な相互性に対する批判という形でレヴィナスにも見出される。〈同〉と〈他〉との非対称的な関係は、了解や把持によって「他なるもの」を同化することで世界をわが物として所有する〈同〉に対して、所有しえないものである他人の現前がこの所有の正当性に異議を突きつけることから生じる。自分の世界を我有化する〈同〉は、その定義からしてすべてを所有しているのに対し、他人のほうは、異邦人、寡婦、孤児、さらには無一物者やプロレタリアという具体的形象をまとって、なにも持たない貧者として現れる。それゆえ「他人を認識することとは、飢えを認識することである。〈他人〉を認識すること──それは与えることである」（TI, 73／一二三）。他人の現前によって、〈同〉が独占的に所有していた事物は「与えるもの」という一般的な性格を帯びることになる。他人の認識はそれ自体がすでに、与えるものと化した事物を媒介に他人への通路が開かれることであり、「贈与によって共同性と普遍性を創設すること」（TI, 74／一二四）である。レヴィナスが「言語（langage）」に与える重要性はこの点に由来する。言語によって事物を一般的な語で示すことは、世界を所有することではなく、世界を他人に語ることであり、それ自体が事物を他人へと差し出す贈与だからである。「〔…〕事物を他者に向かって名指す言語は、本源的な所有権喪失であり、最初の贈与行為（donation）である」（TI, 189／三〇六）。

贈与をめぐる民族学や社会学の議論との関連で興味深いのは、他人の現前によって生起する事物の一般化を、レヴィナスが「譲渡不可能な所有物」（TI, 73／一二三）の廃止と呼んでいることである。譲渡不可能な財産の撤廃は、過去との連続性を維持する封建的な所有体制から、流動性を動因とする近代的な資本主義体制の確立に至る一つの条件である。それに対して、民族学者のアネット・ワイナーは、マリノフスキーがクラ交易を調査研究したトロブリアンド諸島において、贈与に供される物とは別に、譲渡されずに保持される物（女性が作る布、ゴザなど）が存在し、それが集団の同一性と持続性の保証となっていることを明らかにした[7]。譲渡不可能な所有物は、それを所有する集団の固有性を強めて他の集団との差異を生み出し、当該の集団はこの財を贈与の流通過程から守り続けることで威信と名誉を獲得する。他方で、他の集団との交換に基づく相互関係のネットワークのなかで、譲渡不可能な物の譲渡を拒みつつ代理品を譲渡したり、譲渡不可能な物の所有権は保ちながら用益権のみを贈与するといった、「贈与しながら保持すること」の戦略が実践される。[8] 哲学のテクストと民族学の調査研究とを安易に同じ次元に並べることはできないが、贈与される事物を媒介とした他者との関係を記述する点で、レヴィナスの思想をこうした民族学的議論とつなげて読解する可能性も残されている。

2　レヴィナスと経済学

レヴィナスと経済学との関連は、レヴィナスが狭義の経済学や経済学者に言及することがほとんどないために、見極めるのが難しい。唯一の例外は言うまでもなくマルクスだが、レヴィナスが関心を寄せるのはマルクスの経済理論ではなく、マルクス主義の「哲学」である。『実存から実存者へ』では、欲望(『全体性と無限』の枠組みでは欲求)と糧との合致である志向の「真摯さ(sincérité)」がマルクス主義の根本にあったことが評価される。「経済的人間から出発するマルクス主義哲学の偉大な力は、説教の欺瞞を徹底的に避けることができる点にある。志向の真摯さ、飢えと渇きの善意志のうちに身を置きながら、マルクス主義哲学が提起する闘争と犠牲の理想や、この哲学が誘う文化は、これらの志向の延長にほかならない。マルクス主義がひとを魅了しうるのは、そのいわゆる唯物論によってではなく、こうした提起と誘いが保ち続けている本質的な真摯さによってである」(EE, 69/九一)。

『全体性と無限』にはマルクスへの直接の言及はないが、マルクスとの近接性は哲学的により踏み込んだ仕方で認められる。第一に、感性に与えられた重要性と、「享受(jouissance)」および労働の位置づけである。レヴィナスが「……によって生きること」と定義する享受は、単なる生存手段の獲得と同義ではない。享受はつねに生命を維持する以上の価値を有するものであり、生計を立てるために必要な労働でさえ、それが生を満たす内実である限り、享受されるものである。「私たちは自分の暮らしを保証する労働によって生きているが、同じく自分の労働によっても生きている。なぜならこの労働が生を満たす(楽しいものにしたり悲しいものにしたりする)からだ。「自分の労働によって生きる」ことの第一の意味は——事態がしかるべき状態にあるなら——この第二の意味に戻ってくる」(TI, 114/一九四)。レヴィナスが「事態がしかるべき状態にあるなら」という留保をつけていることの意味は大きい。なぜなら、労働がまさに生きるための手段にまで切り詰められ、レヴィナスが言う意味での享受が享受として成立しえない状況を批判したのがマルクスだったからである。「そのため労働は、ある欲求の満足ではなく、労働以外のところで諸欲求を満足させるための手段であるにすぎない」。[9] マルクスの批判は、労働者の欲求を生存に最低限必要な水準にまで制限し、労働者の活動を抽象的な機械的運動に還元する国民経済学に対する批判である。[10] レヴィナスは、本来は目的として求められるべき糧が、現存在の「……のため」に帰着する用具的存在として位置づけられるハイデガーの世界を、「搾取の世界」と批判的に捉えている（TI, 142／二三七）。

　第二に、ヘーゲル解釈に基づくマルクスの疎外論と、レヴィナスの「所産（作品）」概念との関連が挙げられる。労働者は商品を生産する際に、商品だけでなく自分の労働をも商品として生産している。商品には投下された労働力が含まれており、商品の生産は同時に労働力の外在化でもある。しかも、労働者が商品を多く生産すればするほど、一商品あたりの生産に必要な労働力は減少するから、商品の世界の価値が増大するのに比例して、人間の世界の価値が低下するという逆説的な事態が生じる。「労働の生産物は、対象のなかに固定化された、事物化された労働であり、労働の対象化である。労働の実現は労働の対象化である。国民経済的状態のなかでは、労働のこの実現が労働者の現実性剝奪として現われ、対象化が対象の喪失および対象への隷属として、〔対象の〕獲得が疎外として、外化として現われる」[11]。レヴィナスもまた、「意志」が産出した「所産（作品）」のなかに労働が外部化される同様の事態を述べている。「意志は労働のうちで行使され、労働は事物のなかに見えるかたちで組みこまれるが、意志はすぐさまそこからいなくなってしまう。というのも、所産は商品としての無名性を帯びるからだ。この無名性のうちでは、労働者そのひとも賃労働者として消え去ることがある」（TI, 250／四〇四）。〈同〉と〈他〉の根本的分離において、〈同〉の意志はそれ自体としてではなく、産出した所産を通じて〈他〉と関係する。そのとき意志の所産は他の意志たちに解釈され、場合によっては、生み出した当の意志に反するような意味を得ることさえある。意志が所産を生み出すとき、「他者たちが所産を横領し、疎外し、獲得し、購入し、窃取する可能性」（TI, 253／四〇九）もまた生じる。レヴィナスはこうした疎外が生じる典型的な場面を歴史記述のうちに見出す。歴史記述とはまさに、死んだ意志が残した所産を生き残った者たちが解釈する営為だからである。

　レヴィナスの哲学と関係する経済学の主題としては、「貨幣（argent）」が挙げられる。この点でレヴィナスは、マルクス主義とは異なって、賃金というかたちで人間を買う能力を有する貨幣を、必ずしも否定的には捉えていない。実際、論文「自我と全体性」（一九五四年）でレヴィナスは、単独的な自我と社会的複数性の次元との中間を占める点に貨幣の役割を認めている。「貨幣の形而上学的意義は〔貨幣に割かれた豊富な経済学および社会学の研究にもかかわらず〕、おそらくまだ見積もられていないものだが、貨幣とは、意志に提供する当の力によって意志を腐敗させるものであり、中間項の最たるものである」（EN, 47／五四）。人間は、貨幣を自由に使用できる点で全体性との距離を保つと同時に、商売や取引において貨幣で売買されうる点で、全体性に包摂されてもいる。形式的な言い方をするなら、貨幣とは「概念をもたないものの一般化、量をもたないものの方程式が成就するような抽象的境位」（同所）である。賃金としての貨幣は、個人を一般化することでその単独性を奪うものであるが、まさにこの一般化に基づいて、社会の複数性のうちで「経済的正義」（EN, 27／二六）を可能にするものでもある。レヴィナスは、比較不可能であるはずの人間の数量化に正義の本質的条件の一つを見る考え方がショッキングに映ることを認めつつ、「しかし、数量も補償もない正義など考えることができるだろうか」（EN, 48／五六）とも問うている。貨幣に対するレヴィナスの関心は、『困難な自由』（一九六三年）に収められた「同害刑法」や、最晩年の講演「社会性と貨幣」（一九八六年、公刊は一九八七年）まで一貫して維持されている。社会的正義の実現のために経済的次元に着目するレヴィナスの思想は、富の分配・再分配や、公正性と福祉といった、厚生経済学の諸問題とも接続しうる論点を提示していると言える。とくにインドの経済学者アマルティア・センとレヴィナスの思想の関連はしばしば注目を集めている[12]。

註

（1）モーリス・アルヴァックス『集合的記憶』小関藤一郎訳、行路社、一九九九年／『記憶の社会的枠組み』鈴木智之訳、青弓社、二〇一八年。

（2）Cf. John E. Craig, «Maurice Halbwachs à Strasbourg», *Revue française de sociologie*, 20, 1979, p. 276.

（3）Maurice Pradines et Maurice Halbwachs, «L'Institut de Philosophie», *Bulletin de la Faculté des Lettres de Strasbourg*, 3, 1924–1925, p. 229.

（4）Auguste Comte, *Système de politique positive*, t. II, Paris: Carilian-Gœury et V. Dalmont, 1854, p. 8.

（5）リュシアン・レヴィ＝ブリュール『未開社会の思惟　上』山田吉彦訳、岩波文庫、一九五三年、九四頁以下を参照。

（6）Claude Lévi-Strauss, *La pensée sauvage* [1962], Paris: Plon, 2004, p. 319.

（7）Annette B. Weiner, *Inalienable Possessions. The Paradox of Keeping-While-Giving*, Berkeley/Los Angeles/Oxford, University of California Press, 1992.

（8）以上の点について詳しくは、モーリス・ゴドリエ『贈与の謎』（山内昶訳、法政大学出版局、新装版二〇一四年）、今村仁司『交易する人間――贈与と交換の人間学』（講談社選書メチエ、二〇〇〇年）を参照。

（9）マルクス『経済学・哲学草稿』城塚登・田中吉六訳、岩波文庫、一九六四年、九二頁。

（10）同前、一五三頁。

（11）同前、八七頁。

（12）たとえば以下を参照。後藤玲子／P・デュムシェル編著『正義への挑戦――セン経済学の新地平』晃洋書房、二〇一一年。三浦直希「倫理と経済――セン、レヴィナス研究のための序説」『人文学報』三六六号、東京都立大学人文学部、二〇〇五年。

11　レヴィナスとポストコロニアリズム

小手川正二郎

はじめに――レヴィナスの人種主義？

レヴィナスの著作を日本語で（日本語に訳して）読み解釈するときに、向き合わざるをえない問いがある。私たちのことを、レヴィナスは対等な対話相手とみなしていたのか、という問いである。

レヴィナスの時事的論考には、「ユダヤ＝キリスト教世界の由来をなす聖史とは異質なアフリカ・アジアの低開発国の群衆」（DL, 242／二一二）を脅威として描くくだりが散見される。ソ連と中国の対立が表面化した一九六〇年に書かれた論考では、「ヨーロッパの歴史に属してきた」ロシアがアジア文明のなかに埋没してしまうことを「黄禍」（péril jaune）――もともとは日本や中国に向けられた人種差別的な表現――とさえ呼んでいる（IH, 150／一五七）[1]。J・バトラーは、こうした表現にレヴィナスの「露骨な人種主義《レイシズム》」を見て取る[2]。そこまではいかなくとも、彼がアジアやアフリカをヨーロッパとは「月や火星」のごとく「根本的に異質な」地域とみなし（IH, 150／一五七）、真正な哲学をギリシア－ヨーロッパに帰すヨーロッパ中心的な見方をしていたことは否定しがたいように思われる。

S・スラボドスキーのように、レヴィナスが一九七〇年代から八〇年代にかけて、「第三世界」の哲学者たちとの邂逅を経て、こうした見方を修正し、『存在の彼方へ』で「哲学の言語のなかにいくつかの未開言語（barbarismes）を導入する」（AE, 273／三九七）必要性を唱えるに至ったと解釈することは可能だろう[3]。仮にそうだったとしても、西洋哲学のある種の暴力性を告発し続けたレヴィナスの哲学が、西洋哲学とつねに結びついてきた人種主義や植民地主義といかなる関係にあったのか、そして、彼の哲学の内部から、それらを克服する理路は拓かれうるのかを問う必要があるだろう。本論では、「レヴィナスとポストコロニアリズム」という視点から、こうした問いに迫りたい。

1　ポストコロニアリズムとは？

ポストコロニアリズムとは、一般に、経済や文化、政治に残存する植民地主義の影響を明らかにし、それに抵抗しようとする思想潮流を指す。ポストコロニアリズムに関しては、その意味の多義性、著名な論者（E・サイード、G・C・スピヴァク、H・バーバ等）の偏重、専門用語の難解さといった難点も指摘されてきたが、[4]学問の世界に色濃く残る植民地主義の残滓と批判的に対峙するために必要不可欠な姿勢とみなされている。

植民地主義（colonialism）は、文字どおりには、他人の土地や財産を征服し支配することを意味するが、ポストコロニアル研究では、経済や政治だけでなく、言語や文化や思想という面からも——たとえば（ヨーロッパの外側からさまざまなものを借用することで成立した）近代の科学技術やフェミニズムなどを「西洋のもの」とすることで——非西洋人を西洋に依存させることが批判的に検討されてきた。ケニアの作家グギ・ワ・ジオンゴ（1938〜）によれば、植民地主義の本質は、被植民者の「名前や言語、能力に対する自信、そして最後には人間の自尊心」を根絶やしに、自らの過去を「何も生み出さなかった荒地」とみなすよう強いる点にある。[5]

ポストコロニアル研究は、とりわけ西洋の植民地主義が非西洋人をいかに表象してきたか、「他者」の表象を通して西洋がいかに自らを世界の中心に位置づけてきたか、思想や科学、グローバルな経済体制、マスメディアや娯楽産業を通して西洋の中心化や非西洋の従属化がいかに維持されているかを考察してきた。[6]

2　レヴィナスとポストコロニアリズム

レヴィナスとポストコロニアリズムは、近いように見える反面遠い。

「近いように見える」というのは、「他者の思想家」というレヴィナス像が、西洋人による非西洋人の「他者化」を批判するポストコロニアル研究者と近似していると受け取られてきたからだ。[7]

けれども、両者の接点を探そうとすると、両者の隔たりばかりが目につくようになる。そもそもレヴィナスは、同時代のフランスに生きたA・セゼール（1913〜2008）、F・ファノン（1925〜61）、E・グリッサン（1928〜2011）らの植民地主義批判に言及することがない。J－P・サルトルやM・ブランショらが強く反対したアルジェリア戦争（一九五四—六二年）にも表立って言及することはなかった。[8]ポストコロニアル理論家たちが、ナチスによるユダヤ人のジェノサイドを西洋人による人種主義や植民地主義と連続的に捉える傾向があるのに対して、[9]レヴィナナスにこうした視点は欠けている。

方法論や理論の面から見ても両者の隔たりは大きい。ポストコロニアル研究が西洋人による特定の人種・民族に対するステレオタイプ化された表象を、植民地主義の歴史との関連のもとで批判的に考察するのに対して、レヴィナスは歴史的関係に縮減されない、個々人が唯一的な他人に負う倫理的責任から出発する。それゆえレヴィナスの議論においては、特定の人種や民族としてのみ他人を遇することが他人との倫理的関係に反するということは指摘できるとしても、そうした集団に属するがゆえに現に差別視されている人とどう向き合うべきか、植民地主義の歴史を通じて生み出され、維持されてきた、集団に対する見方や表象をいかに変容すべきかを考察することが困難だとされる。[10]

こうした隔たりにもかかわらず、レヴィナスとポストコロニアリズムをめぐっては、北米を中心に二〇一〇年代から活発な議論がなされつつある。現在進行形の社会的・政治的問題からレヴィナスの思想を批判的に問い直すことをめざした論集『レヴィナスの徹底化』（二〇一〇年）のなかで、文学研究で著名なR・イーグルストンは、レヴィナスの著作がどの程度まで、ポストコロニアル研究を「徹底化」しうるか、あるいは逆にポストコロニアル研究によって「徹底化」されうるのかを問うた。[11]イーグルストンによれば、レヴィナスの哲学は、異質なものを同化してしまう「植民地主義」を西洋哲学のうちに剔抉し、それを徹底的に批判する点で、ポストコロニアル研究になお役立ちうる。[12]

二〇一二年の『レヴィナス研究』（*Levinas Studies*）では、『レヴィナスとポストコロニアル』[13]の著者J・E・ドラビンスキが編者となって「レヴィナスと人種・人種差別」に関する特集が組まれ、レヴィナスとポストコロニアル研究を関連づける論考が多数掲載された。たとえばS・ドリチェルは、他人に向けて〈語ること〉が他人について〈語られたこと〉を伴うだけでなく、正義のためにそれを必要とするというレヴィナスの言明を解釈して、他人の唯一性への呼びかけは、他人の集団的アイデンティティのより適切な理解を求めると主張する。[14]その一方で、N・マルドナード゠トーレスは、レヴィナスによるユダヤ・キリスト教的伝統およびヨーロッパの哲学の特権視、そしてヨーロッパの外で展開された植民地主義の実態への無知ゆえに、レヴィナスの哲学だけではポストコロニアル研究に充分な仕方では寄与しえないと批判する。[15]彼によれば、レヴィナスの哲学がポストコロニアル的な観点から意義をもちうるためには、レヴィナスの思想を独自の仕方で展開したラテンアメリカの哲学者E・ドゥセル（1934〜）の系譜学や、ファノンによる個人と社会の関係の分析によって補完されたり、問い直されたりする必要がある。[16]

3　レヴィナスとポストコロニアリズムの接点としての「表象」

レヴィナスの哲学をポストコロニアリズムとつなげる際に肝要となるのは、両者の相違点とみなされがちである「表象(représentation)」の位置づけに注目することだ。一見すると、レヴィナスの哲学においては、「〔他人の〕顔は〔…〕顔の表象には吸収されない」(TI, 237／三八一)という表現にみられるように、表象に汲み尽くされない他人との倫理的関係が強調され、そうした関係にとって表象とはもっぱら忌避されたり、克服されたりするものとして捉えられているように見える。しかし、こうした見方は、あまりに一面的すぎる。レヴィナスは、他人が表象しつくせないことを示そうとしたわけではなく[17]、むしろ他人との関係から出発して表象を捉え直そうとしたと考えられるからだ。

実際、『全体性と無限』第二部でレヴィナスは、表象を「まずはその諸源泉から切り離して」(TI, 128／二一六)記述し、その後で表象の「諸源泉」をなす他の諸活動(享受、住まい、他人との関係)との関連において、表象を描き直そうとする。

他の活動から切り離された表象を考察する際に、レヴィナスの念頭にあるのはフッサール『論理学研究』の客観化作用だ(TI, 128／二一六)。客観化作用とは、私たちの体験(知覚や想起

といった志向作用)にそれが向かう対象を与える作用である。ここで「対象」と呼ばれるものは、志向作用とは独立に実在する事物とは区別される。たとえば、J・ジャストロウの図形を前にしたとき、ある人には「ウサギの顔」が見え、別の人には「アヒルの顔」が見えるだろうが、この違いは物理的な図形の違いではなく、両者の知覚作用が向かう対象(それぞれの作用が何を表象しているか)の違いに由来する[18]。何かを知覚するとき、感覚与件(図形の曲線や陰影)だけが知覚されているわけではなく、知覚する人が実在に向かう仕方、どのようなものとして(「ウサギの顔」ないし「アヒルの顔」として)それを表象するかが、知覚作用のなかに含まれているのだ。

このように解された表象のうちに、レヴィナスは三つの特徴を見て取る(TI, 128–133／二一六―二二四)。

(1)一方通行性――他者を表象するとき、自我は他者によって規定されることなく、他者を規定する(TI, 129／二一七―二一八)。確かに、自我にさまざまな表象可能性(「ウサギの顔」や「アヒルの顔」)を与えるのは、表象される他者(図形)のほうであり、自我は自分の思いどおりに他者を表象することはできない(もし自由気ままに他者を思い描くとしたら、それは表象で

はなく空想でしかない）。しかし、自我によっていかに表象されるかを他者のほうが決定することはできず、他者は自我にとって理解可能な対象としてのみ表象されうる。

(2) 瞬間的な自発性――こうした一方通行性にもかかわらず、表象は他者を色眼鏡で見たり支配したりしようとする自我の意志によって遂行されるわけではない。それは、自我の意図や目的とは無関係に、「純粋な自発性」（TI, 130／二二〇）として生じる。実際には、何らかの圧力や歴史的な制約のもとで表象が形づくられていたとしても、自我にとって表象はこうした背景とは無関係に瞬間的に生じてくる。「表象とはこうした錯覚や忘却の力なのだ」（TI, 131／二二〇）。

(3) 世界からの分離――外部からの影響を被ることなく、瞬時に他者を表象する自我は、世界から「分離」されている。表象する自我は、世界内の特定の時空に場を占める存在者としてではなく、世界や他者が理解可能な対象として現出する場としての超越論的な主体へと至る。「〔対象を〕構成する自我は、自らが理解する働きに溶けこみ永遠的なものに入っていく」（TI, 132／二二三）。

表象のこうした特徴は、知らぬ間に植民地主義的な見方を受け継ぎ、非西洋圏の人々を劣等視したり、（科学的には存在しない人種に相手を帰属させて）「人種化」したりするポストコロニアリズム状況下における私たちの表象を見つめ直すうえで示唆的である。たとえば、オリエンタリズム的な表象は、西洋人から非西洋人に向けられる一方向的なものであり、相手からまなざされることなく相手をまなざし規定するものである[19]。また、人種化する知覚に顕著なように、相手を表象する側は、差別的な意図や悪意を抱いていなくても、相手の身体の「自然的な」特徴から瞬時に相手の表象（「危険な黒人」「怪しそうなムスリム」）が生じてきたかのように感じる[20]。そこでは、他者の表象が生じる歴史的・社会的背景がまったく目に入らない。そのとき、表象する側は、あたかも歴史や社会のうちに特定の位置を占めることのない、中立的な観察者のようにして世界を見ている。そのようにして、表象する者の人種的な特権性が不可視化され、それを問題化することができなくなるのだ。

4　レヴィナスの哲学から「別様の表象」を探るために

重要なのは、レヴィナスがこうした表象のあり方を、他の活動から切り離され「いわば土から引き抜かれた（déraciné）」（TI, 128／二一六）ものとして捉え、享受、住まい、他人との関係といった表象の「諸源泉」と関連づけ直すことで、表象を人間的な活動として再評価しようとしている点にある（以下では、叙述の都合上、前節の(2)と(3)の順序を逆にしている[21]）。

(1) 正当化を必要とする自我の「思いこみ」――享受との関連のもとで見ると、他者を何らかの対象として表象する前に、自我はすでにこの他者との感性的な係わりを生きており、この係わりが表象する自我の個別性を形づくる。ジャストロウの図形を見る人は、ウサギの顔やアヒルの顔を知覚する前に、色彩や大きさを感覚し、（興味を惹かれたり、不気味な印象を抱いたりといった）特定の情動状態におかれている。表象は、他者とのこうした感性的な係わりによって支えられているのだが、表象する人はそれを忘れてしまっているのだ。

> 表象は条件づけられている。表象の超越論的な思いこみ（prétention）は、表象が構成したと思いこんでいる存在のうちにつねにすでに根づいている生によってたえず裏切られてしまう。しかし、表象は事後的に、現実のうちでこの生に取って代わって、この現実そのものを構成したと思いこむ（prétendre）のだ。　（TI, 183／二九八）

表象の一方通行性は、享受との関連に置かれると、自らの条件を忘却しつつ、その条件を事後的に構成したつもりになる「思いこみ」として露わになる。レヴィナスはこれを表象の肯定的な特徴とみなす。他者との感性的な係わりから離脱していると思いこめるがゆえに、自我は単に鏡のように他者を映し出すのではなく、自らに固有の観点から他者を表象することができる。そして、この思いこみが確信や確実性も欠いたものであるがゆえに、それはある種の正当化を必要とする。

⑵ 住まいによって可能となる世界からの分離——世界からの分離は、時空に場を占めないことによってではなく、むしろ家に住まうことによって実現される。家族や馴染みの家具が迎え入れ安心を感じさせてくれる家は、世界の喧騒から身を引いて、自己を気遣うこと（セルフケア）を可能にする。レヴィナスによれば、世界のうちに外部からの影響を一時的に遮断し、自己を顧みるための私的領域が開けていることが、外部を表象するために必要である。というのも、他者を表象するためには、他者からの諸影響に巻き込まれることなく、ある程度安定した「自己」の観点から、他者に接近できるのでなければならないからだ。

⑶ 瞬間的な自発性の問い直し——表象の瞬間的な自発性もまた、他人との関係のなかで捉え直される。自我の「思いこみ」が正当化可能な仕方で他者を表象するためには、つまり他者をより他者に即した形で表象するためには、自我は自らの限られた視野を越えて他者を表象することができなくてはならない。そして、そのためには、自我は〈他人〉（Autrui）、すなわち自我の表象のあり方や偏見を問い直し、別の仕方で表象することを課す他人と出会う必要がある。

> 表象は自らを養う世界に対する自由を、本質的に道徳的な関係、〈他人〉との関係から引き出す。道徳は、自我の数々の関心事に付け加わってそうした関心事を順位づけしたり、裁

かせたりするのではない。道徳は自我それ自身を問い直し、自己と距離をとらせるのだ。（TI, 186／三〇三）

このように〈他人〉との関係のなかで、表象は「流れに逆らって上流に向かう活動力」（TI, 183／二九八）を得る、つまり自らの瞬間的な自発性の手前に遡ってそれを問い直し、偏見や歴史的背景からより「自由」になりうるのだ。

レヴィナスによるこうした表象の捉え直しには、たとえば人種化する表象のような画一的な表象とは別様に相手を表象するために、何が必要かを考える手がかりが隠されている。

(1)「黒人」や「白人」等と他人を人種化する表象は、他人との感性的な係わりを前提としながらそれを忘却している。実際には千差万別の肌の色を目にしているにもかかわらず、そうした色の感覚は忘却され、人はあたかも文字どおり「黒い」肌と「白い」肌を見分けているかのように思いこむ。けれども、それがほかならぬ私の「思いこみ」である以上、どれほど歴史的・文化的な影響下のもとでなされるとはいえ、そのように表象する私の責任が問われることになる。

(2) 表象の責任を問われる私とは、世界に位置づけられることがない超越論的主体ではなく、特定の時空に場を占め、何らかの「住まい」に属する「私」である。そうした「私」が相手を特定の人種として表象するとき、この表象は特定の環境のなかで生じ、人種化された他人は「場違いな人」、つまり自分（ないし自分が属する人種集団）にとって居心地のよい場を乱す人として浮かび上がる。[22] 他人を人種化する表象は、私的領域の延長線上にある、自己が安らぎを得られる空間を自分が属する人種集団にふさわしい領域として維持し、そのようにして社会における人種的な地位と結びついた「安定した自己」を確保することと不可分なのだ。それゆえ、他人を人種化する表象を問おうとするなら、自分が属する人種集団の社会的位置づけやそうした集団が空間を占有する仕方を問題化する必要がある。

(3) こうした点を考慮に入れるなら、相手の身体的特徴から瞬間的かつ自発的に生じてきたかのように感じられる人種の表象は、特定の歴史的・文化的背景のもと自分が身につけ維持してきた知覚習慣によって生じる時間的なプロセスとして捉え直されることになる。こうした自己の知覚習慣の問い直しを経て、他人を別様に表象する可能性が生まれるが、それは他人の集団的アイデンティティの理解と切り離せない。レヴィナスの言う「他人の顔との対面」は、表象を一切排し、まっさらな個人（集団に帰属しない個人）として相手を見ることには帰着しない。むしろそれは、相手と自分が属する人種集団間の非対称性に気づいて、特定の人種集団に属するとみなされるがゆえに相手が生きざるをえない状況から、世界の表象の仕方そのものを変容させることと解される。[23]「顔を見ることは、世界について語ることである」（TI, 190／三〇七）とレヴィナスは述べているが、それは自己の一方的かつ瞬間的な表象の手前に遡って世界を別様に表象することにほかならないのだ。

このように、レヴィナスの哲学はポストコロニアリズム状況下における表象のあり方を再考する可能性を秘めている。こうした表象を問うことは、一方で、日本語でレヴィナスを読み思考する私たちの表象のされ方——私たちのことを、レヴィナスは対等な対話相手とみなしていたのか——を問うことと不可分である。他方、それはまた、西洋の植民地主義への対抗という名目のもとアジアの国々を植民地化した歴史を背負う日本に暮らす私たちが、自分たち自身の植民地主義的なまなざし——「西洋化」へのあこがれと「非西洋」への蔑視——を問うこととも切り離せない[24]。ポストコロニアリズム的な観点からレヴィナスの立場を問うことは、それを問う人自身のコロニアリズムを再考することへと誘うのだ。

註

(1) レヴィナスは「黄禍」という表現を用いた直後に、「それは人種的ではなく、精神的なものだ」と補足しているが、ケイギルは前後の文脈からしてもそれが人種差別的表現でないと言うことは難しいと指摘している(Howard Caygill, *Levinas and the Political*, Routledge, 2002, pp. 183–184)。

(2) Judith Butler, *Parting ways: Jewishness and the Critique of Zionism*, Columbia University Press, 2012, p. 46.(ジュディス・バトラー『分かれ道——ユダヤ性とシオニズム批判』大橋洋一・岸まどか訳、青土社、二〇一九年) バトラーによるレヴィナス読解の問題点については、渡名喜庸哲「レヴィナスにおける〈東方〉についての極端な思考——バトラーの批判に対して」、杉村靖彦ほか編『個と普遍——レヴィナス哲学の新たな広がり』法政大学出版局、二〇二二年、参照。

(3) Santiago Slabodsky, Emmanuel Levinas's Geopolitics: Overlooked Conversations between Rabbinical and Third World Decolonialisms, in: *The Journal of Jewish Thought and Philosophy*, 18 (2), 2010.

(4) こうした問題点からポストコロニアル研究を救い出そうとする試みとして、Ania Loomba, *Colonialism/Postcolonialism*, Routledge, 1998.(アーニャ・ルーンバ『ポストコロニアル理論入門』吉原ゆかり訳、松柏社、二〇〇一年)

(5) Ngũgĩ wa Thiong'o, *Decolonising the Mind: The Politics of Language in African Literature*, Heinemann Educational, 1986.(グギ・ワ・ジオンゴ『精神の非植民地化——アフリカ文学における言語の政治学』宮本正興・楠瀬佳子訳、第三書館、二〇一〇年)

(6) Ella Shohat & Robert Stam, *Unthinking Eurocentrism: Multiculturalism and the Media*, Routledge, 1994.(エラ・ショハット、ロバート・スタム『支配と抵抗の映像文化——西洋中心主義と他者を考える』早尾貴紀監訳、内田(蓼沼)理絵子・片岡恵美訳、法政大学出版局、二〇一九年)

(7) 実際に、ヤングやバーバといった著名なポストコロニアルの理論家がレヴィナスにしばしば言及している。Robert Young, *White Mythologies: Writing History and the West*, Routledge, 1990, pp. 43–50. Homi Bhabha, *The Location of Culture*, Routledge, 1994, pp. 15–17.(H・K・バーバ『文化の場所』本橋哲也・正

木恒夫・外岡尚美・阪元留美訳、法政大学出版局、二〇〇五年）

（8） Fred Poché, *La culture de l'autre: Une lecture post-coloniale d'Emmanuel Levinas*, Chronique Sociale, 2015, pp. 54–60.

（9） Aimé Césaire, *Cahier d'un retour au pays natal*, Présence africaine, 1939.（エメ・セゼール『帰郷ノート／植民地主義論』砂野幸稔訳、平凡社ライブラリー、二〇〇四年）、中村隆之『野蛮の言説——差別と排除の精神史』春陽堂、二〇二〇年、第三部参照。

（10） こうした問題は、レヴィナス研究に加えて、人種の哲学の研究でも著名なバーナスコーニによって提起されてきた（Robert Bernasconi, The Invisibility of Racial Minorities in the Public Realm of Appearances, in: Robert Bernasconi (ed.), *Race*, Oxford: Blackwell, 2001）。

（11） Robert Eaglestone, Postcolonial Thought and Levinas' Double Vision, in: Peter Atterton & Mattew Calarco (edd.), *Radicalizing Levinas*, SUNY, 2010.

（12） Ibid., pp. 64–65.

（13） John E. Drabinski, *Levinas and the Postcolonial: Race, Nation, and Other*, Edinburgh University Press, 2011.

（14） Simone Drichel, Face to Face with the Other Other: Levinas versus the Postcolonial, in: *Levinas Studies* vol. 7, 2012, pp. 39–40.

（15） Nelson Maldonado-Torres, Levinas's Hegemonic Identity Politics, Radical Philosophy, and the Unfinished Project of Decolonization, in: *Levinas Studies* vol. 7, 2012.

（16） マルドナード＝トーレス自身は、こうした試みを以下の著書で展開している。Nelson Maldonado-Torres, *Against War: Views from the Underside of Modernity*, Duke University Press, 2008.

（17） 小手川正二郎『甦るレヴィナス——『全体性と無限』読解』、水声社、二〇一五年、第6章参照。

（18） 佐藤駿『フッサールにおける超越論的現象学と世界経験の哲学——『論理学研究』から『イデーン』まで』東北大学出版会、二〇一五年、一六—一七頁。

（19） Edward W. Said, *Orientalism*, Pantheon Books, 1978, Penguin Books, 2003, pp. 108–109.（エドワード・サイード『オリエンタリズム』上、板垣雄三・杉田英明監修、今沢紀子訳、平凡社ライブラリー、一九九三年、二五六頁）

（20） 人種化する知覚については、池田喬・小手川正二郎「「人種化する知覚」の何が問題なのか——知覚予期モデルに基づく現象学的考察」『思想』一一六九号、岩波書店、二〇二〇年、参照。

（21） こうした捉え直しは、どんな行為も表象によって支えられているとする見方や、逆に表象は行為の残滓にすぎないとする見方のいずれにも与せずに、理論と実践との対立を乗り越えようとする試みでもある（TI, 182–183／二九七）。

（22） Sara Ahmed, A Phenomenology of Whiteness, in: *Feminist Theory* vol. 8 (2), 2007, p. 157.

（23） 人種化する知覚に抵抗する可能性として、アル＝サジは「他人を別様に見ること」ではなく、他人と「共に世界を見ること」の意義を説得的に論じている。Alia Al-Saji, A Phenomenology of Hesitation: Interrupting Racializing Habits of Seeing, in: Emily S. Lee (ed.), *Living Alterities: Phenomenology, Embodiment, and Race*, SUNY, 2014.

（24） この点については、拙著『現実を解きほぐすための哲学』トランスビュー、二〇二〇年、第二章参照。

12 レヴィナスとフェミニズム

横田祐美子

現代フランス哲学のなかでも、レヴィナスほどフェミニズムとの関係について論じられてきた哲学者はいないのではないだろうか。彼の記述における「女性」がいわゆる旧態依然とした女らしさを彷彿とさせるため、女性のエンパワメントから程遠い言い回しはつねにフェミニスト的観点からの批判を免れえないものとなっている。他方で、そのような批判はレヴィナス哲学の表層的な読解にとどまり、「女性」とはいまここを生きる女性ではなく、あくまで存在論的な概念であるとしてレヴィナスを擁護する向きもある。さらにはレヴィナス哲学そのものから、積極的にフェミニズムやクィア・スタディーズにつながる思考を導き出そうとする機運も高まっている。批判であれ擁護であれ、発展的な解釈であれ、レヴィナスとフェミニズムの関係がもはや一つの「解決」や「和解」をめざすような状況にないことは確かだと言えるだろう。こうした観点から、以下ではレヴィナス哲学とフェミニズムの関係についてあらためて問うてみたい。

1 経験的なものの侵食

出発点において、レヴィナスとフェミニズムの相性はお世辞にも良いとは言えなかった。それもそのはず、フランスの作家兼フェミニストであるシモーヌ・ド・ボーヴォワールが、主著『第二の性』（一九四九年）でレヴィナスをいちはやく批判していたからだ。彼女は同書第一巻の序文にある「つまり女性は〈他者〉なのだ」という文言に注を付し、『時間と他なるもの』（一九四八年）で「女性」を「他者」とみなすレヴィナスの言説に「男性の観点」や「男性的な特権」がみられることを指摘する(1)。女性とは、認識主体である男性との関係のなかではじめて規定される客体であり、そこでは女性が主体となりうる相互性が担保されていないとボーヴォワールは考えていた。だからこそ『第二の性』の原題には「代わるがわる（l'un après l'autre）」という表現に含まれる反転可能な「もう一つの～（autre）」ではなく、序数詞である「第二の～（deuxième）」が用いられたのである。[2] 女性が歴史のなかで「他者」の地位に貶められてきたことを厖大な資料によって批判的に証し立てるボーヴォワールからすれば、レヴィナスの著作には従来の男女関係を温存するかのような性格が認められたということだ。

ここで、レヴィナスの「女性」に対する書きぶりを簡単に整理しておこう。たとえば『時間と他なるもの』では、光から身を隠す「慎み深さ」としての「女性的なもの」がエロス論の文脈で語られている。そして『困難な自由』に収められた「ユダヤ教と女性的なもの」（一九六〇年）では、タルムードに即して「女性」と「家」の関連性が示され、女性の下女としての地位が確認されながらも、「女性的なもの」は「〈存在〉のカテゴリー」のうちにあるものだとされる。つづく『全体性と無限』（一九六一年）では、世界との親しみに先立つ「家」での親密さや「迎え入れること」を可能にする歓待的な次元として「女性的なもの」が考察されるとともに、弱さや傷つきやすさを特徴とし、処女性のうちに身を置き続ける柔和で優美な「愛される女性」が「エロスの現象学」において登場する。こうしたことから分かるとおり、レヴィナスのテクストには家父長的なシステムの内部に縛りつけられ、男性をもてなし、男性のために身を引く、古い価値観に基づいた女性の「あるべき姿」が前提とされた表現が見受けられるのだ。レヴィナスの選択する言葉の一つひとつが一部のフェミニストたちを刺激したことは想像に難くない。

だが、「女性」や「女性的なもの」が言説における象徴や存在論的カテゴリーであるという点でレヴィナスを擁護し、批判を遠ざけようとする考察も多くみられる。[3] レヴィナス哲学の内実を踏まえれば、「女性」はいまここにいる具体的な女性やその身体を指しているわけではなく、単なる概念であり、言葉のうわべだけを捉えてレヴィナスを誤読することのないように、ということだ。けれども、この反論はあまりにも脆弱ではないだろうか。言葉はつねに何らかの歴史を背負っている。「女性」という言葉の布置に変更を迫ることのないレヴィナスの記述は、歴史を繰り返し、規範としての女らしさや家父長的なシステムを再生産し、これらを反復・強化する動きに加担してしまっている。とりわけレヴィナスにおいては日常言語と哲学言語がほとんど乖離することなく重なり合っているからこそ、言葉は概念として機能するだけでなく、同時に経験的な次元をも指し示してしまうのだ。概念は手つかずの言葉ではなく、つねに経験的なものに侵食されているのである。

そうであれば、レヴィナスとフェミニズムのあいだに緊張関係があることは疑いえない。たとえ思想の内実がフェミニズム的な読解可能性を多分に内包しているとしても、彼の用語法には厄介な問題が残存し続けている。[4] もしレヴィナスがアンチ・

フェミニズム的なテクストとして読まれる危険性を熟知したうえでこれらの言い回しを用いたのだとすれば、なぜそうする必要があったのかを根本的に問わねばならないだろう。経験的なものと思弁的なものを完全に分離することができないからこそ、レヴィナスの議論はフェミニズムによる批判の手を逃れて思弁に閉じることができないのである。

2 男性の有徴化

「女性」や「女性的なもの」をめぐるレヴィナスの言説には前述した問題が含まれているが、彼のエクリチュールにおける哲学的主体の性に着目してみれば興味深い点がある。そのことを示すために、まずはイリガライを、次にデリダのレヴィナス論をみていこう。

ベルギー出身の哲学者・精神分析学者であるリュス・イリガライは著書『性的差異のエチカ』（一九八四年）において、レヴィナスの「愛される女」を「愛する女」へと変奏するような仕方で「愛撫」や「繁殖性」のテーマを取り上げている。私たちはここに性的差異や性的快楽、身体性に光を当てる彼女の問題系とレヴィナスのそれとの近さを読み取ることができる。けれども「エマニュエル・レヴィナスへの質問」（一九九一年）では直接的な仕方でレヴィナスへの批判がなされており、彼のエロス論における「女性」ないし「女性的なもの」が男性中心主義や家父長制に従属するような構造になっていることが指摘される。イリガライによれば、レヴィナスの「愛される女」とは過去形や受動形に貶められることで性的快楽の主体としてのあり方を奪われたものである。この点で、彼女にはレヴィナスの「エロスの現象学」が「男性の主体を前提とする哲学体制の枠内に引き戻されてしまっている」[5]ようにみえるのだ。

それにしても、なぜレヴィナスはこのような書き方をしてしまったのだろうか。イリガライの『性的差異のエチカ』に立ち返れば、次のような文言がみられる。

たとえそれが普遍ないしは中性でありたかったとしても、主体はつねに男性形で書かれてきたこと、すなわち人間〔*homme*〕という語が用いられてきたことがまずもって再解釈されねばならない。それでもやはり人間＝男性は——少なくともフランス語では——中性ではなく有性なのだ。[6]

イリガライはここで、あらゆる言説の主体があたかも中性ないし無性の存在であるかのように振る舞いながら、実のところ男性でしかなかったという事実を告発している。反対に、女性はつねに性化された存在として語られてきた。こうした点を踏まえれば、レヴィナスはまさに人間＝男性の再解釈を自身のテクストでおこなっていたと考えることもできるのではないだろうか。ボーヴォワールに遡れば、彼女はレヴィナスが「驚くべきことにあえて男性の観点を採用[7]」したと述べており、この仮説にたどり着いていたようにも思われる。つまりレヴィナスは、言説の主体が男性であることを故意に明示していたのである。

この問題をフランスの哲学者ジャック・デリダのレヴィナス論から浮き彫りにしていきたい。周知のとおり、デリダは『エクリチュールと差異』所収の「暴力と形而上学」（一九六四年）でレヴィナスを批判したが、その最後の注で性の問題に言及していた。

『全体性と無限』は非対称性の尊重をきわめて徹底しており、この書物が女性によって書かれたなどということは不可能、それも本質からして不可能であるように私たちには思える。そこでの哲学的主体は男性〔homme〕〔*vir*〕なのだ。〔…〕一冊の書物が女性によって書かれることがありえなかったという原理的不可能性は、形而上学的エクリチュールの歴史においても類例のないことではなかろうか。[8]

デリダもイリガライと同様に、レヴィナス哲学の主体が男性でしかありえないことを指摘している。のちの『触覚、ジャン＝リュック・ナンシーに触れる』（二〇〇〇年）で、彼がレヴィナスのエロス論批判を展開したことを知る者からすれば、ここでの記述もまた批判の一環として受け止めることができる。だが問題は、主体を男性として描くことが「類例のないこと」だとされている点だ。イリガライの議論では、男性を主体の地位に祀り上げてきた言説の代表格が形而上学的エクリチュールであったのに対し、デリダはなぜレヴィナスの身振りが歴史上たぐいまれなものだと判断したのだろうか。

注目すべきは、デリダが「哲学的主体」を「男性（homme）」と述べた直後に、括弧を付して〔*vir*〕と記している点である。これはフランス語の「男らしい（viril）」や「男性性（virilité）」といった語のなかで男性の有性性を表すラテン語由来の語基である。デリダは普遍的な人間像が男性的であることを強調する目的で〔*vir*〕と書き加えたのであり、レヴィナスのエクリチュールにおける哲学的主体が中性性を装ったものではなく、はっきりと男性として性化されたものであることを示そうとしたと考えられる。それこそが言説の歴史において前代未聞のことだったのだ。

同様の指摘は『プシュケー』に収録された「この作品の、この瞬間に、我ここに」（一九八〇年）でもなされており、哲学的エクリチュールがこれまではっきりとは認めてこなかった「性的刻印（marque sexuelle）」を、レヴィナスが男性として「引き受けている」とデリダは述べる。[9]もちろん、それによって批判の手を緩めはせず、レヴィナスにおいて性的差異の問題が性的刻印のない「まったき他者」に従属させられたうえ、この「まったき他者」に実際は男性的なしるしづけがなされてしまっていると論難する。それでもなおデリダは、レヴィナスの言説における主体が明示的に男性性を担っていることに一定の評価を下しているのである。[10]

女性はこれまでさまざまな仕方でその性をしるしづけられてきた。医師に対して「女医」、作家に対して「女流作家」、俳優に対して「女優」といったように、基盤となる無徴のものを有徴化することによって表現されてきた歴史がある。デリダの［*vir*］の付加、ボーヴォワールの「あえて」が示しているのは、レヴィナスがまさに男性の有徴化をそのエクリチュールにおいて実践しているということだ。これはイリガライとは異なる観点からではあるものの、人間＝男性の再解釈の一つではないだろうか。実際、博士学位請求論文である『全体性と無限』の口頭試問に向けた原稿では、有性性やセクシュアリティに関する言及がなされていた[11]。この意味で、レヴィナス哲学はそのエクリチュールにおける主体の男性性に自覚的であり、一種の男性学や性的差異に関する議論へと開かれていく可能性を有している。もちろん、ここでの男性学とはフェミニズムに対立するものではなく、フェミニズムを経由したうえで探究される性化された男性の学である。レヴィナスのエクリチュールはこのような仕方で、あらゆる存在が中性や無性ではなく、性的存在であることを示そうとしていたのである。

3　フェミニズム的な男らしさと主体の「女性化」

とはいえ、レヴィナスの語る男性的主体がいわゆる男らしさのみを体現しているわけではないことに注意しなければならない。彼は主体に男性性を刻み込みながらも、それが受動性や相互依存性に裏打ちされたものであることを示唆している。要するに、レヴィナスの描く男性は弱さを抱えているのだ。

アメリカのフェミニズム理論家ベル・フックスが『フェミニズムはみんなのもの』（二〇〇〇年）で規定しているように、家父長的な男らしさは「自分の存在感やアイデンティティ、自分の存在理由がどれくらい他人を支配できるかにかかっている[12]」。レヴィナスも同様に、「外で生きる男性的本質」や「普遍的かつ征服的ロゴスの男性性そのもの」が「裸の者たちに衣服を与えることもできず、飢えた者たちを養うこともできない」（DL, 60／四三―四四）側面をもつことに言及する。しかし「女性的なもの」の議論を通してレヴィナスが言いたかったのは、男性的主体がどれほど自分以外のものによって生き、支えられているか、どのようにして他者との倫理的関係へと開かれていくかである。支配や自律や能動性だけが男らしさを構成しているのではなく、避けがたい受動性や他なるものとの相互依存関係が、レヴィナスにおける男性主体の基盤に据えられているのだ。ここに、家父長的な男らしさとレヴィナス的な男らしさの大きなちがいがある。フックスによれば、フェミニズム的な男らしさは「自分や他者たちの責任を負うことのできる強さ」[13]によって定義づけられるが、そうであれば他者へと応答する主体のあり方を「責任」と呼ぶレヴィナスのうちにも同様の男らしさを見出すことができるだろう。

しかしながらレヴィナスの議論はフェミニズム的な男らしさの発見にとどまらず、さらにその先へと進んでいく。『全体性と無限』の「エロスにおける主体性」で予告されていたように、男性的主体はもはや「私は〜できる」という意識に貫かれた主導性によって性格づけられるのではなく、自己のうちに他者を見出すような仕方で「女性化（effémination）」へと至る（TI, 303／四八八）。そして『存在の彼方へ』（一九七四年）では〈同〉のうちに〈他〉を懐胎し、自己のための存在を他者のための存在へと変化させる「母性」的な身体性に基づく主体が描き出されている。このようにして、レヴィナス哲学における言説の主体は、男性性を刻み込まれたのちに女性性へと開かれていくことになるのである。

こうした流れのなかで、フェミニズムにおいてもレヴィナスを積極的に評価する機運が高まるとともに、彼の思想のなかに男女二元論や異性愛規範から脱する手がかりを見出そうとする研究も登場しつつある[14]。また、『全体性と無限』以前のエクリチュールにおける女性表象を度外視するならば、〈同〉の閉域を解体する〈他〉の原理としての「女性的なもの」という図式は、現代フランスにおける他の哲学者・思想家たちの議論[15]と大いに重なり、多様な比較研究を予感させるものでもある。レヴィナス哲学がフェミニズムの側から単に批判されるだけでなく、多岐にわたるフェミニスト的解釈が生じる豊かな源泉ともなっているのは、言説の主体の有性性を強調したうえで、その性が他化する契機をも論じているからではないだろうか。

註

（1） Simone de Beauvoir, *Le deuxième sexe*, tome I: Les faits et les mythes, Gallimard, coll. «Folio essais», 1976 [1949], pp. 17–18.（『決定版　第二の性　I 事実と神話』『第二の性』を原文で読み直す会訳、新潮文庫、二〇〇一年、一五頁、五二一—五二二頁）

（2） Cf. Simone de Beauvoir, *La force des choses*, première partie in *Mémoires*, tome I, édition publiée sous la direction de Jean-Louis Jeannelle et d'Éliane Lecarme-Tabone; avec, pour ce volume, la collaboration d'Hélène Baty-Delalande, Alexis Chabot, et Valérie Stemmer; chronologie par Sylvie Le Bon de Beauvoir, Gallimard, coll. «Bibliothèque de la Pléiade», 2018[1963], p. 1110.（『或る戦後　上——ある女の回想』朝吹登水子・二宮フサ訳、紀伊國屋書店、一九六五年、一八六頁）

（3） Tina Chanter, *Time, death, and the feminine: Levinas with Heidegger*, Stanford University Press, 2001. Alexander Schnell, *En face de l'extériorité: Levinas et la question de la subjectivité*, J. Vrin, 2010. Jean-Michel Salanskis, *L'humanité de l'homme. Levinas vivant II*, Klincksieck, 2011.　内田樹『レヴィナスと愛の現象学』文春

文庫、二〇一一年（せりか書房、二〇〇一年）。Chanter の議論ではレヴィナスに対する批判点も明示されているため、彼女の研究を批判か擁護かのいずれかに分類することは難しい。この点については次の文献も同様のことを述べている。Andrea Conque Johnson, *Heidegger, Levinas, and the Feminine*, VDM Verlag, 2009, p. 37.

（4）こうした問題は多くの先行研究で共有されている。Stella Sandford, *The Metaphysics of Love: Gender and Transcendence in Levinas*, Athlone Press, 2000, p. 47. Tina Chanter, "Introduction" in *Feminist Interpretations of Emmanuel Levinas*, edited by Tina Chanter, The Pennsylvania State University Press, 2001, p. 16. Cynthia Coe, "Levinas, Feminism, and Temporality" in *The Oxford handbook of Levinas*, edited by Michael L. Morgan, Oxford University Press, 2019, p. 743. 伊原木大祐『レヴィナス　犠牲の身体』創文社、二〇一〇年、六〇―六三頁。

（5）Luce Irigaray, «Questions à Emmanuel Lévinas sur la divinité de l'amour», *Critique*, n° 522, 1990, pp. 911–920.（「エマニュエル・レヴィナスへの質問」上村くにこ訳、『思想』第八七四号、一九九七年、八〇頁）

（6）Luce irigaray, *Éthique de la différence sexuelle*, Minuit, 1987, p. 14.（『性的差異のエチカ』浜名優美訳、産業図書、一九八六年、五頁）

（7）Simone de Beauvoir, *op.cit.*, p. 18.（『第二の性　I　事実と神話』、五三頁、強調は引用者による）

（8）Jacques Derrida, «Violence et métaphysique: Essai sur la pensée d'Emmanuel Levinas» in *L'écriture et la différence*, Seuil, 1967, p. 228.（『エクリチュールと差異〈改訳版〉』谷口博史訳、法政大学出版局、二〇二三年、三三〇頁）

（9）Jacques Derrida, «En ce moment même dans cet ouvrage me voici» in *Psyché. Inventions de l'autre*, Galilée, 1987, p. 194.（『プシュケー　他なるものの発明I』藤本一勇訳、岩波書店、二〇一四年、二六六頁）

（10）男性的な観点を引き受けて書かねばならないという態度でレヴィナスを擁護するものとしては次の論文を参照のこと。Robert John Sheffler Manning, "Thinking the Other without Violence? An Analysis of the Relation between the Philosophy of Emmanuel Levinas and Feminism", *The Journal of Speculative Philosophy*, Vol. 5, No. 2, 1991, pp. 132–143.

（11）Emmanuel Levinas, «Le dossier de la soutenance de thèse d'Emmanuel Levinas», *Cahiers de philosophie de l'Université de Caen*, n° 49, «Levinas: au-delà du visible: études sur les inédits de Levinas, des *Carnets de captivité* à *Totalité et Infini*», sous la direction d'Emmanuel Housset et de Rodolphe Calin, Presses Universitaires de Caen, 2012, pp. 23–68. これに関しては、「女性的なもの」についての網羅的な議論も含め、次の文献が詳しい。渡名喜庸哲『レヴィナスの企て――『全体性と無限』と「人間」の多層性』勁草書房、二〇二一年、四一六―四五七頁。

（12）Bell Hooks, *Feminism is for everybody: Passionate Politics*, South End Press, 2000, p. 70.（『フェミニズムはみんなのもの――情熱の政治学』堀田碧訳、エトセトラブックス、二〇二〇年、一一二頁）

（13）Bell Hooks, *The will to change: men, masculinity, and love*, Atria Books, 2004, p. 117.

（14）「母性」については次の文献を参照のこと。Lisa Guenther,

The gift of the other: Levinas and the politics of reproduction, State University of New York Press, 2006. Jennifer Rosato, "Woman as Vulnerable Self: The Trope of Maternity in Levinas's *Otherwise Than Being*," *Hypatia: A Journal of Feminist Philosophy*, Vol. 27, Issue 2-Spring, 2012, pp. 348–365. 中真生『生殖する人間の哲学――「母性」と血縁を問いなおす』勁草書房、二〇二一年。また、クィア・スタディーズに関しては次の研究が挙げられる。Robin Podolsky, "L'AIMÉ QUI EST L'AIMÉE: Can Levinas' Beloved Be Queer?", *European Judaism: A Journal for the New Europe*, Vol. 49, No. 2, Autumn 2016, pp. 50–70. 古怒田望人「エマニュエル・レヴィナス現象学におけるセクシュアルな自己変容記述の解明」『年報人間科学』第四一巻、大阪大学大学院人間科学研究科　社会学・人間学・人類学研究室、二〇二〇年、九五―一一〇頁。

（15） Luce Irigaray, *Ce sexe qui n'en est pas un*, Minuit, 1977. Christel Marque, *L'u-topie du féminin: Une lecture féministe*, L'Harmattan, 2007. Catherine Malabou, *Changer de différence: le féminin et la question philosophique*, Galilée, 2009; *Le plaisir effacé: clitoris et pensée*, Payot & Rivages, 2020.（『抹消された快楽――クリトリスと思考』西山雄二・横田祐美子訳、法政大学出版局、二〇二一年） 横田祐美子『脱ぎ去りの思考――バタイユにおける思考のエロティシズム』人文書院、二〇二〇年。

13 レヴィナスと生殖論

中　真生

はじめに

　人間を生殖するものとして見るとはどのようなことだろうか。それはまず、人間を何より身体的な存在と見ることにつながっている。意識や精神としてみられた人間は、歳をとることも死ぬこともなければ、生まれることも生むこともないからである。ただ、生殖は単なる身体の現象とも異なる。それは一つには、歳をとるとか、病気になるとか、死ぬなどというほかの身体の現象が、すべてひとりの人間の身体にのみかかわることであるのに対し、生殖は、一つの個体を超えた出来事、あるいは個体と個体とにまたがる出来事だからである。ひとりの人間が、自分と異なる存在である子どもを生み、やがて自らは死んでいくことで、子どもに世代を引き継いでいく、そのような身体と身体とにまたがる出来事である。すると、より大きな視点から見た生殖には、子どもを生むことだけでなく、自らが生まれたことから、老いて死ぬこともまた含まれると言える。

　もう一つ、ほかの身体の現象と異なるのは、生まれたり、歳をとったり、(小さな不調も含めれば) 病気になったり、死ぬことが、誰にも等しく起こる現象であるのに対し、生物学的な自分の子どもをもつという意味での子どもを生むこと[1]は、すべての身体的な存在がおこなうことではないという点である。さらに、産むこと、つまり出産することとなると、より限られた人々の身体、つまり一部の女性の身体にしか起こらない現象である。

　このように、個々の人が子どもを生む、あるいは産むという観点から見る生殖には、個人差や性差が本質的に含まれる。一方、先のより大きな視点から見れば、人間が死ぬことも、人間が生殖することとつながっていた。人間が永遠に存在するのではなく、世代を交代して次に譲る存在だからこそ、生まれ、老い、死んでいく。そう見れば、それらも人間が生殖するものであることの一部であるとも言える。つまりこの大きな観点から見れば、すべての人間が生殖に巻き込まれた、その意味で生殖するものだと言える。生むことに関しても、たしかに生んだり生まなかったり、産んだり産まなかったりという差異はあるものの、少なくとも誰もが生みうることを前提にした体のしくみや体制をもっており、生理や排精をはじめとする生殖関連機能や、ホルモンの分泌、そしてそれらの変化や老化に翻弄されている。

人間が生殖するものであるというとき、このように、個人差や性差や経験に注目する視点と、誰にも共通するその手前の次元に焦点を当てる視点の二つがあると考えられる。レヴィナスがその思想で展開するのは、後者の視点から見た生殖であり、個々人が実際に生んだり生まなかったり、産んだり産まなかったりする差異の手前で生殖を考えている。しかし本論では、あえてレヴィナスの視点をレヴィナスの意図を超えて延長し、二つの観点を重ね合わせることによって、生む生まない、産む産まないという個人差や性差を本質的に含む、具体的な次元での生殖についても考えることを試みたい。

1　レヴィナスにおける生殖

レヴィナスはその思想を貫いて、つねに主体＝自己に視点を据えて考察するのが特徴であるが、本論の主題である生殖もまた、主体＝自己そのものの考察として展開される。ただレヴィナスにおいて、「子ども」や子どもとの関係が主題となるとは言っても、それは必ずしも現実の子どものことを意味しない。そうではなく、生物学的な子どもを生むことから着想を得つつも、レヴィナスの追求する主体のあり方の一側面を、「子ども」との関係として捉え、考察したというほうが正確である（cf. TI, 277／四四四―四四五）。

まずは、レヴィナスにおける生殖がどのようなものであるかを簡単に見ておこう。それは、前期から中期の「父性」や「繁殖性」として考察される時期と、後期の「母性」として考察される時期とに分けられる。

「父性」（paternité）／「繁殖性」（fécondité）

レヴィナスにおいて、生殖がはじめて展開されるのは、初期の『時間と他なるもの』においてである。(2) それは、他のものを対象として捉え、認識する、その意味で自分自身に閉じた「孤独な」主体が、どのようにその閉塞から逃れうるか、どのように自己にとって真に他なるものと関係しうるのかを模索する文脈においてである。そして、死や、女性的なものとの関係であるエロスを経て、最終的に子どもとの関係である「父性」あるいは「繁殖性」に、自己への閉塞からの解放と、真に他なるものとの関係とが見出される。このことはレヴィナスにとって、主体の「存在すること」を「別様に」考えることに等しい。主体の存在することは、西洋思想において、つねに「一つのもの（一元性）（unité）」だと考えられ、疑われることがなかったが、そのような一元性においては、真に自分とは他なるものに出会う余地はない。自分とは異なるものも、結局は自らに同化してしまうからである。しかし、死、エロス、そしてとりわけ「子ども」との関係においては、主体の「存在すること」そのものが二重化（dualiser）するのだとレヴィナスは考える。

「性、父性、死は、実存に、各々の主体の実存すること（exsiter）そのものに関わる二元性を導入する。実存することそのものが二重になるのだ」（TA, 88／二九七）。

そしてそこにおいてのみ、主体が、主体の同化を逃れる真に他なるものと関係しつつ、しかも主体が、逆に他なるもののほうに吸収され解消されてしまうこともない、主体と他なるものとの「二元性」が保たれるという。

では、子どもとの関係である父性において、どのようにその「二元性」は保たれるのだろうか。レヴィナスは次のように言う。

「父性とは、私自身との関係、ただし、まったく他人でありながら私である、見知らぬ人との関係である。〔…〕私は私の子どもをもっているのではない。私は幾分か、私の子どもであるのだ」（TA, 85／二九五）。

ここで言われているのは、子どもは、「私」にとってまったくの他なるものであるにもかかわらず、「私」はその子どもであるという矛盾した事態である。というのも、「私」は、「私」にとってまったく他なるものである、と言っているのに等しいからである。

このことは、上記の引用の前半で、父性という「私」のあり方が「私自身との関係」であるといわれている点に注目すれば、次のように解釈することができる。つまり、父性としての私が、「関係」そのものであると。言い換えれば、父性としての私とは、私と、子どもという私とは他なるものとの「関係」から成り立っている。このようにして父性においては、私が私自身との同一性という「孤独」から、言い換えれば「一元性」から、他なるものとの関係から成る仕方へ、他なるものとの関係そのものへと転じる。このことを、私の存在することが二重化すると表現しているのである。

「母性」（maternité）

『存在の彼方へ』を中心とする後期には、父性や繁殖性という表現は用いられなくなり、同様に、他なるものとの隔たりを自らの内に含み切れないというかたちで含む主体の矛盾したあり方が、今度は「母性」と呼ばれるようになる。父性から母性へという見かけの変化の大きさに反して、レヴィナスの追求する方向は一貫しており、それをさらに推し進めていると言える。つまり、他なるものと関係する主体の「存在すること」は、もはや二元性といわれるのにとどまらず、さらに複雑な仕方で一元性を引き裂かれ、攪乱され、「存在すること」を超えた「存在するとは別の仕方（autrement qu'être）」となる。そして他なるものとのこの深まった隔たりは、直線的な時間上にはなく、けっして交わることのない時間的隔たりである「隔時性（diachronie）」と呼ばれる。このような隔たりを内に含み、引き裂かれた主体が「母性」である。

また、『存在の彼方へ』では、他なるものに一方的に責任を負うという非対称なかたちで関係する主体のあり方そのものが、他なるものを胎児のように、あるいは胎児として体内に孕む「母性」とみなされるようになる。実際、「母性」は、「同のなかでの他の懐胎（gestation de l'autre dans le même）」（AE, 95／一八三）とも言い換えられる。

こうした「母性」としての主体は、「他者のために苦しむ身体である母性」（AE, 127／一九二）であり、したがって「母胎（matrice）」（AE, 165／二四四）とも呼ばれる。他なるものを内に孕むことで、この上なく他にさらされ（exposé）、同一性を引き裂かれ、傷つきやすい状態（vulnérable）にある。このような仕方で他なるものに結びつけられることで、はじめて主体は成り立つという。「自己自身は自分固有の自発性から生じるのではない。〔…〕自己自身は別の仕方で基体化する。つまりそれ〔自己自身〕は、他者たちへの責任のなかで、ほどけない仕方で結ばれる」（AE, 166–167／二四六）。母性としての主体とは、「私が、自分の身体に結びつけられるより前に、他者たちに結びつけられているという筋立て（intrigue）」（AE, 123／一八六）なのである。

2 主体における二つの側面の重なり合い
――レヴィナスにおける両性具有的な主体

以上概観した、生殖に関するレヴィナスの主張の特徴の一つは、主体あるいは子どもの性（ジェンダー）の形容の仕方であろう。『時間と他なるもの』や『全体性と無限』の時期には主体の子どもとの関係を父性（父であること）と呼んでいたが、『存在の彼方へ』では、類似の、他なるものを孕む主体が、母性（母であること）と呼ばれている。また前者では子どもを、息子と呼ぶことが多くある。このことを、レヴィナスが男性である自身の観点から、主体やその子どもを、男性としてのみ見ているとか、父から息子への連なりを重視するユダヤ的思考を、彼の哲学的思考にも避けがたく反映させていると解釈する人々もいる。筆者は、そのような側面がまったくないとは言えないにしても、それよりもレヴィナスは、主体の性を一つに定めることに無関心だった、あるいはその必要を感じていなかったのだと考えている。ある者が女性か男性か、どちらでもないかというのは、経験的レベルで「生むこと」に関することを考える際には問題になりうるけれども、レヴィナスは、それより手前の次元で主体を考えていると言える。そこでは主体の、どちらかに固定された性は問題にならない。同様に、個々のレベルで、子どもをもっている人もいればいない人もいるという個人差も、そこでは問題にならない。

ではなぜ、性の形容をあえて用いるのかと言えば、レヴィナスの主体は性を帯びていないのではなく、固定的ではない複数の性を、同時にかつ流動的に帯びるものだと考えられるからである。こういう言い方が可能ならば、レヴィナスの考える主体は「両性具有的」である。その側面を考えるために、生殖の手前に位置づけられ、それと関連づけて考えられる「エロス」についても簡単に見ておきたい。

『時間と他なるもの』におけるレヴィナスにおいて[3]、エロスとは、他なるものの最たるものである「女性的なもの（le féminin）」との関係である。この関係の先に、この時期のレヴィナスは、「子ども」との関係である「父性」あるいは「繁殖性」があると考えている。

しかし注意したいのは、レヴィナスにとって主体は、たとえば男性あるいは男性的なものであって、その外に何らかのかたちで存在する女性的なものと関係を結ぶというのではない点である。そうではなく、主体が女性的なものと関わるということは、主体自身が女性的なものでもあり、それとの関係そのものであるという仕方で存在することである。（この点は、主体自身が、子どもという他なるものでもあり、それとの関係そのものである「父性」と同じ事情である。）エロスにおける主体とは、そのように女性的なものという他なるものを、また他なるものとの隔たり、言い換えれば性差という二元性を、含み込めないというかたちで内にはらんだ、一元性ならざるものである。

では、男性的なものについてはどう考えたらよいだろうか。初期のレヴィナスは、女性的なものといまだ関わっていない、先に見た「孤独」な主体、「一つのもの」（一元性）というあり方をした主体のことを、男性的（雄的）（viril）と形容する。認識するという営みにもっぱら携わる主体は、本当の意味で自分とは異なるものと出会うことのない「孤独」であると同時に、この世界のあらゆるものを支配する「主人」でもある。このような主体を、レヴィナスは「雄性（virilité）」あるいは「英雄性（héroïsme）」と呼ぶ。ところが、そうした主体が、自らに同化できない他なるものと関わることによって、その男性性は終焉に至るのだという。このことをレヴィナスは、直接には死との関係について述べる。死は、「主体がその主人ではない出来事」（TA, 57／二六九）であるから、「主体の雄性と英雄性の終わりをしるす」（TA, 59／二七〇）のだという。すると、死との関係において雄性の終わりに至った主体は、いまや「女性的な」主体だと言ってよいのではないか。そしてこのことが、エロスという他なるものとの関係についても言えるとすれば、エロスにおいて女性的なものと関わる主体は、雄性、つまり男性的なものではなく、それ自体が女性的なあり方をするものだということになる。

そうだとするとレヴィナスは、認識する主体、孤独としての主体、他のものを自らに同化してそれ自体は「一なるもの」として存在する主体を男性的とみなし、反対に、他なるものとの関係によって、もはや一なるものに統合できない、自らを引き裂く隔たりを内にはらんだ主体、言い換えれば、二元性を内に孕んだ、「関係」そのものとしての主体を、女性的なものとみなしていると言えるだろう。

このようなレヴィナスの発想に沿えば、子どもという他なるものとの関係が自分自身を成り立たせているとされる、初期から中期の「父性」は、男性的に形容するよりも、むしろ女性的に形容するほうが適っていると言える。したがって、他なるものやそれとの隔たりを、より徹底して考察した後期に、他なるものを内に孕む主体を「母性」として考察するようになったことは自然な成り行きだと考えられる。

さて、このように見てくると、レヴィナスの考える主体は、(自己同一的な)男性的なものでもあれば、(他なるものとの関係から成る)女性的なものでもあると言える。しかもそれらは、単に並列的な仕方で主体を二分しているのではない。というのも、主体は女性的なものや子どもという他なるものと関わりながらも、認識する自己同一的な主体であることをやめるわけではないからである。すると男性的なあり方と女性的なあり方は、層を異にしつつも、時によってどちらかが前面に出てくるというかたちで両立しているのだと言える。

このように、レヴィナスの生殖や性に関する考察の功績の一つは、上記の二つの主体のあり方が、ひとりの人の内に層を異にして同時に存在しうることを示した点にあるだろう。つまり、生みうる側面を締め出した、レヴィナスが言うところの「自己同一的な」あり方と、生むものあるいは産むものとしてのあり方(初期と中期のレヴィナスで言えば「父性」、後期では「母性」)とが、ひとりの人の内にともに存在していることを示した点にあるだろう。

3　レヴィナスを超えてどのように生殖を考えるか

さて、ここまで見てきた、生殖に関わるレヴィナスの主張は、彼の文脈から離れたとき、私たちに何をもたらしてくれるのだろうか。もしすでに見たように、ひとりの人に、産むもの、その意味での「母」としてのあり方と、自己同一的な男性的なあり方の二つの側面が、層を異にして同時に存在するのだとすれば、重要なのは、女性と男性のあいだに、産む者と産まない者とのあいだに、明確な境界線を引いてしまわないことではないだろうか。少なくない父親はすでに、こうした「母」としてのあり方もしているだろうし、反対に、たいていの母親が、「自己同一的な」あり方でも存在している。そして何より、性に関わりなく、すべての人がどちらかだけでは生きられず、多かれ少なかれ二つのあり方を交替させながら、内に分裂を抱えながら生きていると言える。にもかかわらず、私たちは産んだ女性を「母」としてのあり方に、父親や産んでいない人を「自己同一的」なあり方へと故意に振り分け、そのあいだに境界線を見て、安心してしまいがちである。

さらに言えば、「母性」としての主体という観点から見るとき、母親と父親、産む者と産まない者とのあいだに境界線が引けないだけでなく、子どものいる者とそうでない者のあいだにもまた、はっきりとした境界線は引けないのではないかと考え進めることが可能だろう。レヴィナスにおける「母性」としての主体、自らの自己同一性に先立って他なるものと結ばれた主体の考察は、そのように解釈する展望を与えてくれる。

生殖に関する境界とその無効化

これまで見てきたように、レヴィナスは、生殖に関する個人差や性差という差異を本質的に含む次元の手前に目を向け、主体の基底的なあり方を、「生むもの」として、あるいは他なるものである「子ども」を避けがたく孕むもの、その意味で「産むもの」として見ようとしたのであった。

それでは、そのような基底的な次元を考慮に入れ、それとの重なり合いという観点から、個々の差異の際立つ次元に立ち返って生殖を考えるとき、どのようなことが言えるだろうか。そのとき浮かび上がってくるのは、あらゆる人間を「産むもの」という視点から一貫して見うるとしても、人によってその現実の表れ方には濃淡の差があり、しかも、ひとりの人においても濃淡がたえず変わるという流動的な事態だろう。これを、レヴィナスにおいて見た、二つの次元の絡み合いの関係から見れば次のように言える。つまり、人は誰でも、基底においてはある意味で「産むもの」であるが、同時に、(他なるものである「子ども」との関係が遠く背景に退き、自分自身で完結しているように見える)自己同一的なあり方もしており、どちらがどれだけ優位に現れるかは、その人や状況によって幾様にも異なるのだと。

ここにおいて、レヴィナスにおいては明示的ではなかった、経験レベルでの差異、生む(産む)ことに関する個体差や性差が問題になってくる。ただ、上記の考察を経てきた私たちは、それらの差異は、たとえば産んだ者とそうでない者、子どもがいる者とそうでない者というように、はっきりと区分できるような差異ではない、と見るように促されるのではないだろうか。というのも、レヴィナスが言う意味での「産むもの」というあり方の現れには濃淡の差があり、しかも流動的なのであったから。具体的に言えば、「生む(産む)」ということに関し私たちが自明のものとみなしている、人々を分ける境界線は、本当は恣意的に引かれたものであり、実ははっきりとした境界線などないのではないのか、と見るよう促される。

私たちは普段、生殖に関し、漠然といくつかの境界線があるとみなし、それをほとんど疑うことなく受け入れている側面がある。それらを境に、人々を生殖に関して、こちら側とあちら側に分ける境界線である。細かく見れば、また視点の置き方によってもそれは無数にありうるだろうが、最も際立つのは次の三つだと言える。

まず、いちばん内側にあるのが、①自分が「生んだ」子どもが、自分が出産した子どもかどうかを分ける境界線であり、その一つ外側には、②子どもがいる場合、それが自分の血のつながった、言い換えれば自分が「生んだ」子どもであるかどうかを分ける境界線がある。そして一番外側には、③子どもがいるかいないかを分ける境界線があると言える。端的に言えば、それらは、次の三つの基準で分ける境界線だと言い換えられる。①妊娠出産経験の有無、②子どもとの血縁の有無、③子どもの有無、である。

②の境界線では、子どもをもつ親が、生物学的親である生みの親と、そうでない育ての親とに分けられ、③の境界線では、生みの親がさらに、妊娠出産した母親と、そうでない父親とに分けられると言える。（もちろん代理出産など、この三段階ではっきりと分けられない例も存在するが、ここでは措いておく。）

たしかにこのような境界線による区分は、親子間の愛着が形成されうる要素の一つとして、また子どもの利益を考えるうえで一定の意義があり、完全に無効化されることは、この先もないだろう。ただ、生殖に関して、レヴィナスが注目したような、経験的次元の手前も考慮に入れて見直してみると、上記の境界自体は、事実として残るには残るが、その境界にどれだけ重要な意味を見出すかどうかが変わってくる。ではそれらは、具体的にはどのように見直されうるのだろうか。

①「お腹を痛めて産んだ母親にはかなわない」などと、妊娠出産の経験と、子どもにとっての一番の親であることを結びつけることに、生物学的根拠があるかのように考えられ、語られることが少なくない。それは、産んだ女性に子どもに関する特権や優位性を与えることにもなれば、同時に、産んだ女性を子どもへの責任に縛りつける呪縛にもなりうる。母親が子どもの育児を放棄したり、やむなく諦めるときには、父親がそうするよりもはるかに大きな非難や無理解にさらされる。

しかし実際には、妊娠出産した女親が、つねに変わらずその子どもの一番の親であるとは限らない。それどころか、男親や育ての親が、一時的にあるいは長期的に、子どもとの関係性において女親を凌駕することは珍しくない。

また、かりに妊娠出産した女親が、子どもとの関係から見たときの一番の親でもあったとしても、その親が、自分の子どもだけでなく、あるいはそれを通して、レヴィナスが象徴的な意味での「子ども」との関係に託したように、他なるものとの関係に開かれ、その関係が自己を成り立たせているようなあり方を、現実にも体現しているとは限らない。自分の子どもを気にかけるあまり、我が子中心の、あるいは親子中心のエゴイズムに陥ることはよくあることである。このときの親のあり方は、レヴィナスの見る基底的な次元から見れば、「産むもの」、言い換えれば、「母である」（「父である」）というあり方をしていないことになる。経験的には、たとえその人が、何人もの子どもの、あるいは生活の大部分において、親であり、親として生きているとしても。したがって、レヴィナスの見方を採り入れれば、人は、経験的には子どもがいるとしても、あるいは自ら出産したとしても、必ずしもつねに、レヴィナスの文脈で解される「（母）親である」わけではないということになる。あるときは濃く（母）親でありうるが、子どもの成長とともに、あるいは責任や労苦を誰かとシェアしたり、誰かに受け渡すことによって、徐々にあるいは一時的にそれが薄まったり、なくなったりしうるし、あるいは子どもとの関係が築かれるにつれて、少しずつ（母）親である濃さを増していったりもしうる。このように見るとき、（母）親であることは、安定した、容易には変わらない属性ではなく、たえず流動的で可変的なあり方であることになる。

②育ての親より生みの親が勝るという思い込みもまた、①に劣らないほど根強い。それは、父親や育ての親も、ときに母親と同等かそれ以上に重要な役割を果たすことは認めるが、原則として第一の親はあくまでも母親や生みの親であり、父親や養親は、それに比べたら次善の親、第二の親であり、例外は多くあるとしても、原則としてのその「序列」はけっして揺るがない、という思い込みであり信念である。

こうした思い込みが、「親であること」の実質上の複雑な濃淡（グラデーション）を覆い隠すように働く。そしてあたかも明確な境界線によって白か黒か、つまり親か親でないか、第一の親か第二の親かを分けられるかのように見えてくるのではないか。たとえば、父親が主に育てること、あるいは育ての親が主に育てることを「次善」と位置づけることによって、生みの親のもとでの虐待やネグレクト、（母）親が子どもに、あるいは子どもが親に愛情を感じられないという問題、また、（母）親の孤独な子育てを通じて親や子どもが追い詰められる問題を過小評価しがちになり、母親や生みの親が中心に育てることが一番という固定した考えにとらわれない、多様で柔軟な「親子関係」に開く可能性を閉ざしてしまいがちである。

逆に、客観的に見れば、産みの親と同等かそれ以上の強い絆を子どもと築いている父親や育ての親が、産みの親あるいは生みの親（でないこと）に引け目を感じ、自分（たち）を超える存在があるという思いに囚われ、それが足かせになることもありうる。また、養子が養親にこれ以上ない愛情と信頼を抱いていても、それとは別に、会ったことのない産み（生み）の親への別種の思慕を抱き続けることも起こりうる。

これとは逆に、境界の自明性を疑い、解消しようとする見方は、「親」を単一のものとする見方をも緩和し、解消していく可能性がある。実質的に、（母）親はひとりあるいは二人だけでなく、それ以上の複数から成りうる。「親であること」を流動する状態だとみなせば、生み（産み）の親だけでない複数の人がそれをシェアしうるし、子どものほうも自分にとっての「親」を、関わり方の異なるさまざまな人から自由に形成することが可能になるだろう。

③そうだとすれば、同様の見方が「子ども」に関してもできるのではないか。つまり、ある人において、レヴィナスの文脈で解される「母である」あるいは「父である」というあり方を際立たせるのは、現実の子どもだけではないし、さらに言えば、現実の子どもがそこでとりわけ特権的な位置にあるわけでもないのだと。現実の子どもとの関係は、見えやすく、自他にとって分かりやすい一つの例にすぎないと言える。ここから先は、本論で具体的に展開することはできないが、もしかしたら、自分の生みの子どもだけが、あるいは自分が中心になって長期にわたり育てた子どもだけが、自分の「子ども」であるという「思い込み」、さらに言えば、人間の子どもだけが、自分自身でもあり他なるものでもあるという意味での「子ども」であるという「思い込み」を解消する必要がある、ということになるのではないか。そしてこのように、固定化された境界や思い込みを徐々に解消していくと、最終的には、象徴的な「子ども」との関係から成る「産む（生む）ものである」、「（母）親である」というあり方を誰もがその基底に有しているという、レヴィナスに沿って見た地点へと再び帰り着くのではないだろうか。

それというのも、レヴィナスが見たように、他なるものである「子ども」との関係が自己の基底を成しているのだとしたら、それは経験レベルでの子どもの有無という偶然の個体差に左右されるものではないはずだからである。（妊娠出産経験の有無、あるいは血のつながった子どもの有無に左右されないのと同様に。）重要なのは、人間が「産む（生む）もの」というあり方を基底に成り立っていることである。

そうだとすると、生殖を経験的に考えるときには絶対的だと思われる、子どもの有無による境界（③）も、基底にある次元との重ね合わせから見るとき、それほどはっきりとした「線」をなしてはいないように見えてくる。レヴィナスの言う意味で、誰が「子ども」との関係をより露わに体現しているか、誰がその意味で「親である」と言えるかは、実は明確には言えないし、しかもそれはたえず流動しているからである。

このように、三つの主要な境界線に過剰な意味を見出すことをやめ、生殖に関して、人々のあいだにはっきりと固定化された境界などないと、人々をゆるやかに連続的に見る見方も可能なのではないか。それは具体的には、子どもを自ら産んだかどうか（①）、また自分自身の「生みの」子どもをもっているかどうか（②）、そしてどんなかたちであれ（血縁にかかわらず）子どもがいるかどうか（③）を、必ずしも固定的に考えない見方に人々を開くことだろう[4]。

境界を越える実際的な手段

では、具体的にどのような手段がありうるだろうか。まずは、いつでも、多様な仕方で親になりうる可能性を増やすことだろう。そのためには、たとえば養子縁組、里親制度など、いくつもの異なる子どもとの関わり方が設けられ、受け入れられる可能性や選択肢を増やすことが考えられる。そして親子関係で言えば、一対一（母子／父子）あるいは一対二（子と両親）の排他的な親子関係には限らないような「親子」関係に広く開くことである。

それと同時に、逆の方向、つまり、いつでも親であることを手放し、親でなくなりうる可能性に開く方向も、同じように整える必要があるだろう。具体的には、たとえば新生児を含む養子縁組や里親制度を通して、親であることを一時的あるいは長期的に手放し、あるいは薄める選択肢と可能性を広げることである。

これら両方向の可能性や選択肢を広げることが、従来の境界線を越えることを可能にしうる。たとえば、里親や養親になることは、子どものいない側から子どものいる側に（境界③を）越えることでもある。あるいは、産むことによっていったん「母親」になったが、一定期間、子どもにとっての一番の親であることを降りて、父親やその他の人に託すことは、母親＝第一の親からそうでない親になること（境界①を越える）、または「親」である程度を大幅に薄めることになるだろう（境界①に加え③も越えうる）。

生殖の二つの次元を生きる人間

以上見てきたように、三つの境界をできる限り緩め、解消すること、そこに明確な境界よりは、流動的で、ある程度可逆的な濃淡の差を見ることを可能にするもう一つの方法が、前章でレヴィナスに沿って見たような個々の差異の手前の次元にも目を向けることで、経験的次元を見る視点を相対化あるいは二重化することだと言えるだろう。生むか生まないかは、個々人にとって非常に重要な意味をもち続けうる一方で、その手前の、あらゆる人間に通底する次元から見れば、人々のあいだの差異や境界はぼやけてくるからである。私たちはいわば、その二重の次元を同時に生きている。そして時によってそのどちらかが色濃く現れては、たえず濃淡を変えているのだと言える。この両次元の重なり合いに目を向けることで、新たに浮かび上がってくるものがあるのではないだろうか。

私たちはみな、人間の子どもに限らない「子ども」を孕むもの、また他なるものである「子ども」との関係が自らの存在の基盤を成すような次元を生きると同時に、子どもを生んだり生まなかったり、産んだり産まなかったりする個々の差異を、自分にとって重大なものとして経験しながら個別の生を生きてもいる。だから、生むか生まないか、産むか産まないか……のあいだに境界線を引いて考えたり、人々をその境界線で分けて見るのをただちにやめることは難しい。

ただ、両次元を同時に生きるものとして人間を見てみるとき、それらの境界線は動かしがたいものではなく、また特定の場所にだけ境界線があるわけでもないことが浮かび上がってくるだろう。じっさいは、生んだ人や、産んだ人のあいだにもさまざまな差異があるだけでなく、生んだ人と生まなかった人、産んだ人と産まなかった人との境界は、越えられないものでもなければ、一度越えたら二度と戻れないものでもない。境界線を引いて、それを固定化して見ようとしているのは、私たち自身であると言えるだろう。いつもどこかに何らかの差異や境界線を見ずには、私たち人間は、何ものも考えられないのだとしても。一遍に境界線などないとは考えることができず、線を引いては消し、消しては引くことしかできないのだとしても。

したがって、二つの次元の重なり合いから生殖を見るとき、私たちは一面では、人々のあいだにもっと微細な差異を見分けるよう促される。他方で私たちは、それらは濃淡の差にすぎず、しかもつねに流動しているから、どこにも固定化された境界線は引くことはできず、あらゆる人がその意味で、濃淡の差をともないつつも連続していると見るようにも促されるのではないだろうか。

註

(1) 本論では、「生む」という語を生物学的に自分の子をもつという意味で、「産む」という語を出産するという意味で用いる。これに従えば、父親も生んだことになる。
(2) 『実存から実存者へ』でも一言触れられている。
(3) 『全体性と無限』の第三部においても、より詳しくエロスについて論じられるが、そこでは女性的なものの位置づけは、他なるものの際たるものではなく、「曖昧な」ものとされる。本論では、『時間と他なるもの』におけるエロスに限定して考察する。
(4) 母親、父親、養親等のあいだにはっきりとした境界線は引けないという見方を具体的に展開したものとして、拙著『生殖する人間の哲学――「母性」と血縁を問い直す』勁草書房、二〇二一年を参照。

14 レヴィナスと福祉

渡名喜庸哲

レヴィナスは「福祉」を主題的に論じることはなかった。にもかかわらず、「他者」をめぐるその思想は、近年、福祉に携わる人々に徐々に共感とともに注目されてきている。本論では、まず、これまでの議論を参照しながら、レヴィナス哲学と福祉がどのように結びつくのかを確認したい。レヴィナス自身は意図していなかっただろうが、両者の関わりを見ていくことで、福祉の実践がむしろレヴィナス哲学の理解を助けてくれる具体的な営みをなしているとすら言いうるように思われる。

ところで、本題に入る前に確認すべきは、「福祉」という用語の多義性である。この語は、最広義では人類の幸福や安寧を指す場合から、「福祉国家」とか「社会保障」といわれる場合のような制度的・政策的な次元、さらには（高齢者、児童といった）具体的な援助対象者を念頭に置いたソーシャルワークやケアマネジメントなどの「社会福祉」まで、さまざまな次元にまたがっている。(1) 本論では、とりわけソーシャルワークをひとまず足がかりとするが、後半ではさらに広い次元にも言及したい。というのも、前半で見るように、レヴィナスの「他者」の思想はソーシャルワークにおけるケアないし援助行為の根源的な意義を考えるうえで示唆に富む洞察を提示しているばかりでなく、「社会福祉」という体制それ自体を考えるうえでも多くの参考になる考えを示しているように思われるためだ。

1　レヴィナスと社会福祉におけるケア

まずは、これまでの議論を整理しておこう。冒頭で述べたように、レヴィナスと福祉という結びつき自体はそれほど自明なものではなかったが、このことは研究史においても同様だった。近年、現象学研究のなかで「ケア」という主題にかなり注目が集まっている。レヴィナスの思想はこの現象学に位置づけられるが、しかし、「ケアの現象学」という文脈でレヴィナスの名前が挙がることはあまりなかった。この観点で取り上げられる「現象学」の哲学者は、フッサール、ハイデガー、メルロ＝ポンティらが主である。というのも、まずこれらの現象学者の議論をケアの問題に取り込んだ英語圏の研究者らの研究をもとに[2]、現象学研究、看護理論の双方において「ケアの現象学」研究が深化してきたからだ[3]。さらに「ケアの現象学」の関心の中心は医療や看護の分野にあり、福祉分野では（のちに見るような幾人かの研究者を除いては）それほど注目されてこなかった（ただし、現象学というより倫理学の領域では、ケアの概念に焦点をあてたキャロル・ギリガン以降の「ケアの倫理」とレヴィナスの思想の親近性はたびたび指摘されてきた[4]）。いずれにしても、こうした事情ゆえ、レヴィナスと社会福祉におけるケアのつながりに焦点をあてた研究はほとんどなかった。

　だが、二〇〇〇年代以降、レヴィナス思想は、「ケア」一般との関係においてばかりでなく[5]、社会福祉の領域においても徐々に注目を集めている[6]。英語圏ではすでにいくつもの研究があるが、日本ではとりわけ、中村剛や児島亜紀子が社会福祉の倫理学的研究においてレヴィナスに注目している。

　中村は、社会福祉の根本についての考察を「福祉哲学」というかたちで提示するという壮大な試みのもと、英語圏での倫理学はもとより、社会哲学から現象学に至るまで幅広い知見を吸収しようとしているが[7]、なかでもレヴィナスの思想の特権的な意義を見出している。レヴィナスにおける「他者の声なき声に応える」という発想こそ、「福祉の哲学」に対して根本的な貢献をもたらすというのである[8]。

　思い起こせば、そもそも「福祉」が、障がい者、高齢者、児童など、援助を必要とする人々に向けられる営為を基本とするものである以上、「他者」という問題は、「福祉」の実践のなかできわめて本質的なものであっただろう。かつて糸賀一雄が提起した、「生命と自由を尊重しない社会の現実のなかで、〔…〕その極限的な状況のなかに投げ出されている人々」の「叫び」をどう「受けとめる」かという問いは、社会福祉に携わる多くの人々に喫緊のものだろう[9]。だが、中村によれば、そもそも「他者」の問いは、こうした社会福祉に関わる原理的な問いとの関連で重視されてきたわけではない。

　もちろん、これまで社会福祉学の領域では、初期の慈悲や友愛といった用語から、心理学を援用した接触、共感、感情移入、転移、等々さまざまな用語によって説明が試みられてきた[10]。あるいは、『福祉の哲学』の著者である阿部志郎に顕著なように、日本において多分にキリスト教の思想的背景に基づいた「愛」がその原理とされることもあった[11]。また、いっそう倫理学的な観点では、「尊厳」概念が、基本的な人権の基盤として重視されてきた。だが、中村によれば、こうした説明はそれほど説得力をもってきたわけではない。それゆえに、「他者を支援するという事象」の根源的な意味を理解する作業が残されているわけだ。この作業を後押しするものとして、中村は、レヴィナスから「福祉の原初的な体験」としての「他者」との出会いという観点を引き出してくるのである（中村 2009：一三二）。このような中村の主張は、近年増えつつある社会福祉学におけるレヴィナスへの関心を根底的に表すものであろう。

2　レヴィナスの「他者」論とソーシャルワーク

レヴィナスの思想が具体的に社会福祉の実践にどのように関わるかについて、これまで取り上げられてきた論を確認しよう。中村をはじめ多くの論者が共通して注目しているのは、上述のように、レヴィナス思想における「他者」についての思想だ。

レヴィナスの「他者」への関係の特徴は、エイミー・ロシターの二〇一一年の論文で的確に指摘されている。ロシターは、「倫理が知識に先行するというレヴィナスの強調は、ソーシャルワークにおける専門的な実践と倫理の関係を深く問い直す力をもっている」と述べているが[12]、ここでの「倫理」と「知識」の関係が鍵となる。ロシターはソーシャルワーカーとしての自身の経験において、ある家族に対し、これまで身につけた介護理論などの「知識」を適用するかたちで接してきたことを反省的に振り返ったうえで、レヴィナスの「倫理」の発想にはそうした理論的・客観的な他者へのアプローチと根本的に異なるものがあると指摘している。「倫理」と「知識」の差異について、レヴィナスに基づいて少し説明を加えておこう。

一般に、われわれは他者に関わるとき、その人についての何らかの「知識」を前提にしている。どこそこの団体に所属しているとか、要介護認定の度合いがいくつであるとか、血圧がどういう数値を示しているとか、さまざまな「知識」に基づいてその人を判断することが多い。これに対し、レヴィナスは他人を「顔」と呼ぶのだが、そのポイントは、他人はどれほどこうした「知識」を押しつけても説明しえないという点にある。逆に言えば、私が何らかの「知識」を押しつけるとき、私は他者その人ではなく、あくまで私が理解している範囲、データや数値で説明できる限りのものとして接していることになる。こうした私の「知識」の押しつけをレヴィナスは「暴力」とも述べることも辞さない。それぞれの個人の個別的な特徴が、他の人にも共通する客観的な「知識」や「数値」でかき消されてしまうからだ。これに対し、「顔」としての「他人」に対する関係は、「知識」ではなく「倫理」だとレヴィナスは述べる。つまり、他人を私の「知識」の枠内に押し込んで理解しようとするのではなく、その人が発するメッセージそれ自体を受け取ってその人に対して「応答する」こと、これがレヴィナスによれば他者との「倫理」的な関係の本質である[13]。

注意する必要があるのは、ここでの「倫理」とは、他者を大事に労らなければならないとか、道徳的に振る舞わなければならないといった、「〜すべし」という規範的な要請ではないことだ。私の「知識」に基づいて他者に接するという「私」先行型の関係性ではなく、他者の呼びかけに私が応答するという、「他者」先行型の関係性をレヴィナスは「倫理」的関係と呼んでいる。具体例を挙げるならば、予約客のみを相手にするハイヤーと、手を挙げた客がどのような人であれ基本的に乗車を拒むことのできないタクシーの違いを思い浮かべていただければよい。前者のほうは、「私」がすでに知っている予約客のみを相手にし、道すがら移動手段を欲して手を挙げているそのほかの「他者」たちの呼びかけは無視することになる。逆に、タクシーのほうは、「私」の判断や希望を起点とするのではなく、どの「他者」でも受け入れなければならない。このように、レヴィナスが「倫理」と呼ぶのは、「私」が有する先行知識にかかわらず、目の前にいる「他者」の呼びかけに応えるという関係そのもののことだ。それゆえ、レヴィナスにおいて、「私」と「他者」の関係は、それぞれ等しい権利を有した対等・平等なものではない。「私」と「他者」は非対称的な関係にあり、「私」のほうが「他者」の呼びかけに「応答する」ことを責務としている。「応答する」の原語はフランス語の répondre（英語の to response）だが、これは「責任（仏 responsabilité／英 responsibility）」という語を構成する語でもある。従来の哲学では、「私」の「権利」を出発点にして、そのうえで理念的には「私」と平等に権利を有するはずの「他者」との関係を考えようとしてきたが、こうした前提では、援助を必要としている人にどうして「私」が援助しなければならないのかはなかなか説明しにくい。レヴィナスは、「私」の「権利」ではなく、「他者」の呼びかけを出発点にし、それに対して「応答する」ことこそが、逆に「私」を「私」たらしめるというのである。

さて、ロシターは、こうした他者についての考えは、専門的「知識」に基づく従来の職業的なケアラーの実践を問いただすと述べているが、この点は、レヴィナスと「ケア」をめぐる議論において多くの論者が一様に強調するものである。

コリーヌ・ペリュションは『レヴィナスを理解するために』という入門的な著作の一部で、「ケア」の問題を医療の問題と絡めて論じている。「傷つきやすい状態にいる人、あるいは話すことのできない人を目前にした場合でも」、「その人を、われわれが病気について有している知識を向上させてくれるような興味深い症例とみなしたり、われわれがなしうることを他者に示すのに適した症例とみなしてはならない」とし、次のように続けている。「重要なのは、とりわけ、その人の語ること、ただし、単に彼が語っている内容（語られたこと）ではなく、対話者としてのその人に訴えかけることである[14]」。さらに、フローラ・バスティアーニは、「倫理的ケアの関係はありうるのか」と題された論考[15]のなかで、「人間をよりよくケアする」ことがレヴィナスに基づくとどうなるかを検討している。バスティアーニが対象としているのも医療におけるケアの問題だが、彼女は「共時性」と「隔時性」という対によって、ケアについての専門的な態度と倫理的な態度の区別を説明しようとする。

「共時性」とは、字義どおりにはケアラーとケアされる者を同じ時間的な尺度におくことだが、ここでは、さまざまな技術的なツールや尺度によってケアされる者の状態が標準化される体制が問題になっている。これに対し「隔時性」のほうは、レヴィナスの術語である。これは、ケアラーとケアされる者が各々異なる時間のリズムで存在すること、そしてケアされる者の個別的・特異的な時間のあり方を重視するものだ。用語は難解だが、ペリュションもバスティアーニも、「他者」に対して、標準的・客観的にアプローチするのではなく、その差異や特殊性を尊重したかたちで接することに、レヴィナスの「他者」の考えと「ケア」の実践の近さを見ている。

狭義の社会福祉の領域では、とりわけ児島亜紀子がかなり早い時期からレヴィナスに関心を寄せている。レヴィナス思想をソーシャルワーク論と接続するという展望のもと、児島はレヴィナスの思想とソーシャルワークにおける「援助」関係の接点として、とりわけ次の二点を強調している[16]。第一は、レヴィナスにおいて主体としての「私」と「他者」の関係性が、根本的に非対称であることだ。「私」と「他者」は、等しい権利を有した平等な主体ではない。とはいえそれは、「他者」を援助してあげるという特権的な意識でもない。非対称性は「私」のほうが一方的に他者に責任を負うという点にある。このような「他者との根源的な出会いの場に自らを送り返」すという発想によって、「レヴィナスの思想をたどることによって、「他者と関わるということの意味」がなんであるのかが示される」とも述べられる[17]。この点は、児島が注目する第二の点である「主体性」のあり方の変容に関わる。これまで社会福祉における援助論が前提としてきたのは、「能動的・理性的・自律的な「自己決定する」能力を有した近代的主体」であった。こうした「主体」のイメージは、今日の介護保険制度における契約主体としての被援助者という点にも継続しているだろう。だが、周知のように、理論上はともかく、実際的には判断能力が徐々に衰える要介護者への「支援」を、「自律的な主体」という枠組みで論じ切るのは難しい。児島によれば、こうした考え方とは異なるかたちで「主体」を捉え、他者による審問に付され責任を引き受ける受動的な主体というヴィジョンを提示した点で、レヴィナスはこれまでのソーシャルワーク(ないし「社会福祉学」)に支配的だった言説に対する対抗言説をもたらすものとされる。

3 他者への応答と身体性──「主体」概念の転覆

さて、以上のようにレヴィナスの「他者」についての考え、とりわけ「顔」としての「他者」に対して「私」が担う「応答責任」という考え方は、ソーシャルワーカーの実践を「他者との根源的な出会いの場」へと送り返すものとして評価することはできるだろう。だが同時に、こうしたレヴィナスの考えに対しては、当然、いくつもの問いや疑問が思い浮かぶだろう。ここでは、とりわけ重要だと思われる二つの問いに絞りたい。

第一の問いは、レヴィナスの哲学思想に対してたびたび提起されるものである。レヴィナスの「顔」への「応答責任」という考えは、確かに「他者」その人を尊重することを重視するものだが、そこには「呼びかけ」「応答」という言語的なコミュニケーションが前提されているように見える。もし、援助対象者が十分な言語能力をもたない場合、その人は「顔」を有さなくなるのか。その人にどのように「応答」すればよいのか。

第二の問いは、社会福祉の実際の体制に関わる。なるほどレヴィナスの「他者」の思想は、「どうして他者を援助するのか」という根源的な問いを考える手がかりを与えてくれそうだ。しかし、現実におけるケアの実践に対し、その思想はどれほど有効なのか。実際には、援助を求めるさまざまな声がたえず発せられているが、それは「私」一人が対処できるものではない。むしろ効率的な分担や標準的な対応をしないことのほうが無責任になるケースもあろう。

第二の問いについては次節で検討することにし、一点目の、「他者」への「応答」という思想は「対話」という状況に限定されるのかという問いについて見ていこう。

結論を先に言えば、レヴィナスにおける「応答」は、言葉を用いた返答に限られない。たとえばレヴィナスは、プラトンの著作のなかに出てくる議論に参加したくないために首を横に振るだけの登場人物に注目し、そうした身体的な身振りであっても「応答」たりうると述べている。[18] というのも、「応答」において重要なのは、メッセージの内容ではないからだ。むしろそれは、コミュニケーションの条件、あるいは他者との関係の条件に関わっている。ふつう、私たちはどのような音声にも「応答」しているわけではない。風のうねりや車のエンジン音やチャイムの音色に対し、「応答」しはしない。空耳で声が聞こえたと錯覚して応えてしまう場合はあるが、そのときにしているのは「応答」というより「反応」だ。これに対し、「他者」の呼びかけに「応答」するということは、その呼びかけを発した者を、単に機械的に応答しておけば済むような単なる音ではなく、ほかならぬ私が(言語的であれ非言語的であれ)「コミュニケーション」をとることのできる「他者」だと認めることである。つまり、「対話」を「対話」たらしめるのは、相手を単なる音声の発生源ではなく「対話相手」と認めることだということだ。それゆえ、たとえば意味を有したフレーズを発することができない状況にある人に対しても、その人の顔の動き、目の動き、手の動きなど、どれほど些細な動作であれ、そこに私が「応答」することで「対話」的な関係は十分に生じうるだろう。

また、もう一つ重要な論点として、レヴィナスが人間という存在を、単に「対話」のレベルにおいてだけでなく、つねに「身体」を備えた存在と捉えていることがある。従来の哲学では、人間的な主体とは理性を備え合理的な思考やコミュニケーションが可能な主体だとみなされることが多かった。それに対しレヴィナスは、そうした理性的なコミュニケーションに限られない身体的な要素、つまり食事をしたり、生殖したり、苦しんだり、老いていったり、死にさらされたりといった要素を一貫して重視している。これまでの社会福祉学におけるレヴィナス受容ではこの点にあまり力点が置かれてこなかったように思われるが、社会福祉が対象とする「他者」が十分な「言語」能力を有さない場合もあることに鑑みれば、こうした身体性の問題はむしろきわめて重要な点となるだろう。

たとえば、レヴィナスの第一の主著と呼ばれる『全体性と無限』では、もちろん「他者」への「応答」こそが、「倫理」的な関係の基盤となると述べられているが、その点が同書の結論なのではない。全体で四部構成をとる同書のなかで、第三部はこうした「他者」との倫理的な関係を主題としているが、それに先立つ第二部では、「他者」はほとんど登場しない。むしろ「自我」が身を置く環境（「境域」とか「元基」と呼ばれる）のなかで、視覚・味覚・触覚といったさまざまな感受性を通じてまわりの事物に触れるあり方が描かれている。このことをレヴィナスは「糧」の「享受」と呼ぶ。「他者」との対話的な関係に入るに先立って、私たちはつねに自分の置かれた環境のなかから、さまざまな要素を自分のなかに取り込みながら存在している。養分としての食べものの摂取もそうだし、味わったりや匂いを嗅いだり、あるいは場所の空気感を察したりすることもそうだ。つまり、人間は場所から切り離されて宙に浮いたように存在しているのではなく、ベッドの上、自宅の寝室、専門的な介護者や家族とともに等々、さまざまな環境とのあいだで生活を織りなしている。その全体が、「享受」という存在様態を形成しているということだ。ここで重要なのは、「他者」への「応答」だけでなく、そうした環境との関わりのなかでその「生」を送っていることもまた、「私」や「他者」のあり方を構成しているということだ。

第二の主著と呼ばれる『存在の彼方へ』では、このことがさらに「老い」や「傷つきやすさ」といったキーワードとともに語られる。ここでは、『全体性と無限』における周りの環境からさまざまな「糧」を「享受」するという環境的・身体的な存在のあり方のもう一つの側面が強調されていると言える。人間存在は身体を備えていることによって、さまざまな外的な要素にさらされながら生きている。時間の流れとともに、自分の意のままにならない要素、自分の自由な意志を行使できない要素が（単に社会的な次元においてではなく）自分の身体の次元でさまざまに生じてくる。動かしにくくなる部分、痛みがましていく部分等々とともに生きていくことが必要になる。レヴィナスの見立てとしては、身体的な「苦しみ」や「老い」は、「健康」というモデルから離反するがゆえに矯正したり厄介払いしたりすべきものではない。そうではなく、これらの側面は、そもそも時間の経過から逃れることのできない人間の身体的な生そのもののむしろ構成要素だと考えている。人間の「健康」はめざすべき理念としては重要だろうが、人間の具体的な存在のあり方を観察する現象学の立場からすれば、人間の外部のさまざまな要素にさらされ、それを取り込み、「〈同〉のなかの〈他〉」を抱えていることのほうが根本的である。このような存在のあり方をレヴィナスは傷つきやすさ（可傷性）と述べている。

先に見たように、レヴィナスの思想は、これまでの哲学（さらには社会福祉学における援助論すらも）が前提としてきた「能動的・理性的・自律的な「自己決定する」能力を有した近代的主体」という考え方を転覆させた点にその特徴を有することはまちがいない[19]。だが、その転覆の先にあるのは、単に「他者」に応答する受動的な主体という考えだけではない。理性的で自由な主体の転覆は、単に「他者」に向かうのみならず、自己であれ他者であれ、身体を備え環境のなかで「享受」しつつ、さまざまな外的要素にさらされて生きる「傷つきやすい」主体としての人間全般に関わっているのである。

4　レヴィナスの思想と社会福祉とのいくつかのギャップ

以上のようなレヴィナスの哲学的な思想は、ソーシャルワークにおける「他者」への援助のあり方を考える際に多くの示唆を与えるように思われる。だが、その思想があまりに哲学的で抽象的だとして、ソーシャルワーク倫理にレヴィナスを導入することに否定的な論者もいる[20]。とりわけ、先に第二の問いとして提示した、その思想とソーシャルワークの具体的な実践や社会福祉の制度とのギャップは見過ごすことはできないだろう。

第一に、ソーシャルワークの具体的な実践とのギャップについては、先に引用したロシターや児島も当然注意を払いつつ、いくつかの解決を提案している。ロシターは「倫理」と「知識」の二つの次元の関係を認めつつ、むしろ「専門的知識と特異性の倫理のあいだの解消しえない矛盾」を直視すべきだとして、「知識」と「倫理」の双方を行き来する「未決性（unsettledness）」を提唱している[21]。児島は、レヴィナス的な「他者への配慮」とは、「認識や思考、科学、交易、ロゴスに先立つ範疇に存する」ものであり、実際の援助関係で求められる他者の対象化や科学的な認識とは次元を異にするものであって、同時に、後者の実践が否定されるわけではない[22]。児島は、「倫理」とは実際の実践に具体的な指針を与える行動規範ではなく、あくまで「援助原理の始原」であると強調している。つまり、レヴィナスの思想は、これら二つの次元の違いを浮き彫りにしつつ、指針ではなく原理的な考察を提供しているというわけだ。

第二のギャップは、より広い次元における社会福祉の実践にも見てとることができるもので、むしろこちらのほうが深刻だろう。実際、社会福祉の実践は、以上のようなケアラーとケアされる者の関係という具体的な対人関係に限定されない。言うまでもなく、社会福祉は、単に目の前の「他者」に応答し援助することに限定されず、そうした援助が社会的に組織化・制度化されている必要がある。とりわけ日本では一九九七年の介護保険法の制定をうけ、二〇〇〇年より介護保険制度がスタートしたが、その設立理念として掲げられたのは、これまで家族による、もしくは家庭内で担われてきた高齢者の介護を「社会全体で支え合う仕組み」として整えることである。目の前の「他者」のみならず、「社会全体」が問題になる場合、レヴィナスの「応答」の思想は何をどのように語ることができるだろうか。

第三に指摘できるのは、こうした「介護の社会化」に伴う「標準化」の問題である。社会的な取り組みとしてのソーシャルワークないしケアマネジメントは、近年は少子高齢化の進行とAIやIoTを含めたさまざまな科学技術の進展という文脈で新たな側面を示している。近年の介護の社会的な展開は、介護の担い手の不足だけでなく、高齢化や専門的な知識のばらつきといった問題を提起しているが、それに対する解決策の一つとして、AIをはじめとする先端技術の活用が模索されている。たとえば、居室に複数のセンサーを設置し、それらをクラウドと結ぶことによって、要介護者の体調の変化を自動的にモニタリングする方法も提案されている。あるいは、ケアマネジャーの経験・技能・知識の差異によるばらつきを防ぎ、ケアプランの作成を効率化・標準化するためにAIを活用する試みもみられる。「他者」への「倫理的」支援よりも、実際問題としては「標準化」や「効率化」のほうが喫緊なのである。もちろん、これまで人と人との関係であった「介護」や「ケア」という営為の一部がAIをはじめとする先端技術に代替されることについては、誤った判断を下した場合の責任の所在やデータに特有の認知バイアスなどさまざまな倫理的な問題が懸念されている。こうした問題は本論の範囲を超えるが、このように「ケア」が「機械」によって代替されることが、「他者」への「応答」の思想からどう評価されるかは検討しておくべきだろう。

以上の三つの問題は、さまざまな論点を含むが、要約すれば、個別的な他者への対面関係という次元と、普遍性や標準化が問題となる社会的な次元の二つの次元の関係として整理できる。倫理の個別性と社会の標準性の衝突と言い換えてもよい。こうまとめられるとすれば、問題を考えるための糸口はレヴィナス自身によっても与えられている。なかでも、『存在の彼方へ』という後期の著作で提示されるいくつかの考えのなかでも、(1)「他者」への「応答」を骨子とする「倫理」とは区別される、「正義」という原理、(2)「他者」への「応答」をさらに徹底化させ、自らの目の前にいる他者以外にも「私」は「責任」を負っているという「身代わり」の思想が重要である。

5　倫理と正義の補完関係

レヴィナスの思想は、『存在の彼方へ』を中心とする後期思想において、倫理と正義という二つの概念の区別をよりはっきりと示すようになる。[23] 一方の倫理は、上述の「応答」を骨子とする。これは「私」と「他者」の二者の関係であること、そして「私」にのみ義務が課せられる非対称性を特徴とする。これは「顔と顔を合わせる」ような二者間の対面関係であるため、「応答」を向ける「他者」はただ一人のみである。だが、そもそもレヴィナスは「他者」が一人に限られると言いたかったわけではない。「応答」の意義を説明するためにはこうした二者間の非対称的な関係が求められるが、実際問題として、「他者」の「他者」、そのまた「他者」……と、「他者」が複数存在することは当然考慮されている。レヴィナスは、こうした複数の「他者」たち（「第三者」と総称されている）を考慮する際には、「倫理」とは別に「正義」という原理が求められるという。ここでの「正義」とは「公平性」と言い換えてもよい。そこでは、「倫理」においては拒否されていた「知識」や「認識」の必要性が求められ、複数の他者たちの誰に応答するのかを「比較」し「計算」する必要すら出てくるとされる。

レヴィナスの後期思想が打ち出したこの「倫理」と「正義」の関係は、キャロル・ギリガン以降の英語圏の倫理学における「ケアの倫理」という潮流における「ケア」と「正義」の区別と近しい構造をもっている。「ケア」が具体的な個人の個別性・差異・傷つきやすさに関わるのに対し、「正義」は形式・抽象的な観念としての平等性・自律性に関わっている。[24]

ただし「ケアの倫理」の思想では「ケア」と「正義」が対立関係に置かれがちであるのに対し、レヴィナスにおいては「倫理」と「正義」はむしろ補完的である。つまり、ある場合には「倫理」を、ある場合には「正義」を行動指針とするという二者択一的な原理が問題になっているのではなく、「他者」関係においては「倫理」が「正義」を支えることが求められているというのである。[25]

このことは、具体例を挙げるならば、正義を象徴する女神とされるテーミスが好例となるだろう。テーミスは、片手には平等・衡平を象徴する天秤を、もう片手には決断を象徴する剣を手にしており、よく裁判所等にその銅像が掲げられている。ここで重要なのは、このテーミスには目隠しをした姿としていない姿という二つの異なるヴァージョンがあることだ。目隠ししたほうは相手の「顔」をあえて見ないことで公正な裁きを下す。レヴィナスにおいても、「第三者との関係」において「顔は顔であることをやめる」（AE, 246／三五九）。だが、これに対し、目隠しをとったテーミスは「顔」を直視し、その個別性に留意する。個別の事情をあえて無視した「公正」としての「正義」は、あくまで、目隠しをとることによって「顔」を直視する「他者」への「倫理」によって補完される、というわけだ。

こうした倫理と正義の補完的な関係は、社会福祉の制度化や標準化の問題を考える際にも参考になるだろう。社会福祉の営みは、それが「社会」を対象としている限りにおいて、目の前にいる他者だけを援助の対象とするわけにはいかない。目の前にはいない複数の他者たちをも平等に取り扱い、誰がケアを担当する場合でもできる限り同等のサーヴィスを提供しなければならない。そうした目的をいっそう効率的に達成するには、AIをはじめとするさまざまな最新技術を活用する必要性も出てくるだろう。けれども、誰にでも妥当する普遍性・標準性を備えた制度や技術は、必然的に個々の人々の個別的な事情をすべて考慮に入れることはできず、各々の「顔」を見ないことにもつながってしまう……だが、そのことは、たとえばAI等の活用における「倫理的配慮」の限界や欠落であるわけではない。レヴィナスに従えば、「倫理」はAIと「他者」とのあいだにではなく、あくまでそれを利用する「私」と「他者」とのあいだにあるのであって、技術的には匿名性が要請されたとしても、その後で「顔」に「応答」する機会が担保されているかどうかが、「倫理」的かどうかを検討する際の鍵となるだろう。いずれにしても、レヴィナスが提示する「正義」は「倫理」に補完されるという考えは、このようなジレンマを考えるための（解決策ではないものの）一つの糸口になるだろう。

6 「身代わり」と福祉国家

さらに、レヴィナスが同じ『存在の彼方へ』という後期著作のなかで提示した「身代わり」という概念は、先に第二のギャップとして指摘した「福祉の社会化」を考えるための糸口になっているように思われる。

レヴィナスは、一九七四年の同書で、一九六一年の『全体性と無限』の思想をいっそう過激なかたちで発展させている。とりわけこの「身代わり」という概念がそうだ。この「身代わり」とは、『全体性と無限』において対面関係にある「顔」に対する「応答責任」であったものが、いっそう拡張された概念である。『存在の彼方へ』においては、対面関係にない「他者」に対しても応答し責任を負う必要があるとされる。しかも、自分が行ったことに対してだけではなく、他者が行ったことについてすらも、私が「責任」を負わなければならないとされる。しかもこのことが、けっして道徳的な命令ではなく、「私」という「主体」を成立させている根拠となっている、というのが「身代わり」概念の主旨である。

きわめて奇怪な考え方だが、どうしてこのような極端な考えが出てくるのかは、同著の原書タイトル「存在するとは別の仕方で」が示唆しているだろう。ここで批判される「存在する」とは、物理的に実在することではない。そうではなく、自分自身の生存や利害関係を第一の目的として利己的に存在しようとする傾向のことを指している。レヴィナスにとって、伝統的な哲学は多かれ少なかれこうした考えに「私」の存在理由を見出してきた。他者との共存が問題になるにしても、ホッブズにおけるような社会契約などはあくまで「自己の生存」を大前提とした相互安全保障にすぎない。これに対してレヴィナスは、「私」の存在理由はこうした「自己の生存」にあるのではなく「他者のために」応答し責任を負うこと、自分自身が行っていないことについても「他者の代わりに」「身代わり」として責任を負うことが、「私」の存在理由となっていると述べるのである。

繰り返すが、このような発想は、社会的義務や奉仕を説く道徳論ではなく、あくまで原理的な考察として提示されている。とりわけレヴィナスは、従来の政治哲学や道徳哲学が「私」の「自由」を起点にしてきたのに対して、「責任」や「身代わり」のほうが根源的であると主張することによって、これまでの自由主義的な哲学の伝統に対してラディカルな異議申し立てをしているのである。ところで、この観点からすると、むしろ「身代わり」の発想は、「社会福祉」という制度の根幹と重なっていると言えるようにも思われる。

歴史を遡ると、近代における福祉国家の成立は、それ以前の自由主義的な社会体制を支える自由と責任の論理だけでは立ちいかなくなり、責任を社会全体で分担する必要性が生じたことに関わっている。[26]従来の、自由主義的な考え方においては、自分のなしたことに対し責任を負うのは当たり前であった。だが、ここで強調しなければならないのは、一八世紀型の自律した主体の自由および自己責任を重視するような自由主義社会において、「他者」や「弱者」への援助や他者への責任の問題は無視されていたわけではないということだ。もちろん、弱者が弱い立場にいるのはその人の選択の結果であり自己責任であるという型の主張は当然みられた。それにもかかわらずそうした「弱者」の援助は否定されていたわけではない。ただし、こうした社会において援助を肯定するために持ち出される論拠は、あくまで善行や慈愛といった道徳的・宗教的感情にすぎなかった。そこでは、自立した個人の「自由」という原理はあくまで揺らぐことはない。皆「自分のため」に生きるなかで、慈愛や憐れみを抱くお人好しか利他心を自己の評価の向上へと転換しうる計算高い人物であれば、十分に「他者」に「応答」することも可能だったわけだ(もちろん「応答」しないことも自由だ)。

それに対して、福祉国家体制は「責任」という考えそのものに転倒をもたらした。福祉国家において「弱者」への援助が要請されるのは、自分がなしたことに対する責任というパラダイムではない。労働災害や保険などが同時期に制度化されていくことが示すように、災害や事故によって被る被害は、当人の行為に起因するか否かに関わりなく、その人だけに責任を負わせるのではなく、社会全体でその補償は分担されることになる。各人は、自分のなしたことだけでなく、他者のなしたことについてすら、責任と補償を分担することになる。フランソワ・エヴァルドが描きだしたこのような「責任の社会化」のプロセスは、レヴィナスの言葉を用いれば「私のため」を存在理由とする自己責任型パラダイムから、「他者のため」を原理とする「連帯」への転換と捉えることもできるだろう[27]。

もちろん、こうした福祉国家体制がその後直面したさまざまな課題については考える必要があるだろう。だが、問題になっているのは、こうした社会福祉という制度を支えている原理的な問題である。レヴィナスはもちろんこうした社会的連帯の制度化に関する考察をおこなっているわけではない。だが、彼自身が自らの「責任」をめぐる議論が「一切の連帯の条件」(AE, 186／二七三) に関わっていると述べるように、こうした「連帯」という社会的な形態の原理を問題にしていることは間違いない。

従来、福祉は「慈愛」といった (多くの場合宗教的な色彩を含む) 価値観に基づいて語られてきた。だが、こうした観点は、自由主義的な自律した「強い」個を軸とした観念と一見対立するように見えつつも、親和的、少なくとも相補的になりうるものである。それに対し、レヴィナスは、自由主義的な制度を支える「私」先行型の議論とは別の仕方で、「他者」先行型で「私」のあり方を説明しようとしているわけだ。しかもそれは目の前にいる「他者」に対して「応答」することのみを重視する行動規範ではない。問題になっているのは、そうした個別のケースではなく、「一切の連帯の条件」である。レヴィナスが「身代わり」という概念で提示した、自分が行ったことではないことについても他者の代わりとして責任を負う、という考えは、このような意味で、社会的な存在としての人間存在の存在理由に関わっていると言うことができるだろう。

以上見てきたように、レヴィナスは社会福祉について直接言及したわけではないとはいえ、両者のあいだには密接に交差する論点が多々ある。それは単に「他者」というレヴィナスの発想がソーシャルワークの原理的な考察の参考になるというだけではない。「享受」や「傷つきやすさ」をめぐる「身体」の現象学、「倫理」と「正義」の補完的関係、さらに「身代わり」をめぐる「応答責任」概念の拡張といった、レヴィナス哲学の核心をなす諸論点は、それぞれ社会福祉のさまざまな側面を照らし出すものとなるだろうし、逆に、かなり複雑で抽象的に見えるその思想を理解するための具体的な事例を社会福祉の実践のなかに見出すこともできるだろう。いずれにしても、今日、社会福祉という営みが政治的・経済的・社会的などさまざまな理由で困難な局面を迎えたり、改革や新しいモデルの提案を必要とするようになっているにせよ、援助が必要な他者に対して援助を差し向けるという意味での福祉 (あるいはソーシャルワーク) の必要性が残り続ける限り、原理的なレベルでこうした他者関係の意義を考え続ける必要があるだろう。その際に、きわめて抽象的であるものの、人間的主体に対する従来の考え方の根本的な問い直しを提案するレヴィナスの思想にはあらためて耳を傾ける論点が複数秘められているだろう。

註

（1）広井良典編『福祉の哲学とは何か——ポスト成長時代の幸福・価値・社会構想』ミネルヴァ書房、二〇一七年、九頁。

（2）とくに以下を参照。榊原哲也『医療ケアを問いなおす——患者をトータルにみることの現象学』（ちくま新書、二〇一八年）

（3）とくに以下を参照。西村ユミ『語りかける身体——看護ケアの現象学』二〇〇一年、ゆみる出版（講談社学術文庫、二〇一八年）。

（4）佐藤義之『物語とレヴィナスの「顔」』勁草書房、二〇〇四年。

（5）本書の「レヴィナスと医療」の項目に加え、杉村靖彦ほか編『個と普遍——レヴィナス哲学の新たな広がり』（法政大学出版局、二〇二二年）の、「レヴィナスとケアの倫理」と題された第二部に収められた諸論文を参照。

（6）Richard Hugman, *New approaches in Ethics for the Caring Profession*, Basingstoke: Palgrave, 2005. Amy Rossiter, "Unsettled Social Work: The Challenge of Levinas's Ethics", *British Journal of Social Work*, vol. 41, 2011. 日本では、とりわけ中村剛と児島亜紀子の研究が重要である。詳細は以下の注を参照。

（7）中村剛『福祉哲学の構想』（みらい、二〇〇九年）、中村剛『福祉哲学の継承と再生——社会福祉の経験をいま問い直す』（ミネルヴァ書房、二〇一四年）、中村剛『福祉哲学に基づく社会福祉学の構想——社会福祉学原論』（みらい、二〇一五年）。

（8）中村剛『福祉哲学の継承と再生』、前掲、とくに第六章。

（9）糸賀一雄『福祉の思想』ＮＨＫ出版、一九六八年。

（10）Ｆ・Ｐ・バイステック『ケースワークの原則——援助関係を形成する方法［新訳改訂版］』尾崎新ほか訳、誠信書房、二〇〇六年、第一部。

（11）阿部志郎『福祉の哲学［改訂版］』誠信書房、一九九七年。

（12）Amy Rossiter, art. cit.

（13）この点については、エマニュエル・レヴィナス『倫理と無限』（ちくま学芸文庫、二〇一〇年）第七章がわかりやすい。

（14）Corine Pelluchon, *Pour comprendre Levinas. Un philosophe pour notre temps*, Paris: Seuil, 2020, p. 95（コリーヌ・ペリュション『レヴィナスを理解するために』渡名喜ほか訳、明石書店、近刊）

（15）バスティアーニ「倫理的ケアの関係はありうるのか——レヴィナスとともにケアを考える」村上暁子訳、前掲『個と普遍』所収。

（16）児島亜紀子「認識に先立つ召喚——レヴィナスから援助原理へ」『社會問題研究』53巻2号、二〇〇四年。

（17）児島亜紀子「社会福祉学における主体をめぐる言説とその批判　レヴィナスの他者概念から」『社會問題研究』55巻、二〇〇五年。

（18）とりわけエマニュエル・レヴィナス「自由と命令」『レヴィナス・コレクション』三七三頁を参照。

（19）児島亜紀子「認識に先立つ召喚」、前掲、二一二頁。

（20）Cf. Paul Michael Garrett, "Encountering the 'greatest ethical philosopher': Emmanuel Levinas and social work", *International*

Social Work, vol. 60 (6), 2017.

(21) Amy Rossiter, art. cit., p. 990.

(22) 児島亜紀子「「他者の‐ために‐死ぬこと」あるいは苛烈なる原理——レヴィナスから援助原理へ、ふたたび」『社會問題研究』53巻2号、二〇〇四年、九六頁。

(23) この点については以下も参照。児島亜紀子「「顔」への応答を起点とする正義——ソーシャルワーク論とレヴィナス思想の交錯」『社會問題研究』63巻、二〇一四年。

(24) この点については、佐藤義之、前掲書を参照。

(25) この点についてはこれまでのレヴィナス解釈でも諸説あるが、レヴィナスは「近さ」という倫理的な関係性のほうが、正義における「知」の「根拠」であり「条件」であることを繰り返し主張している（AE, 245–247／三五八—三五九）。

(26) この点についてはとりわけ以下を参照。François Ewald, *L'État providence*, Paris: Grasset, 1986.

(27) *Ibid.*, p. 16.

15　レヴィナスと医療

川崎唯史

がん医療に従事するある医師は、レヴィナスとの出会いを次のように語っている。医療についての悩み、とりわけ「現代医療はあまりにも分子的なものやデジタルなものに焦点を当てすぎていて、人格的なものを放棄している」という懸念を同僚の哲学者に話したところ、レヴィナスの著作を紹介された。医学生のときはまったく歯が立たなかったのだが、がんや終末期をめぐるさまざまな葛藤やドラマを経たいまでは、レヴィナスの「顔」に関する考え方は自分にとって不可欠のものになった、と。(1)

医療者とレヴィナスのこうした出会いはそれほど珍しくないかもしれない。医療の諸問題に取り組む人文学（哲学、倫理学、人類学など）でしばしばレヴィナスが参照されることも、そうした出会いを促進してきたと思われる。本論もその一助となるべく、レヴィナスの著作が医療者にとってどのように魅力的で、読むに値するのかを考えていきたい。(2)

本書の第Ⅱ部・第Ⅲ部で示されているように、レヴィナスの思想はけっして「顔」の倫理に尽きるものではない。医療者にとっての読みどころも同様である。論点は多いが、大まかには、(1) 傷つきやすさを核に据えて人間を理解すること、(2) 医療を相互人格的秩序として捉えること、(3) 患者と医療者の関係を考えること、(4) 現代医療に全体性を見出すことの四点にまとめられる。順に見ていこう。

1　苦痛と不眠——傷つきやすさの現象学

レヴィナスは、傷つきやすさの現象学とでも呼べそうな記述を豊富に残している。レヴィナス以前の哲学者の大半が「五体満足で健康な成人男性」を標準的な人間像として前提しており、病気や障害を例外・逸脱として扱ってきたのとは対照的に、レヴィナスの思想は人間の脆さ、弱さ、傷つきやすさを核に据えている。村上靖彦がいうように、レヴィナスは「人間はそもそも壊れるものである」という実感から出発しているのである。[3]

もちろん、そうした記述が診断基準のような形で医療に直接活かせるわけではない。しかし、病をただ治療すべき異常な状態としてのみ捉えるのとは異なる視点をもつことは医療者にとって重要であろう。一生付き合わねばならない病もあるし、手の尽くしようのない状態もあるなかで、健康な状態への復帰としての治療に固執することはかえって医療者の無力感や燃えつきにつながる。あるいは逆に、治療できないからといって患者に向き合うことをやめてしまうことにもなりかねない。

レヴィナスの著作における人間の傷つきやすさに関わる事象として、苦痛、不眠、妄想、外傷、老いなどがある。以下では最初の二つに絞って、レヴィナスが逸脱・例外ではなく普遍的なものとして傷つきやすさを思考したことを確認していこう。[4]

人間の生についてのレヴィナス独自の発想は、キャリアのかなり早い段階から示されている。「ヒトラー主義哲学に関する若干の考察」（一九三四年）では、身体を精神の自由な動きを阻む障害物とみなしてきた西洋哲学の伝統に対して、身体的苦痛を和らげるために寝返りをうつ病者を例に挙げながら、自我と身体は避けがたく一体であると述べている。翌年の「逃走論」では、私たちは自己自身に釘づけにされているという発想を維持しつつ、この繋縛から脱出しようとする欲求、つまり逃走を論じるために、吐き気の現象が分析される。吐き気を覚えるとき、私たちは内側から突き上げられ、嘔吐へと誘われる。レヴィナスはそこに、自己自身から逃走しようとする努力を見出す。しかし、吐瀉によってこの逃走が果たされるわけではないから、吐き気は自己自身の存在から脱出することの不可能性でもあるという。

『実存から実存者へ』（一九四七年）において、逃走はイポスターズを通じたイリヤからの脱出として語り直される。そこで重要な役割を果たすのが不眠と眠りの分析である。不眠はイリヤという非人称的な出来事を範例的に教える。レヴィナスにとって不眠とは単なる精神的不調の表れではなく、そもそも私が眠れないことですらない。そこで目覚めているのは、諸事物の分節が失われ、何でもないもの、つまり存在者なき存在によって充満した夜そのものである。すべてはイリヤへと溶解し、不眠の主体となる人称的な実存者は存在しない。イリヤの夜からの脱出を可能にするのが眠りである。横たわることによって特定の場所を占めること、すなわち定位することにおいて、イポスターズが生じ、主体が誕生する。眠りは、一般的な理解では意識の中断あるいは活動のための休息にすぎないが、レヴィナスにおいては意識に場所を与え、イリヤを脱する可能性として積極的に論じられるのである。

『全体性と無限』には後で触れることにして、より後期のテクストを見ておこう。たとえば「無用な苦しみ」（一九八二年）では、「末梢神経の障害から生じる神経痛や腰痛」、「悪性腫瘍に犯された患者たちが感じているかもしれない耐えがたい激痛」といった「執拗でかつ根治しにくい痛み」が、意味を見出すことのできない苦しみが「生と存在の不条理」であることを確証する例として挙げられている（EN, 101-102／一三〇—一三二）。苦しみは受動的だが、色や音を感じるときの受容性とは次元を異にする。苦しみの受動性は、能動性の対ですらないような、最も根底的な受動性である。こうした傷つきやすさとしての受動性は、この時期の主体性概念にとって中心的な契機の一つなのだが、レヴィナスはそれを如実に示す例として激しい苦痛を参照しているのである。

このように、通常は病理とみなされる苦痛や不眠といった現象を、レヴィナスはむしろ人間の存在を明らかにする事例として取り上げ、その現象を生きる者の経験を記述している。ヨーロッパ的な生命倫理学では、例外や異常ではなく人間の条件として傷つきやすさを理解するために顔の倫理が参照されてきたが[5]、本節で見た身体的な傷つきやすさの記述も注目に値する。

2 死——相互人格的秩序としての医療

次に、レヴィナスが医療をどのように考えているかを検討するために、『全体性と無限』（一九六一年）における死に関する記述を検討しよう[6]。『全体性と無限』の主たる論敵の一つである『存在と時間』（一九二七年）において、ハイデガーは死の実存論的＝存在論的構造を次のように分析した[7]。死はまず、身体の状態によって医学的に判定される「死亡」と同じものではない。死亡は生命の終わりであり、いわば人生という道の終点としてイメージされるのに対して、死は私たちが生きるなかでつねに何らかの仕方で関わり合っているものだとされる（「死へ臨む存在」）。次に死は、他人に代わってもらうことができず、いつかはわからないが必ず自分で引き受けなければならない（私の死を死ぬのは私でなければならない）という意味で「ひとごとでない」。そして、私たちは死に臨むことにおいて自分の存在だけに差し向けられ、他人とのあらゆるつながりが絶たれるとハイデガーは述べ、この契機を「係累のない」ことと呼ぶ。また、死はその向こう側に行くことができないという意味で「追い越すことのできない」最終的な可能性である。

レヴィナスは、ハイデガーによる死の分析のうち、死が予見できないことや死は別の新たな生への移行ではないことといった考えを共有している。しかし、以下の二点ではハイデガーに対抗する見方を示している。

レヴィナスが最も強く反論するのは、死が他人とのつながりを断つというハイデガーの主張である。レヴィナスによれば、死はむしろ「相互人格的秩序に準拠している」（TI, 261／四二〇）。というのも死は、たとえ他人からの危害ではなく病によるものであっても、「敵意と悪意に満ちた力」をもつ何者かの定めた運命らしきものとして、あるいは「正義の裁き」として私に迫ってくるからである（TI, 260／四一九）。そのように死が他人を消滅させるのではなく他人を意識させるからこそ、死は「他人の友愛と医療行為への呼びかけを可能にする」（TI, 260／四一九）。すなわち、死は私を孤独にするどころか、「誰かの恐怖のなかで接近し、誰かに期待をかける」（TI, 260／四一九）。そして、医療は単に生物学的な死亡を回避する技術ではなく、死が準拠する相互人格的秩序の一部なのである。

また、ハイデガーが死と死亡を区別することで死と身体の関係を論じずに済ませたことについても、レヴィナスは暗に批判している。レヴィナスにおいて「死をまぬがれないこと」は、意志の曖昧さの基礎をなしている。身体は、意志の曖昧さの存在論的体制だとされる（TI, 255／四一二）。身体に見出される意志の曖昧さとは、活動性と受動性が分かちがたく絡み合っていることを指す。もし意志が純粋に活動的であれば、身体はエゴイズムの求心的運動の手段にすぎない。しかし意志には受動性があり、身体という「事物」として他者たちに身をさらしてもいる（TI, 254／四一〇）。刃物による脅迫や金銭的誘惑が意志を変えうるのは、こうした曖昧さゆえである。

本章にとって重要なのは、レヴィナスが健康と病気をもこうした曖昧な意志の身体性から説明していることである。身体が活動性の透明な媒体として機能している限りは健康だが、「身体組織の科学的変化」などにより事物として損傷を受けるとき、身体は活動性への抵抗に変わる（TI, 254／四一〇）。ただし、病気は単に生理学的異常としてではなく、「医者たちの力が及ばないこと」によると述べられている（TI, 254／四一〇）。つまりレヴィナスにおいては、病も死と同じく相互人格的秩序に準拠しているのである。そうであれば健康も、医療や福祉などのケアが行き届いていることとして相互人格的に捉え返すことができるだろう。

このように、レヴィナスはハイデガーの後で死の分析をやり直すことを通じて、死も病も個別の身体の物質的変化に尽きず、むしろ第一義的には相互人格的秩序のなかで生起するものとして記述した。死の接近や発病は人を孤立させるというよりも医療者への訴えを可能にするものとされ、医療が単なる技術的処置ではなく人と人との関わりであることが示唆された。ちなみに、先に触れた「無用な苦しみ」でも、しばしば頑迷な良識家から批判される医療技術の進展を右のような観点から擁護している。レヴィナスによれば、医療技術は単に「力への意志」から生じたものではなく、むしろ嘆き声やうめき声とともに発せられる鎮痛を求める訴えへの倫理的応答の一つであり、高度な技術とはいえ「間-人間的なもの」には変わりないのである（EN, 103／一三二）。以上を踏まえて次節では、医療を相互人格的秩序として考えるための手がかりをレヴィナスの思想に探っていきたい。

3　顔——ケア論的読解

患者と医療者の関係としてのケアを哲学的に考えるとき、現象学の伝統からよく取り上げられるのはハイデガーとメルロ゠ポンティである。たとえばベナーとルーベルは、他者への顧慮についてハイデガーの立てた区別——他者の配慮すべき事柄を他者に代わって引き受ける顧慮と、他者に手本を示して、他者が配慮すべきことを自分で配慮できるように手助けする顧慮——を参照し、前者が「支配と依存の関係、さらには抑圧にさえ容易に転化してしまう」のに対して、後者は「他者がこうありたいと思っているあり方でいられるようその人に力を与えるような関係であり、看護関係の究極の目標をなすもの」だと述べている(8)。また西村ユミは、メルロ゠ポンティの間身体性概念を手がかりに、いわゆる植物状態の患者と看護師との身体的交流を細やかに記述している(9)。実際のケア関係を記述するうえで、彼らの発想や概念はきわめて有用であり、多くの成果を生んできた。

レヴィナスの言葉には、記述や分析の道具となることへの抵抗のようなものが感じられる。それはむしろ、たえず忘却されかけているケアの根源を思い起こさせるリマインダーとして聴き取るのがふさわしいように思える。たとえば鷲田清一は、他者の顔や傷つきやすさをめぐるレヴィナスの思想に触れて、次のようにいう。

他者の苦痛に対する苦痛、他者の悲惨とその切迫を感じないでいることができないということ、このことがレヴィナスのいう〈傷つきやすさ〉の意味である。なるほどわたしは後になって他者のこの傷から眼を背けること、見て見ぬふりをすることもあるかもしれないが、そういう選択以前に、わたしはその傷にふれ、その傷に感応している。そういう選択以前の応答（réponse）、そういう他者の苦しみに苦しむわたしの〈傷つきやすさ〉のなかに、〈責任〉（responsabilité）というものの根があるというわけだ(10)。

苦しむ他者の悲痛な表情や声は、ケアを求めるある種の命令として、私の主体的な判断に先立って与えられる。これは、主体が職業としてケア役割を引き受けているかどうかに先立つ事態である。このようにレヴィナスのテクストは、他者の苦しみへの倫理的応答としてのケアをおこなう責任が主体に課される、というよりそのような応答においてケアする主体が誕生する次第を喚起させる。一般的な医療倫理学がケアする主体の存在を前提したうえで患者と医療者の関係や各専門職の倫理綱領を論じるのに対して(11)、レヴィナスは読者をそのはるか手前へと遡行させる。

もう一つ重要なのは、自他の非対称性という論点である。共存を語るハイデガーやメルロ゠ポンティとは異なり、レヴィナスに従うなら、ケアを求める他者とケアする私の関係を対称的に捉えてはならないだろう。再び鷲田の表現を借りれば、「自己と他者が、同等の、そして交換可能な相互的存在とみなされたとき、そのようなまなざしは、あの当初の、他者の苦しみに剝きだしになったわたしの肌を、その受動性を、その〈傷つきやすさ〉を覆ってしまうことになる」[12]。貧しさ、裸性、悲惨さといったレヴィナスの言葉は、ケアにおける自他の非対称性から眼を背けることへのたえざる警告として響く。

　ここから、レヴィナスとケアを結びつけることに反対する見方も生じる。たとえば品川哲彦は、ギリガンやノディングスによるケアの倫理が自他の相互性を強調していることを踏まえて、レヴィナスの「同一性や共通性を徹底して排除した他者概念」はケアの関係には適用できないという[13]。ケアは相互的・対称的関係であるという前提を共有するなら、この判定は妥当だろう。本章では、前節で見たようにレヴィナス自身が医療を倫理的関係の一種と考えていたことを重視して、こうした見方は紹介するだけにしておく。

　むしろ指摘しておきたいのは、ケアとの関連では顔の低さに関する側面（悲惨さ、困窮など）ばかりが注目され、高さについての論述、つまり師や教えの議論があまり参照されていないことである。師たる他者の発話を聴いて応答するという教えの関係において、主体の自己中心的なあり方が変容し、知らなかったことを予想できない仕方で学ぶことができるようになる。こうした側面を見落としたまま顔とケアを結びつけるなら、ケアは力なき者への施しのようなものとして捉えられかねない。むしろ、「レヴィナス的な意味でケアのパースペクティブを語るためには、あらゆるケア関係において、私のケアする者が私を超えた立場に、私の師として立っていることが強調されねばならない[14]」。実際、特定の他者との出会いが人をケアする者になるよう方向づけたり、ある患者をケアした経験を契機に医療者が根本的な変容を遂げたりすることは珍しくない[15]。ケアされる者による教えという現象も、顔の概念から見えてくる重要なポイントであろう。

　また、レヴィナスが一対一の倫理的関係だけでなく、複数の他人に対する責任、つまり正義の問題を考えていたことにも注目したい。現代医療において、とくに病棟では複数の医療者が複数の患者をケアするのが一般的である。医療資源がひどく限られた局面でなくても、誰をどれくらいケアするかということはつねに医療者が直面し、実践を通して答えている問いだといえる。「任意の瞬間に私が没頭しているケア関係とは別に、もう一つのケア関係がいつも存在しているのだから、私は私に責任を問う別の他者たちがいつも存在するということを自覚していなければならない[16]」。それゆえ、ケアを倫理的に遂行するためには、特定のケア関係に専心するだけでなく、「特定の関係において私がケアしすぎたりケアしなさすぎたりしないようにする[17]」発想としての正義が不可欠なのである。

以上のように、顔を中心とするレヴィナスの他者論からケアを見ることで、医療者はケアを起動させる根源的な倫理的要求が何であったかを思い出すことができるだろう。ただし、このような接続のなかで、ケアがきわめて偏った仕方で女性に担われてきたことを見落とし、ケアする主体を「脱ジェンダー化」[18]してしまわないように注意せねばならない。その意味でも、医師よりも患者に寄り添っている看護師こそがレヴィナスのいう「人間が《死をまぬがれないこと》のア・プリオリな原理」としての「医者」(TI, 260／四一九)によりよくあてはまるというバーンズの指摘は重要である[19]。

4　全体性

最後に少し考えてみたいのは、距離を取って現代医療を見直す視座をレヴィナスから受け取る可能性である。具体的には、『全体性と無限』において「顔」に劣らないほど重要な位置にある「全体性」の概念を用いて医療を捉えるというアイディアを出してみたい。

関根小織によれば、レヴィナスのいう全体性には二つの意味がある。一つは「自己拡大型全体性」であり、「他者を自己に従属させ自己の力・権能(pouvoir, puissance)を他者に及ぼし、自己を拡大する」。他方の「自己消失型全体性」は、戦争のように、主体も他者も軒並みに呑み込んでしまう全体性であり、自他の区別、自由、主体性といったものを消し去ろうとする[20]。それぞれ医療に引きつけて考えてみよう。

自己拡大型全体性の顕著な例は、非倫理的な医学研究にみられる。自分で身を守る力がない者や立場の弱い者を研究者の都合で対象に選んで危害を与えた国内の事例として、乳児院の乳児に特殊大腸菌を服用させた事件や、製薬会社の従業員に対して、業務の一種のように見せつつ同意の自発性を確保せずに実験薬を投与した事件などがある[21]。診療の場でも、医療者の都合で入院患者の要望が後回しにされたり無視されたりした例を聞いたことのある人は多いだろう。また、ほとんどの医療者や医療機関が異性愛やシスジェンダーを当然視しているために無理解や不当な扱いにさらされ、受診もままならない性的マイノリティの人たちも、医療者の認識枠組みに従属させられているといえる[22]。

他方で、個々の医療者の力が及ばないマクロな動向によって、患者とのケア関係が阻害される場合は、自己消失型全体性が強く作動しているように思われる。医療政策により、入院継続を希望している患者にも転院や退院を依頼せざるをえないときや、パンデミックに対応する公衆衛生行政のために、入院予定だった患者を受け入れられなかったり、人員不足で十分なケアを提供できなかったりするとき、倫理的主体としての医療者個人の自由を発揮するのは困難になるだろう。

本来の医療が患者と医療者の倫理的関係だとしても、現実の医療にはつねにこれらの全体性が潜んでいる。全体性を直視し、抵抗することも、医療者がレヴィナスの思想から得られる示唆の一つだろう。

註

(1) Benjamin W. Corn, Eli Sharon and Elisabeth Goldwin, "Emmanuel Levinas: A Doctrine for Doctors", *The Oncologist*, vol. 25, 2020, pp. 87–88.

(2) レヴィナス固有の諸概念(イリヤ、イポスターズ、顔など)については本書第Ⅱ部を参照されたい。

(3) 村上靖彦『レヴィナス――壊れものとしての人間』河出書房新社、二〇一二年、八頁。本節は同書の第三章と第六章にかなりの程度依拠している。

(4) 妄想と外傷については前掲の村上『レヴィナス』を参照。老いについては、古怒田望人「老化の時間的構造――レヴィナスの老いの現象学の解明を通して」、浜渦辰二編『傷つきやすさの現象学』科学研究費「北欧現象学者との共同研究に基づく人間の傷つきやすさと有限性の現象学的研究」研究成果報告書、二〇二〇年、第六章、http://hdl.handle.net/11094/77138 を参照(二〇二一年九月一五日最終確認)。

(5) 川崎唯史「医学研究の倫理とレヴィナス――ヴァルネラビリティ概念の起源?」『レヴィナス研究』第一号、二〇一九年、七七―八八頁。

(6) レヴィナス自身が医療と結びつけているわけではないが、糧、住居、エロス、繁殖性といった諸概念は、摂食障害、胃ろう、在宅医療、性の健康、生殖医療などに関与する人にとって興味深いかもしれない。

(7) Martin Heidegger, *Sein und Zeit*, 1927, Max Niemeyer, 19 Aufl., 2006, §49–50(『存在と時間』下、細谷貞雄訳、ちくま学芸文庫、一九九四年、第四九・五〇節)。死をめぐるハイデガーとレヴィナスの対決については以下も参照。小手川正二郎「レヴィナス――私の死と他人の死」、秋富克哉・安部浩・古荘真敬・森一郎編『続・ハイデガー読本』法政大学出版局、二〇一六年、二五三―二六〇頁。

(8) パトリシア・ベナー、ジュディス・ルーベル『現象学的人間論と看護』難波卓志訳、医学書院、一九九九年、五六頁。

(9) 西村ユミ『語りかける身体――看護ケアの現象学』講談社学術文庫、二〇一八年、第三章。

(10) 鷲田清一『「聴く」ことの力――臨床哲学試論』阪急コミュニケーションズ、一九九九年、一五三頁。

(11) 額賀淑郎「医療従事者・患者関係」、赤林朗編『入門・医療倫理Ⅰ〔改訂版〕』勁草書房、二〇一七年、一三三―一五〇頁。

(12) 鷲田前掲書、一五六頁。

(13) 品川哲彦『正義と境を接するもの――責任という原理とケアの倫理』ナカニシヤ出版、二〇〇七年、二六〇頁。

(14) W. Wolf Diedrich, Roger Burggraeve & Chris Gastmans, "Towards A Levinasian Care Ethics: A Dialogue between the Thoughts of Joan Tronto and Emmanuel Levinas", *Ethical Perspectives*, vol. 13, no. 1, 2006, p. 56.

(15) たとえば以下を参照。井部俊子・村上靖彦編『現象学でよみとく専門看護師のコンピテンシー』医学書院、二〇一九年。

(16) Diedrich et al., art. cit., p. 57.

（17） Ibid.

（18） 上野千鶴子『ケアの社会学――当事者主権の福祉社会へ』太田出版、二〇一一年、五〇頁。本書の「レヴィナスとフェミニズム」も参照されたい。

（19） Lawrence Burns, "What Does the Patient Say? Levinas and Medical Ethics," *Journal of Medicine and Philosophy*, vol. 42, 2017, pp. 214–235.

（20） 関根小織「E・レヴィナスの全体性批判――フッサール、ハイデガー批判における全体性の二義性」『現象学年報』第一四号、一九九八年、一六〇頁。ただし、自己消失型全体性については私見を交えて解釈し直している。

（21） 井上悠輔・一家綱邦編著『医学研究・臨床試験の倫理――わが国の事例に学ぶ』日本評論社、二〇一八年、Case 7, 8を参照。

（22） 木村映里『医療の外れで――看護師のわたしが考えたマイノリティと差別のこと』晶文社、二〇二〇年、第一章を参照。

16　レヴィナスと芸術／音楽

樋口雄哉
三上良太

1　レヴィナスの芸術論

レヴィナスが著作のなかで文学作品をはじめとする芸術作品に言及することはけっして稀ではない。またレヴィナスは、後述するように、特定の作家を主題とする論考をいくつも残している。だが、芸術そのものについてのレヴィナスの考えが整理された形で説明されているテクストとなると、数は限られている。ここではまず、これら限られたテクストのなかで最も詳しい議論がみられる論文「現実とその影」（一九四八年）を主軸とし、またその前年に出版された『実存から実存者へ』の「世界なき実存」章の第一節「エグゾティスム」を補助として用いながら、レヴィナスの芸術論を概観しよう[1]。

「現実とその影」のレヴィナスによれば、一般的な芸術観は、芸術の機能を、認識に基づく「現実」の表現だとみなしている。そのとき「現実」とされるのは、主客構造をもつ経験において主体の相関物として出遭われる事物、対象である。レヴィナスは『実存から実存者へ』において、対象が、主体の欲望を充足すべきものとして、すでに主体に「与えられ」ているものだということを明らかにしていた。事物にとって世界の内にあるとは、主体に差し出されてあるということであり、また事物の「意味」や「形」とは、主体の欲望への適合性にほかならない。主体のほうは欲望という仕方で対象へ関わるが、その欲望とは、あらかじめ提示されたものを「取る」運動、自分のものにする運動である。「現実とその影」の芸術論の主眼は、芸術を対象としての「現実」から切り離すことにある。それは、芸術を、「取る」によって性格づけられる対象の経験から区別し、「意味」や「形」を剝がれた「裸」のモノとの交流として捉え直すことを意味する。

だが、芸術がそのような特権的な経験であるのはなぜか。それは芸術が、対象に代えて対象のイメージを置くからである。

たとえば絵画は、木の代わりに色や形体によって木のイメージを、文学は出来事そのものの代わりに言葉や音によって出来事のイメージを置く。むろん私たちは、作品を鑑賞しながら、この作品が再現－表象する対象に関わってもいる。また、作品やその要素（色、形体、音など）がそれ自体一つの対象として現れることもある。だが、対象とわれわれのあいだに差し込まれたイメージを、あくまでもその身分において捉えるなら、それはけっして、「意味」や「形」をまとった対象ではない。

では、イメージの経験はどの点で対象の経験と異なるのか。それは、後者においては主体が能動的に対象に関わるのに対し、前者では、主導権はイメージの側にあり、主体はそこへ受動的に引き込まれるという点である。レヴィナスにとってこの受動性は、本性からして能動的な主体というものの消失を意味する。つまり、イメージの経験とは、主体－対象という二極構造が崩壊し、内と外の境界が廃され、私とモノとが溶け合ってゆく出来事なのである。レヴィナスは芸術のこうした効果の代表として詩や音楽のリズムの事例を挙げるが、同じ効果はあらゆる芸術に共通すると考えている。他方でレヴィナスは、このように経験されるイメージを、対象から解放された感性的質ともみなしている。この感性的質は、一般的な知覚についてカントが示したような、それをもとに対象が構成される素材ではない。この経験においてわれわれは、感覚を通って対象へと至るのではなく、感覚それ自体のなかで「道に迷う」。したがって芸術が提供する経験とは、語源（《*aisthesis*》）に忠実な意味でのエステティックな経験、感性的経験なのである。

しかしながら、「現実とその影」のレヴィナスは、イメージの経験、美的感性的経験が、芸術だけに限られるとは考えていない。むしろ彼は、あらゆるモノについての経験が、対象の認識であると同時に、そのイメージとの感覚的交流であると考える。言い換えれば、対象はつねにそのイメージによって二重化されているのである。たとえば私がある人物を見るとき、私はこの人物を同一的実体として見ると同時に、この人物の身体的特徴や身振りなど（この人物の「カリカチュア」「画像性（pittoresque）」）をイメージとして捉えてもいる。このときの対象とイメージの関係を、レヴィナスは「類似」と呼ぶ。ただしそれは、二つの対象を見比べたときに認められる相似ではない。ここでいわれる「類似」とは、対象に、イメージという対象ならざるものが付帯するという事実である。

さらに、レヴィナスによれば、対象がイメージによって二重化されているのと同じく、対象の「現実存在すること」も、イメージに固有な別種の存在様態によって、「現実存在すること に似たもの」によって二重化されている。ではイメージの存在と対象の存在の差異は何に存するのか。それは、イメージの存在には、対象の存在にみられる時間的持続が欠如しているという点である。たとえば、ラオコーン像の緊張した筋肉が今にも動きそうに見え、モナリザの表情が今にも満面の笑顔に変わりそうに見えても、これらの像に予告されている未来が到来することはない。イメージは、けっして次の瞬間へ移行しない瞬間、次の瞬間の手前にとどまり続ける瞬間を存在している。レヴィナスはこのけっして移行しない瞬間の持続を「間－時間（entre-temps）」と呼ぶ。

したがって、われわれが関わるあらゆる対象とその存在は、イメージと、「間－時間」という仕方における存在とを伴っている。ところで『実存から実存者へ』は、対象が欲望へ適合するものとして与えられてあることを、「照らされて」あることとも呼び、対象としてのモノの把捉可能性を「光」と呼んでいた。「現実とその影」が「類似」という概念を用いて明らかにしているのは、「光」によって照らされた事物がつねに、イメージと「間－時間」という、けっして光に照らされないもの、「影」によって二重化されているという事実である。この用語法に従えば、芸術の営みとは、われわれの経験に備わるこの二面のうち、「影」のほうを抽出し、前景化することであると言える。そこで「現実とその影」は、芸術を「暗くなるという出来事そのもの、夜の訪れ、影があふれること」（IH, 126／一二一）と定義し、また、イソップ寓話「犬と肉」を主題とするラ・フォンテーヌの一節のタイトルを用いて、「芸術は、したがって、影のために餌食を手放すのだ」（IH, 145／一二八）とも書いている。

同時代のフランスにおける他の芸術理論との関係

このようにレヴィナスは、現実とその影とを峻別し、芸術を後者によって定義する。この定義には二重の含意がある。一方でこの定義は、芸術に、他の人間の活動にはない固有の意義を割り当てる。この点で、レヴィナスの芸術論は、芸術の自立性の擁護論として読むことができる。だが、他方でこの定義によってレヴィナスは、芸術がけっして果たしえない重要な役割を他の営みのために確保してもいる。つまりレヴィナスの芸術論は、芸術の至上性を主張する考え方とも一線を画している。では「現実とその影」は、この両義的な芸術観をもとに、芸術をめぐるより具体的な問題に対し、どのような立場を表明しているだろうか。

まずレヴィナスは、論文の冒頭から、現実を把握し表現することに価値を置く芸術理論に対決している。だが、レヴィナスの批判は、歴史上の一思潮としての写実主義（réalisme）に向けられるだけではない。むしろこの論文が直接批判するのは、芸術を卑俗な知覚を超えた高次の認識とみなすことで、かえって芸術を認識の一様態へ矮小化してしまう考え方であり、その代表例としてのシュルレアリスムである。実際、シュルレアリスムがめざしていたのは、現実を上方へ超えることではなく、現実と夢がそこで交わるような「一種の絶対的現実、〔…〕一種の超現実」[2]を、すなわち上位の現実を表現することであった。レヴィナスは「シュルレアリスムとは〔写実主義の〕一つの最上級である」（IH, 123／一〇八）と述べ、写実主義の超克を掲げるこの芸術運動の試みを一蹴する。このような立場は、一切の再現－表象を排除しようとする抽象芸術の試みと親和的であると言えるだろう。ただし彼は、写実主義やシュルレアリスムの生んだ作品の芸術的価値を否定してはいない。芸術作品が芸術作品であるために重要なのは、どのような思想によって生み出されたかではなく、作品においてモノがどのように体験されるかなのである。

芸術に現実からの乖離を認める芸術観は、他方で、芸術から道徳的社会的意義を排除する一種の審美主義的立場をもたらす。『文学とは何か』のサルトルは、散文の芸術に関して作家の「アンガジュマン」を主張し、人々が世界に対して責任を引き受けるようにするために世界を暴き出すことを、作家と小説の役割としていた[3]。対してレヴィナスは、小説を含むあらゆる芸術は「デガジュマン（離脱）」であると考える。彼にとって、現実の代わりに影をつかむ芸術は、世界において引き受けなければならない責任からの逃避であり、社会からの逸脱である。『国家』のプラトンが詩人追放を主張するまでもなく、「詩人自身が国家から自らを追放する」（IH, 146／一二九）のである。

そしてレヴィナスによれば、作品や作家の活動を対象として扱い、語ることによって、世界から逸脱したそれらを再び世界のなかに置き直すこと、これこそが芸術批評の役割である。なかでも、哲学的批評は――「芸術とその影」でレヴィナスがするように――芸術の経験一般が現実の認識からどれほど隔たっているかを明らかにしつつ、芸術の経験を人間の存在様態の総体のなかに配置する。したがって、哲学と芸術は異なる役割をもつのである。この主張は、哲学の試みを芸術家の創作活動と重ね合わせていたジャン・ヴァール[4]やメルロ＝ポンティ[5]ら実存主義者たちへの反論となっている。と同時にそれは、哲学者の哲学的認識と詩人や芸術家の「詩的な流露」の混同を告発するバタイユの実存主義批判[6]――その矛先はレヴィナスの『実存から実存者へ』にも向けられていた――に対する一つの弁明でもあっただろう。

レヴィナスによる作家論

レヴィナスが特定の作家を主題として論じたテクストは少なくないが、『モーリス・ブランショ』（一九七五年）所収のブランショ論、『固有名』（一九七五年）所収の作家論など、小説家や詩人を対象とするものがほとんどである。文学以外の分野については、晩年に、画家ジャン＝ミシェル・アトランを論じた「ジャン・アトランと芸術の緊張」[7]（一九八六年）、彫刻家サシャ・ソスノの作品に関する対談『抹消について』[8]（一九九〇年）が発表されている。前者はアトランの作品集に収録された短いテクストで、アトラン自身の言葉を引きながらこの画家の試みを解説した後、芸術とは「裸」の事物の探究であるという一九四〇年代以来のアイディアを再度提出している。後者は、ソスノの

「抹消」(彫像の一部を四角くくり抜いたり幾何学的な形の塊にしたりする手法)に、「顔」をめぐるレヴィナスの思想との親近性を予感する、フランソワーズ・アルマンゴーが企画したものである。この対談で、芸術の「倫理的」役割を認めさせようとするアルマンゴーに、レヴィナスが一定の譲歩を見せていることは注目に値する。ただし、道徳的社会的観点からの批判に対し作家を擁護したナボコフのゴーゴリ論に共感を寄せる本書のレヴィナスは、基本的には、芸術を「デガジュマン」とする旧来の立場を堅持しているように見える。いずれにせよ、これらの美術論は、晩年のレヴィナスが芸術をどう捉えていたかをうかがわせる、貴重な資料である。

(樋口雄哉)

2　レヴィナスの「音楽論」

レヴィナスは視覚の優位に対して聴覚から異議を唱え、存在することの響きを聴こうとした哲学者である。しかし「音楽を聴いても何にもわからなかった[9]」という本人の発言が示唆するように、音楽論らしき文書をほとんど遺していない。芸術論自体がそもそも少なく、音楽への言及はつねに断片的な仕方にとどまっている。加えてレヴィナスが芸術を論じるに際して念頭に置いていたのは主に文学や造形芸術であって、その射程内に音楽の――「時間芸術の」と言い換えてもいいだろう――入る余地があったのかどうか、容易には決めがたいところがある。

確かに、初期から一貫して「聴くこと」に重きを置いてきたことは――それを芸術論の枠組みのなかで音楽論へと昇華させることがなかったにせよ――事実だが、音に関してわれわれに遺されたレヴィナスのテクストから取り出せるのはむしろ音響論、聴取論である[10]。つまり、レヴィナスが音楽という芸術にどういった価値判断を下していたのか窺い知れるようなまとまった論考は、存在しないのである。二〇世紀に生きた少なくない哲学者が何らかの仕方で音楽作品を俎上に載せ、音楽という芸術に思考をめぐらせていることに鑑みれば、その態度は際立っている。

ただ、初期の芸術論では音楽にまつわる鍵語をいくつか用いており、その議論を同時代の西洋音楽の動向と照らし合わせてみれば、先駆的だったことがわかる。すなわち「現実とその影」(一九四八年)で諸芸術の「リズム」に着目している点、および『実存から実存者へ』(一九四七年)で文学や造形芸術の「音楽性」を強調している点は、注目すべきである。リズムは音楽を司る主要概念の一つだが、レヴィナスはこの語を、時間経過における周期的な反復を含意した律動という狭義の意味に限定していない。その捉え方は受動的かつ無時間的であり、民俗学における法悦的祭儀や詩・音楽における呪術的様相にも言及している。このようなリズムの描き出し方は、近現代西洋音楽の一般的な潮流とは鋭い対照をなすものである。強い構築性を志向する近代以降の西洋音楽において、リズムは旋律的動機とともに楽曲を構成する単位として機能し、全体に奉仕することで作品の形式を担保する。聴取体験においては、時間を分節する役割を果たす（後述するが、レヴィナスはこの種の音楽にごく近しい位置で親しんでいた）。しかしリズムにおいて、もしも律動の周期性や均質性が極端に顕著になった場合、確かに人を受動性・無時間性へと導く呪術的機能を帯びる。西洋音楽において、たとえば疑似反復による長大な音のタペストリーが織りなす後期モートン・フェルドマン[11]の到達した音楽世界——そこでの時間は進むべき方向を喪失している——を念頭に置けば、レヴィナスによるリズムの捉え方には聴覚上の実感が伴うことがわかる。

またレヴィナスは一見すると奇妙な、逆説的とも取れる仕方で音楽的な芸術を——あるいは諸芸術の音楽性を——考察している。事物が芸術作品においてイメージに置き換わり、作品が対象たる事物との結びつきを離れて独立する美的出来事を、レヴィナスは「音楽的」と呼んでいる。これは、イメージへの置き換えという視点から見れば、音と音源は距離が最も遠く、音の性質にはその音の発生源たる事物との関係が刻印されていないとみなしたからである。つまり事物とイメージの対応関係を、レヴィナスは音と音源の距離から導き出しているのである。音楽芸術において、このように事物の音像を具体的に操作してイメージに置き換えたり、また逆に「音源を持たない独立した音」を生み出すことが可能となるのは、カールハインツ・シュトックハウゼン[12]やピエール・シェフェール[13]らによって電子音楽や具体音楽の制作が試みられて以降のことである。どちらも二〇世紀にもたらされた技術の進歩によって音楽作品に実装されたわけだが、その年代はレヴィナスが先に挙げた芸術論を執筆した時期とほぼ重なっている。その意味で、レヴィナスのイメージ論は、二〇世紀の西洋音楽における理論と実践の歩みと部分的に軸を一つにしている。他方、彼のリズム観が西洋音楽において実現するのは「現実とその影」執筆よりも後の時代であり、その理論には音楽的な観点から先駆性が認められると言えるだろう。

二人のレヴィナス

まとまった音楽論を遺さなかったレヴィナスであったが、彼の近くには西洋音楽の伝統に縁の深い二人の人物がいる。妻ライッサと息子ミカエルである。ライッサは若い頃フランツ・リストの高弟のもとでピアニストとしての研鑽を積んでおり、夫妻の自宅には彼女の弾くシューマンやベートーヴェンの音楽が響いていた。ミカエルはピアニスト・作曲家として大成する（なお、ミカエルの妻ダニエル・コーエン＝レヴィナスも音楽学者・哲学研究者である）。二〇代前半に自身の仕事部屋を構えるようになるまで、ミカエルは父の仕事机のすぐそばで音楽学習を続け、ピアノもその書斎で練習した。一九七三年、彼は同世代の音楽家たちと楽団「イティネレール」を結成し、活動初期には合奏練習を東方イスラエリット師範学校の一室でおこなっていた。当時、同学校の校長職を務めていた父がそのリハーサルを耳にしたであろうことは十分考えられる。

この伝記的背景が一度だけレヴィナスの思想と交わる。それは『存在の彼方へ』で現代芸術の一例として挙がっているチェロ独奏曲《ノモス・アルファ》(ヤニス・クセナキス作曲[14]、一九六六年初演)である。この曲は「音楽について何の知識もない[15]」と自認していたレヴィナスが、生涯にわたる著作群のなかで言及したほぼ唯一の音楽作品である。『存在の彼方へ』執筆中だった一九七〇年、いまだ作曲家として研鑽の途上にあった息子ミカエルは父にこの曲を発見せしめ[16]、出版と同年には自身の出世作となる一一の楽器のための《アペル［呼びかけ］》を作曲している。《ノモス・アルファ》は「存在と存在者の両義性」をめぐる議論のなかでやや唐突に引き合いに出されているが、この作品は「存在するという出来事」がどのようにレヴィナスまで響いてきたのかを示唆する重要な手がかりをわれわれに与えてくれる。曲は点的な音と線的な音を組み合わせた八つの音響複合体が数珠繋ぎ状に連接していく構造をもっており、その連接順序や組み合わせ法則には数学の群論に着想を得た方法論が導入されている。一方、種々の特殊奏法が駆使されており、過去の西洋音楽とも同時代のチェロ独奏曲ともかけ離れた、耳慣れぬ音響が生起し続ける曲となっている。[17] 誰もがチェロの音として想起するであろう音像は、この曲からはほぼ聞こえてこない。奏者の構えた弓と手によって叩かれ、はじかれ、擦られ、圧されることで産出されるチェロの音は激しく歪み、軋み、分散しており、しかしかえって弦と木と弓との接触によってチェロがチェロでしかありえない、「チェロと化した」(AE, 53／一〇八)音を聴者に体験せしめる。重音、四分音、急激なグリッサンド、掠れた音、弓の背で打擲され跳ねまわる音、そしてそれらの組み合わさった音の連なり……奏法の拡張によって紡ぎ出される音響体験は、われわれの耳慣れたチェロという楽器の「対象の次元とはもはや何ら共通性をもたない結びつきや総合を受け入れること」(EE, 86／一一五)にほかならず、それは「吐き気をもよおさせる〈ある〉の過剰なざわめき」(AE, 209／三七三)である。この曲がレヴィナスの耳に届いた理由は、音楽の側からいくつか挙げられるだろう。弦楽器は発音の仕組みが直接的な楽器ゆえ、音の立ち上がり・持続・減衰のさまを追体験しやすい。したがって、二〇世紀西洋音楽の複雑な音響テクスチュアに耳慣れていない者にとって、弦楽器の独奏曲は音そのものに耳を傾けやすいのである。また《ノモス・アルファ》は複数の声部が互いに交差して錯綜するミュジック・セリエル的対位法の構造を備えておらず、かといって音程関係が主音や属音といった諸機能を担う調性音楽でもない。そこに聴取しうるのはただ、弦と木と弓による生々しい音響の推移そのものなのである。不定形かつ非旋律的、非和声的な音が互いに溶け合うことなく連接していくさまは、まさにレヴィナスが

『存在の彼方へ』から四半世紀前におこなった講演「発話と沈黙」（一九四八年）において聴き取った「破裂」の遠きエコーであり、彼が音の本質とみなした「断絶」を音楽化したとみなすにふさわしいものである。

レヴィナスにおける音楽芸術のこのような位置づけが反映してか、レヴィナス哲学と音楽学が交差した学際的研究はいまだ数少ない。類書の存在しないなかで、ダニエル・シャルル『ジョン・ケージ』[18]は「〈ある〉」「語ることと語られたこと」などレヴィナス哲学の骨子を援用して二〇世紀音楽を論じる意欲的な試みである。

最後に、レヴィナスの思想を音楽と紐づける場合、ミカエルの作品を避けて通ることはできない。彼の音楽には創作初期から、単なる親子関係を超えて父の哲学の影響が色濃く刻印されているからである。彼は一九七〇年代以降世界を席巻しているスペクトル学派の作曲家の一人であり、二〇二二年現在は教育者・演奏家・作曲家として、すでに楽壇の重鎮と呼んで差し支えない立場に君臨しているが、その音楽にはクセナキスの作品以上に騒音が満ち溢れており、端的に言えば「〈ある〉のざわめき」ときわめて親しい音世界を創出している。トレモロや重音、金管楽器から出す音の振動を小太鼓に伝えることによる震え、それらを単なる音色以上の音楽的身振りとして重きを置く「並外れた（extraordinaire）」作法、電子的操作によって生み出される位相の定まらない音像は、父の哲学を濃厚に想起させる。楽音の概念が取りこぼす騒音的な反響と不穏さを醸成する持続音、ときに咆哮のごとく、またときに遠くからの呼びかけのごとく木霊する楽想ならざる楽想についても、同様である。その意味で、ミカエルの音楽はレヴィナス哲学の呼びかけに対する一つの応答たりえていると言えるだろう。彼が自作解題で用いる「楽器が楽器化する」や「音の彼方（l'au-delà du son）」といった言葉は紛れもなく父の著作から借り受けた言辞であり、父の紡いだ言葉を自身の音楽思想の核の一部として受け継いでいることの証しである。しかしミカエルの作曲家としての業績に対する日本での認知度は、同じスペクトル学派のジェラール・グリゼーやトリスタン・ミュライユに比べて大きく下回っており、代表作の日本初演もほとんどなされていない。日本語の文献もほぼ存在せず、研究書はおろか主著も未邦訳なのが現状である。[19]

（三上良太）

註

（1）レヴィナスが芸術一般を論じているその他のテクストとしては、『モーリス・ブランショ』所収の「詩人の眼差し」、『存在の彼方へ』第二章三節が挙げられる。

（2）André Breton, «Manifeste du surréalisme»[1924], in *Manifestes du surréalisme*, Paris: Gallimard, 2009 [1985], p. 24（アンドレ・ブルトン『シュルレアリスム宣言　溶ける魚』巖谷國士訳、岩波文庫、二〇二〇年、二六頁）.

（3） Sartre, *Situations, III*, nouvelle éd., Paris: Gallimard, 2013, p. 29（『文学とは何か』加藤周一・白井健三郎・海老坂武訳、人文書院、二〇一五年、三〇頁）.

（4） ヴァールは一九四三年に、「われわれは、形而上学と詩が合流しようとする時代にいる」と宣言している。Cf. Jean Wahl, «En guise de préface. Métaphysique et poésie»[1943], in *Poésie, Pensée, Perception*, Paris: Calmann-Lévy, 1948, p. 11.

（5） たとえばメルロ＝ポンティは、一九四五年に、「現象学的ないし実存論的哲学が、世界を説明したり世界の「可能性の緒条件」を発見したりすることではなく、世界についての経験、世界についてのあらゆる思惟に先立つ世界との接触を言い述べることを務めとする」とき、「文学の務めと哲学の務めはもはや切り離すことはできない」と述べている。Cf. «Roman et métaphysique»[1945], in *Sens et non-sens*, Paris: Les Éditions Nagel, 1948, pp. 48–49.（『意味と無意味』滝浦静雄・粟津則雄・木田元・海老坂武訳、みすず書房、一九八三年、四〇頁）

（6） Georges Bataille, «De l'existentialisme au primat de l'économie» [1947–1948], in *Œuvres Complètes*, t. XI, Paris: Gallimard, 1988, pp. 279–306.（「実存主義から経済の優位性へ」山本功訳、『ジョルジュ・バタイユ著作集　第14巻　戦争／政治／実存——社会科学論集1』所収、二見書房、一九七二年、二五六—三〇六頁）

（7） Emmanuel Levinas, «Jean Atlan et la tension de l'art» [1986], in *Cahier de l'Herne. Emmanuel Lévinas*, dir. par C. Chalier et M. Abensour, Paris: Édition de l'Herne, 1991, pp. 509–510.

（8） Emmanuel Levinas, *De l'oblitération, conversation avec Françoise Armengaud à propos de l'art de Sacha Sosno*, Paris: Éditions de la Différence, 1990.

（9） サロモン・マルカ『評伝レヴィナス——生と痕跡』斎藤慶典・渡名喜庸哲・小手川正二郎訳、慶應義塾大学出版会、二〇一六年、三四五頁。

（10） レヴィナスが音と聴取に言及した箇所を以下に挙げておく。ただし、いずれの箇所も部分的または断片的な言及にとどまっている。Cf. EE, 46–47／六一—六二、85–87／一一四—一一六、O1, 123／一四八、131–132／一五七—一五八、145–146／一七二—一七三、152／一八〇、166–167／一九七—一九八、O2, 89–93／八九—九三、IH, 123–148／一〇八—一三二。

（11） モートン・フェルドマン（1926～87）は、アメリカ人の作曲家。二〇世紀における図形楽譜の発案者であり、いわゆるニューヨーク・スクールの画家や音楽家と親交を深めた。トルコや中東の絨毯に影響を受けた創作後期には、演奏時間四時間を超える長大な作品も作曲した。短い擬似反復が織りなす静謐な時間体験が特徴的。

（12） カールハインツ・シュトックハウゼン（1928～2007）は、ドイツ人の作曲家。ブーレーズとともに総音列技法（ミュジック・セリエル）の旗手となり、第二次大戦後の前衛音楽を牽引した。その後も点、群、瞬間、即興などを方法論として導入し、後期には全曲演奏に二八時間以上かかるオペラ「光」を作曲した。

（13） ピエール・シェフェール（1910～95）は、フランス人の作曲家。具体音楽（ミュジック・コンクレート）の創始者。創作のみならず、音響研究家として音楽家の組織や研究機関を創設、運営し、電子音楽の教育にも従事。電子音楽に関する著作も多く遺した。

(14)　ヤニス・クセナキス（1922～2001）は、ルーマニア生まれのギリシア人作曲家・建築家。フランスに政治亡命後、そのまま定住して国籍を取得した。さまざまな数学理論に着想を得て大量の音を扱う方法論を編み出し、作曲に援用した。

(15)　サロモン・マルカ『評伝レヴィナス』前掲書、三四四頁。

(16)　Cf. Michaël Levinas, « La Chanson du souffle, une épiphanie du visage », *Cahiers d'études lévinassiennes*, n°5, 2006, l'Institut d'Études Lévinassiennes, pp. 346 et 348.

(17)　作曲者本人による分析論文がある。フリーントの優れた分析論文とともに以下に挙げておく。Cf. Iannis Xenakis, *Musique. Architecture*, Tournai : Casterman, 1971, pp. 71–119（『音楽と建築』高橋悠治訳、河出書房新社、二〇一七年、五九―一二一頁）; Jan Vriend, "Nomos Alpha" for violoncello solo (Xenakis 1966): Analysis and Comments, *Interface* no. 10 1981, London: Routledge, pp. 15–82.

(18)　Daniel Charles, *Gloses sur John Cage*, Paris: Union Générale d'Éditions, 1978.（ダニエル・シャルル『ジョン・ケージ』岩佐鉄男訳、書肆風の薔薇、一九八七年）

(19)　主著および論文集のうち、代表的な二冊を以下に挙げておく。Cf. Michaël Levinas, *Le compositeur trouvère : Ecrits et entretiens* (1982–2002), Pierre Albert Castanet et Danielle Cohen-Levinas (textes réunis et annotés), coll. « Musique et musicologie : les Dialogues », Paris: L'Itinéraire/L'Harmattan, 2002; *La musique de Michaël Levinas : vers des contrepoints irréels*, Pierre Albert Castanet et Muriel Joubert (dirs.), coll. « Musiques XX–XXIe siècles », Château-Gontier: Éditions Aedam Musicae, 2020.

妻のライッサ，娘のシモーヌとともに

あとがき

「レヴィナスに関心はあるが難解だ」――そういう声をよく耳にする。難解な哲学者は多くいるが、レヴィナスの場合、「顔」や「責任」といった一般的な表現が使われているにもかかわらず、現象学をはじめとする西洋哲学の議論を前提にし、他方でユダヤ思想からの影響もあり、言葉は読めても文の意味がわからない、ということがしばしばある。あるいは、とくに晩年になればなるほど、詩的というか散文的なスタイルで書き綴られたその思想は、むしろ整合的な理解を拒んでいるように見える。二〇世紀のほぼ全体を生きたその思想背景、著作の量や主題の広がりもその思想全貌を捉えにくいものにしていることはあるだろう。

その一方で、そうした難解さにもかかわらず、その思想には、かならずしも哲学や倫理学を専門としていない人にとっても、なにか惹きつけるものがあったようにも思われる。それは「他者」とか「顔」といったワードに由来するのかもしれないし、レヴィナスの書いたもののなかでたまたま目を留めた一節がそうさせたのかもしれない。私の個人的な知り合いでも、芸術家やソーシャルワーカーなど、哲学をまったく専門としていなくとも、レヴィナスに関心を寄せ、ときおり鋭い読みをしてくれる方もいる。

とはいえ、これまで日本において公刊されたレヴィナスに関する著作は、入門書の枠に入れられるものも含めて、いささか難しいものが多かったことは否めない。日本ではレヴィナスに対する関心は一貫して高く、基本的な著書はほとんど翻訳され、また優れた専門的な研究書も次々に公刊されている。ただ、それぞれの論者によって、さまざまな角度からの精緻な読解が積み重ねられていけばいくほど、初学者にとってはどこから手をつけてよいかわからなくなってくることもあるだろう。それは、レヴィナスを読み始めたときの私自身の経験でもあった。それに対し、レヴィナス哲学の全体像をわかりやすく伝えてくれるものが長く待たれていたように思われる。

本書は、レヴィナスに関心を抱く初学者や他領域の研究者で、レヴィナスを理解するためのとっかかりを探していた読者に向けて、最新の研究情報を反映しつつ、レヴィナスの思想全体を見渡す手引きとなるような入門的なものを目指した。それゆえ、法政大学出版局からこれまで刊行されている哲学者読本シリーズにおけるような専門的な議論はできるだけ他書に譲り、基本概念の解説や主要著作の案内を重視した。第Ⅳ部「開かれるレヴィナス」はすべて「レヴィナスと〇〇」と銘打っているが、それは〇〇の領域に関心があるが、必ずしもレヴィナスに詳しくない方々へ向けて「開かれ」ていくことを願ってのものである。

本書は、レヴィナス協会会員によって編集・執筆された。二〇一〇年に大学院生やポスト・ドクターなど若手研究者を中心に設立された「レヴィナス研究会」を母体にして、二〇一八年に設立された研究組織である。年に一度の「大会」のほか、随時、レヴィナスについての新刊本の合評会や講演会、セミナーなどを実施しており、また学術雑誌として『レヴィナス研究』を年に一度公刊している。それ以外の主な活動としては、二〇一九年に行なわれたレヴィナスについての国際シンポジウムの共催などがある（その記録は、杉村靖彦ほか編『個と普遍　レヴィナス哲学の新たな広がり』法政大学出版局、二〇二二年に収められている）。会の活動については、ＨＰをご覧いただきたい。https://sjeloffice.wixsite.com/levinas-jp

レヴィナス協会編著という性格上、各項目の執筆者はすべてこの協会のメンバーによるものであって、レヴィナス協会に属していない多くの優れたレヴィナスの読み手にはあえてお声がけはしていない。巻末の文献一覧には、レヴィナスを主題とする著作、また他の主題のもとに書かれた著作であってもレヴィナスにある程度頁が割かれている著作を載せておいたので、ぜひそちらを参照していただきたい。

先に記した本書の方針、またレヴィナス協会という団体のキャパシティの問題から、本書において、どうしても割愛せざるをえなかったもの、理解が不十分なもの、さらなる議論を必要とする点は多々残ると思われるが、読者のご叱正を乞う次第である。むしろ、本書をいわば「たたき台」として、さらなる実りある議論に結びつくことになれば編者としては望外の喜びである。

本書が成立するにあたっては、レヴィナス協会運営委員を共同研究メンバーとする以下の科研費の一部を使用させていただいた。関係の方々には記して感謝したい。

基盤研究C「レヴィナス哲学の総合的再検討と国際的研究基盤の構築」二〇一九年〜二〇二二年（研究課題番号：19K00040）
基盤研究C「哲学史的連関におけるレヴィナス哲学とその現代的意義の研究」二〇二二年〜（研究課題番号：22K00039）

本書の形式的な統一、索引の作成をはじめ細かい点については、レヴィナス協会の若手研究者である石井雅巳・犬飼智仁の両名がきわめて実効的な作業を担ってくれた。内輪のことで恐縮ではあるが、彼らの労は記して称えるべきものであると思われる。

最後に、『個と普遍』に引き続き、法政大学出版局編集部の郷間雅俊さんは今回もまたきわめて丁寧で的確な編集作業をおこなってくださった。本書がわずかでも読みやすいものになっているとすれば、最初の読者である郷間さんのおかげである。

二〇二二年八月二六日

渡名喜 庸哲

■ 編集委員

渡名喜庸哲（となき・ようてつ） 1980年生。立教大学准教授。著書：『レヴィナスの企て――『全体性と無限』と「人間」の多層性』（勁草書房），共訳書：『レヴィナス著作集』全3巻（法政大学出版局）。

藤岡俊博（ふじおか・としひろ） 1979年生。東京大学准教授。著書：『レヴィナスと「場所」の倫理』（東京大学出版会），訳書：レヴィナス『全体性と無限』（講談社学術文庫）。

石井雅巳（いしい・まさみ） 1990年生。慶應義塾大学ほか非常勤講師。著書：『西周と「哲学」の誕生』（堀之内出版），論文：「レヴィナスにおける反－歴史論の展開と変遷」（『倫理学年報』第70集，和辻賞）。

犬飼智仁（いぬかい・ともひろ） 1989年生。明治大学大学院文学研究科博士後期課程。論文：「レヴィナスにおける「最初の語ること」と神という語――哲学と宗教の交錯点」（『文学研究論集』第55号）。

小手川正二郎（こてがわ・しょうじろう） 國學院大学文学部哲学科准教授。著書：『現実を解きほぐすための哲学』（トランスビュー），『甦るレヴィナス――『全体性と無限』読解』（水声社）。

佐藤香織（さとう・かおり） 神奈川大学ほか講師。論文：「ローゼンツヴァイクとレヴィナス」（『京都ユダヤ思想』11号），共著：『個と普遍』，訳書：シャリエ『無限者の痕跡』（近刊，以上，法政大学出版局）。

長坂真澄（ながさか・ますみ） 1976年生。早稲田大学国際学術院准教授。共著：『リクール読本』，共編著：『個と普遍――レヴィナス哲学の新たな広がり』（以上，法政大学出版局）。

服部敬弘（はっとり・ゆきひろ） 1981年生。同志社大学准教授。共著：『フランス現象学の現在』（法政大学出版局），共訳書：フランク『他者のための一者――レヴィナスと意義』（法政大学出版局）。

馬場智一（ばば・ともかず） 1977年生。長野県立大学准教授。著書：『倫理の他者』（勁草書房），共訳書：デリダ『哲学への権利』（みすず書房），訳書：バルバラ・カッサン『ノスタルジー』（花伝社）。

平石晃樹（ひらいし・こうき） 1981年生。金沢大学准教授。論文：「思考と外部性」（『教育哲学研究』116号），共著：『ワークで学ぶ道徳教育』（ナカニシヤ出版），『個と普遍』（法政大学出版局）。

平岡　紘（ひらおか・ひろし） 1982年生。流通経済大学准教授。共著：『個と普遍――レヴィナス哲学の新たな広がり』（法政大学出版局），論文：「〈私〉の唯一性」（『ひとおもい』第3号）。

村上暁子（むらかみ・あきこ） 1984年生。慶應義塾大学文学部助教。論文：「レヴィナスとリクールの思想から責任と罪責性の連関を考える」（『エティカ』第14号），共著：『入門・倫理学の歴史』（梓出版社）。

■ 執筆者（50音順）

安喰勇平（あんじき・ゆうへい） 神戸市外国語大学講師。著書：『レヴィナスと教育学』（春風社），論文：「「〜し直す」成長モデルに関する批判的検討」（『教育学研究』87号）。

伊藤潤一郎（いとう・じゅんいちろう） 新潟県立大学講師。著書：『ジャン＝リュック・ナンシーと不定の二人称』（人文書院），訳書：ナンシー『あまりに人間的なウイルス』（勁草書房）。

伊原木大祐（いばらぎ・だいすけ） 1975年生。京都大学准教授。著書：『レヴィナス　犠牲の身体』（創文社），共編著：『ミシェル・アンリ読本』（法政大学出版局），共著：『越境する宗教史』（リトン）。

押見まり（おしみ・まり） 1994年生。聖心女子大学特別研究員。聖心女子大学大学院博士後期課程修了。論文：「ジャン・ヴァールの思想と実存の哲学――循環する超越と内在」（『哲学』73号）。

加藤里奈（かとう・りな） 1995年生。京都大学大学院教育学研究科博士後期課程。論文：「私が存在することの「重さ」について：レヴィナスにおける「恥」概念を手がかりにして」（『教育哲学研究』124号）

冠木敦子（かぶき・あつこ） 桜美林大学准教授。論文：「レヴィナスにおける「赦し」の意味をめぐって」（『桜美林論考 法・政治・社会』9），共著：『現代哲学の名著』（中公新書）。

川崎唯史（かわさき・ただし） 1989年生。熊本大学助教。著書：『メルロ゠ポンティの倫理学――誕生・自由・責任』（ナカニシヤ出版），共編著：『フェミニスト現象学入門』（ナカニシヤ出版）。

黒岡佳柾（くろおか・よしまさ） 福州大学教員，立命館大学客員研究員。著書：『ハイデガーにおける共存在の問題と展開』（晃洋書房），共訳書：『メルロ゠ポンティ哲学者事典 第3巻』（白水社）。

小林玲子（こばやし・れいこ） パリⅣ大学博士（国家），パリカトリック学院哲学博士。訳書：Nishida Kitaro, *Le lieu* (Osiris)，共訳書：『ポール・リクール聖書論集 2・3』（新教出版社）。

高井ゆと里（たかい・ゆとり） 群馬大学准教授。著書：『ハイデガー 世界内存在を生きる』（講談社），訳書：ショーン・フェイ『トランスジェンダー問題』（近刊，明石書店）。

高野浩之（たかの・ひろゆき） 1988年生。中央大学博士後期課程。論文：「前期レヴィナスにおける「吐き気」と「疲労と努力」について」（『レヴィナス研究』第2号）。

田中菜摘（たなか・なつみ） 岡山大学客員研究員。論文：「「自分が何者であるかも判らない」――ボーヴォワール『老い』に対する現象学的アプローチ」（『老い――人文学・ケアの現場・老年学』ポラーノ出版）。

中 真生（なか・まお） 1972年生。神戸大学教授。著書：『生殖する人間の哲学――「母性」と血縁を問い直す』（勁草書房），論文：「「母であること」（motherhood）を再考する」（『思想』1141号）。

樋口雄哉（ひぐち・ゆうや） 1984年生。同志社大学ライフリスク研究センター嘱託研究員。共著：『個と普遍』（法政大学出版局），共訳：ペリュション『糧』，ル・ラヌー『存在と力』（以上，萌書房）。

松葉 類（まつば・るい） 1988年生。同志社大学ほか講師。論文：「レヴィナスにおけるデモクラシー論」（『宗教哲学研究』38号），共訳書：アバンスール『国家に抗するデモクラシー』（法政大学出版局）。

三上良太（みかみ・りょうた） 作曲を川島素晴に師事。ダルムシュタット夏季現代音楽講習会奨励賞受賞。論文：「《メタスタシス》前夜――クセナキスの習作時代(2) ル・コルビュジエ時代」（『アラザル』12号）。

峰尾公也（みねお・きみなり） 立教大学ほか兼任講師。著書：『ハイデガーと時間性の哲学――根源・派生・媒介』（溪水社），翻訳：ド・ヴァーレンス『マルティン・ハイデガーの哲学』（月曜社）。

横田祐美子（よこた・ゆみこ） 立命館大学衣笠総合研究機構助教。著書：『脱ぎ去りの思考――バタイユにおける思考のエロティシズム』（人文書院），共訳書：マラブー『抹消された快楽』（法政大学出版局）。

［写真出典］
Société Internationale de Recherche Emmanuel Levinas（SIREL）
ウェブサイト https://www.sirel-levinas.org/ より

3 頁：« Emmanuel Levinas à Davos en 1929 »
4 頁：« Emmanuel Levinas à Strasbourg en 1928 »
314 頁：« Raïssa et Emmanuel Levinas avec leur fille Simone »

レヴィナス読本

2022 年 9 月 30 日　初版第 1 刷発行

編　者　レヴィナス協会

発行所　一般財団法人 法政大学出版局

〒102-0071 東京都千代田区富士見 2-17-1
電話 03（5214）5540 振替 00160-6-95814
組版：HUP　印刷・製本：日経印刷

ISBN978-4-588-15128-6

人名索引

ア行

カ行

サ 行

タ 行

ナ行

ハ行

マ行

ヤ行

ラ行

ワ行

事項索引

あ 行

か 行

さ行

た 行

な 行

は 行

ま 行

や 行

ら 行

わ 行

文献一覧

1. レヴィナスの著書

1-1. 単行本

- 原則として，邦訳があるものを示した。
- 冒頭の年号は初版刊行年を指す。
- 複数の邦訳書が存在している場合，本書で使用したものに＊を付した。

1930：『フッサール現象学の直観理論』

THI：*Théorie de l'intuition dans la phénoménologie de Husserl* [1930], Paris: J. Vrin, 2001.
『フッサール現象学の直観理論』佐藤真理人・桑野耕三訳，法政大学出版局，1991 年

1934：「ヒトラー主義哲学に関する若干の考察」

QR：*Quelques réflexions sur la philosophie de l'hitlérisme* [1934], suivi d'un essai de Miguel Abensour, Paris: Payot & Rivages, 1997.
＊「ヒトラー主義哲学に関する若干の考察」『レヴィナス・コレクション』合田正人編訳，ちくま学芸文庫，1999 年，91–107 頁／『超越・外傷・神曲――存在論を超えて』内田樹・合田正人編訳，国文社，1986 年，10–24 頁／ピエール・アヤ編『歴史の不測――付論 自由と命令・超越と高さ』合田正人・谷口博史訳，法政大学出版局，1997 年，20–32 頁

1935：「逃走論」

DE：*De l'évasion* [1935], Montpellier: Fata Morgana, 1962; «Le Livre de Poche», 1998.
＊「逃走論」『レヴィナス・コレクション』合田正人編訳，ちくま学芸文庫，1999 年，143–178 頁／『超越・外傷・神曲――存在論を超えて』内田樹・合田正人編訳，国文社，1986 年，54–89 頁

1947:『実存から実存者へ』

EE：*De l'existence à l'existant* [1947], Paris: J. Vrin, 1990.
＊『実存から実存者へ』西谷修訳，ちくま学芸文庫，2005 年／『実存から実存者へ』西谷修訳，朝日出版社，1987 年／『実存から実存者へ』西谷修訳，講談社学術文庫，1996 年

1947：「ユダヤ的存在」

EJ：*Être juif. Suivi d'une lettre à Maurice Blanchot* [1947], Paris: Payot & Rivages, 2015.
「ユダヤ的存在」『超越・外傷・神曲――存在論を超えて』内田樹・合田正人編訳，国文社，1986 年，180–194 頁

1948：『時間と他なるもの』

TA：*Le temps et l'autre*［1948］, Paris: PUF, 1983.

＊「時間と他なるもの」『レヴィナス・コレクション』合田正人編訳，ちくま学芸文庫，1999年，231–299頁／『時間と他者』原田佳彦訳，法政大学出版局，1986年

1949/1967：『実存の発見』

EDE：*En découvrant l'existence avec Husserl et Heidegger*, Paris: J. Vrin, 1949/1967/2006.

＊『実存の発見――フッサールとハイデッガーと共に』佐藤真理人・小川昌宏・三谷嗣・河合孝昭訳，法政大学出版局，1996年／『フッサールとハイデガー』丸山静訳，せりか書房，1977年

1953：『自由と命令』

LC：*Liberté et commandement*［1953］, Montpellier: Fata Morgana, 1994; «Le Livre de Poche», 1999.

＊ピエール・アヤ編『歴史の不測――付論 自由と命令・超越と高さ』合田正人・谷口博史訳，法政大学出版局，1997年／『レヴィナス・コレクション』合田正人編訳，ちくま学芸文庫，1999年，365–384頁／『超越・外傷・神曲――存在論を超えて』内田樹・合田正人編訳，国文社，1986年，288–308頁

1961：『全体性と無限』

TI：*Totalité et infini. Essai sur l'extériorité*, La Haye: Martinus Nijhoff, 1961; «Le Livre de Poche», 1990.

＊『全体性と無限』藤岡俊博訳，講談社学術文庫，2020年／『全体性と無限』合田正人訳，国文社，1989年（改訂版2006年）／『全体性と無限』上・下，熊野純彦訳，岩波文庫，2005–2006年

1963/1976：『困難な自由』

DL：*Difficile liberté*, Paris: Albin Michel, 1963/1976; «Le Livre de Poche», 1984.

＊『困難な自由［増補版・定本全訳］』合田正人監訳・三浦直希訳，法政大学出版局，2008年／『困難な自由』内田樹訳，国文社，1985年（改訳版2008年）

1968：『タルムード四講話』

QLT：*Quatre lectures talmudiques*, Paris: Minuit, 1968/2005.

＊『タルムード四講話［新装版］』内田樹訳，人文書院，2015年／『タルムード四講話』内田樹訳，国文社，1987年

1972：『他者のユマニスム』

HAH：*Humanisme de l'autre homme*, Montpellier: Fata Morgana, 1972; «Le Livre de Poche», 1987.

『他者のユマニスム』小林康夫訳，書肆風の薔薇，1990年

1974：『存在の彼方へ』

AE：*Autrement qu'être ou au-delà de l'essence*, La Haye: Martinus Nijhoff, 1974; «Le Livre de Poche», 1990.

＊『存在の彼方へ』合田正人訳，講談社学術文庫，1999 年／『存在するとは別の仕方であるいは存在することの彼方へ』合田正人訳，朝日出版社，1990 年

1975：『モーリス・ブランショ』

MB：*Sur Maurice Blanchot*, Montpellier: Fata Morgana, 1975.

＊『モーリス・ブランショ［新装版］』内田樹訳，国文社，2015 年／『モーリス・ブランショ』内田樹訳，国文社，1992 年

1976：『固有名』

NP：*Noms propres*, Montpellier: Fata Morgana, 1976/2014; «Le Livre de Poche», 1987.

『固有名』合田正人訳，みすず書房，1994 年

1977：『タルムード新五講話』

DSAS：*Du sacré au saint*, Paris: Minuit, 1977.

＊『タルムード新五講話——神聖から聖潔へ［新装版］』内田樹訳，人文書院，2015 年／『タルムード新五講話』内田樹訳，国文社，1989 年

1982：『観念に到来する神について』

DQVI：*De Dieu qui vient à l'idée*, Paris: J. Vrin, 1982.

＊『観念に到来する神について［新装版］』内田樹訳，国文社，2017 年／『観念に到来する神について』内田樹訳，国文社，1997 年

1982：『聖句の彼方』

ADV：*L'au-delà du verset: lectures et discours talmudiques*, Paris: Minuit, 1982.

『聖句の彼方　タルムード——読解と講演』合田正人訳，法政大学出版局，1996 年

1982：『倫理と無限』

EI：*Éthique et infini. Dialogues d'Emmmanuel Levinas et Philippe Nemo*, Paris: Fayard, 1982; «Le Livre de Poche», 1984.

＊『倫理と無限——フィリップ・ネモとの対話』西山雄二訳，ちくま学芸文庫，2010 年／『倫理と無限』原田佳彦訳，朝日出版社，1985 年（新装版 1987 年）

1984：『超越と知解可能性』

TEI：*Transcendance et intelligibilité, suivi d'un entretien*, Genève: Labor et Fides, 1984/1996.

『超越と知解可能性——哲学と宗教の対話』中山元訳，彩流社，1996 年

1987：『外の主体』

HS：*Hors sujet*, Montpellier: Fata Morgana, 1987; «Le Livre de Poche», 1997.

『外の主体』合田正人訳，みすず書房，1997 年

1987：『暴力と聖性』

EL：François Poirié, *Emmanuel Levinas (Qui êtes-vous?)*, Lyon: La Manufacture, 1987; Arles: Actes Sud, 1996.
フランソワ・ポワリエ，エマニュエル・レヴィナス『暴力と聖性――レヴィナスは語る』内田樹訳，国文社，1991 年

1988：『諸国民の時に』

HN：*À l'heure des nations*, Paris: Minuit, 1988.
『諸国民の時に』合田正人訳，法政大学出版局，1993 年

1991：『われわれのあいだで』

EN：*Entre nous: essais sur le penser-à-l'autre*, Paris: Grasset, 1991; «Le Livre de Poche», 1993.
『われわれのあいだで――「他者に向けて思考すること」をめぐる試論』合田正人・谷口博史訳，法政大学出版局，1993 年

1993：『神・死・時間』

DMT：*Dieu, la mort et le temps*, Paris: Grasset, 1993; «Le Livre de Poche», 1995.
『神・死・時間』合田正人訳，法政大学出版局，1994 年

1994：『歴史の不測』

IH：*Les imprévus de l'histoire*, Montpellier: Fata Morgana, 1994; «Le Livre de Poche», 1999.
ピエール・アヤ編『歴史の不測――付論 自由と命令・超越と高さ』合田正人・谷口博史訳，法政大学出版局，1997 年

1995：『他性と超越』

AT：*Altérité et transcendance*, Montpellier: Fata Morgana, 1995; «Le Livre de Poche», 2006.
ピエール・アヤ編『他性と超越』合田正人・松丸和弘訳，法政大学出版局，2001 年

1996：『新タルムード講話』

NLT：*Nouvelles lectures talmudiques*, Paris: Minuit, 1996.
• 未邦訳。ただし，他の著作との関連性から掲載した。

1997：『貨幣の哲学』

SA：Roger Burggraeve (éd.), *Emmanuel Levinas et la socialité de l'argent: Un philosophe en quête de la réalité journalière. La genèse de Socialité et argent ou l'ambiguïté de l'argent*, Leuven: Peeters, 1997.
ロジェ・ビュルグヒュラーヴ編『貨幣の哲学』合田正人・三浦直希訳，法政大学出版局，2003 年

2009：『レヴィナス著作集 1』

OI：*Œuvres complètes, tome 1. Carnets de captivité suivi de Écrits sur la captivité et Notes philosophiques diverses*, volume publié sous la responsabilité de Rodolphe Calin et Catherine Chalier, Paris: Grasset-IMEC, 2009.

ロドルフ・カラン，カトリーヌ・シャリエ監修『レヴィナス著作集1　捕囚手帳ほか未刊著作』三浦直希・渡名喜庸哲・藤岡俊博訳，法政大学出版局，2014年

2011：『レヴィナス著作集2』
O2：*Œuvres complètes, tome 2. Parole et silence et autres conférences inédites au Collège philosophique*, volume publié sous la responsabilité de Rodolphe Calin et Catherine Chalier, Paris: Grasset-IMEC, 2011.
ロドルフ・カラン，カトリーヌ・シャリエ監修『レヴィナス著作集2　哲学コレージュ講演集』藤岡俊博・渡名喜庸哲・三浦直希訳，法政大学出版局，2016年

2013：『レヴィナス著作集3』
O3：*Œuvres complètes, tome 3. Eros, littérature et philosophie*, volume publié sous la responsabilité de Jean-Luc Nancy et de Danielle Cohen-Levinas, Paris: Grasset-IMEC, 2013.
ジャン＝リュック・ナンシー，ダニエル・コーエン＝レヴィナス監修『レヴィナス著作集3　エロス・文学・哲学』渡名喜庸哲・三浦直希・藤岡俊博訳，法政大学出版局，2018年

1-2. 日本で独自に編集された版

エマニュエル・レヴィナス『超越・外傷・神曲——存在論を超えて』内田樹・合田正人編訳，国文社，1986年
エマニュエル・レヴィナス『レヴィナス・コレクション』合田正人編訳，ちくま学芸文庫，1999年

1-3. レヴィナスのテクストのうち単行本に未収録のもの

（邦訳情報のみ）

エマニュエル・レヴィナス，アラン・フィンケルクロート「虐殺は誰の責任か　イスラエル——倫理と政治」内田樹訳，『ユリイカ　特集＝ユダヤのノマドたち』第17巻8月号，青土社，1985年，122–131頁
エマニュエル・レヴィナス「ユダヤ教と他者の倫理——世俗性とイスラエルの思想」合田正人訳，『ユリイカ　特集＝ユダヤのノマドたち』第17巻8月号，青土社，1985年，106–121頁
エマニュエル・レヴィナス「おぞましきものの黙認」西谷修訳，『現代思想』第16巻5月号，青土社，1988年，213–216頁
エマニュエル・レヴィナス「本の忘我——タルムード解釈のために」港道隆訳，『現代詩手帖』6月号，思潮社，1991年，122–123頁
エマニュエル・レヴィナス「東方イスラエル師範学校史」「思考の切迫——『平和と権利』から」藤岡俊博訳，『現代思想　総特集レヴィナス』第40巻第3号，青土社，2012年，60–63頁
エマニュエル・レヴィナス「改宗することなく友愛を結ぶこと——最近の一冊について」「思考の切迫——『平和と権利』から」藤岡俊博訳，『現代思想　総特集レヴィナス』

第 40 巻第 3 号，青土社，2012 年，63–64 頁
エマニュエル・レヴィナス「ピウス一一世の死について」「思考の切迫――『平和と権利』から」藤岡俊博訳，『現代思想　総特集レヴィナス』第 40 巻第 3 号，青土社，2012 年，65–66 頁
エマニュエル・レヴィナス「マルティン・ブーバー」藤岡俊博訳，『京都ユダヤ思想　特集号マルティン・ブーバー：対話思想のこだま』第 7 号 (2)，京都ユダヤ思想学会，2019 年，386–393 頁
エマニュエル・レヴィナス「マルティン・ブーバー　預言者にして哲学者」藤岡俊博訳，『京都ユダヤ思想　特集号マルティン・ブーバー：対話思想のこだま』第 7 号 (2)，京都ユダヤ思想学会，2019 年，394–398 頁
エマニュエル・レヴィナス「マルティン・ブーバーの死」藤岡俊博訳，『京都ユダヤ思想　特集号マルティン・ブーバー：対話思想のこだま』第 7 号 (2)，京都ユダヤ思想学会，2019 年，399–401 頁
エマニュエル・レヴィナス「『ユートピアと社会主義』序文」合田正人訳，『京都ユダヤ思想　特集号マルティン・ブーバー：対話思想のこだま』第 7 号 (2)，京都ユダヤ思想学会，2019 年，402–407 頁

2. レヴィナスに関する二次文献

2–1. 邦語著作

- 原則として，レヴィナスを主題的に扱ったもの，およびレヴィナスに関する章を含むものを刊行年順に掲載した。
- 文庫化を含め，再版・再録されたものは新版も併記した。

1986　『エピステーメー　エマニュエル・レヴィナス』第 2 期第 3 号，朝日出版社
1988　合田正人『レヴィナスの思想――希望の揺籃』弘文堂（→『レヴィナス――存在の革命へ向けて』ちくま学芸文庫，2000 年）
1989　柄谷行人『探究 II』講談社（→講談社学術文庫，1994 年）
1990　岩田靖夫『神の痕跡――ハイデガーとレヴィナス』岩波書店
谷口龍男『「イリヤ」からの脱出を求めて――エマニュエル・レヴィナス論』北樹出版
西谷修『不死のワンダーランド』青土社（→講談社学術文庫，1996 年；増補新版，青土社，2002 年）
1992　箱石匡行『フランス現象学の系譜』世界書院
丸山高司編『現代哲学を学ぶ人のために』世界思想社
1993　山形頼洋『感情の自然――内面性と外在性についての情感の現象学』法政大学出版局
1994　岩田靖夫『倫理の復権――ロールズ・ソクラテス・レヴィナス』岩波書店
1995　高橋哲哉『記憶のエチカ――戦争・哲学・アウシュヴィッツ』岩波書店（→岩波

人文書セレクション，2017 年）
西谷修『夜の鼓動にふれる——戦争論講義』東京大学出版会（→ちくま学芸文庫，2015 年）
1996 坂口ふみ『〈個〉の誕生——キリスト教教理をつくった人びと』岩波書店
1997 『思想　エマニュエル・レヴィナス』No. 874，1997 年 4 月号，岩波書店
港道隆『レヴィナス——法－外な思想』講談社
1999 井上達夫『他者への自由——公共性の哲学としてのリベラリズム』創文社
熊野純彦『レヴィナス入門』ちくま新書
熊野純彦『レヴィナス——移ろいゆくものへの視線』岩波書店（→岩波人文書セレクション，2012 年；岩波現代文庫，2017 年）
合田正人『レヴィナスを読む——〈異常な日常〉の思想』日本放送出版協会（→ちくま学芸文庫，2011 年）
鷲田清一『「聴く」ことの力——臨床哲学試論』TBS ブリタニカ（→ちくま学芸文庫，2015 年）
2000 斎藤慶典『力と他者——レヴィナスに』勁草書房
斎藤慶典『思考の臨界——超越論的現象学の徹底』勁草書房
佐藤義之『レヴィナスの倫理——「顔」と形而上学のはざまで』勁草書房（→『レヴィナス——「顔」と形而上学のはざまで』講談社学術文庫，2020 年）
2001 岩田靖夫『神なき時代の神——キルケゴールとレヴィナス』岩波書店
内田樹『レヴィナスと愛の現象学』せりか書房（→文春文庫，2011 年）
2003 熊野純彦『差異と隔たり——他なるものへの倫理』岩波書店
小泉義之『レヴィナス——何のために生きるのか』NHK 出版
高橋順一『戦争と暴力の系譜学——“閉じられた国民＝主体”を超えるために』実践社
2004 池上良正・島薗進・末木文美士・小田淑子・鶴岡賀雄・関一敏編『岩波講座　宗教 4　根源へ——思索の冒険』岩波書店
内田樹『他者と死者——ラカンによるレヴィナス』海鳥社（→文春文庫，2011 年）
熊野純彦・吉澤夏子編『差異のエチカ』ナカニシヤ出版
佐藤義之『物語とレヴィナスの「顔」——「顔」から倫理に向けて』晃洋書房
中敬夫『自然の現象学——時間・空間の論理』世界思想社
屋良朝彦『メルロ＝ポンティとレヴィナス——他者への覚醒』東信堂
2005 上田和彦『レヴィナスとブランショ——〈他者〉を揺るがす中性的なもの』水声社
斎藤慶典『レヴィナス——無起源からの思考』講談社選書メチエ
和田渡『自己の探究——自己とつきあうということ』ナカニシヤ出版
2006 岩田靖夫『三人の求道者——ソクラテス・一遍・レヴィナス』創文社
内田樹『私家版・ユダヤ文化論』文春新書
熊野純彦・麻生博之編『悪と暴力の倫理学』ナカニシヤ出版
小泉義之『病いの哲学』ちくま新書
『哲学雑誌　レヴィナス——ヘブライズムとヘレニズム』第 121 巻 793 号，有斐閣
2007 『実存思想論集 22　レヴィナスと実存思想』理想社

関根小織『レヴィナスと現れないものの現象学——フッサール・ハイデガー・デリダと共に反して』晃洋書房
永井晋『現象学の転回——「顕現しないもの」に向けて』知泉書館
中島隆博『残響の中国哲学——言語と政治』東京大学出版会（→増補新装版，東京大学出版会，2022年）
西山雄二『異議申し立てとしての文学——モーリス・ブランショにおける孤独，友愛，共同性』御茶の水書房
橋本典子『存在を超えて——レヴィナス試論』哲学美学比較研究国際センター
明治大学リバティ・アカデミー編『世紀を超える実存の思想——サルトル・レヴィナス・パトチュカ・メルロ＝ポンティ』明治大学リバティアカデミー
八木茂樹『「歓待」の精神史——北欧神話からフーコー，レヴィナスの彼方へ』講談社選書メチエ
2008　飯田隆ほか編『岩波講座　哲学6　モラル／行為の哲学』岩波書店
後藤嘉也『ハイデガーにおける循環と転回——他なるものの声』東北大学出版会
村上靖彦『自閉症の現象学』勁草書房
鷲田清一編『哲学の歴史12　実存・構造・他者』中央公論新社
2009　熊野純彦編『現代哲学の名著——20世紀の20冊』中央公論新社
重松健人『言語と「期待」——意味と他者をめぐる哲学講義』関西学院大学出版会
田島正樹『神学・政治論——政治哲学としての倫理学』勁草書房
村上嘉隆『レヴィナスの彼方へ』教育報道社
2010　伊原木大祐『レヴィナス——犠牲の身体』創文社
佐藤貴史『フランツ・ローゼンツヴァイク——〈新しい思考〉の誕生』知泉書館
村瀬学『「あなた」の哲学』講談社現代新書
2011　今村健一郎『労働と所有の哲学——ジョン・ロックから現代へ』昭和堂
郷原佳以『文学のミニマル・イメージ——モーリス・ブランショ論』左右社
後藤玲子『正義への挑戦——セン経済学の新地平』晃洋書房
斎藤慶典『「実在」の形而上学』岩波書店
宮本久雄『ヘブライ的脱在論——アウシュヴィッツから他者との共生へ』東京大学出版会
村上靖彦『治癒の現象学』講談社選書メチエ
2012　『現代思想　総特集レヴィナス』第40巻第3号，青土社
馬場智一『倫理の他者——レヴィナスにおける異教概念』勁草書房
檜垣立哉『子供の哲学——産まれるものとしての身体』講談社選書メチエ
宮本久雄『他者の風来——ルーアッハ・プネウマ・気をめぐる思索』日本キリスト教団出版局
村上靖彦『レヴィナス——壊れものとしての人間』河出書房新社
吉川孝・横地徳広・池田喬編著『生きることに責任はあるのか——現象学的倫理学への試み』弘前大学出版会
2013　河村厚『存在・感情・政治——スピノザへの政治心理学的接近』関西大学出版部
久米博・安孫子信・中田光雄編『ベルクソン読本』法政大学出版局

2014　合田正人編『顔とその彼方――レヴィナス『全体性と無限』のプリズム』知泉書館
高橋一行『他者の所有』御茶の水書房
藤岡俊博『レヴィナスと「場所」の倫理』東京大学出版会
『別冊水声通信　バタイユとその友たち』水声社
水地宗明・山口義久・堀江聡編『新プラトン主義を学ぶ人のために』世界思想社
2015　『京都ユダヤ思想　特集号 レヴィナス哲学とユダヤ思想』第4号(2)，京都ユダヤ思想史学会
合田正人『フラグメンテ』法政大学出版局
小手川正二郎『甦るレヴィナス――『全体性と無限』読解』水声社
澤田直編『サルトル読本』法政大学出版局
品川哲彦『倫理学の話』ナカニシヤ出版
春木奈美子『現実的なものの歓待――分析的経験のためのパッサージュ』創元社
横地徳広『超越のエチカ――ハイデガー・世界戦争・レヴィナス』ぷねうま舎
2016　青木孝平『「他者」の倫理学――レヴィナス，親鸞，そして宇野弘蔵を読む』社会評論社
秋富克哉・安部浩・古荘真敬・森一郎編『続・ハイデガー読本』法政大学出版局
岩野卓司編『共にあることの哲学――フランス現代思想が問う〈共同体の危険と希望〉 1 理論編』書肆心水
鹿島徹・越門勝彦・川口茂雄編『リクール読本』法政大学出版局
菅野賢治『フランス・ユダヤの歴史』上下，慶應義塾大学出版会
齋藤元紀・澤田直・渡名喜庸哲・西山雄二編『終わりなきデリダ――ハイデガー，サルトル，レヴィナスとの対話』法政大学出版局
吉永和加『〈他者〉の逆説――レヴィナスとデリダの狭き道』ナカニシヤ出版
米虫正巳編『フランス現象学の現在』法政大学出版局
2017　岩野卓司編『共にあることの哲学と現実――家族・社会・文学・政治　フランス現代思想が問う〈共同体の危険と希望〉　2 実践・状況編』書肆心水
合田正人『入門ユダヤ思想』ちくま新書
柄谷行人『柄谷行人講演集成 1985–1988　言葉と悲劇』ちくま学芸文庫
土田知則『現代思想のなかのプルースト』法政大学出版局
仲正昌樹『現代思想の名著30』ちくま新書
持田睦・横地徳広編著『戦うことに意味はあるのか――倫理学的横断への試み』弘前大学出版会
2018　石川学『ジョルジュ・バタイユ――行動の論理と文学』東京大学出版会
大橋良介『共生のパトス――コンパシオーン（悲）の現象学』こぶし書房
河上正秀『キルケゴールの実存解釈――自己と他者』春風社
斎藤慶典『私は自由なのかもしれない――〈責任という自由〉の形而上学』慶應義塾大学出版会
永井晋『〈精神的〉東洋哲学――顕現しないものの現象学』知泉書館
永江朗『四苦八苦の哲学――生老病死を考える』晶文社
庭田茂吉『レヴィナスにおける身体の問題 1――「ヒトラー主義哲学に関する若干

の考察」から『時間と他者』まで』萌書房
丸山空大『フランツ・ローゼンツヴァイク――生と啓示の哲学』慶應義塾大学出版会
2019 荒木優太『無責任の新体系――きみはウーティスと言わねばならない』晶文社
亀井大輔『デリダ 歴史の思考』法政大学出版局
澤田直『サルトルのプリズム――二十世紀フランス文学・思想論』法政大学出版局
峰尾公也『ハイデガーと時間性の哲学――根源・派生・媒介』溪水社
2020 内田樹『前－哲学的――初期論文集』草思社
川口茂雄・越門勝彦・三宅岳史編『現代フランス哲学入門』ミネルヴァ書房
小手川正二郎『現実を解きほぐすための哲学』トランスビュー
松田智裕『弁証法，戦争，解読――前期デリダ思想の展開史』法政大学出版局
2021 西條辰義・宮田晃碩・松葉類編『フューチャー・デザインと哲学――世代を超えた対話』勁草書房
鈴木崇志『フッサールの他者論から倫理学へ』勁草書房
渡名喜庸哲『レヴィナスの企て――『全体性と無限』と「人間」の多層性』勁草書房
中真生『生殖する人間の哲学――「母性」と血縁を問い直す』勁草書房
2022 安喰勇平『レヴィナスと教育学――他者をめぐる教育学の語りを問い直す』春風社
市川裕『ユダヤ的叡智の系譜――タルムード文化論序説』東京大学出版会
内田樹『レヴィナスの時間論――『時間と他者』を読む』新教出版社
杉村靖彦・渡名喜庸哲・長坂真澄編『個と普遍――レヴィナス哲学の新たな広がり』法政大学出版局
千葉雅也『現代思想入門』講談社現代新書
庭田茂吉『レヴィナスからレヴィナスへ』萌書房

2-2. 翻訳著作

ジョルジュ・バタイユ『ジョルジュ・バタイユ著作集 戦争／政治／実存 社会学論集 1』第 14 巻，山本功訳，二見書房，1972 年
リュス・イリガライ『性的差異のエチカ』浜名優美訳，産業図書，1986 年
ドミニク・ジャニコー『現代フランス現象学――その神学的転回』北村晋・本郷均・阿部文彦訳，文化書房博文社，1994 年
マルレーヌ・ザラデル『ハイデガーとヘブライの遺産――思考されざる債務』合田正人訳，法政大学出版局，1995 年
リチャード・カーニー『現象学のデフォルマシオン』毬藻充・松葉祥一・庭田茂吉訳，現代企画室，1996 年
サロモン・マルカ『レヴィナスを読む』内田樹訳，国文社，1996 年
フランソワ・ポワリエ『暴力と聖性――レヴィナスは語る』内田樹訳，国文社，1997 年
ハーバート・スピーゲルバーグ『現象学運動』上下，立松弘孝監訳，世界書院，2000 年
コリン・デイヴィス『レヴィナス序説』内田樹訳，国文社，2000 年
ジョルジョ・アガンベン『アウシュヴィッツの残りのもの――アルシーヴと証人』上村忠男・広石正和訳，月曜社，2001 年

ボーヴォワール『決定版　第二の性　I 事実と神話』『第二の性』を原文で読み直す会訳，新潮文庫，2001年
アラン・ルノー『個人の時代――主観性の歴史』水野浩二訳，法政大学出版局，2002年
ディディエ・フランク『現象学を超えて』本郷均・米虫正巳・河合孝昭・久保田淳訳，萌書房，2003年
ジャック・デリダ『アデュー――エマニュエル・レヴィナスへ』藤本一勇訳，岩波書店，2004年
アラン・バディウ『倫理――〈悪〉の意識についての試論』長原豊・松本潤一郎訳，河出書房新社，2004年
スーザン・ハンデルマン『救済の解釈学――ベンヤミン，ショーレム，レヴィナス』合田正人・田中亜美訳，法政大学出版局，2005年
ジャック・デリダ『そのたびごとにただ一つ，世界の終焉』土田知則・岩野卓司・國分功一郎訳，岩波書店，2006年
ジャン＝フランソワ・レイ『レヴィナスと政治哲学――人間の尺度』合田正人・荒金直人訳，法政大学出版局，2006年
ロジェ・ラポルト『探究――思考の臨界点へ』山本光久訳，新宿書房，2007年
ジュディス・バトラー『自分自身を説明すること――倫理的暴力の批判』佐藤嘉幸・清水知子訳，月曜社，2008年
ベルンハルト・ヴァルデンフェルス『経験の裂け目』山口一郎監訳，知泉書館，2009年
ベルンハルト・ヴァルデンフェルス『フランスの現象学』佐藤真理人監訳，法政大学出版局，2009年
ヘント・デ・ヴリース『暴力と証し――キルケゴール的省察』河合孝昭訳，月曜社，2009年
ジャン＝リュック・マリオン『存在なき神』永井晋・中島盛夫訳，法政大学出版局，2010年
ポール・リクール『他者のような自己自身』久米博訳，法政大学出版局，2010年
ドミニク・フォルシェー『西洋哲学史――パルメニデスからレヴィナスまで』川口茂雄・長谷川琢哉訳，白水社，2011年
ポール・スタンディッシュ『自己を超えて――ウィトゲンシュタイン，ハイデガー，レヴィナスと言語の限界』齋藤直子訳，法政大学出版局，2012年
ピエール・ブーレッツ『20世紀ユダヤ思想家3―― 来るべきものの証人たち』合田正人・渡名喜庸哲・三浦直希訳，みすず書房，2013年
ヒラリー・パトナム『導きとしてのユダヤ哲学――ローゼンツヴァイク，ブーバー，レヴィナス，ウィトゲンシュタイン』佐藤貴史訳，法政大学出版局，2013年
フランソワ＝ダヴィッド・セバー『限界の試練――デリダ，アンリ，レヴィナスと現象学』合田正人訳，法政大学出版局，2013年
リチャード・J. バーンスタイン『根源悪の系譜――カントからアーレントまで』阿部ふく子・後藤正英・齋藤直樹・菅原潤・田口茂訳，法政大学出版局，2013年
ロバート・イーグルストン『ホロコーストとポストモダン――歴史・文学・哲学はどう応答したか』田尻芳樹・太田晋訳，みすず書房，2013年
ジャック・デリダ『プシュケー――他なるものの発明 I』藤本一勇訳，岩波書店，2014年

ジャック・デリダ，マリ＝ルイーズ・マレ編『動物を追う，ゆえに私は（動物で）ある』鵜飼哲訳，筑摩書房，2014 年
ポール・リクール『別様に――エマニュエル・レヴィナスの『存在するとは別様に，または存在の彼方へ』を読む』関根小織訳，現代思潮新社，2014 年
ディディエ・フランク『他者のための一者――レヴィナスと意義』米虫正巳・服部敬弘訳，法政大学出版局，2015 年
ジョルジョ・アガンベン『身体の使用――脱構成的可能態の理論のために』上村忠男訳，みすず書房，2016 年
アルフレッド・シェップ『報復の連鎖――権力の解釈学と他者理解』齋藤博・岩脇リーベル豊美訳，学樹書院，2016 年
ボブ・プラント『ウィトゲンシュタインとレヴィナス――倫理的・宗教的思想』米澤克夫・寺中平治・菅崎香乃・河上正秀・出雲春明・馬場智理訳，三和書籍，2017 年
マーティン・ジェイ『うつむく眼――二〇世紀フランス思想における視覚の失墜』亀井大輔・神田大輔・青柳雅文・佐藤勇一・小林琢自・田邉正俊訳，法政大学出版局，2017 年
マーティン・ヘグルンド『ラディカル無神論――デリダと生の時間』吉松覚・島田貴史・松田智裕訳，法政大学出版局，2017 年
ダン・ザハヴィ『自己意識と他性――現象学的探究』中村拓也訳，法政大学出版局，2017 年
ジェラール・ベンスーサン『メシア的時間――歴史の時間と生きられた時間』渡名喜庸哲・藤岡俊博訳，法政大学出版局，2018 年
ガート・ビースタ『教えることの再発見』上野正道監訳，東京大学出版会，2018 年
コリーヌ・ペリュション『糧――政治的身体の哲学』服部敬弘・佐藤真人・樋口雄哉・平光佑訳，萌書房，2019 年
ジュディス・バトラー『分かれ道――ユダヤ性とシオニズム批判』大橋洋一・岸まどか訳，青土社，2019 年
ジャック・デリダ『エクリチュールと差異〈改訳版〉』谷口博史訳，法政大学出版局，2022 年

（作成：石井雅巳・犬飼智仁・加藤里奈）